auv_001 Foto: bf

Bettina Forst

Auvergne, Cévennen, Massif Central

Dieses Land ist so schön,
dass Fremde selbst den Namen ihrer Heimat vergessen.
Sidonius Appolinaris

Impressum

Bettina Forst
Auvergne, Cévennen, Massif Central

erschienen im
Reise Know-How Verlag Peter Rump GmbH
Osnabrücker Str. 79, 33649 Bielefeld

Gestaltung
Umschlag: M. Schömann, P. Rump (Layout); M. Luck (Realisierung)
Inhalt: G. Pawlak (Layout); M. Luck (Realisierung)
Karten: Atlas C. Raisin; Rest Th. Buri
Fotos: B. Forst
Titelfoto: B. Forst

Lektorat: M. Luck

Druck: Wilhelm & Adam, Heusenstamm
Bindung: Buchbinderei Keller, Fulda

ISBN 3-8317-1236-0
Printed in Germany

Dieses Buch ist erhältlich in jeder Buchhandlung der BRD, Österreichs, der Niederlande, Belgiens und der Schweiz. Bitte informieren Sie Ihren Buchhändler über folgende Bezugsadressen:

BRD
Prolit Verlagsauslieferung GmbH, Postfach 9,
35461 D-Fernwald (Annerod)
sowie alle Barsortimente

Schweiz
AVA/Buch 2000
Postfach, CH-8910 Affoltern a.A.

Österreich
Mohr-Morawa Buchvertrieb GmbH
Sulzengasse 2, A-1230 Wien

Niederlande, Belgien
Willems Adventure
Postbus 403, NL-3140 AK Maassluis

Wer im Buchhandel trotzdem kein Glück hat, bekommt unsere Bücher auch direkt über den Verlag oder unseren **Büchershop im Internet:**
www.reise-know-how.de

Wir freuen uns über Kritik, Kommentare und Verbesserungsvorschläge.

Alle Informationen in diesem Buch sind von der Autorin mit größter Sorgfalt gesammelt und vom Lektorat des Verlages gewissenhaft bearbeitet und überprüft worden.

Da inhaltliche und sachliche Fehler nicht ausgeschlossen werden können, erklärt der Verlag, dass alle Angaben im Sinne der Produkthaftung ohne Garantie erfolgen und dass Verlag wie Autorin keinerlei Verantwortung und Haftung für inhaltliche und sachliche Fehler übernehmen.

Die Nennung von Firmen und ihren Produkten und ihre Reihenfolge sind als Beispiel ohne Wertung gegenüber anderen anzusehen. Qualitäts- und Quantitätsangaben sind rein subjektive Einschätzungen der Autorin und dienen keinesfalls der Bewerbung von Firmen oder Produkten.

Bettina Forst

Auvergne

Cévennen
Massif Central

Reise Know-How im Internet

Aktuelle Reisetipps und Neuigkeiten
Ergänzungen nach Redaktionsschluss
Büchershop und Sonderangebote
Weiterführende Links zu über 100 Ländern

www.reise-know-how.de
info@reise-know-how.de

Wir freuen uns über Anregung und Kritik.

Vorwort

Friedlich schlummern die Auvergne und die Cévennen im Herzen Frankreichs. Die großen Verkehrsadern machen einen weiten Bogen um diese lange Zeit schwer zugänglichen Regionen, für den Massentourismus fehlen die Hotelburgen sowie die nötige Infrastruktur. Volvic, Vichy und Michelin, das sind die einzigen Werbeträger, die einen internationalen Bekanntheitsgrad erreicht haben in diesem selbst von den Franzosen fast vergessenen Teil ihres Landes. Bis heute sind die Auvergne und die Cévennen die **am dünnsten besiedelten und einsamsten Regionen Frankreichs,** in denen womöglich mehr Kühe und Schafe leben als Menschen – welch ein Glück für die Naturlandschaft!

Auf den ersten Blick beeindrucken die erloschenen Vulkane, die einen Großteil des Gebietes dominieren, dann rücken die rauen und kargen Hochflächen mit ihren tief eingeschnittenen Canyons in den Vordergrund, und erst nach und nach erschließt sich zwischen den Weiden, Wäldern und zahlreichen Flusstälern eine **bezaubernde Vielfalt im Kleinen:** romanische Kirchen, Klöster, Schlösser, Burgen, Sennhütten, Quellen, Wasserfälle, natürliche Wasserläufe sowie eine reiche Pflanzen- und Tierwelt, die in den Naturparks ein beschütztes Zuhause gefunden hat.

Von dem in Clermont-Ferrand geborenen Mathematiker und Philosophen *Blaise Pascal* stammen folgende Worte: „Eine Stadt, eine Landschaft ist von weitem eine Stadt, eine Landschaft; aber je mehr man sich nähert, sind es Häuser, Bäume, Ziegel, Blätter, Gräser, Ameisen, Ameisenbeine, bis ins Unendliche. All das verbirgt sich in dem Namen Landschaft." In diesem Sinne kann eine Reise in die Auvergne und in die Cévennen den Sinn für die kleinen Wunder am Wegesrand schärfen. Vor allem Urlauber, die die Kunst des langsamen Reisens praktizieren und sich auf Wander- und Wasserwegen durch das Gebiet bewegen, werden so manchen Kosmos für sich entdecken. In dieser nahezu naturbelassenen und stellenweise unberührten Bergregion verbringen vor allem Aktivurlauber, wie Wanderer, Kanuten, Kletterer, Drachenflieger, Fahrradfahrer oder Angler, sowie Kunst- und Kulturinteressierte ihre Urlaubstage. Zumeist sind es die Franzosen selbst, die seit einigen Jahren beginnen, das grüne Herz Frankreichs, wie es von den Auvergnaten genannt wird, zu erkunden.

Die Bewohner der Region und allen voran die Auvergnaten gelten als verschlossene, wortkarge oder sogar als kauzige Zeitgenossen. Glaubt man den Eindrücken, die „Asterix bei den Avernern" gewinnen konnte, so gibt es eine direkte Verbindung zwischen den Eigenarten der Bevölkerung und dem *Chuintement,* dem Nuscheln. Tatsache ist, dass die meisten Menschen hier eine eher zurückhaltende und beobachtende Haltung Fremden gegenüber einnehmen, die jedoch stets von einer warmen Herzlichkeit und Natürlichkeit begleitet ist, die ihresgleichen suchen.

Dieses Buch soll Appetit, soll Lust machen, das eigene, das persönliche Reiseziel zu entdecken. Womöglich werden Sie dem Dichter *Henri Pourrat* zustimmen, der die Auvergne nie verlassen hat: „Am Anfang schuf Gott die Auvergne. Und dann lange Zeit nichts, nichts, nichts. Und dann den Rest der Welt."

Bon voyage!
Bettina Forst

Hinweise zur Benutzung

Dieses Buch wendet sich in erster Linie an Reisende, die die Auvergne und die Cévennen auf eigene Faust kennen lernen möchten. In diesem Sinne ist es ein Ratgeber für die Reisevorbereitung, der den Urlauber auch vor Ort mit nützlichen Tipps unterstützt sowie Informationen und Anregungen für die individuelle Gestaltung der Reise bietet. Der Führer ist in vier Hauptabschnitte unterteilt.

Das Kapitel **„Praktische Reisetipps A–Z"** enthält alle notwendigen Informationen und Adressen über Frankreich und speziell zur Urlaubsregion, die zur Planung, Vorbereitung sowie vor Ort wichtig sind.

Das Kapitel **„Land und Natur"** bietet einen Einblick in die Naturlandschaft der Auvergne sowie der südwestlich angrenzenden Region der Cévennen. Ausführlich werden dabei geologische Prozesse, wie der Vulkanismus oder die Höhlenbildung auf den Kalkhochflächen, beschrieben sowie die typische Flora und Fauna der jeweiligen Region vorgestellt.

Im Kapitel **„Menschen und Kultur"** steht die Gesellschaft in den Reisegebieten im Mittelpunkt. Die Abschnitte über Geschichte, Kunst und Bevölkerung richten sich an die Urlauber, die sich gerne im Vorfeld oder während der Reise in die Kultur der Region vertiefen möchten.

Den größten Umfang nimmt der **Reiseteil** ein, in dem die einzelnen Gebiete und Orte detailliert beschrieben werden. Er ist **von Norden nach Süden** in folgende Abschnitte gegliedert: „Die nördliche Auvergne", „Parc Naturel Régional du Livradois-Forez", „Das Velay", „Clermont-Ferrand und Umgebung", „Parc Naturel Régional des Volcans d'Auvergne", „Die Margeride und das Aubrac", „Das Lot-Tal" sowie „Ardèche und Cévennen". Am Beginn dieser Abschnitte steht jeweils eine Einführung in die Region. Den Beschreibungen der größeren Orte sind Stadtpläne beigefügt, die eine schnelle Orientierung im historischen Zentrum, beim Auffinden der Sehenswürdigkeiten und hinsichtlich der touristischen Infrastruktur ermöglichen.

Im gesamten Reisehandbuch sind zahlreiche **Exkurse** zu den verschiedensten Themen eingestreut, von Legenden über geschichtliche Rückblicke bis zu kulinarischen Höhepunkten – sie lassen den Leser ein wenig hinter die Kulissen der Reiseregion blicken.

Im **Anhang** finden sich zusätzliche Informationen, so Literaturhinweise, eine Sprachhilfe zur französischen Sprache und ein Glossar mit geographischen, architektonischen, kunsthistorischen und kulinarischen Begriffen.

Die gesamte Region ist am Ende des Buches in einem **farbigen Kartenatlas** im Maßstab 1:50.000 abgebildet. In den Kopfzeilen und bei den Orten wird auf die jeweils passende Karte/Stadtplan verwiesen.

Die Ortsnamen und Sehenswürdigkeiten sind in französischer Sprache angegeben, so wie sie sich auch auf Straßenschildern und Hinweistafeln finden.

Preisangaben sind als Richtwerte zu verstehen, deren Beständigkeit kaum eine Saison zu überdauern vermag. Die Preiskategorisierung der Unterkünfte entspricht nicht der offiziellen Einteilung anhand der Sterne. Die verwendete Euro-Einteilung kann im Kapitel „Praktische Reisetipps A–Z" unter der Rubrik „Unterkunft" nachgeschlagen werden.

Inhalt

Verzeichnis der Karten und Stadtpläne

Umschlagklappen
vorn: Norden und Mitte
hinten: Mitte und Süden

Karten und Stadtpläne im Buch

24-seitiger Kartenatlas Auvergne mit Blattschnitt am Ende des Buches

In den Kopfzeilen der Buchseiten erfolgt ein Verweis auf die jeweiligs in den Kontext passende Karte bzw. Stadtplan.

Kartenatlas: Bei den jeweiligen Orten und Nationalparks steht ein Verweis auf die entsprechende Karte bzw. genaue Positionierung in der Karte, z.B. Vichy ⇗VII, C1.

auv_013 Foto: bf

Verzeichnis der Exkurse

St-Flour – Blick auf die Kathedrale

auv_219 Foto: bf

auv_014 Foto: bf

Praktische Reisetipps A–Z

auv_015a Foto: bf

auv_015b Foto: bf

Straßencafés – beliebt bei Alt und Jung

Badespaß an der Ardèche

Schöne Aussichten im Massif Central

Anreise

Anreise mit Pkw oder Motorrad

Die Auvergne und die Cévennen sind sehr spärlich durch das öffentliche Nahverkehrssystem erschlossen. Für eine erhöhte Mobilität und Flexibilität empfiehlt es sich deshalb, auf den eigenen Pkw oder das Motorrad zurückzugreifen. Am einfachsten erreicht man die Reiseregion über die **mautpflichtigen Autobahnen** Frankreichs. Bei der Autobahnauffahrt passiert man eine Station, die per Knopfdruck ein Ticket druckt, das unbedingt gut aufbewahrt werden muss. Beim Verlassen der Autobahn oder bei einer generellen Zahlstation werden die zurückgelegten Kilometer abgelesen. Größere Mautgebühren können mit allen gängigen Kreditkarten problemlos bezahlt werden. Für kleinere Beträge sollte man Kleingeld bereithalten.

Weitere Infos rund um Verkehrssituation, Baustellen und Mautgebühren bieten die Internetseiten www.autoroutes.fr oder www.viamichelin.de.

Anreise in die nördliche Auvergne

Reisende aus **Norddeutschland** haben die Wahl zwischen zwei Routen: Saarbrücken (A 31) – Dijon (A 6) – Lyon (A 47) – St-Etienne (A 89) – Clermont-Ferrand oder über Belgien – Paris (A 71) – Orléans (A 71) – Clermont-Ferrand. Die anfallenden Mautgebühren *(péage)* sind auf der Strecke über Paris mit zirka 41 € etwas höher als auf der Route über das Saarland. Insgesamt dauert die Anreise aus Hamburg (etwa 1330 km) ungefähr 13 Stunden.

Aus **Süddeutschland, Österreich** und der **Schweiz** bieten sich wiederum zwei verschiedene Routen an: Entweder über Karlsruhe (A 5) – Freiburg (E 45) – Mulhouse (A 36) – Richtung Dijon (A 31) – Lyon (A 47) – St-Etienne (A 89) nach Clermont-Ferrand oder über Basel (A 5) – Bern (A 1) – Genf (A 1) – Lyon (A 42). Die 580 km lange Strecke über Mulhouse kostet etwa 32 € Mautgebühren bei einer reinen Fahrtzeit von 6 Stunden. Die Anreise über die Schweiz ist teurer aufgrund der Vignette für die schweizerische Autobahn (27 € pro Kalenderjahr) und der Mautgebühren von 21 € für die 360 km von Genf nach Clermont. Üblicherweise ist die Anfahrt über Mulhouse schneller, da das Verkehrsaufkommen in der Schweiz vor allem während der Ferienmonate höher ist.

Anreise in die Cévennen

Den **Verkehrsknotenpunkt Millau** inmitten der Causses erreicht man entweder über die noch mautfreie neue Autobahn A 75, die Clermont-Ferrand über St-Flour mit Millau verbindet, oder über die Mittelmeer-Autobahn ab Lyon (A 7 und A 9) über Montpelliér (E 11) und dann weiter nach Millau.

Anreise über die Nationalstraßen

Die französischen Nationalstraßen *(Route national)* verlaufen häufig **parallel zum Autobahnnetz.** Sie sind meist gut ausgebaut, zum Teil sogar vierspurig, stellen aber trotzdem nur bedingt

Grundsätzliches vor der Reise

Für die **Einreise nach Frankreich** wird lediglich ein gültiger Personalausweis oder ersatzweise der Reisepass benötigt. Kinder unter 16 Jahren sollten entweder im Pass der Eltern eingetragen sein oder einen Kinderausweis mit sich führen. Für Schüler und Studenten ist es vorteilhaft, sich vor der Reise einen internationalen Schüler- oder Studentenausweis ausstellen zu lassen. Der Ausweis ist zum Beispiel beim ASTA der Hochschulen erhältlich. An einigen Museen oder auch bei Eintrittsgebühren für Nationalparks können mit diesem Ausweis bis zu 30 Prozent der Eintrittsgelder eingespart werden.

Tiere müssen gegen Tollwut geschützt sein, wobei die Impfung bei der Ausreise nicht jünger als einen Monat und nicht älter als ein Jahr sein darf. Zusätzlich muss für den reisenden Vierbeiner ein tierärztliches Gesundheitszeugnis mitgeführt werden.

Die französischen Behörden verlangen für **Fahrzeuge** außer dem Fahrzeugschein keine weiteren Papiere. Die „Grüne Versicherungskarte" ist nicht mehr notwendig.

Urlauber aus Ländern der Europäischen Union sind im **Krankheitsfall** auch in Frankreich versichert. Vor Reiseantritt sollte bei der Krankenkasse das Formular E 111, der so genannte internationale Krankenschein, angefordert werden, der den Versicherten im Ausland absichert. Im Bedarfsfall wird der aufgesuchte Arzt durch Vorlage des internationalen Krankenscheins mit der Krankenkasse im Heimatland abrechnen. Medikamente und Rezeptgebühren müssen vor Ort bezahlt werden und können später bei der Krankenkasse zur Rückerstattung eingereicht werden. Dabei werden in der Regel 75 bis 100 Prozent des Kassensatzes zurückerstattet. Zusätzliche private Krankenversicherungen decken meist die in den gesetzlichen Kassen nicht enthaltenen Leistungen ab. Die privaten Auslandskrankenversicherungen können bereits mit geringen Monats- oder Jahresbeiträgen abgeschlossen werden und sind vor allem für sportlich Aktive empfehlenswert.

Zwischen Frankreich und Deutschland gelten die allgemeinen **Zollrichtlinien der EU.** Diese erlauben einen uneingeschränkten Warenverkehr zum privaten Gebrauch. Für Genussartikel gelten jedoch gewisse Höchstgrenzen: 800 Zigaretten oder 1 kg Tabak, 90 Liter Wein, 110 Liter Bier sowie 10 Liter Spirituosen und 20 Liter alkoholische Getränke bis 22 Prozent. Informationen im Internet unter www.zoll-infocenter.de.

auv_017 Foto: bf

eine Alternative zur Anreise über die Autobahnen dar. Man spart zwar die Mautgebühren für die Autobahnen ein, ist allerdings erheblich länger unterwegs. Die Nationalstraßen führen durch die Ortschaften hindurch – Umgehungsstraßen sind in Frankreich nicht üblich –, und häufig schleicht man hinter den zahlreichen Lastwagen her, die schlecht überholt werden können. Doch für Reisende, für die der Urlaub schon bei der Anreise beginnt, ist der „Trip de Provinz" eine gute Möglichkeit, das Land besser kennen zu lernen.

Höchstgeschwindigkeiten

Auf **Autobahnen** beträgt die Höchstgeschwindigkeit 130 km/h, bei Nässe 110 km/h. Auf vierspurigen **Nationalstraßen** darf außerhalb geschlossener Ortschaften 110 km/h (bei Regen 100 km/h) und auf zweispurigen Straßen 90 km/h (bei Regen 80 km/h) gefahren werden. Innerhalb geschlossener Ortschaften gilt auch in Frankreich eine Beschränkung auf 50 km/h. Immer häufiger sind an Ortsein- und Ausgängen **stationäre Blitzanlagen** anzutreffen, und gerade auch in der Urlaubszeit warten **mobile Radarkontrollen** auf den überraschten Autofahrer. Der französische Bußgeldkatalog sieht für Raser weitaus **höhere Strafen** als in Deutschland vor. Diese müssen in der Regel sofort entrichtet werden.

Verkehrszeichen

Die Verkehrsschilder entsprechen bis auf wenige Ausnahmen den **gewohnten deutschen Symbolen.** Es gibt jedoch ein paar besondere Schilder, deren französische Beschriftung folgende Bedeutung hat:

Wichtige Begriffe im Straßenverkehr:
Accident – Unfall
Accotement dangereux – unbefestigter Seitenstreifen
Aire de service – Autobahnraststätte
Arrêt interdit – Halten verboten
Attention – Achtung, Vorsicht
Bouchon – Stau
Centre Ville – Stadtzentrum
Chantier – Baustelle
Chaussée déformée – Fahrbahnschäden
Danger – Gefahr
Déviation – Umleitung
Gravillons – Rollsplitt
Glace frequent – vereiste Fahrbahn
Poids lourd – Lastkraftwagen
Priorité – Vorfahrt
Passage interdit – Durchfahrt verboten
Ralentir – langsam fahren
Sens unique – Einbahnstraße
Sortie – Ausfahrt
Station – Bahnhof
Toutes directions – alle Richtungen

Verkehrsregeln und Parken

Die allgemeinen Verkehrsregeln sind in Frankreich und Deutschland dieselben. Auch hier gilt die **Gurtpflicht,** und es ist verboten, während der Fahrt ohne **Freisprechanlage** zu telefonieren oder die **Promillegrenze** von 0,5‰ zu überschreiten. Zuwiderhandlungen werden mit empfindlichen Strafen geahndet. Vor allem an das Alkohollimit sollte man sich streng halten. Bei den auch tagsüber stattfindenden Alkoholkontrollen geht die Polizei rigoros vor.

Viaduc de Garabit über die Truyère
(entworfen von G. Eiffel)

auv_019 Foto: bf

Ähnliches gilt auch für **Parksünder.** Falsch parken ist auch in Frankreich längst kein Kavaliersdelikt mehr. Falschparker müssen tief in den Geldbeutel greifen, auch wenn man nicht so schnell abgeschleppt wird wie in Deutschland. Vor Polizeirevieren und Krankenhäusern ist das Parken generell untersagt, wie auch an den gelb markierten Bordsteinen. In den blau markierten Gebieten *(Zone bleue)* kann tags mit einer Parkscheibe maximal eine Stunde geparkt werden. Die **Parkscheiben** *(Disques de stationnement)* sind in Tabak- und Schreibwarenläden, in Tankstellen und Supermärkten erhältlich. Bei den gebührenpflichtig ausgewiesenen Parkflächen in Ortschaften kann am **Parkautomat** *(Horodateur)* ein Ticket gezogen werden, das gut sichtbar hinter der Windschutzscheibe angebracht werden muss. Von einem „kurzen Parken" im Halteverbot *(Arrêt interdit)*, vor allem in touristisch frequentierten Orten, kann nur dringend abgeraten werden!

Verkehrsverhalten

Der Fahrstil der Franzosen unterscheidet sich nicht wesentlich von den deutschen Gepflogenheiten. Gewöhnungsbedürftig sind möglicherweise die **Kreisverkehre,** die häufig anstelle von Ampelanlagen den Verkehr kanalisieren. In der Regel muss der Einfahrende die Vorfahrt gewähren und eine Lücke abpassen. Einen großen Vorteil haben die Kreisverkehre vor allem für Ortsunkundige, denn man kann so lange seine Runden im Kreis drehen, bis man sich für die vermeintlich richtige Fahrtrichtung entschieden hat.

Wer sich mit dem Pkw in das **Zentrum einer Großstadt** wagt, muss entweder ein gutes Nervenkostüm, einen guten Beifahrer oder besser beides gleichermaßen mitbringen. Der Verkehr ist schnell unübersichtlich, hektisch und mit plötzlichen Richtungs- und Fahrbahnwechseln verbunden. Meist ist man besser beraten, das Auto an einem bewachten Parkplatz abzustellen und die Stadt zu Fuß oder mit öffentlichen Verkehrsmitteln zu erkunden. In der Auvergne und den Cévennen liegt jedoch keine dieser Großstädte, und selbst Clermont-Ferrand stellt kein großes Problem für einen Autofahrer dar.

Eine Tatsache sollten Reisende, die mit dem eigenen Pkw unterwegs sind, unbedingt beachten: Das „heilige Blechle" ist den Franzosen längst nicht so heilig wie den Deutschen. So wird bei Bedarf beim Ein- und Ausparken die **Stoßstange** in ihrer eigentlichen Funktion auch benutzt. Kleineren Dellen oder schwachen Kratzern schenkt der Franzose oftmals keinerlei Aufmerksamkeit – aber Vorsicht bei dem Versuch, sich den Landessitten großzügig anzupassen!

Tanken

Das Tankstellennetz ist in Frankreich relativ dicht, auch in den ländlichen Regionen befindet sich eine ausreichende Anzahl von Tankstellen, die, außer wenn sie zu einem der großen Supermärkte gehören, in der Regel **keinen 24-Stunden-Service** anbieten und auch über die Mittagszeit zwischen 12.00 und 14.30 Uhr geschlossen haben. Die Versorgung mit bleifreiem Benzin ist schon lange keine Schwierigkeit mehr, die Bezahlung mit Scheck- oder Kreditkarte ist ebenfalls problemlos möglich. Die **Kraftstoffpreise** sind etwas günstiger als in Deutschland, wobei die billigsten Tankstellen bei den großen Supermarktketten anzutreffen sind. Die Autobahntankstellen zählen wie überall zu den teuersten Tankmöglichkeiten.

Bezeichnung und Preise der Kraftstoffe:

- Super – Super verbleit; 1,08–1,12 €
- Essence/Super sans plomb 95 – Super bleifrei; 1,08–1,12 €
- Super Plus 98 – Super Plus bleifrei; 1,08–1,12 €
- Gazole – Diesel; 0,79–0,89

Unfall und Panne

- Notrufnummer: 17
- Mobilnotruf: 112
- Deutschsprachiger Notrufservice der AIT-Assistance: 0800089222
- Die orangefarbenen Notrufsäulen an den Autobahnen, im Abstand von 2 km aufgestellt, stehen rund um die Uhr zur Verfügung.
- ADAC-Notruf (deutschsprachig): 0472171222

Anreise mit der Bahn

Noch gibt es **keine direkte Bahnverbindung** in die Auvergne oder in die Cévennen. Egal ob die Züge über die Hauptroute Deutschland – Paris und weiter nach Clermont-Ferrand oder über Strasbourg in die Auvergne führen, die Urlauber müssen umsteigen. Aus **Norddeutschland** reist man am schnellsten mit den Thalys-Zügen ab Köln nach Paris. In Paris heißt es erst einmal umsteigen und mit der Metro quer durch die Stadt zum Gare de Lyon finden. Von hier fahren etwa neunmal täglich Züge gen Süden nach Clermont-Ferrand. Die Fahrtzeit beträgt von Köln nach Paris mit dem Thalys knapp 4 Stunden. Von Paris erreichen die Züge nach rund 3,5 Stunden Clermont-Ferrand.

Aus **Süddeutschland** führt die gängigste Route ebenfalls über Paris, allerdings kann je nach Reisedatum auch die Verbindung über Strasbourg eine gute Alternative sein. Von Strasbourg geht es weiter über Lyon und dann nach Clermont-Ferrand oder via St-Etienne nach Le Puy-en-Velay. In der Regel ist die Verbindung über Strasbourg günstiger aber auch länger als über Paris, da nach und von Paris üblicherweise die teuren Schnell- und Hochgeschwindigkeitszüge eingesetzt werden.

Sich im berüchtigten deutschen Bahn-Tarifdschungel zurechtzufinden ist schon eine Kunst für sich, nicht viel anderes ist es im französischen Bahnnetz. Es gelten eine ganze Reihe von **Ausnahmeregelungen, Aufschlägen** und **Sondertarifen,** die es fast unmöglich machen, einen ungefähren Reisepreis anzugeben. Die An- und Rückreise ins Reisegebiet schlägt mit rund 230 € zu Buche. Über Sondertarife, wie Inter Rail, Eurodomino oder Transalpino, die auch in Frankreich gelten, informiert die Deutsche Bahn **(www.bahn.de).** Fahrbahnauskünfte und Reservierungen innerhalb Frankreichs können bequem unter **www.sncf.com** vorgenommen werden.

Für **Fahrradfahrer** wird die Anreise mit dem Zug erheblich erschwert. Das Fahrrad kann nicht als Begleitgepäck mitgeführt werden. Es muss als einzelnes Gepäckstück gut verpackt aufgegeben werden. Das System funktioniert zwar sehr gut, ist aber nicht ganz günstig: Pro Fahrrad kann mit etwa 100 € für die einfache Fahrt gerechnet werden. In der Auvergne und den Cévennen ist das Reisen mit dem Drahtesel völlig unproblematisch. In den Nahverkehrszügen, gekennzeichnet mit einem Radsymbol im Fahrplan, kann das Fahrrad kostenlos als Handgepäck mitbefördert werden. Die **telefonische Bahnauskunft** kann erreicht werden unter: 0836353535 (allgemein), 0473925050 (Clermont-Ferrand), 0471025050 (Le Puy) oder 0470465050 (Vichy).

Anreise mit dem Bus

Die **Europabusse** verbinden alle größeren Städte der Bundesrepublik mit Zielen in ganz Europa. Zum Beispiel steuern die Eurolines-Busse mehrmals wöchentlich Lyon an. Von hier aus führen zahlreiche Züge in alle Regionen der Auvergne und der Cévennen. Häufig verkehren die Busse über Nacht und erreichen das Zielgebiet in den Morgenstunden. Von Frankfurt erreicht man zum Beispiel in 10,5 Stunden für 85 € (hin- und zurück) Lyon. Informationen und Tickets sind über Reisebüros, die Touring-Büros an Bahnhöfen oder im Internet unter www.deutsche-touring.com zu erhalten.

Anreise mit dem Flugzeug

Fliegen kann die bequemste Art und Weise sein, um ins Reisegebiet zu gelangen. Die Kosten für Flugtickets können durchaus mit den Zugtarifen konkurrieren, allerdings sind die Kapazitäten der kleinen **Regionalfluglinien** recht begrenzt. Die Auvergne kann über Clermont-Ferrand mehrmals täglich von Strasbourg, Mulhouse, Düsseldorf oder Genf direkt angeflogen werden. Bei Flügen über Paris transportiert ein kostenloser Shuttlebus die Fluggäste zum Regionalflughafen Orly. Der Flughafen Aulnat bei Clermont-Ferrand wird ganzjährig angeflogen, während die Regionalflughäfen bei Vichy oder Le Puy-en-Velay nur in den Sommermonaten frequentiert werden. Infos zum Flugplan und Preisen unter www.airfrance.com, www.regionalairlines.com oder www.ryanair.com.

Buchtipps:
- RA Holger Backu, Friedrich Köthe
Bordbuch Südeuropa für Unfall, Panne und Verkehr
- Frank Littek
Fliegen ohne Angst
- Erich Witschi
Clever buchen, besser fliegen
(alle Bände REISE KNOW-HOW Praxis)

Ausrüstung und Reisegepäck

Das Klima und Wettergeschehen in der Auvergne ist mit dem Wetter in Süddeutschland durchaus vergleichbar. Aufgrund der Höhenlage und der immer wieder schnell einsetzenden kurzen Schauer und Gewitter sind **regenfeste Kleidung** sowie eine **wärmende Jacke oder Pullover** notwendige Gepäckstücke. Auch bei Reisen in die Cévennen ist die Höhenlage und die zum Teil empfindliche nächtliche Abkühlung nicht zu unterschätzen. Starke Winde führen selbst bei warmen Temperaturen zur Abkühlung, so dass keinesfalls auf wärmende sowie wind- und wasserabweisende Kleidung verzichtet werden sollte. In den Sommermonaten klettert das Thermometer schnell auf Werte über 30°C, die man am besten in leichter luftiger Kleidung oder im Badeanzug an einem der Seen genießt. Natürlich gehört in das Reisegepäck geeigneter **Sonnenschutz,** wie eine gute Sonnenbrille und Sonnencreme mit hohem Schutzfaktor.

Wanderer sollten neben einem bequemen **Tagesrucksack** bereits gut eingelaufene **Trekkingschuhe** einpacken. Feste Bergschuhe sind weder für die Auvergne noch für die Cévennen ein Muss. Es gibt nur sehr wenige Wandertouren, die durch unbefestigtes oder steiles Gelände führen. In der Regel sind alle Wanderwege gut befestigt und schon mit stabilen Turnschuhen begehbar. Bei mehrtätigen Wanderungen sollten Wanderkarten, Taschenlampe, Verbandszeug, Taschenmesser, Schlafsack und Proviant nicht fehlen, und auch ein Fernglas, eine Kamera oder ein Bestimmungsbuch lohnen sich auf alle Fälle. Ein kleines deutsch-französisches **Wörterbuch** kann wertvolle Dienste leisten, denn fernab der Städte und touristischen Highlights trifft man häufig auf Franzosen mit keinerlei Fremdsprachenkenntnissen.

Botschaften und Konsulate

In Frankreich

- **Botschaft der Bundesrepublik Deutschland**
13/15, Avenue Franklin D. Roosevelt
75008 Paris
Tel. 0153834500
www.amb-allemagne.fr
- **Informationszentrum der Deutschen Botschaft**
24, Rue Marbeau, 75116 Paris
Tel. 0144173131
- **Consulat Géneral de la République Fédérale d'Allemagne**
33, Boulevard des Belges
69458 Lyon Cedex 06
Tel. 0478935473
- **Konsulat der Bundesrepublik Deutschland**
48, Rue Claude Bernard, 66000 Perpignan
Tel. 0468356084
- **Botschaft der Republik Österreich**
6, Rue Fabert, 75007 Paris
Tel. 0140633063
- **Botschaft der Schweiz**
142, Rue de Grenelle, 75007 Paris
Tel. 0149556700

Französische Vertretungen im Ausland

- **Französische Botschaft in Deutschland**
Kochstr. 6–7, 10969 Berlin
Tel. 03020639000
- In folgenden Städten befinden sich französische **Konsulate:** Düsseldorf, Frankfurt, Hamburg, Leipzig, Mainz, München, Saarbrücken und Stuttgart.
- **Französische Botschaft in Österreich**
Technikerstr. 2, 1040 Wien
Tel. 01502750
- **Französische Botschaft in der Schweiz**
Schosshaldenstr. 46, 3006 Bern
Tel. 0313592111

auv_023 Foto: bf

Rathaus von Issoire

Praktische Reisetipps A–Z

Einkaufen und Souvenirs

Beim Thema Einkaufen trifft man in Frankreich auf Extreme: **Gigantische Einkaufszentren** am Stadtrand – und manchmal auch auf der grünen Wiese – und **kleine Fachgeschäfte,** in denen die Tradition groß geschrieben wird und vorwiegend regionale Produkte feilgeboten werden. Die großen Supermärkte *(Hypermarché* oder *Supermarché)* sind einstöckige, in die Fläche gebaute Einkaufswelten. Hier erhält man im Grunde wirklich alles, von Lebensmitteln über Kleidung bis zu Elektro- und Gartenartikeln. Im Gebäudekomplex befinden sich weitere Läden, wie beispielsweise Kiosk, Schreibwarenladen, Restaurant und Bar. Wer mit einem Einkauf alles erledigen möchte und dies ohne lästige Parkplatzsuche oder Stau in den Innenstädten, ist hier an der richtigen Adresse. Die Qualität der angebotenen Artikel, vor allem auch der Frischwaren, ist gut, die Auswahl an der Käsetheke oder im Weinregal kaum zu übertreffen. Die *Hypermarchés* haben ihre Konsumpforten werktags von 9.00 Uhr – 22.00 Uhr geöffnet.

„Leben wie Gott in Frankreich" – das Schlemmen und Genießen fängt nicht erst bei Tisch an, sondern gerade in Frankreich, das für die Qualität seiner frischen Lebensmittel und regionalen Produkte bekannt ist, wird der **Einkauf in kleinen Läden und auf Märkten** zum vorkulinarischen Erlebnis. Natürlich können die kleinen Spezialgeschäfte und Tante-Emma-Läden *(Épicerie)* nicht mit den Preisen der Giganten vor den Stadttoren konkurrieren, aber dafür wird man hier fachgerecht beraten, und die Qualität der Produkte ist vom Feinsten. Nicht zuletzt wirkt sich die gesamte Atmosphäre in den oft nostalgischen Lädchen auch auf den Einkauf aus – wie unvergleichbar ist der Duft von Brot, *Brioche* (leicht gesüßtes Hefegebäck) und *Croissants,* die in den Backstuben hinter dem Ladenregal frisch gebacken werden. Fast in jeder Ortschaft ist eine **Boulangerie** zu finden, die zum Teil mittlerweile auch von Großbäckereien beliefert werden. In den Regalen findet sich eine große Auswahl der verschiedenen Formen und Größen des französischen Weißbrotes *(Baguette).* Auch eine Sorte von etwas rustikalerem Landbrot und so genannte „Vollkorn-Baguettes" *(Integral),* die das Vollkorn lediglich erahnen lassen, sind erhältlich. Auf wirkliche Vollkornbrote und dunklere Brotsorten muss in Frankreich weitgehend verzichtet werden.

Das Einkaufserlebnis schlechthin ist der an ein oder zwei Wochentagen in jeder Stadt, Kleinstadt oder größeren Gemeinde stattfindende **Markt.** Die Obst- und Gemüsestände sind ein farblicher Augenschmaus, die Käsestände verführen mit „duftenden" Köstlichkeiten, und je nach Region findet man hier Spezialitäten wie Honig, Marmeladen, eingelegtes Obst und Gemüse oder kandierte Früchte. Auf den Märkten werden neben Lebensmitteln auch Haushaltswaren und Kleidung feilgeboten. Es lohnt sich, schon früh auf den Markt zu gehen und das bunte Treiben von einem Café aus zu beobachten und vielleicht auch den einen oder anderen Schnappschuss zu machen. Der Markt ist wie der Besuch der heiligen Messe vor allem in ländlichen Gegenden die Klatsch- und Tratschbörse schlechthin.

Ladenschlusszeiten

Normalerweise öffnen die Geschäfte, mit Ausnahme der Bäckereien und Tante Emma Läden, die oftmals schon beim ersten Hahnenschrei ihre Waren anbieten, um **9.00 Uhr** und schließen gegen **19.00 Uhr.** Je weiter südlich man im Reisegebiet unterwegs ist, desto ausgedehnter wird die Mittagspause, die meist von 12.00–14.00 oder 15.00 Uhr abgehalten wird. Die großen Supermärkte haben durchgehend bis mindestens **21.00 Uhr** geöffnet, und manche schließen ihre Türen auch am Sonntag nicht.

Souvenirs und Spezialitäten

Die **traditionellen Handwerkskünste** sind eine Fundgrube für nette Andenken und praktische Mitbringsel. Für die in Handarbeit gefertigten Unikate muss naturgemäß etwas tiefer in die Urlaubskasse gegriffen werden, aber bestimmt wird man lange Freude daran haben. Gewiss finden sich auch in den klassischen, touristisch attraktiven Orten Buden und Läden, die sich auf den Verkauf von touristischen Ramschartikeln spezialisiert haben.

Schleckermäuler werden an den **landwirtschaftlichen Erzeugnissen** aus den Regionen ihre wahre Freude haben. Sie sind von hoher Qualität und häufig möglichst naturbelassen verarbeitet worden. Vor allem die würzigen, geruchsintensiven Käsespezialitäten, etwa die berühmten Blauschimmelkäse aus Roquefort oder der Bleu aus der Auvergne, der Cantal und der herzhafte St Nectaire, sind auf Märkten, in Spezialgeschäften und auch im Direktverkauf der Käsereien zu erwerben und eine Bereicherung der Käseplatte auf dem heimatlichen Tisch.

Käse ohne Wein? Die Auswahl an **regionalen Rebentropfen** ist nicht so üppig wie in anderen Regionen Frankreichs. Den passenden Côtes d'Auvergne erhält man im Anbaugebiet nördlich von Clermont-Ferrand direkt vom Winzer. Das Cantal- und das Velay-Gebiet sind die Heimat des **Enzianlikörs (Gentiane),** dem neben verdauungsfördernden Eigenschaften auch viele heilende Wirkungen zugesprochen werden. Der Enzian ist in vielen Feinkostläden oder direkt ab der Distille der Brennereien in Riom-ès-Montagne oder in Le Puy-en-Velay erhältlich.

Dank der abwechslungsreichen Vegetation gibt es eine große Auswahl an schmackhaften **Honigsorten** in der Auvergne und den Cévennen. Die Honigspezialität der Cévennen ist der *Miel de Chataigne,* ein relativ bitterer Honig aus Edelkastanien. Früher hielten sich die Bauern oft ein Bienenvolk zur Deckung des Eigenbedarfs, heute ist die Imkerei ein eigenständiges Gewerbe, das in der gesamten Region verbreitet ist. Bei den Imkereien *(Mielerie)* erhält man die ganze Produktpalette rund um die fleißigen Tierchen: Honig, Pollen,

auv_026 Foto: bf

Gelee Royale, Bienenwachskerzen und Süßigkeiten. Eine weitere gesunde Spezialität sind die *Pastilles de Vichy*. Die Bonbons mit Pfefferminz- oder Anisgeschmack enthalten verdauungsfördernde Mineralsalze, die beim Verdampfen des Thermalwassers auskristallisieren.

Ein stilvolles Souvenir sind die **formschönen Messer** aus Thiers oder Laguiole. Das Museum der Messerschmiedekunst *(Musée de la coutellerie)* und das Haus der Messerschmiede *(Maison des coutelliers)* in der Altstadt von Thiers bieten einen interessanten Ausflug in die Geschichte des Schmiedehandwerks. In deren Verkaufsräumen sowie in den einschlägigen Messergeschäften des Städtchens lassen sich für viel Geld einmalige Kostbarkeiten erstehen, aber auch schöne Handarbeiten für den schmaleren Geldbeutel, an denen man lange Freude haben kann.

Das **Handwerk des Spitzenklöppelns** im Velay und im Livradois geht zurück bis ins Mittelalter. Vor allem in Le Puy-en-Velay, wo sich die Pilgerströme versammelten und auf den Weg nach Santiago de Compostela machten, hatte (und hat) die Herstellung der filigranen Meisterwerke Hochkonjunktur. In den Gassen der Altstadt, vor allem in der Rue des Tables, kann den

Geklöppelte Spitzen in Le Puy

Spitzenklöpplern, die für die Besucher unter freiem Himmel vor ihren Geschäften klöppeln, bei der Arbeit zugesehen werden. Die Spitzen sind in allen Größen und in zahlreichen, meist überlieferten Mustern erhältlich und auch finanziell erschwinglich.

Weitere **Mitbringsel** sind Gegenstände **aus Lava,** die in und rund um Clermont-Ferrand hergestellt werden. Bei den **Töpfereien und Keramikwerkstätten** im Reisegebiet findet eine interessante Synthese aus der Herstellung von Gebrauchsgegenständen nach alten Traditionen und des Töpferns als Kunstform statt. Die Töpfereien bieten für nahezu jeden Geschmack und für alle Geldbörsen nette Kleinigkeiten, die nicht als Staubfänger im Regal enden müssen. Typisch für die Auvergne von früher sind die **Holzschuhe.** Rund um die Monts Dore, beispielsweise in St-Nectaire, wird das laute und gewöhnungsbedürftige Schuhwerk angeboten. Typisch für die Causses sind die Schafprodukte: der Roquefortkäse sowie hochwertige **Lederwaren,** allen voran die Handschuhfabrikation in Millau. Rund um das Haus des Leders und des Handschuhs *(Maison de la peau et du gant)* befinden sich gute Einkaufsmöglichkeiten für die stets hervorragend und sehr aufwendig verarbeiteten Handschuhe.

Ein- und Ausreisebestimmungen

Frankreich ist Mitglied der **Europäischen Union,** und natürlich gilt das Schengener Abkommen, das den Grenzverkehr innerhalb Europas regelt, auch hier. Das heißt, es finden an den Landesgrenzen praktisch keine Ausweiskontrollen mehr statt. Das bedeutet natürlich nicht, dass die Papiere getrost zuhause bleiben können. EU-Bürger benötigen bei der Einreise nach Frankreich und bei einem Aufenthalt bis zu maximal drei Monaten lediglich einen gültigen **Personalausweis** oder **Reisepass.** Autofahrer müssen auch in Frankreich den **Führerschein** und den **Fahrzeugschein** griffbereit haben. Es ist empfehlenswert, die Reisedokumente zu fotokopieren und getrennt von den Originalen aufzubewahren. Im Falle eines Verlustes können mit Hilfe der Kopien schneller und unkomplizierter Ersatzdokumente ausgestellt werden.

Alle Reisenden, die nicht Bürger der Europäischen Union sind, sollten sich beim französischen Konsulat über die **aktuellen Einreisebestimmungen** informieren. Die entsprechenden Kontaktadressen sind auf den Internetseiten des Französischen Außenministeriums verzeichnet: www.diplomatie.gouv.fr/venir/visas/index. Allein reisende Minderjährige müssen eine Genehmigung ihrer Eltern zum Verlassen des Landes mit sich führen.

Wer **länger als drei Monate** am Stück in Frankreich bleiben möchte, benötigt eine **Aufenthaltsgenehmigung,** die von den Botschaften ausgestellt wird. Doch in der Regel ist mit dem Öffnen der Grenzen innerhalb Europas eine Kontrolle der Aufenthaltsdauer nur schwer möglich.

Zollbestimmungen

EU-Bürger unterliegen seit Inkrafttreten des Schengener Abkommens bei grenzüberschreitenden Reisen innerhalb Europas keinerlei Beschränkungen beim privaten Warenverkehr. Allerdings gibt es Richtmengen, die den **persönlichen Bedarf** noch glaubhaft erscheinen lassen: 800 Zigaretten, 200 Zigarillos und Zigarren, 1 kg Tabak, 90 Liter Wein und 10 Liter Spirituosen. **Reisende aus Drittländern** müssen mitgeführte Waren, die einen Wert von 175 € übersteigen, am Zoll deklarieren und dort die anfallenden Zollgebühren entrichten. Wer Geldbeträge über 7600 € mit sich führt, muss diese ebenfalls am Zoll angeben. Folgende Waren unterliegen strengen Regelungen oder sind zur Ein- und Ausfuhr völlig verboten: Waffen, Elfenbein, Pflanzen oder Markenfälschungen.

- **Infos:** www.zoll-infocenter.de

Haustiere

Haustiere können mit nach Frankreich genommen werden, wenn sie gegen Tollwut geimpft sind. Die **Impfbescheinigung** muss mitgenommen werden. **Hunde** benötigen zusätzlich eine Marke und ein Halsband, auf dem Name und Adresse des Besitzers angebracht sind. Für Hunde gelten seit 1999 **zusätzliche Bestimmungen:** Das Mitführen von so genannten Kampfhunden ist verboten, Wach- und Schutzhunde dürfen nur mit Maulkorb und an der Leine geführt werden. Bei der Einreise kann Einsicht in das Geburtszeugnis sowie in den Stammbaum verlangt werden. Viele Hotels und Campingplätze sowie Restaurants verbieten den Aufenthalt der vierbeinigen Lieblinge, die übrigens nach französischem Recht auch am Strand nicht gestattet sind!

Elektrizität

Die Netzspannung beträgt in Frankreich **220 Volt.** Viele Steckdosen besitzen in der Mitte einen dicken Metallstift, so dass ohne Adapter die deutschen Schukostecker nicht zu benutzen sind. Föne oder Rasierer, also Geräte mit einem Flachstecker, passen meist in alle französischen Steckdosen. Adapter gibt es in Deutschland beim ADAC, Elektrohandel oder in Outdoor-Geschäften. Bei Bedarf können sie auch in Frankreich in den großen Supermärkten, in Elektrogeschäften und auf manchen Campingplätzen gekauft werden.

Garantiert frisch – Gemüse vom Markt

Essen und Trinken

Beim Essen und Trinken sind die Franzosen Meister, ebenso natürlich in der Kunst des Kochens. So ist es nicht verwunderlich, dass sich selbst in kleineren Ortschaften ganz respektable Restaurants niedergelassen haben. Erstklassige Gastronomen, die sich unter dem Namen **Toques d'Auvergne** zusammengeschlossen haben, kredenzen meist etwas abseits in der ländlichen Idylle ihre Kreationen der Haute-Cuisine. Weitaus günstiger – von billig kann in Frankreich kaum die Rede sein – speist man in guten Häusern mit regionaler Küche, den **Table Régionale d'Auvergne.**

Ein klassisches **Menü** besteht aus drei Gängen, Vorspeise, Hauptgericht und Nachspeise bzw. Käse, für das man sich Zeit nimmt. Beim Betreten des Restaurants begrüßt ein Kellner die Gäste, um ihnen dann einen freien Tisch zuzuweisen. Die Höhe des **Trinkgeldes** ist abhängig von der Kategorie des Restaurants, beläuft sich aber in der Regel auf etwa 10 Prozent. In Bars und Cafés ist es üblich, großzügig aufzurunden.

Vor allem die **Brasserien** verkörpern das typisch französische Flair. Neben dem traditionellen Café au Lait mit Croissant zum Frühstück, dem Pernot, Riccard oder Gläschen Wein zu jeder

auv_029 Foto: bf

Alles Käse! Köstlichkeiten aus modrigen Kellern

Die Auvergne ist die größte Käseregion Frankreichs. Kein Wunder, dass bei so viel frischer Luft, Wiesen und Weiden hier annähernd ein Viertel der französischen Käse produziert wird. Die **fünf Käsesorten mit kontrollierter Herkunftsbezeichnung A.O.C.** (Appellation d'Origine Contrôlée), wohlklingendem Namen und nachhaltigen Gaumenfreuden können an der Stätte ihrer Produktion auch probiert werden. Auf die Spur dieser Käseköstlichkeiten begibt sich die „Käsestraße der Auvergne". Durch die regionalen Naturparks führt der Weg von Käserei zu Käserei mit Besichtungen, Gang durch die Reifekeller und natürlich mit Kostproben der unterschiedlich lang gereiften Käselaibe. Die Kunst der Käseherstellung wurde schon immer von einer Generation zur nächsten weitergegeben. St-Nectaire, Bleu d'Auvergne, Cantal, Salers, Fourme d'Ambert – noch heute werden diese Spezialitäten mit denselben jahrhundertealten Produktionsmethoden hergestellt.

- **St-Nectaire:** Schon *Ludwig XIV.* schlemmte diesen cremigen Weichkäse aus den Monts Dore mit der ausgeprägten nussigen Note, die man nur bei dieser Käsesorte findet. Der Frischkäse wird zunächst geformt, gepresst, gesalzen und dann in ein Tuch eingewickelt, um schließlich wieder geformt und ein zweites Mal gepresst zu werden. Dann erst beginnt die lange Reifezeit.
- Der **Bleu d'Auvergne** wird seit der Mitte des 19. Jh. hergestellt. Zunächst tropft die Molke langsam ab, dann wird der Käse mehrfach gewendet und gesalzen. Schließlich wird er eingestochen, damit sich die Edelpilzkulturen des Blauschimmels *Penicillium glaucum* gleichmäßig entwickeln können und die typisch blaue Äderung entsteht. Danach reift der Käse langsam in den kühlen, luftigen Kellern.
- **Cantal:** Die Herstellung des Cantal ist ungewöhnlich. Ein erstes Mal wird der Käse gepresst, danach zermahlen, gesalzen, geformt und erneut 48 Stunden gepresst. Dann beginnt die Reifung für mindestens 30 Tage, so lange benötigt ein junger milchig-frischer Cantal. Der mittelalte Cantal reift zwischen zwei und sechs Monaten, der reife Cantal über sechs Monate, um seinen kräftigen Geschmack voll zu entfalten.
- **Fourme d'Ambert:** Die Averner kannten den Fourme d'Ambert wahrscheinlich bereits vor dem Einzug der Römer. Dieser Blauschimmelkäse wird nur im Gebirge hergestellt, wo er langsam in den Kellern reift. So erhält er seine graue Rinde, unter der sich der cremige Charakter mit dem typisch mild-fruchtigen Geschmack entwickelt. Der Käse ist auf allen Käseplatten der Region zu finden, kann aber auch für Salate und Soufflés verwendet werden.
- **Salers:** Die Entstehung des Salers geht so weit zurück, dass dazu keine Aufzeichnungen mehr erhalten sind. Er wird zweimal gepresst und reift dann in kühlen, tiefen Kellern. Er wird nur auf Bauernhöfen während der Weidezeit vom 15. April bis zum 15. November hergestellt, wenn die Kühe auf den Bergweiden bestes Futter grasen. Die reichhaltige Milch bildet die Grundlage für diesen wenig bekannten Käse, dessen intensiver Geschmack dem Cantal ähnelt.

Gelegenheit gibt es in der Regel auch eine kleine Auswahl an Snacks und Menüs.

Mahlzeiten

Das **Frühstück** *(Petit déjeuner)* ist, wie der Name schon sagt, nicht gerade reichhaltig. Zumeist nehmen die Franzosen zum Milchkaffee oder Tee nur ein Stück Baguette mit Butter und Marmelade zu sich, das häufig mit dem Belag in das Getränk getunkt wird. In den Bars und Cafés stehen am Tresen kleine Glasvitrinen mit den verführerisch duftenden Croissants und Brioche, die nicht nur bei Touristen heiß begehrt sind. Ein klassisch-kontinentales Frühstück mit Brötchen, Marmelade, Käse, Wurst, Müsli oder ein Frühstücksbuffet bieten nur die Mittelklasse- oder Spitzenhotels.

Üppiger als das Frühstück fällt schon das **Mittagessen** *(Déjeuner)* aus. Üblicherweise wird es zwischen 13.00 Uhr und 14.30 Uhr eingenommen. Ein komplettes Mittagessen besteht aus drei Gängen, bei den festen Menüs *(Plat du jour)* ist häufig Wasser und Wein im Preis mit inbegriffen. Erheblich teurer ist die Auswahl des Menüs à la carte.

Das französische **Abendessen** *(Dîner)* ist der Inbegriff des Schlemmens. Wie beim Mittagstisch werden mindestens drei Gänge angeboten, bei ausgiebigeren Menüs auch bis zu fünf. Die Portionen sind natürlich nicht so groß, wie man das von deutschen Tellern kennt, aber schließlich muss man ja noch Platz lassen für den nächsten Gang. Begleitet wird das Essen von Wasser und Wein, wobei man Viertelliter *(un quart)*, halbe Liter *(un demi-litre)* oder Liter *(un litre; un carafe)* bestellt. Das Wasser ist in der Regel ohne Kohlensäure, nur auf besonderen Wunsch mit *(avec gas)*.

Die **Weinkarte** der Restaurants unterteilt sich in die günstigen Tafelweine *(Vin de table)*, die süffigen Regionalweine *(Vin du pays)* sowie die verschiedenen Qualitätsweine, die kaum einen Wunsch offen lassen.

Die Speisekarte der Restaurants unterscheidet häufig nicht zwischen Mittagstisch und Abendessen, das meist zwischen 20.00 und 22.00 Uhr eingenommen wird.

Spezialitäten

Die Küche der Auvergne und der Cévennen wird bestimmt durch einfache, herzhafte, sättigende und üppige Gerichte. Die Zutaten der **bäuerlichen Regionalküche** sind geprägt vom natürlichen Angebot der Region: Fleisch, Fisch, Kartoffeln, Käse, Kohl, Linsen, Kastanien und Pilze.

Der Eintopf aus der Auvergne, das **Potée,** ist ein traditionelles „Arme-Leute-Essen“. In den Eintopf kommen Kohl, Rüben, Speck, Würste sowie fettes Schweinefleisch. Diese Mischung wird einige Stunden gekocht und mit Brot serviert. Die Zutatenliste für die **Tripoux** (Innereien) mag etwas ungewöhnlich sein, denn je nach Region befinden sich Kalbsinnereien, Schafsmagen, -darm, Hammelmagen und -füße, Knoblauch, Kräuter und viel Weißwein im Topf. Bekannt für die Tripoux ist die

Vier Rezepte aus der ländlichen Küche

Poires Cuites au Vin de St-Pourçain (aus dem Allier)

Zutaten (für 4 Personen):

4	schöne Williamsbirnen
1 Flasche	St-Pourçain (oder einen anderen guten Rotwein)
300 g	Zucker
1	Orange
1	Zitrone
2	Nelken
1	Prise Zimt

Zubereitung:

Den Wein zusammen mit den Gewürzen und dem Zucker 10 Min. köcheln und reduzieren lassen. Die Birnen schälen und für 10 Min. mit dem Gewürzwein ziehen lassen. Danach entnehmen Sie die Birnen und lassen den Gewürzwein weiter auf die Hälfte reduzieren. Birnen auf einen Teller geben und mit Weinsauce servieren.

Crème de Lentilles Verte du Puy (aus dem Velay)

Zutaten:

300 g	grüne Linsen aus Le Puy
3	Karotten
3	kleine Schalotten
3	Knoblauchzehen
50 g	Butter
25 cl	Crème Fraîche
	Salz und Pfeffer

Zubereitung:

Die klein gewürfelten Karotten, Schalotten und Knoblauchzehen in der Butter anschwitzen, dann die Linsen zugeben und mit dem vierfachen Volumen an Wasser ablöschen. 40 Min. bei geringer Hitze köcheln lassen. Mit dem Zauberstab fein pürieren und mit Crème Fraîche, Salz und Pfeffer abschmecken. Heiß mit Petersilie dekoriert servieren.

La Fouace (aus der südlichen Auvergne)

Zutaten:

1 kg	Mehl
4	ganze Eier
250 g	geschmolzene Butter
30 g	Hefe, aufgelöst in etwas warmer Milch
1 Prise	Salz
100 g	Zucker
2 TL	Orangenaroma
	so viel warme Milch, bis ein glatter Teig entsteht

Zubereitung:

Aus den Zutaten einen sehr glatten und gut durchgeschlagenen Hefeteig herstellen. Diesen an einem warmen Ort 2 Std. gehen lassen. Aus dem gegangenen Teig auf einer bemehlten Unterlage eine oder zwei Kugeln formen. In der Mitte jeweils mit einem Glas ein Loch ausstechen und das Glas im Teig stehen lassen. Noch einmal zugedeckt eine weitere Stunde gehen lassen. Danach im 200°C vorgeheizten Ofen goldgelb backen. Noch warm mit Hagelzucker bestreuen und erkalten lassen. Die Fouace schmeckt am besten frisch!

L'Aligot (aus der südlichen Auvergne)

Zutaten:

1 kg	gekochte Kartoffeln zu Kartoffelpüree verarbeiten
100 g	Butter
250 g	Crème Fraîche
400 g	Frischer Tome de l'Aubrac (oder anderer junger Käse)
	Salz, Pfeffer und je nach Geschmack Knoblauch

Zubereitung:

Für dieses äußerst nahrhafte Gericht wird das Kartoffelpüree mit Butter und den Gewürzen abgeschmeckt, bevor der in Streifen geschnittene Käse untergerührt wird. Traditionell wird hierfür ein Holzlöffel oder einfach ein Holzscheit verwendet. Dabei wird bei kleiner Flamme so lange gerührt, bis das Aligot lange Fäden zieht und der Käse vollständig aufgeschmolzen ist.

Gegend um Aurillac und St-Flour. Oder wie wäre es mit einem mit Hackfleisch gefüllten Kohlkopf *(Choux farci)* oder einem Kuchen der besonderen Art? Der **Pounti** ist ein würziger „Kuchen" mit Kräutern, Hackfleisch, Spinat und Backpflaumen.

In der gesamten Auvergne ist das **Aligot** oder auch *Truffade* verbreitet. Dahinter verbirgt sich ein einfaches Gericht, bestehend aus gekochten Kartoffeln, Speck und Käse, die miteinander zu einer zähen, Faden ziehenden Masse vermengt werden.

Die Flüsse und Seen liefern ein reichhaltiges Angebot an **Süßwasserfischen,** wie Lachse, Forellen oder Gründlinge und Krebse, die zuweilen mit den kleinen grünen Linsen *(Lentiles vertes)* aus dem Velay auf der Speisekarte zu finden sind.

Die regionale Küche ist gewiss kein Paradies für Vegetarier. Kalorienzähler werden vor allem bei den einfachen, aber gehaltvollen Nachspeisen verzweifeln. Die Kuchen und Törtchen aus Rührteig bergen süße Früchtchen, wie Heidelbeeren *(Tartes aux myrtilles),* Kirschen oder andere Beeren. Die **Brioche de St-Nectaire** sind recht beliebte, mit Frischkäse zubereitete kleine Gebäckstücke.

Käse schließt den Magen, und das geschieht im Reisegebiet mit den würzigen Käsespezialitäten wie den beiden Blauschimmelsorten, dem weltbekannten Roquefort und dem Bleu d'Auvergne, oder dem Weichkäse aus St-Nectaire, dem Hartkäse aus dem Cantal und dem Fourme de Laguiole oder den diversen Ziegenkäsevariationen.

Feste und Feiertage

Es gibt viele Gründe zum Feiern. Das ganze Jahr über kann man in der Region Feste *(Fête)* miterleben. Nahezu jede Ortschaft zelebriert mindestens eine große Festivität im Jahresverlauf: Straßentheatertage, historische Musikfestivals, Mittelalterfeste, Tanzveranstaltungen, ländliche traditionelle Feste zu Ehren der Feldfrüchte und des Viehs oder religiöse Feiern und Prozessionen. Diese Veranstaltungen werden meist begleitet von Krämer- und Handwerksmärkten, Antiquitätenmessen oder bunten Flohmärkten. Gemeinsam feiern, zusammen schlemmen, tanzen und lachen – diese Tradition wird ausgiebig gepflegt. Auf den Festen treffen sich Jung und Alt der gesamten Region und schließen auch Fremde in ihre Feierstimmung mit ein. Völlig unkompliziert kommen Besucher in herzlichen Kontakt mit der Bevölkerung, lauschen der Musik und laben sich an der herzhaften regionalen Küche und dem stets reichlich fließenden Wein.

Die wichtigsten Feste

Februar

Das **internationale Kurzfilmfestival** *(Fête international du court métrage)* in **Clermont-Ferrand** ist eines der populärsten Kinoevents Frankreichs. Jedes Jahr strömen die Cineasten während der ersten Februarwoche zum „Cannes des Kurzfilms". Die vorgestellten Filme kommen aus der ganzen Welt, mit einem jährlich wechselnden Länderschwerpunkt (Informationen im Internet unter www.clermont.filmfest. com).

März/April

An Ostern finden im gesamten katholisch geprägten Reisegebiet, vor allem aber in der Auvergne, eine ganze Reihe von traditionellen **Osterprozessionen** statt. Besonders beeindruckend ist die Prozession der *Pénitents Blancs,* der weißen Büßer, in **Le Puy-en-Velay.** In weiße lange Kutten gekleidet, ziehen sie bei Einbruch der Dunkelheit mit Fackeln durch die Gassen der Altstadt.

Mai/Juni

Das letzte Maiwochenende in **Allache** steht ganz in der Tradition der **bäuerlichen Almenwirtschaft.** Die reich geschmückten und herausgeputzten Rinder werden zu ihrer Sommerweide begleitet. Auf dem Weg hoch zu den Matten des Cézallier-Plateaus begleiten Musikkapellen, Picknick an einer der traditionellen Sennhütten *(Buron)* sowie die kirchliche Segnung die Herden.

In **St-Flour,** der 1000 m hoch gelegenen Gebirgsstadt zwischen dem Aubrac-Massiv und den Hochebenen des Cézallier, den Bergen des Cantal und der Margeride, findet an Pfingsten das **„Treffen der Gebirgskulturen"** statt. Es fördert die Begegnung von künstlerisch aktiven Menschen, die ebenfalls im europäischen „Hochland" leben. Alle Künstlergruppen vereinigen sich zur „La Montada", einem großen Umzug zwischen der Unter- und Oberstadt, der symbolisch die Verbindung zwischen Tief- und Hochland herstellt. Mit einem jährlich wechselnden Länderschwerpunkt stehen Konzerte, Straßentheater, Tanzabende und Handwerksvorführungen auf dem Festivalprogramm.

Juli

Die Figur der **Schwarzen Madonna** von **Bresse-en-Chandesse** legt jährlich in zwei volkstümlichen Prozessionen den Weg von Bresse hinauf in das Bergdorf **Vassivière** zurück; im Spätherbst geht es retour ins Winterdomizil nach Bresse (siehe Exkurs „Das Mysterium der Schwarzen Madonnen").

Ein buntes und sehr spannendes Fest voller Überraschungen ist das **Festival der Kulturen der Welt,** das in **Gannat** seit 1974 stattfindet. Mitte Juli wird die Stadt zum Schmelztiegel der Kulturen und Traditionen mit Musik, Tanz, Kunsthandwerk und kulinarischen Leckerbissen. Zehn Tage und Nächte kann man in Gannat quasi rund um den Globus reisen und den Gesichtern der Welt begegnen (www.gannat.com).

Im Herzen des Bourbonnais befindet sich die Prioreikirche St-Pierre von **Souvigny,** eine der großen nationalen Kulturstätten Frankreichs. Seit über sechs Jahren, meist ab dem letzten Juliwochenende, lädt diese historische Stätte eine ganze Woche lang zum **mittelalterlichen Jahrmarkt** mit europäischem Gaukler- und Musikfestival ein – das tolle Treiben mit Gauklern, Akrobaten, Minnesängern und Kunsthandwerkern findet seinen Höhepunkt mit dem Grimassenwettbewerb.

Zu Ehren des 1226 auf der Burg Montpernsier verstorbenen König *Lud-*

wig VIII. wird das **Festival „La Médivale“** im **Montaigut-en-Combrailles** gefeiert. Ende Juli, meist am dritten Juliwochenende, verwandelt sich die Burg in das alte Montaigut mit Vorführungen auf dem Burggelände, mittelalterlichen Märkten und Bällen, Bärenführern, Feuerspuckern sowie Festgelage in der Taverne (www.admira.asso.fr/asdesass).

August

Mitte August kommen zwölf Tage lang die Musikliebhaber zum **Festival von La Chaise-Dieu,** in die so genannte „Waldkathedrale“, um über vierzig anspruchsvollen Konzerten großer Orchester und Interpreten zu lauschen. Die gotische Kathedrale bringt die liturgischen und spirituellen Stücke aus mehr als vier Jahrhunderten durch ihre unvergleichbare Akustik stimmungsvoll zur Geltung und hinterlässt zuweilen beim Zuhören ein Gänsehautgefühl (www.chaise-dieu.com).

Mit dem Musikfestival in La Chaise-Dieu lässt sich der Besuch des besonders stimmungsvollen **Marienfestes** in der „religiösen Hauptstadt“ der Auvergne, in **Le Puy-en-Velay,** verbinden. Zu Mariä Himmelfahrt am 14. und 15. August wird zu Ehren der Muttergottes eine Prozession abgehalten. Dabei wird die berühmte Schwarze Madonna von Le Puy durch die steilen und engen Gassen der Altstadt getragen, bevor sie wieder ihren angestammten Platz hinter dem Altar der Kathedrale einnimmt.

Am letzten Augustwochenende verwandeln sich die Straßen und Gassen von **Aurillac** zur Kulisse eines großen Theaters. Gaukler, Clowns, bizarre Figuren, abstrakte Bauten, merkwürdige Gestalten, fantastische Tiere und extravagante Fahrzeuge bevölkern die gesamte Innenstadt. An jeder Straßenecke wird eine Geschichte erzählt, eine Figur zum Leben erweckt oder eine vergangene oder zukünftige Zeit beschworen. Das **internationale Straßentheaterfestival** *(théâtre de rue d'Aurillac)* ist ein besonderes Ereignis für Freunde der Kleinkunst (www.aurillac.net).

auv_036 Foto: bf

Feste zu Ehren der Jungfrau Maria finden häufig statt

Das Mysterium der Schwarzen Madonnen

Die **Vierges Noires,** die Schwarzen Madonnen, sind vor allem in der Auvergne weit verbreitet. Als Vorbild diente wohl die Schwarze Madonna von Le Puy-en-Velay. Sie gilt als ein Mitbringsel König *Ludwig IX.,* der die Marienstatue von einem Kreuzzug gegen Ägypten 1254 nach Le Puy gebracht haben soll. Möglicherweise war diese ursprüngliche Schwarze Madonna eine frühchristliche koptische Reliquie. Doch leider ist das Kunstwerk der Französischen Revolution zum Opfer gefallen und wie so viele sakrale Schätze öffentlich verbrannt worden.

Warum sich die Schwarzen Madonnen gerade in der Auvergne einer so großen Popularität erfreuen, liegt im Bereich der Spekulationen. Kunsthistoriker vermuten, dass die Schwarze Madonna die keltischen Göttinnen ersetzte. Andere berufen sich auf das Hohelied des König *Salomons,* in dem es heißt: „Braun bin ich zwar, doch hübsch, ihr Töchter Jerusalems. (...) Seht mich nicht an, dass ich so gebräunt bin, dass mich die Sonne verbrannt hat." Fest steht, dass die Schwarzen Madonnen rund um das westliche Mittelmeer anzutreffen sind – was dafür spricht, dass es sich dabei doch um die geraubten Schätze der Kreuzritter handelt.

Die Schwarzen Madonnen erfahren im christlichen Jahresverlauf eine besondere Verehrung. Es werden spezielle Feste zu ihren Ehren abgehalten. In Bresse-en-Chandesse ist die Vierge Noire als Schutzpatronin mit in den landwirtschaftlichen Rhythmus integriert.

Die Prozession der Schwarzen Madonna von Bresse

Nach einer Legende, die angeblich auf die streng katholische *Katharina von Medici,* der damaligen Herzogin der Auvergne und Baronin von La Tour d'Auvergne, zurückgeht, soll ein hugenottischer Händler eine Regel der mittelalterlichen Stadt Bresse-en-Chandesse missachtet haben. Danach musste jeder Neuankömmling oder Durchreisende für einen Moment andächtig vor der Statue der Schwarzen Madonna von Vassivière verweilen, ansonsten würde er erblinden. Das Augenlicht konnte allerdings nach bezeugter Reue wiedererlangt werden. Die Einwohner beschlossen angesichts dieses Wunders, die Statue hinunter ins Dorf zu holen, aber diese kehrte dreimal hintereinander auf geheimnisvolle Weise in ihre Kapelle in die Höhe zurück. Also gab man sich dem Wunder geschlagen und beschloss, die Figur dort zu belassen und nur für den Winter nach Bresse-en-Chandesse hinunterzubringen – wo sie seither noch nicht auf wundersame Weise verschwunden ist.

Noch heute legt die Schwarze Madonna von Bresse jedes Jahr in zwei volkstümlichen Prozessionen denselben Weg zurück. Sechzig Männer tragen die Madonna während des Festes der „Montade" am 2. Juli feierlich aus der romanischen Kirche St-André-de-Bresse zur Kapelle von Vassivière. Am Tag des Heiligen Matthias eröffnet der Viehmarkt die Rückkehr der Schwarzen Madonna, die „Dévalade", am 21. September nach Bresse. Die Ankunft der Madonna in ihrem Winterquartier wird von den Gläubigen und Verehrern mit einem Feuerwerk prachtvoll verkündet (www.superbresse.com).

auv_038 Foto: bf

September

Für ein Wochenende wird in **Le Puy-en-Velay** die Zeitmaschine angeschaltet, und die Stadt taucht in die Epoche der Renaissance ein. Das seit 1986 zelebrierte **Renaissancefest des Vogelkönigs** *(Fêtes Renaissance du Roi de l'Oiseau)* ist ein Musik- und Kostümfest in einem außergewöhnlich festlichen Ambiente: Ritter, Edelfrauen und Barden besiedeln die historische Innenstadt und erwarten gespannt den Sieger des jährlich ausgetragenen mittelalterlichen Wettkampfes zum Roi de l'Oiseau (www.ot.lepuyenvelay.fr).

Der Herbst ist Hochsaison für **landwirtschaftliche Feste** und Märkte aller Art. Fast jede Gemeinde feiert ein Wein-, Käse-, Walnuss-, Kastanien- oder Pilzfest, bei dem die kulinarischen Leckerbissen der Region feilgeboten werden und ein buntes Rahmenprogramm zum Singen und Tanzen animiert.

Gesetzliche Feiertage

- **1. Januar:** Jour de l'An (Neujahr)
- **1. Mai:** Fête du Travail (Tag der Arbeit)
- **8. Mai:** Armistice (Kapitulation der Deutschen im Zweiten Weltkrieg 1945)
- **14. Juli:** Fête Nationale (Nationalfeiertag – Sturm auf die Bastille 1789)
- **15. August:** Assomption (Mariä Himmelfahrt)
- **1. November:** Toussaint (Allerheiligen)
- **11. November:** Armistice (Waffenstillstand am Ende des Ersten Weltkriegs 1918)
- **25. Dezember:** Noël (Weihnachten)
- **Bewegliche Feiertage** sind Lundi de Pâques (Ostermontag), Ascension (Christi Himmelfahrt) und Lundi de Pentecôte (Pfingstmontag).

An diesen Tagen können Museen und auch Sehenswürdigkeiten geschlossen sein. Fallen die Feiertage auf einen Dienstag oder Montag, ist es in Frankreich üblich, einen **„Brückentag"** *(le pont)* einzulegen, um so in den Genuss eines verlängerten Wochenendes zu gelangen. Manche Banken und Geschäfte bleiben auch an diesem Brückentag geschlossen.

Feste und Märkte gehen Hand in Hand

Fotografieren

Filmmaterial und Batterien

Alle großen Supermärkte bieten eine gute Auswahl an Bilderfilmen der gängigen Lichtempfindlichkeiten mit 100, 200 und 400 ASA. Schwieriger zu erhalten ist das schnelle Filmmaterial ab 800 ASA. Die Auswahl an Diafilmen ist bescheiden. Häufig erhält man nur in Fotofachgeschäften verschiedene Empfindlichkeiten und eine gewisse Palette von Filmen unterschiedlicher Hersteller. Schwarz-Weiß-Filme sind wenig verbreitet und fast ausschließlich im Fachhandel erhältlich. Das **Preisniveau** des gesamten Fotomaterials, auch von Batterien, Filtern und Ersatzteilen, ist höher als in Deutschland. Deshalb gilt die Devise, lieber ein paar Filme und einen Satz Ersatzbatterien mehr einzupacken als zu wenig. Besonders in den ländlichen Gebieten ist es schwierig, spezielles Filmmaterial zu erhalten, das dann zu gesalzenen Preisen angeboten wird.

Kamera und Zubehör

Die Wahl der Kamera und der geeigneten Objektive hängt natürlich von den **jeweiligen Ansprüchen** an die Qualität der Urlaubsbilder ab. Für Schnappschüsse von Landschaft, Sehenswürdigkeiten und Menschen für die „lieben Daheimgebliebenen" ist eine einfach zu handhabende und leichte **Kompaktkamera** in der Regel ausreichend. Gerade auch bei sportlichen Aktivitäten leistet sie gute Dienste, denn bis eine Spiegelreflexkamera mit dem passenden Objektiv versehen und einsatzbereit ist, kann der richtige Moment für den Schnappschuss schon wieder vorbei sein.

Die Auvergne und die Cévennen bieten Hobbyfotografen reizvolle Landschafts-, Tier- und Pflanzenmotive. Entsprechend sinnvoll sind **Weitwinkel- und Teleobjektive.** Abgesehen von Skylightfiltern, zum Schutz der Objektive und zur Verminderung der Blaustichigkeit der Bilder, sind für Landschaftsaufnahmen, vor allem mit Weitwinkelobjektiven, Polfilter empfehlenswert. Sie erhöhen die Kontraste, verstärken die Farbsättigung und vermindern unerwünschte Lichtreflexe auf glatten Oberflächen. Für extreme Lichtverhältnisse, wie sie im Sommer im Gebirge sowie in den Causses häufig anzutreffen sind, eignet sich ein Grauverlaufsfilter, um die Lichtmenge des Himmels abzuschwächen und dadurch die Objekte am Boden nicht unterzubelichten.

Oftmals verleiht das Abend- oder Morgenlicht den Aufnahmen zauberhafte Stimmungen, die nur mit Hilfe eines **Stativs** eingefangen werden können. Auch für gestochen scharfe Tier- und Pflanzenaufnahmen mit Teleobjektiven ist es notwendig, sich mit einem Stativ auf die Lauer zu legen.

Buchtipps:
- Helmut Hermann, **Reisefotografie**
- Volker Heinrich **Reisefotografie digital**

(beide Bände Reise Know-How Praxis)

Geld und Reisekosten

Der **Euro (€),** die gemeinsame europäische Währung, vereinfacht den Preisvergleich und den Zahlungsverkehr erheblich. Während früher Traveller- und Euroschecks als gängiges Zahlungsmittel auf Reisen in Europa galten, sind sie heute fast völlig von der Bildfläche verschwunden. Das Plastikgeld hat seinen Siegeszug auch in Frankreich angetreten. In nahezu allen Supermärkten, Hotels, Restaurants, Tankstellen, Mautstationen oder Souvenirläden kann problemlos mit **Kredit-** oder **Euroscheckkarten** bezahlt werden. Die weit verbreiteten Karten von Visa, American Express, Mastercard, Eurocard oder Diners Club werden in der Regel akzeptiert. Es ist deshalb nicht notwendig, viel Bargeld mit sich zu führen.

Bei **Verlust** der Kredit- oder Euroscheckkarte muss unverzüglich die Hotline der jeweiligen Kartengesellschaft informiert werden, ebenfalls sollte eine Verlustbescheinung der Polizei für die Versicherung und das Kreditkarteninstitut ausgestellt werden. Es empfiehlt sich für den Fall der Fälle, die Telefonnummer der Kartengesellschaft an mindestens zwei sicheren Plätzen zu notieren.

Telefonnummern und Internetseiten der gängigen Kartengesellschaften:

- **Visa**
Tel. 0836690880, www.carte-bleue.com
- **American Express**
Tel. 0147777200,
www.americanexpress.com
- **Mastercard und Eurocard**
Tel. 0800902390,
www.eurocardmastercard.com
- **Diners Club**
Tel. 0149061750,
ww.dinersclub.com

Banken

Die Banken haben montags bis donnerstags von **9.00–16.00** oder 16.30 Uhr und Freitagvormittag geöffnet, wobei eine Mittagspause zwischen 13.00 und 14.00 Uhr einkalkuliert werden muss. Achtung, vor Feiertagen schließen die Banken oftmals früher. Mit etwas Glück kann in Städten auch eine Filiale gefunden werden, die samstags am Vormittag geöffnet hat. In der Regel sind alle Banken mit **Geldautomaten** für internationale Kredit- und Euroscheckkarten ausgestattet. Für alle weiteren Geldgeschäfte am Schalter ist ein Personalausweis oder der Reisepass vorzulegen.

Preisniveau

Das Preisniveau in Frankreich ist mit dem in Deutschland vergleichbar. Die **Grundnahrungsmittel** sind etwas günstiger als in Deutschland, ebenfalls Käse, frisches Gemüse und Obst sowie natürlich der Wein. Andererseits muss bei konservierten Nahrungsmitteln, Schokolade und bei Drogerieartikeln tiefer in die Tasche gegriffen werden.

Im **Restaurant** bezahlt man für vergleichbare Qualität und Ambiente in Frankreich etwa 30 Prozent mehr. Dafür sind die **Übernachtungspreise** moderater als in Deutschland, vor allem in ländlichen Gegenden wie den Cévennen liegen die Übernachtungskosten 30–40 Prozent unter dem in Deutschland üblichen Niveau.

Nicht unerheblich sind die **Eintrittsgebühren** für Museen, Ausstellungen, Theater oder Sehenswürdigkeiten. Studenten, Schüler und Senioren erhalten bei Vorlage eines gültigen Ausweises häufig eine Ermäßigung von bis zu 30 Prozent.

Gesundheit

Das Netz der gesundheitlichen Versorgung ist ausreichend. **Ärzte, Krankenhäuser und Apotheken** entsprechen deutschen Standards. Trotz Auslandsversicherungsschein (E 111) muss der Arzt direkt bezahlt werden. Die Kosten liegen allerdings unter den in Deutschland üblichen Sätzen. Die Vorauszahlung wird dann von der Krankenkasse, in Höhe der gesetzlich festgelegten Anteile, wieder zurückerstattet. Hierfür sollte man die Arztrechnung, zusammen mit einem Behandlungsschein *(Feuille de soins)*, auf dem die Diagnose und die Therapien aufgelistet sind, einreichen.

Eine private **Auslandskrankenversicherung** springt dann ein, falls sich ein Differenzbetrag zwischen den gesetzlich festgelegten Anteilen und den tatsächlich bezahlten Kosten ergibt. Auch ein notwendiger Krankenrücktransport oder eine Krankenfahrt innerhalb Frankreichs wird von den privaten Versicherungen übernommen, die schon für rund 12 € Jahresbeitrag abgeschlossen werden können.

Die französischen **Apotheken** sind an den hektisch blinkenden grünen Kreuzen gut erkennbar. Ihre Öffnungszeiten orientieren sich an denen der Geschäfte (9.00–19.00 Uhr). Außerhalb dieser Zeit sind die Adressen der Dienst habenden Ärzte, Apotheken mit Nacht- und Feiertagsdienst angeschlagen. In der Regel sind wie in Deutschland die meisten Medikamente verschreibungspflichtig.

Bei Notfällen erreicht man jederzeit **S.O.S. Médecin;** die Telefonnummer erhält man an Hotelrezeptionen, in Touristenbüros, Apotheken, bei der Polizei sowie im Telefonbuch.

Informationen

Französische Fremdenverkehrsbüros

Die amtliche Vertretung des französischen Fremdenverkehrsbüros im Ausland, das **Maison de la France,** erteilt touristische und reisepraktische Auskünfte aller Art. Das Maison de la France verschickt Broschüren und Kataloge über die Reiseregion und beantwortet Fragen zum Zielgebiet.

Wichtige Infoadressen im Internet:
- **www.travelmed.de** (Gesundheit)
- **www.auswaertiges-amt.de** (Landeskunde, Sicherheit etc.)

Maison de la France

- Westendstr. 47, 60325 **Frankfurt am Main**
Tel. 0190570025
E-Mail: info.de@franceguide.com
www.franceguide.com
- Argentinier Str. 41a, 1040 **Wien**
Tel. 0900250015
E-Mail: info.vie@mdlf.com
www.franceguide.com
- Rennweg 42, Postfach, 7226 **Zürich**
Tel. 0900900699, E-Mail: info.zrh@mdlf.com
www.franceguide.com
- Rue Thalberg 2, 1202 **Gèneve**
Tel. 0900900699,
E-Mail: info.gva@mdlfr.com

Regionale Fremdenverkehrsbüros

Von den regionalen Fremdenverkehrsbüros können auch deutschsprachige Broschüren, Hotel- und Ferienhausverzeichnisse bezogen werden. Über die Büros ist es möglich, Reservierungen und Buchungen vorzunehmen.

- **Comité Régional du Tourisme d'Auvergne (CRT)**
44, Avenue des Etats-Unis
63057 Clermont-Ferrand cedex 1
Tel. 0473294949
www.auvergne-tourisme.info
E-Mail: documentation@crt-auvergne.fr
- **Comité Départemental du Tourisme de l'Allier**
Pavillion des Marronniers
Parc de Bellevue, BP 65
03402 Yzeure cedex
Tel. 0470468150
E-Mail: cdallier@aol.fr
www.destination-allier.com
- **Comité Régional du Tourisme d'Aveyron**
6, Place Jean-Jaures, BP 831
12008 Rodez
- **Comité Départemental du Tourisme et du Thermalisme Cantaliens**
11, Rue Paul Doumer, BP 8
15018 Aurillac cedex
Tel. 0471638500
E-Mail: cdt-cantal@net15.fr
www.cdt-cantal.fr, www.cantal.net
- **Comité Départemental du Tourisme de la Haute-Loire**
Hôtel du Département
1, Place Monseigneur de Galard
43012 Le Puy-en-Velay cedex
Tel. 0471074154
E-Mail: cght@meteor.aurecvideo.fr
www.mididelauvergne.com
- **Comité Départemental du Tourisme de Lozère**
14, Boulevard Herni Bourillon
48001 Mende
Tel. 0466656000
E-Mail: CDT.lozere@wanadoo.fr
- **Comité Départemental du Tourisme du Puy-de-Dôme**
Place de la Bourse
63038 Clermont-Ferrand cedex 1
Tel. 0473422250
E-Mail: tourisme.63@wanadoo.fr
www.planetepuydedome.com
www.puy-de-dome.net
- **Comité Départemental du Tourisme de Tarn**
Moulin Albigeois, BP 225
81006 Albi Cedex
Tel. 0563773210

Neben den regionalen touristischen Vertretungen gibt es in jedem größeren Ort Fremdenverkehrsbüros, die **Office du Tourisme.** Die Öffnungszeiten sind saisonal recht unterschiedlich – mancherorts sind die Office du Tourisme nur während der Sommermonate geöffnet. Man sollte sich darauf einstellen, nicht unbedingt auf polyglotte Mitarbeiter zu treffen, so dass eine Verständigung in Deutsch oder in Englisch nicht überall möglich ist. Wer ohne Französischkenntnisse auskommen muss, wird mit etwas Mut und Kreativität gewiss auch ans Ziel gelangen. Der Einsatz lohnt in der Regel, denn hier erhält man meist ausgezeichnetes Karten- und Informationsmaterial über Region, Städte und Sehenswürdigkeiten. Die Mitarbeiter helfen bei der Suche nach einer passenden Unterkunft; auch weiterführende Spezialfragen, wie zum Beispiel zu Klettersteigen oder Fluggeländen, werden beantwortet.

Reiseinformationen im Internet

Aktuelle Nachträge zu diesem Buch und weiterführende Links bieten die Internetseiten vom Reise Know-How Verlag: **www.reise-know-how.de.**

Allgemeine Informationen zu Frankreich

- **www.franceguide.com, www.mdlf.de**
Offizielle Seite des französischen Fremdenverkehrsamtes.
- **www.auvergne-tourisme.info**
Touristische Informationen für die gesamte Auvergne.
- **www.crt-auvergne.fr**
Alles rund um das Reisen und Sehenswürdigkeiten in der Auvergne.
- **www.botschaft-frankreich.de**
Französische Botschaft.
- **www.gites-de-france.fr**
Unterkünfte der Gîtes de France.
- **www.chamina.com**
Alles rund ums Wandern; Bücher, Karten.
- **www.rando.auvergne.free.fr**
Wandern in der Auvergne.
- **www.ign.fr**
Institut Géographique National.
- **www.parcsnationaux.fr.com**
Die Nationalparks in Frankreich präsentieren sich.
- **www.frankreich-info.de**
Internetmagazin für Frankreich.
- **www.frankreich.de**
Infoportal für Gesamtfrankreich.

Touristische und allgemeine Informationen zu den einzelnen Regionen

- **www.destination-allier.com**
Informationen über das Département Allier.
- **www.cantal.net**
Alles rund um die Region Cantal.
- **www.mididelauvergne.com**
Das Département Haute-Loire stellt sich vor.
- **www.puy-de-dome.net**
Seiten der Urlaubsregion entlang der Kette der Vulkane.
- **www.chaine-des-puys.net**
Die Vulkanberge der Chaîne des Puys stellen sich vor.
- **www.grandevallee.com**
Webseiten des Parc des Volcans.
- **www.vulcania.com**
Die Seiten des wissenschaftlichen Erlebnisparks bei Clermont-Ferrand.
- **www.parc-livradois-forez.org**
Informationen über den Naturpark der Livradois-Forez.

auv_043 Foto: bf

Michelin-Laden in Clermont-Ferrand

- **www.aubrac.com**
Die Region Aubrac stellt sich vor.
- **www.die-cevennen.de**
Deutsche Webseiten rund um die Cévennen.
- **www.cevennes.com**
Seiten des Parc National des Cévennes.
- **www.ardeche-guide.com**
Alles rund um das Gebiet der Ardèche.
- **www.vivreaupays.fr/parc**
Internetauftritt des Parc Naturel des Grands Causses.
- **www.tarn-web.com**
Tourismus an den Schluchten des Tarn.
- **www.lozere-online.com**
Webseiten des Département Lozère.
- **www.aveyron.com**
Internetauftritt der Region Aveyron.

Die größeren Gemeinden im Internet

- **www.ville-moulins.fr** – Moulins
- **www.vichy.com** – Vichy
- **www.vallee-montlucon-dvpmt.fr** – Montluçon und Umgebung
- **www.ville-clermont-ferrand.fr** – Clermont-Ferrand
- **www.thiers.cci.fr** – Thiers
- **www.ot-lepuyenvelay.fr** – Le Puy-en-Velay
- **www.iaurillac.com** – Aurillac
- **www.ot-mende.fr** – Mende
- **www.aubenas-tourisme.com** – Aubenas
- **www.ot-millau.fr** – Millau
- **www.ot-espalion.fr** – Espalion
- **www.ville-figeac.fr** – Figeac

Öffentliche Verkehrsmittel nach und innerhalb Frankreichs

- **www.sncf.com**
Zugverbindungen und Online-Buchung.
- **www.ter-sncf.com**
Regionalzüge und Busverbindungen.
- **www.ryanair.com**
Flugpläne des Billigfliegers nach und in Frankreich.
- **www.airfrance.com**
Flugverbindungen der französischen Airline.
- **www.eurolines.com**
Fahrpläne und Direktbuchung für Busverbindungen im innereuropäischen Verkehr.

Kartenmaterial

Der Buchhandel vertreibt mittlerweile eine gute Auswahl an **Straßenkarten, Autoatlanten und Wanderkarten,** die zur Reise- und Tourenplanung nahezu unerlässlich sind. Sie geben vorab auch einen guten Einblick in die Infrastruktur, das Relief und die Entfernungen im Urlaubsgebiet.

Straßenkarten

Empfehlenswert ist die **Euro-Regionalkarte „Languedoc, Roussillon, Auvergne"** (Blatt Frankreich 7) im Maßstab 1:300.000 aus dem RV Verlag. Sie deckt das gesamte Reisegebiet mit Ausnahme des äußersten Nordens der Auvergne ab. Diese Region rund um Vichy ist auf der Euro-Regionalkarte (Blatt Frankreich 5) enthalten. Auf den Karten sind nahezu alle Straßen und kleineren regionalen Verbindungswege sowie die wichtigsten Sehenswürdigkeiten, Aussichtspunkte und besonders schöne Strecken eingezeichnet.

Michelin-Karten

Um das gesamte Reisegebiet mit den Michelin-Karten im Maßstab 1:200.000 abzudecken, benötigt man die Blätter **„Auvergne, Limousin"** (Nummer 239), **„Midi-Pyrénées"** (Nummer 235) sowie **„Languedoc"** (Nummer 240). Das Kar-

auv_045 Foto: bf

tenmaterial aus dem Michelin-Verlag ist äußerst zuverlässig und enthält alle befahrbaren Straßen und Wege. Hilfreich ist die angedeutete dreidimensionale Darstellung des Reliefs mit den eingetragenen Höhenmetern. Diese Karten eigenen sich nicht unbedingt um einen Überblick zu erhalten, sind aber unschlagbar, um auf eigene Faust das Gebiet wirklich zu entdecken. Die Michelin-Karten sind ebenfalls im deutschen Buchhandel erhältlich sowie an vielen französischen Tankstellen, in Schreibwarenläden, Supermärkten und in Buchhandlungen.

Wanderkarten

Das **Institut Geographique National (IGN)** verlegt Wanderkarten der so genannten grünen Serie im Maßstab 1:100.000 oder die noch detaillierteren Karten der blauen Serie im Maßstab 1:25.000. Beide Serien sind hervorragend und präzise recherchiert. Um das gesamte Gebiet abzudecken, benötigt man von der grünen Serie die Blätter 42, 43, 49, 50, 58 und 59. Welcher der beiden Serien man den Vorzug gibt, hängt von persönlichen Vorlieben ab. Die Wanderwege in der Auvergne und den Cévennen sind schon in der grünen Serie ausreichend markiert, um sich während einer Wanderung zu orientieren.

Buchtipp:
- Wolfram Schwieder
Richtig Kartenlesen
(Reise Know-How Praxis)

Darüber hinaus gibt das IGN Karten zu den französischen Fernwanderwegen, den **Grande Randonnée (GR)**, heraus. Beliebte Wege der Grande Randonnée führen im Reisegebiet zum Beispiel auf 165 km durch das Velay (GR 40), entlang der Seen der Auvergne (GR 30), von den Gipfeln der Chaîne des Puys (GR 441) zu dem Vulkanmassiv des Cantal (GR 400), oder entlang der Via Podiensis auf den Spuren der Jakobspilger (GR 65). Die IGN-Karten können über den deutschen Buchhandel bestellt oder vor Ort in großen Supermärkten oder Buchhandlungen gekauft werden.

Im französischen Buchhandel und gut sortierten Schreibwarenläden sind die **Topo-Guide** der Fédération Française de la Randonnée Pédestre sowie die **Balades à Pied** aus dem Chamina-Verlag erhältlich – jedoch nur auf Französisch. Die Topo-Guides sind meist thematisch und regional zusammengefasste Wanderführer mit Ausschnittskarten, genauen Beschreibungen der Wanderroute, der Sehenswürdigkeiten, Übernachtungen, Verpflegung und vor allem der Natur am Wegesrand.

Post

Die **Postämter** sind in der Provinz von 9.00–12.00 und 14.00–17.00 Uhr geöffnet. Samstagnachmittag haben sie geschlossen. In den Städten gibt es durchgehende Öffnungszeiten bis 19.00 Uhr, die Hauptpost in Clermont-Ferrand hat durchgehend bis 21.00 Uhr geöffnet. Wie in Deutschland stehen die **gelben Briefkästen** meist an zentralen Plätzen der Ortschaften. Die Leerungszeiten sind jeweils darauf vermerkt.

Briefmarken für Postkarten (0,46 €) und Briefe (ebenfalls 0,46 €) erhält man auch in Schreibwaren- und Tabakläden. Die Post nach Deutschland sollte deutlich mit der Aufschrift „Allemagne“ unter der Postleitzahl und Ortsangabe versehen sein.

Innerhalb Frankreichs ist die Post 24–48 Stunden unterwegs, ins europäische Ausland schwankt die Beförderungsdauer zwischen ein und fünf Tagen.

Reisende mit Handicap

Das Reisen im Zielgebiet ist für Personen, die auf den Rollstuhl angewiesen sind, nicht einfach. Es gibt nur **wenige Hotels und Campingplätze,** die über eine rollstuhlgerechte Ausstattung verfügen. Aufschluss darüber geben die Fremdenverkehrsbüros vor Ort oder auf Anfrage auch die Touristenbüros der Départements. Im Campingführer des Deutschen Campingclubs, der direkt beim Verband oder über den Buchhandel zu beziehen ist, sind die **behindertengerechten Plätze** ausgewiesen. Vor allem die Bundesarbeitsgemeinschaft der Clubs Behinderter und ihrer Freunde (BAG cbf) gibt Broschüren zum Thema Behinderung und Reisen heraus, empfiehlt Spezialveranstalter und hilft bei offenen Fragen.

- **BAG cfb**
Eupener Straße 5, 55131 Mainz,
Tel. 06131225514. www.bagcbf.de.

Der **internationale Schwerbehindertenausweis** wird natürlich auch in Frankreich anerkannt und ermöglicht das kostenlose Parken auf gekennzeichneten Parkplätzen und das Befahren von Fußgängerzonen während des offiziellen Lieferverkehrs.

Für alle Fragen rund um den Tourismus für Personen mit eingeschränkter Mobilität wendet man sich in Frankreich an folgende Adressen:

- **CNRH, Comité National Français de Liaison pour la Réadaption des Handicapés**
236 bis, Rue de Tolbiac, 75013 Paris,
Tel. 0153806666
- **Association des Paralysés de France**
7, Boulevard A. Blanqui, 75013 Paris,
Tel. 0140786900, www.apf.asso.fr.

Reisezeit

Die angenehmste Reisezeit für die Auvergne sind die Monate von **Mai bis Anfang Oktober.** In den Cévennen und besonders auf den Causses können die Hochsommermonate sehr heiß und trocken werden. Hitzeempfindlichen Urlaubern und Kindern kann ein Aufenthalt während der Monate Juli und August im südlichen Reisegebiet nur eingeschränkt empfohlen werden.

Das aktuelle Wetter und Vorhersagen sind im Internet abrufbar unter www.travelchannel.de und in den Informationsseiten großer Internetportale wie z.B. www.web.de oder www.yahoo.de.

Frühjahr

Der Frühling beginnt in den Gebirgsregionen nach langen Wintern erst recht spät ab Mitte/Ende April, aber dann sprießt an allen Ecken und Enden das frische Grün, und eine reiche Blütenvielfalt schmückt die Naturwiesen. Die **Wetterlage ist insgesamt relativ instabil,** so dass mit Sonnenschein und Regenschauern, frühsommerlichen sowie kühlen Temperaturen gerechnet werden muss. Wanderer sollten bei Touren in den hohen Lagen Altschneereste und empfindlich kalte Temperaturen mit einplanen. Aber gemäß dem Motto, dass es kein schlechtes Wetter, sondern nur schlechte Kleidung gibt, erwarten den Urlauber im Frühjahr eine fantastische Landschaft und ungestörte Naturbeobachtungen. Im südlichen Reisegebiet beginnt die „optimale Saison" bereits Anfang bis Mitte Mai, während in der Auvergne die beste Reisezeit Ende Mai anfängt.

Sommer

Die Sommer- und Ferienmonate sind generell die **günstigste Reisezeit** für die Auvergne sowie für die Cévennen. In der **Hauptsaison** im Juli und August herrscht auch der größte Urlauberandrang. Die Wetterlage ist stabil, so dass es meist sommerlich warm und trocken ist. Gelegentliche Gewitterschauer bescheren kurze Phasen der Abkühlung, die aber schon bald wieder von der Sonne verdrängt werden. Vor allem auf den Causses ist es jetzt sehr heiß, und häufig weht ein heißer Wind. Die Seen erreichen **badefreundliche Temperaturen,** alle Outdooraktivitäten, wie Klettern, Fliegen, Reiten oder Kajak fahren haben Hochkonjunktur. Dies bedeutet aber noch keineswegs überfüllte Hotels und Campingplätze. Es geht immer noch beschaulich zu – überlaufen sind höchstens die Städte und die bekanntesten Sehenswürdigkeiten.

Herbst

Der „goldene Herbst" beginnt etwa Mitte September. Stabile Hochdrucklagen bescheren der Region einen **milden und relativ regensicheren Herbst.** Ideale Voraussetzungen für Wanderer und Sportler. Die Nächte können trotz sehr angenehmer Tagestemperaturen empfindlich kühl werden, so dass auch wärmende Kleidung nicht im Koffer fehlen darf. Auf den kargen Hochflächen der Causses sind die mageren Gräser dürr geworden und bieten zusammen mit den Felsformationen und der Weite eine ganz eigentümliche und ursprüngliche Atmosphäre.

Winter

Im Winter liegt im nördlichen Teil und in den Hochlagen in der Regel eine geschlossene Schneedecke. Rund um den Plomb du Cantal und in den Monts-Dore gibt es **drei größere Skiorte** mit Abfahrten und zahlreichen Langlaufloipen (siehe „Sport"). Auch die südlichen Regionen sind im Winter zum Teil von einer dünnen Schneedecke überzogen. Doch hier sind die Winter meist milder und mediterran beeinflusst.

Sicherheit und Kriminalität

Eine besonders angenehme Begleiterscheinung der ländlichen Idylle des Reisegebietes ist die **geringe Wahrscheinlichkeit, Opfer eines Diebstahls zu werden.** Der Urlauber muss sich keine allzu große Sorgen machen, dass das Auto aufgebrochen, die Handtasche oder die Fotoausrüstung gestohlen werden. In den größeren Städten, wie in Clermont-Ferrand, Le Puy oder Millau, sollte man die normale Vorsicht walten lassen und Wertgegenstände und Geld nicht offen zur Schau tragen. Es gilt dasselbe wie überall: Je mehr Menschen, desto größer die Wahrscheinlichkeit, Opfer einer kriminellen Handlung zu werden. Grundsätzlich kann man sich auf sein Gefühl verlassen, ob ein Autoparkplatz vertrauenswürdig erscheint oder ob die Wertgegenstände sicher verstaut sind.

Wer ein paar einfache Regeln beherzt, die durchaus auch in Deutschland gelten, kann das Sicherheitsrisiko auf ein Minimum reduzieren. Autos sollten nicht in einsamen Gassen oder Waldwegen geparkt werden. Im Innenraum sollte am besten gar nichts Wertvolles aufbewahrt werden und wenn, dann nicht sichtbar. Bewährt hat sich die Methode, das Handschuhfach offen stehen zu lassen, als Signal: „Hier ist nichts zu holen". Papiere, Geld und Schecks sind immer noch am sichersten im **Hotelsafe.** Ansonst gehören sie keineswegs in die Gesäßtasche der Hose, in die Handtasche oder in einen Brustbeutel, dessen Trageriemen sich deutlich um den Hals abzeichnen. Sicherer sind Geldgürtel oder Bauchbeutel. Für das Handgeld empfiehlt sich ein kleinerer Geldbeutel, in dem sich nur das nötige Bargeld für die Croissants, den Café au Lait oder den Tagesausflug befindet.

Polizei

Polizeistationen, die über den **allgemeinen Notruf 17** erreichbar sind, gibt es in allen größeren Orten. Die französischen Polizeibeamten, Police National und Gendarmerie Nationale, bekannt und nicht gerade beliebt durch Radar- und Fahrzeugkontrollen, sind in der Regel zuständig für alle polizeilichen Aufgaben.

Im Notfall

- **Polizeinotruf: Tel. 17**
- **Feuerwehrnotruf: Tel. 18**
- **Rettungsdienst (SAMU): Tel. 15**
- **Europäischer Notruf: Tel. 112**

Buchtipps:
- Matthias Faermann
Schutz vor Gewalt und Kriminalität unterwegs
- Harald A. Friedl
Respektvoll reisen
(beide Bände Reise Know-How Praxis)

Sport

Wer sich aktiv zu Wasser, zu Lande und in der Luft bewegen möchte, findet in der Auvergne und in den Cévennen ein **großes Angebot** an Sportmöglichkeiten. Die Outdoor-Aktivitäten sind in der Regel nicht überlaufen und werden möglichst naturschonend angeboten. Es scheint, dass sich hier die größten Sünden der Touristikplaner anderer Reisegebiete nicht wiederholen. Um so mehr Freude bereitet eine Kanutour auf einem der zahlreichen Flüsse oder ein Ausritt durch die Wälder und Berge. Das Gebiet der Chaîne des Puys, des Cantal sowie der Causses zählt bei Drachen- und Gleitschirmfliegern zu den beliebtesten Fluggebieten in Frankreich, aber auch andere Sportarten wie Canyoning, Klettern oder Mountainbiken haben Hochkonjunktur.

Wandern

Fernab von Straßen und Städten führen zahllose **gut ausgewiesene Wanderwege** durch die weiten Flächen der Causses, durch die Wälder des Livradois-Forez oder hoch zu den vulkanischen Massiven, die bis weit ins Frühjahr hinein noch schneebedeckt sind. In dieser bemerkenswert abwechslungsreichen Landschaft kann jeder die passenden Wanderrouten finden, ob nun flache Wege oder richtige Kletterpartien, kurze Rundwege, lange Tagesetappen oder Wochenendtouren – hier werden alle Wünsche erfüllt. Auf unzähligen **kleinen Wanderrouten,** den

Petite Randonnée (Abkürzung **PR),** die wirklich überall anzutreffen sind, kann kurzentschlossen die Umgebung erkundet und durchstreift werden. Ob Spaziergänge, Waldlehrpfade, Vogelerkundungen, Seeumrundungen oder Schlosstouren, das Wandern ermöglicht intensiven Kontakt mit der Bevölkerung, ein tieferes Verständnis für den Naturraum sowie Erholung. Die kleinen Touren sind in der Regel mit gelben, blauen und manchmal auch grünen Markierungen versehen.

Mehr als zehn **Weitwanderwege,** die **Grande Randonnée** (Abkürzung **GR),** durchziehen die Region. Entlang dieser Routen finden Wanderer Herbergen und Verpflegung in den Gîtes d'Étape. Diese einfachen und kostengünstigen Unterkünfte sollten ein bis zwei Tage im voraus telefonisch reserviert werden, vor allem während der Schulferien und an Wochenenden.

Ein **besonderer Wanderweg** ist der **GR 65,** die **Via Podiensis,** die in Le Puy-en-Velay beginnt und die Pilger auf

Wandern mit einem störrischen Esel

Das Vorbild heutiger Wanderungen mit Eseln ist **Robert Louis Stevenson,** der 1878 im Alter von 27 Jahren mit der störrischen und eigenwilligen Eselsdame *Modestine* die Cévennen durchquerte. *Stevenson* war auf der Suche nach einem Abenteuer. Er, der Verfasser des berühmten Abenteuerromans „Die Schatzinsel", war ständig unterwegs auf der Suche nach einem gesunden Klima, das sein Lungenleiden mildern konnte.

Der in Schottland geborene Sohn eines Leuchtturmingenieurs studierte Jura, übte diesen Beruf jedoch nie aus, sondern wurde freier Mitarbeiter verschiedener Zeitschriften und schließlich freier Schriftsteller. Seine Lebensreise endete mit nur 44 Jahren auf der Südseeinsel Samoa. Neben Erzählungen voller Abenteuer und Romantik schrieb Stevenson auch eher psychologisch Orientiertes, etwa sein spannendes Meisterwerk „Dr. Jekyll und Mr. Hyde".

In seinem Buch „Reise mit dem Esel durch die Cévennen" setzt er sich weniger mit der Psyche des Menschen auseinander, sondern mit der Eselin *Modestine.* Mit ihr wanderte er 220 km in zwölf Tagen von Le Monastier bis St-Jean-du-Gard. Stevenson nächtigte meist unter freiem Himmel, erlebte Vollmondnächte unter Bäumen und romantische Sonnenaufgänge über den Bergen. Wenn er sich nicht gerade mit seiner weiblichen Begleitung beschäftigte, beobachtete er sehr genau die Menschen der Cévennen, auf die er einen sonderbaren Eindruck hinterlassen haben muss: „Man betrachtete mich mit geringschätzigem Mitleid, wie einen, der sich eine Mondreise vorgenommen hat, und zugleich mit respektvollem Interesse, wie einen, der im Begriff ist, zum Nordpol aufzubrechen." Heute folgt der **Weitwanderweg GR 70** der Stevenson-Route.

Das alte Wegenetz der Maultierpfade ist in den Cévennen noch weitgehend vorhanden, und nur wenige Straßen zerschneiden die Wanderpfade. Die Begeisterung für Wanderungen mit Esel halten an, auch wenn die störrischen langohrigen Vierbeiner, die nicht unbedingt besser sind als ihr Ruf, schon so manchen zur Verzweiflung gebracht haben.

dem Jakobsweg bis nach Santiago de Compostela führt. Die Via Podiensis ist eine der vier Strecken, die sich seit dem 12. Jh. durch Frankreich und über die Pyrenäen ziehen. Von Le Puy-en-Velay erwandern Pilger in zehn bis zwölf Tagesetappen die Hügel des Velay, die Schlucht des Allier, die Ebenen der Margeride und die einsamen Höhen des Aubrac-Massives, entlang des Lot-Tals bis nach Conques.

Wanderführer und Karten

- Gut ausgearbeitete Führer und Kartenmaterial sind im Buchhandel erhältlich oder über den Verlag **Chamina,** 5, Rue Pierre-le-Vénérable, 63057 Clermont-Ferrand cedex I, Tel. 0473928144, www.chamina.com, sowie über die **Fédération Française de la Randonnée Pédestre (FFRP),** 14, Rue Riquet, 75019 Paris, Tel. 0144899390, oder unter www.ffrp.asso.fr oder über die englische Webseite www.imarchapied.com/eng.

Leider gibt es die Führer bislang nur in Französisch, allerdings ist eine Orientierung anhand der Karten auch ohne Sprachkenntnisse leicht möglich.

Skilaufen

Der Winter verwandelt die Gipfel und mittleren Lagen in ein Wintersportgebiet für **Skiabfahrten, Snowboarden, Langlaufen** und **Wanderungen mit Schneeschuhen.** Rund um den Cantal und dem Massif du Sancy tummeln sich vor allem an den Wochenenden und in den Winterferien Skiläufer aus Lyon, St-Etienne oder Clermont-Ferrand auf über 200 km Abfahrtspisten und 900 km Langlaufloipen. Ausländische Schneebegeisterte verirren sich für gewöhnlich nicht hierher, obgleich im Vergleich zu den großen Skigebieten der französischen Alpen die Preise moderat und die Pisten nicht überlaufen sind. Informationen und Buchungsadressen erteilt das französische Fremdenverkehrsamt Maison de la France in Frankfurt.

Fahrrad und Mountainbike

Für Freunde des Drahtesels bildet vor allem die Auvergne ein interessantes Gelände: Pässe, Flussläufe, Hügellandschaften und Hochebenen. Je nach Fitness und Vorlieben können **individuelle Touren** problemlos zusammengestellt werden. Ambitionierte Radfahrer werden bestimmt die Vulkankette der Chaîne des Puys lieben (oder verfluchen) – innerhalb weniger Kilometer können Hunderte von Höhenmetern zurückgelegt werden. Diese landschaftliche und sportliche Herausforderung der Superlative erfordert intensives Training und hervorragende Kondition. Aber auch Freizeitradler und Familien kommen auf ihre Kosten. Auf **speziellen Fahrradwegen** und wenig befahrenen Sträßchen können in einfachem oder nur leicht hügeligem Gelände wunderschöne Touren für jeden Geschmack und Fitnessfaktor zusammengestellt werden. Die Ligue Régionale d'Auvergne de Cyclotourisme veranstaltet Rundtouren quer durch die Auvergne, wie zum Beispiel die Rundfahrt durch das Département Haute-Loire von 280 km oder 412 km rund um die Region des Cantal.

- **Ligue Régionale d'Auvergne de Cyclotourisme**
Rue Guérat, 03500 Saulcet
Tel. 0470455687

Mountainbiken und respektvoller Umgang mit der Natur ist möglich, solange die ausgewiesenen Strecken nicht verlassen werden. Dies gilt an sich überall, aber insbesondere für die fragilen Biotope der Causses, Naturwiesen und Hochmoore. Der **französische Radsportverband** *(Fédération Française de Cyclisme)* hat zugelassene Mountainbike-Zentren ausgewiesen.

● Informationen erteilen die Fremdenverkehrsämter sowie das **Comité Régional Cyclisme d'Auvergne,** 114, Boulevard Lavoisier, 63000 Clermont-Ferrand, Tel. 0473379515.

Ähnlich wie die Wanderwege sind die zahlreichen Touren für Fahrradfahrer sehr **gut beschildert und ausgewiesen.** Im Buchhandel ist vor Ort ausgezeichnetes Kartenmaterial erhältlich, und auch die lokalen Fremdenverkehrsämter bieten Informationsmaterial zu Routen und Fahrradverleih vor Ort.

Canyoning, Rafting, Kanu und Kajak

Tief haben sich die Flüsse in den Gesteinssockel der südlichen Auvergne und der Cévennen eingegraben und bieten hervorragende Reviere für Anfänger und Fortgeschrittene in zumeist **ungezähmten und mäßig wilden Gewässern.** Mit dem Schlauchboot, Kanu oder Kajak kann man auf eigene Faust oder auf begleiteten Touren zum Beispiel die Gorges de l'Allier, die Gorges de la Sioule oder die Georges de Truyère erpaddeln. Dieser nasse Genuss findet immer mehr Anhänger ebenso wie die Trendsportart Canyoning. Dabei durchklettert man Schluchten, watet entlang ursprünglicher Bäche und lässt sich vielleicht aus einigen Metern Höhe in die Tiefe fallen. Kein Wunder, dass die Abenteurer begeistert und strahlend von der Tour zurückkehren. Bei Veranstaltern vor Ort können Touren gebucht werden und Individualisten erhalten hier das nötige Material und die besten Informationen zu Gelände und Schwierigkeitsgrad. **Bootsverleihe und Schulen** für die Bewegung auf dem Wasser finden sich zuhauf, vor allem an den Eingängen zu den Schluchten oder bei Campingplätzen.

● Informationen erteilen die **Ligue de Canoë,** Rue des Laveuses, 63800 Cournon d'Auvergne, Tel. 0473843006, sowie die Touristinformationen vor Ort.

Heißluftballon, Drachen- und Gleitschirmfliegen

Dem Himmel so nah und der Erde entrückt – aus der Vogelperspektive zeigt die Region ihre Vielfalt an vulkanischen Formen und ein farbenprächtiges Schauspiel, ob gemächlich im Heißluftballon oder sportlicher mit Hilfe von Gleitschirm, Drachen, Ultraleichtflugzeugen oder Segelfliegern. Die Auvergne sowie das Gebiet um Millau bietet **vielfältige Fluggebiete** mit recht unterschiedlichen Anforderungen an das fliegerische Können. In den kegelförmigen Bergen vulkanischen Ursprungs ist ein Start nahezu immer möglich, egal aus welcher Richtung der Wind weht. Flugschulen bieten **Ferien- und Schnupperkurse** sowie Passagierflüge für alle „Überflieger" an.

- Adressen, Informationen und Beratungen erteilt die **Ligue de Vol Libre,** 4, Chemin des Garennes, 63960 Veyre-Monton, Tel. 0473697200, E-Mail: lavl@wanadoo.fr.

Reiten

Hoch zu Ross durch die Auvergne oder über die Cévennen ist eine reizvolle Alternative zum Fahrrad und zum Wandern. Der **regionale Verband für Reiterferien A.R.T.E.** *(Association Régionale du Tourisme Equestre)* gibt eine Broschüre mit einer Übersicht über Pauschal- und Individualangebote von über **zwanzig professionellen Reiterhöfen** heraus. Anfänger sowie fortgeschrittene Pferdefreunde sind willkommen auf den Ausritten und Etappenritten durch die Naturparks und die ländlichen Regionen. Die Broschüre ist nur in Französisch erhältlich bei A.R.T.E. oder über den Fremdenverkehrsverband der Auvergne unter crteauvergne@aol.com. Ein kleiner geführter Ausritt kann fast überall unternommen werden. In einer Region, die lange Zeit bei der Feldarbeit auf die Arbeitskraft der Pferde angewiesen war, gehören die Tiere noch heute zur Landwirtschaft sowie zum Urlaub auf dem Bauernhof.

- **A.R.T.E.**
46, Boulevard Pasteur, 63000 Clermont-Ferrand, Tel. 0473348606, E-Mail: arteauvergne @aol.com

Angeln

Angeln und Fliegenfischen zählt zu den beliebten **Freizeitbeschäftigungen der Franzosen.** Gerade die sauberen und fischreichen Flussläufe und Seen der Region bieten abwechslungsreiche Fanggründe für Seesaiblinge, Forellen und zahlreiche weitere Fischarten. In Frankreich müssen Angler Mitglied eines Vereins sein. Eine kurzzeitige Aufnahme für Urlauber ist in der Regel möglich. Die regionalen Fremdenverkehrsämter helfen bei der Aufnahme und besitzen meist einen Fundus an ausführlichem Kartenmaterial zu den Angelgründen.

Golf

Den weißen Ball durch die Gegend schlagen können in Frankreich auch Golfer, die nicht Mitglied in einem Club sind. Wie in Deutschland, schießen auch in der Auvergne die Golfplätze wie Pilze aus dem Boden. Golf ist längst vom Exklusivsport zur Trendsportart mutiert. Die Greens der zahlreichen 9-

Buchtipps:

Zu sportlichen Betätigungen und aktiver Freizeitgestaltung bietet Reise Know-How eine Reihe von Praxis-Ratgebern an, z.B.:

- Ralle K.!
Handbuch Mountain-Biking
- Thomas Gut
Canyoning-Handbuch
- Gunter Schramm
Trekking-Handbuch
- Rasso Knoller, Michael Stritzke, Claudia Frühwirth
Handbuch Paragliding
- Rainer Höh
Winterwandern

bis 18-Loch-Plätze liegen eingebettet in die Naturlandschaft oder beispielsweise vor der imposanten Kulisse der Vulkangipfel. Die Tageskarte sowie die Leihgebühren für Schläger und Bälle sind zwar nicht von Pappe, aber im Vergleich zu den deutschen Preisen erschwinglich.

Wassersport

Keine Frage, die Reiseregion grenzt nicht ans Mittelmeer oder den Atlantik, aber auf Badestrände muss trotzdem nicht verzichtet werden. Das gesamte Gebiet durchzieht ein Netz aus **Flüssen,** natürlichen **Seen** und **künstlichen Wasserflächen** mit Ufern/Stränden, die vor allem auch für Familien geeignet sind. An einigen Seen sind Möglichkeiten für Wasserski, Windsurfing, Segeln und Motorwassersport eingerichtet wie z.B. an den Stauseen von Grandval, Lanau und Sarrans oder den Schluchten der Truyère. Aber aufgepasst, aus Gründen des Naturschutzes darf nicht an jedem See geschwommen oder gar gesurft werden!

Sprache

Der Reisende kann sich im Massif Central darauf einstellen, dass **fast ausschließlich Französisch** gesprochen wird. In den Touristenbüros der Städte spricht man selbstverständlich auch Englisch und zum Teil auch Deutsch, in der Provinz sieht das schon ganz anders aus: Hier kann man sich selbst in den Touristeninformationen oftmals nur auf Französisch verständigen. In Restaurants, einfachen Hotels und in alltäglichen Situationen sind zumindest ein paar Brocken Französisch Gold wert. Die Sprachhilfe im Anhang dieses Buches ist eine erste Orientierung im Sprachgewirr. Hilfreich sind die im Pocketformat erschienenen Kauderwelsch-Sprachführer (REISE KNOW-HOW Verlag): **Französisch Wort für Wort; Französisch für Restaurant und Supermarkt** – jeweils für 7,90 €. Der umfangreiche **ReiseWortSchatz Französisch** hilft weiter bei allen Situationen vom Arztbesuch bis zum Einkauf im Markt (8,90 €).

Schwierig wird selbst für französisch sprechende Besucher eine Unterhaltung mit den recht wortkargen Auvergnaten. Je ländlicher die Umgebung, desto stärker wird der **auvergnatische Dialekt** gepflegt. Vor allem die älteren Dorfbewohner beherrschen eine Eigenart des Dialekts, das Nuscheln (*chuintement),* das durch die Verwendung von zahlreichen sch-Lauten hervorgerufen wird. Diese Besonderheit der Auvergnaten wird ausführlich in „Asterix bei den Arvernern" auf die Schippe genommen.

Die südliche Auvergne und die Cévennen stehen im Einflussgebiet des **Okzitanischen,** der Langue d'Oc. Dieser im Süden gesprochene Dialekt ist relativ gut zu verstehen, wenn man sich etwas eingehört hat. Die Laute werden nicht so charmant und schmeichelnd ausgesprochen, sondern klingen härter und explosiver. Ein Beispiel: Brot, französisch pain, wird in südlichen Gefilden zu „päng".

Telefonieren und Internet

Telefonieren

Die öffentlichen Telefonzellen können **nur mit Telefonkarten** benutzt werden. Telefonkarten ab fünfzig Einheiten erhält man in Schreibwarenläden, Tabakgeschäften, Postämtern, Kiosken und vielen Bistros und Restaurants. Billigtarife gelten für internationale und nationale Gespräche wochentags ab 21.30–8.00 Uhr, samstags ab 14.00 Uhr, an Sonn- und Feiertagen ganztags.

- **Anrufe ins Ausland:** Nach dem Landescode wird die erste 0 der Ortsvorwahl weggelassen. Landescode für Deutschland 0049, Schweiz 0041, Österreich 0043.
- **Anrufe nach Frankreich:** Landescode ist die 0033, danach fällt ebenso die erste 0 der Rufnummer weg.
- **Anrufe innerhalb Frankreichs:** In Frankreich existiert das System der zehnstelligen Rufnummern. Es muss immer die gesamte Rufnummer gewählt werden, einerlei ob es sich um ein Orts- oder um ein Ferngespräch handelt.
- **Nationale Fernsprechauskunft: Tel. 12.**

Internet

Die **Internet-Cafés** beschränken sich auf die **Städte** wie Clermont-Ferrand, Vichy, Le Puy, St-Flour und Millau. Sie öffnen meist am späten Vormittag gegen 11.00 Uhr und haben bis mindestens 22.00 Uhr durchgehend geöffnet. Die Benutzungsgebühr beträgt für eine halbe Stunde etwa 2 €. Vereinzelt gibt es im ländlichen Raum bei den Touristinformationszentren die Möglichkeit, kurz einen Internetzugang zu erhalten.

Thermalquellen und Kurorte

Die Auvergne wird auch als „Wasserturm Frankreichs" bezeichnet. Kein Wunder, denn insgesamt sprudeln im Département Puy-de-Dôme und Allier **über ein Drittel aller französischen Mineralquellen.** Das vulkanische Erbe bürgt für hervorragende Qualität und hohen Mineralgehalt der Quellen. Das

Buchtipps:
- Volker Heinrich
Kommunikation von unterwegs
- Günter Schramm
Internet für die Reise
(beide Bände Reise Know-How Praxis)

auv_056 Foto: bf

Wasser aus **Volvic** ist mittlerweile international bekannt, wird weltweit exportiert und hat den Sprung auf die Tische der Haute Cuisine geschafft. Mineralwässer reichern sich auf ihrem langen Weg durch das Gestein mit bestimmten Mineralstoffen und meist auch Gasen an. Sie besitzen entsprechend ihrer Zusammensetzung und ihrem Gehalt an gelösten Stoffen eine spezifische therapeutische Wirkung.

Thermalquellen stellen eine besondere Art der Mineralquellen dar. Ab einer Temperatur von mindestens 20°C bezeichnet man eine Mineralquelle als Thermalquelle. Das Auftreten dieser Quellen ist in der Regel an **Vulkanismus** gebunden. Auch wenn die Vulkane der Auvergne schon längst erloschen sind, herrschen im Erdinnern dennoch veränderte, so genannte postvulkanische Bedingungen. Die erhöhten Temperaturen im Erdinnern bewirken, dass die **Temperatur der Sickerwässer** um durchschnittlich 1°C pro 13 Meter ansteigt. Im Vergleich dazu steigt die Temperatur in nicht-vulkanischen Gebieten um etwa 1°C pro 30 Meter Tiefe. Die maximale Temperatur der Thermalwässer von Vichy beträgt beispielsweise 66°C, der europäische Spitzenreiter ist die Quelle in Chaudes-Aigues im äußersten Süden der Auvergne mit 82°C!

Im Kurpark von Vichy

Die Thermalquellen treten an Verwerfungen, Spalten und Grabenbrüchen auf. Hier ist die Erdkruste besonders dünn, wie auch im Grabenbruch der Limagne, über dem Vichy liegt.

Die vor allem im 19. Jh. entstandenen **Kur- und Thermalbäder** lassen sich auf die **Tradition der Römer** zurückführen. Zum einen war es in der „Belle Epoque" schick, einen Kuraufenthalt in einem der renommierten Bäder zu verbringen, zum anderen wurde die Heilwirkung der Quellen in dieser Zeit eingehend untersucht und beobachtet. Insgesamt wirken alle Thermalwässer leicht anregend auf den Organismus, egal ob sie in Trinkkuren verabreicht, inhaliert oder rein äußerlich als Bäder oder Duschen angewandt werden.

Das **nördlichste Thermalbad** der Auvergne, **Bourbon l'Archambault** bei Moulins, ist bereits von den Kelten entdeckt worden. Bourbon l'Archambault ist zudem die Wiege der Bourbonen, von denen die Könige Frankreichs abstammen. In Bourbon l'Archambault werden im Wesentlichen rheumatische und gynäkologische Beschwerden therapiert. Ebenfalls in der nördlichen Auvergne liegt das kleine Städtchen **Néris-les-Bains,** wo bevorzugt Stress, nervöse, psychosomatische und neurologische Störungen behandelt werden.

Seit jeher genießt **Vichy** einen besonderen Ruf als Stadt mit kulturellen Aktivitäten, Parkanlagen und hervorragenden Quellen, die zur Behandlung von rheumatischen Beschwerden, Rückenschmerzen, Übergewicht, Ernährungs- und Stoffwechselstörungen genutzt werden.

Rund um **Clermont-Ferrand** gibt es gleich **drei Kurbäder:** Châteauneuf-les-Bains, Châtel-Guyon, und Royat-Chamalières, die für die Behandlung von Stress, Verdauungsstörungen, Rheumaschmerzen, Ernährungs- und Stoffwechselstörungen bekannt sind.

In einer Höhe von 1050 Metern, am Fusse des Puy de Sancy gelegen, ist **Le Mont-Dore** das **höchstgelegene Thermalbad** der Auvergne. Le Mont-Dore und der Nachbarort **La Bourboule** sind bekannt für die heilende Wirkung auf Allergien und Atemwegserkrankungen. Nur wenige Autominuten entfernt liegt ein weiterer Thermalkurort, **St-Nectaire.** Im Herzen der Auvergne gelegen, ist der Ort bekannt für seinen Käse, die gut erhaltene Kirche im Stile der auvergnatischen Romanik und seine warmen Quellen, die bei Stresssymptomen und Stoffwechselstörungen eingesetzt werden.

Der **südlichste Thermalkurort Chaudes-Aigues** liegt an den Ausläufern des Cantal-Vulkans. Hier sprudelt das Wasser mit 82°C aus der Erde. In diesem „heißen Vergnügen" werden vor allem Rheumaleiden und Rückenschmerzen kuriert.

- Weitere Informationen unter: **Auvergne Thermale,** 8, Avenue Anatole France, 63130 Royat, Tel. 0473347280.

Buchtipp:
- Horst Jahns
Clever kuren im nahen Ausland
(Reise Know-How Praxis)

auv_058 Foto: bf

Im historischen Zentrum von Salers

Unterkunft

Übernachtungsengpässe gibt es im Reisegebiet selbst in der Hochsaison im Juli und August kaum. Bei dem reichhaltigen Angebot an erschwinglichen Unterkünften, stilvollen Hotels, Ferienhäusern, Gästezimmern und Wanderhütten dürfte für jeden etwas dabei sein. Wer jedoch sicher in der auserkorenen Unterkunft übernachten möchte, sollte frühzeitig **reservieren.** Dabei wird bereits ein Teil der Zimmerkosten als Anzahlung fällig. In der Regel genügt es ein oder zwei Tage vorher telefonisch anzufragen und eine Unterkunft zu reservieren. Problematisch wird die kurzfristige Suche nach einer Unterkunft während einer der beliebten mittelalterlichen, bäuerlichen oder religiösen Festivitäten. Häufig sind dann auch die Übernachtungsmöglichkeiten der nahe gelegenen Ortschaften schon ausgebucht.

Gerade was die Möglichkeiten der Übernachtungen betrifft, beweist sich die Region als eine im landesweiten Vergleich relativ **günstige und familienfreundliche** Destination. Die zahlreichen Ferienhäuser auf dem Land *(Gîtes ruraux)* sowie die Appartements bei Landwirten sind vor allem bei einem Urlaub mit Kindern ideal. Eine Besonderheit sind die **Wanderhütten** *(Gîtes d'Étape)* entlang der GR-Wanderwege

(Grande randonnée), die eine einfache Unterkunft manchmal auch mit Frühstück anbieten. Sämtliche Informationen zu den Unterkünften erteilt das Maison de la France, das französische Fremdenverkehrsamt in Frankfurt.

Hotels

Die **Kategorisierung der Hotels** erfolgt durch die Behörden nach der Sterne-Methode. Wobei die Vier-Sterne-Häuser, also absolute Luxushotels, eher rar sind. Weit verbreitet sind **Drei- und Zwei-Sterne-Hotels,** die den Standard der gehobenen Mittel- und Touristenklasse bieten. Die Anzahl der Sterne ist in den Hotelführern der Touristikbüros vermerkt und meist am Eingang des Hotels klar ersichtlich. Nicht immer kann davon ausgegangen werden, dass ein Zwei-Sterne-Hotel günstiger ist als ein Drei-Sterne-Haus. Ein Vergleich lohnt in jedem Fall, denn ein Hotel der gehobenen Klasse ist auf dem Land in der Regel günstiger als ein Mittelklassehotel in der Stadt. Komfortabel und mit vergleichbaren Standards versehen sind die Hotels beider Kategorien, oft ist es eine Frage der Lage, des Geschmacks, der Atmosphäre oder der Hotelküche, die über den einen Stern mehr oder weniger entscheidet. Die einfachen Hotels der **Ein-Sterne-Kategorie** sind meist funktionale und schlichte Häuser. Die Zimmer sind häufig klein und manchmal ohne eigenes Bad und WC ausgestattet, oder sie sind dunkel und durch die Lage an einer stark befahrenen Straße oder in Bahnhofsnähe nicht gerade eine Oase der Ruhe.

Ein Traum sind die Unterkünfte in den **Schlosshotels** in der Auvergne und in den Cévennen. Einige der zahlreichen Schlösser haben ihre Pforten für gut betuchte Übernachtungsgäste geöffnet. Die prächtigen Bauten liegen meist sehr idyllisch im Grünen und sind auch nur zum Bestaunen einen kleinen Abstecher wert.

- Informationen erteilen die **Hotelverbände: Relais & Châteaux,** 15, Rue Galvani, 75017 Paris, Tel. 0145729000, www.relaischateaux.fr, oder **Châteaux et Hôtels en France,** 12, Rue Auber, 75009 Paris, Tel. 0104070020, www.chateaux-ethotels.com.
- Unter dem Verband **Relais du Silence,** 17, Rue d'Ouessant, 75015 Paris, Tel. 0144499000, www.silencehotel.com, haben sich Hotels in ganz Frankreich zusammengeschlossen, die ihren Gästen einen Aufenthalt in besonders ruhiger und stilvoller Atmosphäre versprechen. Wie die Schlosshotels sind die „Hotels der Ruhe“ zumeist im Grünen oder in Stadtrandlage zu finden.

Alle im Reiseteil aufgeführten Unterkünfte sind mit hochgestellten €-Zeichen versehen. Damit kann auf einen Blick die Preiskategorie des Hotels oder der Pension festgestellt werden (s.u.). Die Einteilung erfolgt auf der Basis eines Doppelzimmers mit Bad und ohne Frühstück in der Hauptsaison. Die Hauptsaison beschränkt sich im Reise-

Hotelkategorien im Buch

bis 30 €	€
30–40 €	€€
41–50 €	€€€
51–70 €	€€€€
über 70 €	€€€€€

gebiet auf die Sommermonate und nur sehr vereinzelt auf Ostern, Pfingsten und die Weihnachtsferien. Die Doppelzimmer werden entweder mit französischem Bett *(Grand lit)* oder mit Einzelbetten *(Lits séparés)* vermietet, wobei das meist keinen Einfluss auf den Übernachtungspreis hat.

Gîtes de France

Die Vereinigung der Gîtes de France fasst die verschiedenen **Privatunterkünfte** in ganz Frankreich zusammen. Meist befinden sich die Gîtes de France in ländlichen Gegenden, in ruhiger Lage oder in charmanten Dörfern. Die Zahl der Privatunterkünfte ist flächendeckend und selbst in der Hochsaison durchaus ausreichend. Hinsichtlich Lage und Qualität sind die Unterkünfte recht unterschiedlich; die Ausstattung ist meistens einfach, aber dafür sehr gemütlich. Die Gîtes de France werden in **drei Kategorien** unterteilt: Ferienhäuser *(Gîtes ruraux),* Gästezimmer *(Chambres d'hôte)* und Wanderhütten *(Gîte d'étape).*

- Ein Gesamtverzeichnis ist erhältlich bei **Gîtes de France,** Sachsenhäuser Landwehrweg 108, 60599 Frankfurt a.M., Tel. 069683599, und unter www.gîtes-de-france.fr. Auch das Maison de la France sowie die lokalen und regionalen Touristikinformationen erteilen Auskünfte und helfen bei der Auswahl der Privatunterkünfte.

Gîtes Ruraux (Ferienhäuser)

Die familienfreundlichen Ferienhäuser in entspannender Atmosphäre werden von privat meist wochenweise, in der Hauptsaison allerdings oft monatsweise vermietet. Die mögliche **Selbstverpflegung** in den Gîtes Ruraux schont die Urlaubskasse, und es stehen neben Schlafräumen und Küche auch ein Aufenthalts- und Wohnraum zur Verfügung. Häufig befinden sich die Gîtes Ruraux im Hause der Vermieter, die bei einem gemeinsamen Gläschen Wein oder einem Café auch gerne Urlaubstipps geben.

Chambre d'Hôte (Gästezimmer)

Bekannt geworden sind diese Privatunterkünfte unter **Bed & Breakfast,** also Übernachtung mit Frühstück. Die Chambre d'Hôte stellen eine preisgünstige Variante zur Hotelunterkunft dar, die auch einen Einblick in die französische Lebensart ermöglichen. Über den Kontakt der gastfreundlichen Vermieter können Urlauber die Auvergne und die Cévennen unmittelbar erfahren. Vor allem für Alleinreisende bieten die Chambre d'Hôte eine attraktive Übernachtungsmöglichkeit.

Gîtes d'Étape (Wanderhütten)

Entlang der GR-Wanderwege finden Wanderer eine einfache Übernachtungsmöglichkeit in Mehrbettzimmern mit **Jugendherbergsatmosphäre.** Viele

Viele Gîtes d'Étape liegen in malerischer Landschaft

Gîtes d'Étape verfügen ebenso über Doppelzimmer und eine Küche mit Selbstverpflegungsmöglichkeit. Wanderer werden bevorzugt aufgenommen, aber bei freien Betten finden auch andere Reisende ein Dach über dem Kopf. Die Wanderhütten können mit und ohne Voranmeldung angesteuert werden, allerdings empfiehlt sich in den Sommermonaten sowie über Ostern und Pfingsten eine telefonische Reservierung der Bettplätze ein paar Tage im Voraus.

Auberge de Jeunesse (Jugendherberge)

Die Jugendherbergen öffnen nicht nur für Jugendliche sondern auch für Erwachsene ihre Pforten. Für die Übernachtung in einer französischen Jugendherberge benötigt man einen **internationalen Jugendherbergsausweis,** den das Jugendherbergswerk in Deutschland ausstellt. Nur in den größeren Städten, wie zum Beispiel in Clermont-Ferrand oder Le Puy-en-Velay gibt es Jugendherbergen. Während der Sommermonate sowie über die Osterferien sind die wenigen Jugendherbergen häufig belegt. Eine **telefonische Reservierung** ist dringend zu empfehlen, da auch zahlreiche Pfadfindergruppen die Jugendherbergen bevorzugt ansteuern. Die Preise für die Übernachtung bewegen sich um 7–10 €. Das Frühstück mit Kaffee, Tee und Baguette kostet um 3 €.

auv_061 Foto: bf

- Ein Verzeichnis der französischen Jugendherbergen ist beim **Deutschen Jugendherbergswerk** unter www.djh.de, beim DJH Service, Bismarckstraße 8, 32756 Detmold, Tel. 0523174010, oder in Frankreich bei der **Ligue Française des Auberges de Jeunesse,** 67 Rue Vergniaud, 75015 Paris, Tel. 0144167878, erhältlich.

Camping

Die Franzosen lieben das Picknick im Grünen, die kleine Pause im Klappstuhl neben dem Auto und eben auch das Camping. Entsprechend gut ist die Region mit Campingplätzen bestückt – vom **familiären Kleinstplatz** bis zum **modernen Feriencamp.** In den Ferienmonaten Juli und August sind die Plätze gut frequentiert, aber es findet sich meist doch ein Plätzchen um sein Zelt aufzubauen, wenn nicht im ersten angesteuerten Platz, so bestimmt im nächsten, der gewiss nicht weit entfernt ist. Die sanitären Anlagen sind in der Regel tipptopp, der Platz ist gepflegt, und Einkaufsmöglichkeiten, Restaurant, Pool, Telefon sowie Waschmaschinen befinden sich entweder auf dem Platz oder in unmittelbarer Nähe. Je nach Ausstattung bezahlt man für eine Übernachtung mit Auto, Platz und für zwei Personen zwischen 7 und 13 €.

Buchtipp:
- Erich Witschi
Unterkunft und Mietwagen clever buchen
(Reise Know-How Praxis)

Eine beschaulichere Alternative sind die Campingplätze in ländlicher Idylle auf dem **Bauernhof** *(Camping à la ferme).* Diese kleinen Plätze sind der Organisation der Gîte de France angeschlossen. Verzeichnisse der Campingplätze sind beim Maison de la France erhältlich sowie im Internet unter www.campingfrance.com, www.projective-groupe.fr oder unter www.gites-de-france.fr einzusehen.

Unterwegs im Reisegebiet

Mobil sein im Reisegebiet bedeutet sich auf den **eigenen fahrbaren Untersatz** zu verlassen. Es existieren zwar eine Reihe von Busverbindungen und wenige Zugstrecken durch die Auvergne und die Cévennen, aber sie sind keineswegs flächendeckend. Busse verbinden selbst kleinere Ortschaften miteinander, jedoch häufig nur zwei- bis dreimal täglich. Eine wirkliche Alternative zum Auto oder Zweirad sind die öffentlichen Verkehrsmittel keineswegs. Doch nichts ist unmöglich – Trampen ist zwar unüblich, aber wer sich auf die langsame Form des Reisens sowie auf längere Fußmärsche einstellt, kann so die Region sehr intensiv kennen lernen.

Segelflugzeug in den Hochebenen der Causses

auv_063 Foto: bf

Straßennetz

Die Straßen sind insgesamt in einem **sehr guten Zustand.** Die einzige mautfreie Autobahn A 75 von Clermont-Ferrand nach Millau ist meist ohne Stau oder dichtem Reiseverkehr zu befahren. Auch die Route National und die Route Départemental sind gut befahrbar und weisen selbst in den Gebirgsregionen sowie auf den dünnbesiedelten Causses ein ausreichend **dichtes Tankstellennetz** auf.

Innerhalb kleinerer Dörfer können die Straßen manchmal relativ eng werden. Abenteuerlich wird die Fahrt vor allem für Camper und Wohnmobile in den historischen Altstädten. Es schont enorm die Nerven diese ausladenden fahrbaren Untersätze an den öffentlichen Parkplätzen oder am Ortsrand abzustellen.

Die **Hochflächen der Causses** sind im Winter mit Vorsicht zu genießen. Die Überlandstraßen sind häufig vereist oder von **Schneeverwehungen** betroffen. Die Hochlagen und Pässe der Gipfel der Auvergne und der Cévennen sind bis weit ins Frühjahr von einer geschlossenen Schneedecke überzogen. Einige **Passstraßen,** wie beispielsweise der Col de Meyrand, sind im Winter zeitweise geschlossen.

Mietwagen

Die international bekannten und renommierten Verleihfirmen findet man in den **größeren Städten** und an **Flughäfen.** Um ein Mietauto entleihen zu können, muss man 21 Jahre alt sein und bereits ein Jahr Fahrpraxis nachweisen. Wer die hohen **Kautionsgebühren** nicht bar hinterlegen möchte, sollte eine **Kreditkarte** vorlegen können. Unter Umständen ist es günstiger, bereits in Deutschland den Mietwagen zu buchen, vor allem bei längeren Mietzeiten gibt es Sondertarife und Regelungen, die in Frankreich meist nicht angeboten werden.

Reservierungszentralen in Frankreich:
- **Avis:** Tel. 0802050505 (www.avis.fr)
- **Budget:** Tel. 0800100001
- **Europcar:**
Tel. 0803352352 (www.europcar.fr)
- **Hertz:** Tel. 0803861861 (www.hertz.fr)

Bahn

Das Bahnnetz ist im Reisegebiet sehr großmaschig angelegt. Es verkehren täglich **Regionalzüge** der Ter-SNCF zwischen den größeren Ortschaften, diese halten aber eher selten an kleineren Bahnhöfen. Die Bahn ist zwar ein günstiges Reisemittel (etwa 10 Cents pro Kilometer), aber um die Region wirklich zu erkunden, auch sehr unpraktisch. Die **Bummelzüge** sind eher touristische Attraktionen als wirklich moderne Transportmittel. Eine kleine Bahnfahrt durch die Hochlagen der Auvergne oder entlang der Flussläufe ist beeindruckend: Es reiht sich Tunnel an Tunnel, Windung an Windung mit immer neuen überraschenden Ausblicken in die grandiose Landschaft. Ein langsamer Hochgenuss ist z.B. die Strecke im Allier-Tal von Langogne bis Monistrol-d'Allier oder weiter bis Langeac. Von Fahrradurlaubern wird die Bahn gerne genutzt, denn die **Mitnahme von Rädern** ist oftmals völlig umsonst. Diese Züge sind mit einem Fahrradsymbol auf dem Fahrplan gekennzeichnet.

- **Informationen** unter www.sncf.com.

Bus

Mit dem Bus erreicht man nahezu jede Ortschaft, die Frage ist nur wann. Je entlegener die Region, desto seltener wird es vom öffentlichen Nahverkehrssystem angesteuert. Ein **detaillierter Fahrplan** ist in den Touristikbüros erhältlich und hängt an den Bushaltestellen aus. In kleinen Gemeinden ist ein Fahrplan am Rathaus *(Mairie; Hôtel de ville)* zu erfragen. An Wochenenden und in den Abendstunden verkehren die Busse immer seltener und an manchen Feiertagen gar nicht. Wer sicher gehen möchte, von einem Ausflug auch tatsächlich wieder zurück zum Ausgangsort zu gelangen, sollte sich beim Touristikbüro genau über die Fahrtzeiten erkundigen und unbedingt pünktlich an der Haltestelle einfinden. Trotzdem ist der Bus gegenüber der Bahn das **empfehlenswertere Transportmittel,** oder anders ausgedrückt, in manchen Gegenden das Einzige.

- **Informationen** unter www.ter-sncf.com.

Trampen

Einzelpersonen und Paare erhalten normalerweise schnell einen Lift, auch wenn das Trampen bei den Franzosen nicht üblich ist. Doch in den ländlichen und infrastrukturell benachteiligten Regionen kommt es häufiger vor, dass die Bewohner auf den Transport mit Hilfe des Daumens angewiesen sind. So werden auch Urlauber und Wanderer gerne mitgenommen, die Frage ist nur, wann das nächste Fahrzeug kommt. Auf Nebenstrecken sinkt das Verkehrsaufkommen rapide ab, und die Fahrten führen häufig nur bis ins nächste Dorf. An Sonn- und Feiertagen kann das Trampen problematisch sein, da die freien Tage von der ganzen Familie für einen Trip ins Grüne genutzt werden, und die vorbeifahrenden Autos entsprechend voll besetzt sind.

Versicherungen

Die Auvergne und die Cévennen sind keine unsichere oder extrem diebstahlgefährdete Reisedestination, so dass der Abschluss einer **Reisegepäckversicherung** eher überflüssig erscheint. Zudem wird die Police durch eine lange Liste von Ausnahmeregelungen eingeschränkt. Das Gepäck ist nie im Auto versichert, Wertgegenstände unterliegen nochmals Extraklauseln, und die Fotoausrüstung ist meist nicht mit inbegriffen.

Sinnvoll dagegen ist bei einer Reise innerhalb Europas der Abschluss eines **Auslandsschutzbriefes** und einer **Auslandskrankenversicherung.** Beide Policen sind bereits zu sehr günstigen Jahrestarifen erhältlich. Den Auslandsschutzbrief stellen Automobilclubs in Deutschland aus. Bei einer Panne oder einem Autounfall übernimmt die Versicherungsgesellschaft zunächst die Kosten für Reparatur oder Mietwagen. Im Notfall sind der Krankenrücktransport, die Überführung im Todesfall oder ein Fahrerservice mit eingeschlossen. Die Auslandskrankenversicherung überschneidet sich zum Teil mit dem Auslandsschutzbrief, ist aber dennoch als separate Versicherung sehr empfehlenswert. Diese Police deckt Behandlungs- und Arzneimittelmehrkosten sowie den Krankenrücktransport ab.

auv_066 Foto: bf

Land und Natur

auv_067a Foto: bf

auv_067b Foto: bf

Schafe sind in der Auvergne häufig zu sehen

Monts Dore – Teil des Massif Central

Lac Charpal in der südlichen Margeride

Geographie

Die Auvergne und die Cévennen sind ein Teilgebiet des **Massif Central (Zentralmassiv).** Dieser Mittelgebirgszug, meist vulkanischen Ursprungs, nimmt immerhin etwa ein Sechstel der Fläche Frankreichs ein. Im Norden grenzt er an das Pariser Becken, im Osten an das Rhônetal, im Süden bilden die Cévennen und im Westen das Aquitan-Becken die Grenzen. Die höchste Erhebung in der südlichen Auvergne ist der **Puy de Sancy** mit **1886 m.** Der Gebirgsstock des Massif Central ist im südlichen Teil von tiefen **Flusstälern** und **Cañons** zerschnitten, im nördlichen Teil dominieren die erloschenen **Vulkane** der Puy-de-Dôme. Das Massiv umfasst die Départements Allier, Puy-de-Dôme, Cantal, Haute-Loire, Lozère sowie den Norden des Département Aveyron.

Keineswegs offenbart sich das Massif Central als einheitlicher Landschaftsraum: Hochplateaus, Granitberge, Vulkanmassive und Schwemmlandflächen prägen den beeindruckenden und abwechslungsreichen Charakter der Regionen. Diese **größte europäische Vulkanlandschaft** tritt vor allem im **westlichen Teil der Auvergne** zutage. Die Monts Dore, die Monts Dôme, die Monts du Cantal und die Monts des Cézallier sind wunderschöne idealtypische Vulkanketten, die durch Wälder, Naturweiden, Seen und Wasserfälle überformt sind. Weiter östlich zwischen der Loire und dem Allier erstrecken sich die granitischen Bergstöcke der Monts de la Madeleine, der Monts du Forez und des Livradois. Auch hier kennzeichnen bewaldete Hügel und Hochplateaus sowie Weideland den meist rauen Charakter der **östlichen Auvergne.**

Auch die **südliche Auvergne** zeigt ihr unverwechselbares und individuelles Gesicht. Rund um Le Puy-en-Velay bilden etwa 1000 m hohe Basaltplateaus die Anbauflächen für Linsen und Getreide. Die Ebenen werden von der noch jungen Loire und dem Allier-Cañon durchschnitten. Bizarr ragen immer wieder die aus dickflüssiger Lava gebildeten Felsnadeln himmelwärts, dazwischen blitzen zahlreiche tiefblaue Kraterseen durch die Mischwälder.

Das Massif Central erstreckt sich über die südlichen Grenzen der Auvergne. Hier, im Département Lozère und im nördlichen Aveyron, zeigt sich das Massif Central von seiner wilden, kargen und häufig schwer zugänglichen Seite. Das südlichste der großen Vulkankomplexe des Massif Central, das **Aubrac-Massiv,** bricht von durchschnittlich 1400 m steil zum Lot-Tal hin ab. Die unteren und mittleren Lagen sind von ausgedehnten Wäldern, die höheren Lagen (ab 850 m) von Schafweiden und blütenübersäten Wiesen bedeckt. Das Aubrac erscheint wie die südlichsten Ausläufer des Massif Central, die **Causses,** zugleich faszinierend und lebensfeindlich für Mensch und Tier.

Mit der Anhebung der gesamten alten granitischen Gesteinsmassen des Massif Central stiegen die **Cévennen** als östliche Randzone ebenfalls mit empor. Allerdings wurden sie während der Prozesse der Auffaltung und Verschiebung nicht vulkanisch überformt wie die mittleren und nördlichen Regionen des Massif Central. Die höchsten Erhebungen sind im Nordteil der Cévennen, der als **Monts d'Ardèche** bezeichnet wird, der Mont Mézenc (1753 m), der Mont Lozère mit dem Sommet de Finiels (1699 m) sowie der Mont Aigoual (1567 m) im Süden.

Im Süden der Cévennen schließen sich bereits die **Kalkhochflächen der Causses** nahtlos an die Bergrücken an. Das Relief verliert nach Osten hin sukzessive an Höhe und verändert dabei seinen rauen Gebirgscharakter zugunsten einer Landschaft der lieblichen Hügel und sanften Terrassen.

Zum Rhônetal hin brechen die Cévennen dann schließlich relativ steil ab, während der Übergang zum nördlich gelegenen Velay und zu den südlichen Causses sehr sanft und fast unmerklich verläuft.

Die Cévennen sind die **Klimascheide** zwischen dem ausgeglichenen und milden Mittelmeerklima im Süden und dem raueren, atlantisch geprägten Klima der Auvergne.

Einst waren die Causses ein zusammenhängendes Kalkplateau, das sich sanft nach Südwesten absenkte. Im Laufe vieler Millionen Jahre schnitten sich die Flüsse Tarn, Jonte, Dourbie und Averyon tief in das Gestein ein und trennen heute die **Causses-Ebenen** voneinander. In den Trockentälern und in den klimatisch begünstigten Lagen werden Weidewirtschaft und Weinbau betrieben. Die weiten Flächen der verkarsteten Causses sind lediglich von dürren Gräsern bewachsen, auf denen Schafe weiden. Die einzelnen Grundstücke sind durch kleine Steinmauern unterteilt, die zusammen mit Wacholdersträuchern, Eichen und Johannisbrotbäumen dem Wind trotzen.

Geologie

Die Geburt des Massif Central und damit auch der Auvergne und der Cévennen geht etwa 600 Millionen Jahre ins **Erdaltertum** zurück. Ein gefestigter und bereits gefalteter Granitsockel bildet das Fundament des Gebirgsstockes. Im Devon-Zeitalter (vor 350–400 Millionen Jahren) unterliegt das Massif Central einer großen europäischen **Krustenbewegung,** die sich von den Britischen Inseln über die deutschen zu den osteuropäischen Mittelgebirgen erstreckt. Die Gipfel dieses Urgebirges sind heute jedoch längst durch die Erosion abgetragen. Lediglich im westlichen Teil des Massif Central treten Gesteine dieses kristallinen Fundaments an die Oberfläche.

Nach einem geologischen Dornröschenschlaf von 250–200 Millionen Jahren kommt während des **Mesozoikums** vor rund 200 Millionen Jahren erneut Bewegung in das Massif Central. Weite Bereiche des mittleren und südlichen Gebietes senken sich ab und werden vom Meer überflutet, so dass sich dort enorme Kalkschichten ablagern können. Das Ereignis dieses Prozesses prägt bis heute das Landschaftsbild der Causses, die aus mächtigen **Kalkplateaus** aufgebaut sind.

Ein weiteres **geologisches Großereignis** im Tertiär verändert das Gesicht des Massif Central dramatisch: Der bis dahin noch einheitliche Granitsockel zerbricht in Einzelschollen - ausgelöst durch die Gebirgsbildungsprozesse der Alpen und Pyrenäen vor zirka 60 Millionen Jahren. Vor allem in Nord-Süd-Richtung verlaufen die tiefen Grabenbrüche, die nach und nach von fruchtbarem Erosionsmaterial teilweise aufgefüllt wurden. Die so entstandenen Täler und Senken stellen die **landwirtschaftlichen und kulturellen Zentren** der Auvergne dar. Neben den großen Grabenbrüchen entstanden kleinere Risse im Granitsockel und in den Kalkplateaus der Causses, die bis zur Gegenwart von den Flüssen Allier, Loire, Tarn oder der Averyon zu beeindruckend tiefen Cañons geformt wurden.

Die Risse im Gestein pflanzten sich bis zum Fundament des alten Sockels fort und ermöglichten somit dem feurigen Erdinneren den Weg an die Oberfläche. Der Vulkanismus mit seiner Formenvielfalt ist gewiss die tiefgreifendste und nachhaltigste natürliche Veränderung für das Massif Central.

Vulkanismus

Kaum jemand wird das **größte Vulkangebiet Europas** im beschaulich ruhigen Herzen Frankreichs vermuten. Doch selbst der Vesuv, Ätna oder gar Islands

auv_070 Foto: bf

Vulkanregionen können nicht mit der Ausdehnung und der Vielfalt der vulkanischen Formen der Auvergne konkurrieren. Die vier Vulkanmassive, deren jüngstes Kind weniger als 10.000 Jahre alt ist, bieten eine echte geologische Ausstellung durch den vulkanischen Formenschatz.

Im Zuge der **alpiden Faltung** zerbrach der Granitsockel des Zentralmassivs. Entlang dieser Risse stiegen Lavamassen aus dem Erdinneren nach oben, Vulkane warfen Basalt- und Aschemassen in die Luft und türmten imposante neue Gebirgsketten auf. Alle großen Vulkangebiete befinden sich im Norden und in der Mitte des Massif Central in der Auvergne.

Geologisch werden die Vulkane des Massif Central in **vier Hauptformen** unterteilt:

Die Vulkane des **strombolianischen Typs** sind Auswurfvulkane (Stratovulkane), die in der Regel den vorgestellten „Idealmaßen" eines Vulkanes entsprechen. Dieser Typ ist die am häufigsten anzutreffende Vulkanart in der Auvergne. Die Bezeichnung leitet sich vom italienischen Vulkan Stromboli ab, der, ganz charakteristisch für Auswurfvulkane, ununterbrochen tätig ist. Das zähflüssige Magma wird im Erdinnern durch Druck in die Risse der Erdkruste gepresst. Dadurch steigt der Druck an und es kommt zu einer **explosionsartigen Entladung.** Riesige Gas-, Rauch-, Asche- und Lavawolken schießen in einer einzigen Eruption aus dem Krater. Lavabomben und Tuffe lagern sich rund um den Kratermund an und bilden mit der Zeit einen Kegel. Durch die Wirkung der Erosion bildet sich im Krater häufig eine Mulde. In einigen Fällen hat eine Eruption einen bereits bestehenden Krater teilweise gesprengt oder durch einen gewaltigen Lavastrom eingerissen, wie zum Beispiel beim Puy de Louchadière, Puy de la Vache oder der Puy Lassolas. Eine Sonderform des Auswurfvulkans, ein so genannter **zusammengesetzter Vulkan,** sind der Puy de Pariou sowie der Puy de Côme. Eingeschlossen im ursprünglichen Krater, hat sich dabei ein weiterer kleinerer Vulkankegel bei einer späteren Eruption gebildet.

Der Puy de Dôme, der über der Vulkankette der Puys thront, ist ein herrlicher Vertreter des **Pélée-Typs.** Der Pélée-Vulkan auf Martinique ist Namenspate für diesen domförmigen Vulkantyp. Die ausgeworfene Lava dieser Vulkane ist relativ dickflüssig, so dass sie schnell erstarrt und damit den Schlot verstopft. Die Eruptionen erfolgen meist in langen Abständen und sind gekennzeichnet durch gewaltige Explosionen. Vulkane des Pélée-Typs bilden einen kraterlosen Kegel mit relativ steilen Abhängen.

Blick vom Puy de Sancy auf die Monts Dore

Buchtipp:
- Jens Edelmann
Vulkane besteigen und erkunden
(Reise Know-How Praxis)

Die Vulkane des **Planèze-Typs** hingegen sind komplexe Vulkane mit mehreren Kratern und Schloten, die sich aus Schlacken- und Lavaschichten aufbauen. Das Massiv des Cantal-Vulkans besteht aus vielen derartigen Schichten, die sich auf ein Gebiet von 2700 km^2 erstrecken. Ursprünglich war der Cantal ein mächtiger, etwa 3000 m hoher Vulkan, der im Laufe der letzten 20 Millionen Jahre erosiv abgetragen wurde, und dessen Flanken in die einzelnen Schlacken- und Lavaplateaus (so genannte *Planèzes)* zerlegt wurden. Der Vulkangipfel des Cantal wurde durch die Erosion so weit eingeebnet und zersetzt, dass hier sogar das Phänomen einer **Reliefumkehr** beobachtet werden kann. Geblieben sind von einstigen Berg die zerklüfteten Reste der Vulkanbasis mit senkrecht abfallenden Wänden, tief eingekerbten Tälern und einzelnen Spitzen. Die erheblich jüngeren Monts Dore (2–3,2 Millionen Jahre) zählen ebenfalls zum Planèze-Typ, allerdings sind die Planèzes längst nicht so ausgeprägt wie die des Cantal.

Vor und während einer Eruption füllt die Lava bei ihrem Weg durch das bestehende Gestein Spalten und Risse. Im Laufe der Jahrtausende hat die Erosion das alte Gestein abgetragen und die Spaltenfüllungen aus erstarrter Lava freigelegt und damit bizarre Gebilde an das Tageslicht befördert. In der Auvergne werden die so isolierten spitzen Nadeln als **Necks** bezeichnet. Die **Dykes** sind einzelne Wände aus Eruptivgestein. Die bekanntesten Necks sind inmitten der Stadt Le Puy-en-Velay der Mont de Anis, auf dem die Kathedrale errichtet wurde, sowie der Aiguilhe, auf dem die Kapelle St-Michel thront.

Neben diesen Hauptformen des Vulkanismus begegnen dem Besucher **Lava- und Basaltplatten,** wie die Plateaus von Polignac (bei Le Puy-en-Velay) oder die Montagne de la Serre (20 km südwestlich von Clermont-Ferrand). Ein fotografisches Juwel sind die viel besuchten **Vulkanseen,** die über die ganze Auvergne verstreut anzutreffen sind. Auf den Spitzen der Vulkankegel oder den Basaltplatten kann ein Teil der Oberfläche in den darunter liegenden Magmaraum einbrechen. Ist der Grund wasserundurchlässig, entstehen auf diese Weise die so genannten **Maare,** wie der Lac Pavin (nahe dem Puy de Sancy) oder der Narse d'Espinasse (südwestlich Clermont-Ferrand). Versperrt ein Lavastrom einen Flusslauf, kann sich hinter der erstarrten Lava ein See aufstauen wie im Falle des Lac de Aydat und des Lac Chambon in den Monts Dore.

- Im **wissenschaftlichen Themenpark Vulcania,** 15 km westlich von Clermont-Ferrand, können Vulkanausbrüche, Reisen zum Mittelpunkt der Erde und weitere geologische Phänomene auf der Erde oder auf anderen Planeten hautnah miterlebt werden (www.vulcania.com).

Verkarstung der Causses

Das Gebiet der Causses schließt sich südlich des Lots an die Vulkanregion des Massif Central an. Das einstige zusammenhängende **Kalkplateau** ist von Flüssen zerteilt, die sich aufgrund ihrer großen Reliefenergie – der Weg zum

Mittelmeer ist vergleichsweise kurz und der dabei zu überwindende Höhenunterschied relativ groß – tief in die Hochflächen der Causses einschneiden konnten.

Die nahezu **menschenleeren Hochebenen** werden von Schafherden beweidet, die zwischen Steinen nach dürren Gräsern suchen. Allerdings waren die Causses noch bis zum Neolithikum, der Jungsteinzeit, fast vollständig bewaldet. Erst mit dem Beginn der Jungsteinzeit und dem Sesshaftwerden der Menschen wurden die Wälder gerodet und Felder angelegt. Dieser Eingriff in das äußerst sensible natürliche Gleichgewicht der Kalkplateaus sowie die seit dem Mittelalter vermehrt einsetzende **Schafzucht** haben die Causses nachhaltig verändert: Die Verkarstung schreitet stark voran. Die ehemalige Waldvegetation bot durch den aufliegenden Boden, der durch das Wurzelwerk festgehalten wurde, einen guten Schutz gegen die Erosion und verlangsamte die Geschwindigkeit der Verkarstungsprozesse.

Die im Regenwasser enthaltene **Kohlensäure** löst den Kalkstein sukzessive auf. Es bilden sich oberflächlich muldenartige Vertiefungen, die **Dolinen.** Im tieferen Gestein führt die Auswaschung zur Bildung von Klüften und Höhlen. Die Verkarstung formte – und dieser Prozess ist keineswegs abgeschlossen – unterirdische Wunderwelten aus Flussläufen komplexen Höhlensystemen und **Tropfsteinhöhlen** mit skurrilen Gebilden aus Tropfstein. Tropfsteine bilden sich aus Kalkablagerungen (Kalzit bzw. Kalkspat), die etwa 1 cm pro Jahr wachsen. Die bekanntesten und beeindruckendsten Stalagmiten (wachsen vom Boden zur Höhlendecke) und Stalaktiten (von der Decke zum Boden) können in der Grotte des Demoiselles und in der Aven Armand bestaunt werden.

Klima

Insgesamt wird das Klima im Reisegebiet meist als **rau** bezeichnet, obwohl der Süden bereits eindeutig **mediterran** beeinflusst ist. Zum nördlichen Massif Central zählen das Département Allier, der Parc Naturel des Volcans de Auvergne, der Regionalpark Livradois-Forez, das Velay, die Margeride und das Aubrac-Massiv. Das Département Ardèche, die Cévennen und die Region der Causses liegen bereits im Einfluss des mediterranen Klimas mit milden und ausgeglichenen Temperaturen.

Auvergne

Das gesamte Wettergeschehen der Auvergne ist vergleichbar mit den deutschen Mittelgebirgen. Wetterbestimmend ist hier der **Westwindgürtel,** der meist feuchte Luftmassen vom Atlantik in mitteleuropäische Gefilde schiebt. Das gesamte Massif Central ist recht **niederschlagsreich,** vor allem in den Frühlings- und Frühsommermonaten. Allerdings regnet oder schneit es dabei nicht mehr, sondern meist ergiebiger als in vergleichbaren Lagen. Die Wintermonate sind in den Höhenlagen lang und hart. Erfreulicherweise gelten die Skiorte in den Monts Dore oder im Cantal als nahezu **schneesicher.** Im Hoch- und im Spätsommer sind **längere Schönwetterperioden** mit sommerlichen Temperaturen häufig. Insgesamt bietet die Auvergne aufgrund der Höhenunterschiede kein einheitliches klimatisches Bild: In den Gipfellagen kann der Schnee noch bis in den Frühsommer liegen, während an den Flussläufen und Seen die Badehose das meistgetragene Textil ist.

Cévennen

Im südlichen Teil des Reisegebiets setzen sich in der Regel **feuchtwarme Luftmassen** aus dem Mittelmeerraum durch. In der Folge sind die Winter erheblich milder als im nördlichen Massif Central, und in den Sommermonaten kann es **sehr heiß** werden. Die Schönwetterperioden im Sommer sind länger und gekennzeichnet durch teils heftige Gewitter. Vor allem im Herbst kann es in klaren Nächten empfindlich kühl werden. Über die Ebenen der Causses fegen unabhängig von der Jahreszeit häufig trockene Winde.

Flora

So vielfältig die geographischen und geologischen Voraussetzungen der Landschaften der Auvergne und der Cévennen sind, so **reichhaltig und artenreich** ist auch die Flora, die sich hervorragend an die speziellen Lebensbedingungen der verschiedenen Ökosysteme angepasst hat. So offenbart sich auf Wanderungen durch die Mittelgebirge des Massif Central vom Frühling bis zum Herbst die **wundervolle Blütenvielfalt** der typischen Gebirgsflora, darunter die Herbstzeitlose, die Lilie, der Fleisch fressende Sonnentau, der Eisenhut sowie der Gelbe Enzian, der für die Herstellung des „Gentiane", eines Aperitifs, verwendet wird.

Vegetationszonen

Weite Regionen der Auvergne und der Cévennen sind **bewaldet.** In den unteren und mittleren Lagen wachsen vor allem Laub- und Mischwälder, auf Lehmböden auch Stieleichen und Buchen. Die Buche ist die verbreitetste Laubbaumart im Massif Central. Sie kann nach 100–300 Jahren bis zu 40 m hoch werden. Die **oberen Gebirgslagen** sind von Buchen und Tannen besiedelt, die sich an diese kalten und

Rechts: Kratzdistel;
links: Gelber Enzian, aus dem der Gentiane-Likör hergestellt wird

auv_075a Foto: bf

auv_075b Foto: bf

feuchten Standorte angepasst haben, wie zum Beispiel in den Monts du Forez oder den Monts Dore. Die **trockenen Hanglagen** bieten vor allem Kiefern geeignete Lebensbedingungen. Weite Bereiche der steilen Hanglagen der Cévennen werden von dichten Edelkastanienbeständen begrünt, deren Früchte in vielen traditionellen Gerichten zu finden sind.

Neben den ausgedehnten Wäldern beherrschen **Wiesen und Heidelandschaften** das Gesicht des Reisegebiets. Auf den Wiesen gedeihen vor allem in den Höhen ab 1000 m Pflanzen wie das dreifarbige Veilchen, das Feldstiefmütterchen, Osterglocken, geflecktes Ferkelkraut oder die Montpellier-Nelke, deren fragile zartrosa Blütenblätter tief gezackt sind. Die Färberdistel, aus der ein gelber Textilfarbstoff gewonnen wurde, und die Europäische Trollblume mit den leuchtend gelben kugeligen Blütenständen bevölkern die Hänge und Wiesen.

Der **Gelbe Enzian** wächst hauptsächlich auf den Hochplateaus der Auvergne in 800–1500 m Höhe. Seine Wurzeln können bis auf Armesdicke heranwachsen und stecken sehr tief im Boden. Mit Hilfe langstieliger Gabeln graben die „Enzianstecher" nach den gehaltvollen Wurzeln. Im Anschluss werden die Wurzeln gereinigt, zerkleinert und in Alkohol eingelegt. Nach einer Reifezeit ergibt diese goldfarbene bittersüße Flüssigkeit den **„Gentiane"**, einen Aperitif, der aufgrund der zahlreichen Wirkstoffe der Enzianwurzel wohltuend und weit verbreitet ist.

Eine Besonderheit ist das Ökosystem des **Margeride-Plateaus.** Das ehemalige Acker- und Weideland wurde in weiten Teilen sich selbst überlassen, so dass sich eine spezielle **Heidevegetation** ansiedeln und durchsetzen konnte. Diese Heidelandschaft stellt ein Vorstadium zum Wald dar. Vielleicht wird sich in einigen Jahrzehnten auf den heutigen duftenden Heideflächen ein lichter Mischwald behaupten. Kiefern und Birken haben sich bereits zwischen Ginster, Farnen, Blaubeer- und Johannisbeersträuchern etabliert.

Eine weitere Besonderheit der Auvergne sind die über die gesamte Region vorkommenden **Moore,** die bis zu 5000 Jahre alt sein können. In wasserundurchlässigen Vulkankratern, in Mulden, die durch den Gletscherschliff entstanden sind, sowie in Flusswindungen hat sich dieses Ökosystem mit einer **außergewöhnlichen Vegetation und Tierwelt** ausbreiten können. Typische Vertreter der Moorpopulation sind Wollgras, Sibirischer Goldkolben, das seltene Sumpfherzblatt sowie die Zwergbirke, die an sich in den hohen nordischen Breiten heimisch ist, und auch die Zwergweide. Der rundblättrige Sonnentau, eine der **Fleisch fressenden Pflanzen** der Moore, fängt Insekten mit einem Sekret, das die Blüten an den Rändern ausscheiden. Das geringe Stickstoffangebot im Moor zwingt eine große Anzahl von Pflanzen, ihren Nährstoffbedarf auf erfinderische Art durch tierische Nahrung zu sichern. Ein echtes Fossil aus den Anfängen der Besiedlung dieses Lebensraumes ist eine Bärlappart, die unter dem Wasser gedeiht und sich in den letzten 300 Millionen Jahren nicht verändert hat.

Aus einem typischen Herbstgericht der Auvergne sind **Pilze** nicht wegzudenken. In den ausgedehnten Wäldern wachsen vor allem nach Gewittern eine Vielzahl an leckeren Pilzen, die bei Wanderungen entlang der Wegränder gesammelt werden können. Zu den häufigsten Arten zählt der großkappige Herrenpilz, der vor allem in Laubwäldern gedeiht. Der aromatische goldgel-

auv_076 Foto: bf

Salers-Rind

be Pfifferling versteckt sich im feuchten Unterholz und in Moos. Der Trompetenpfifferling füllt schnell die Sammlerkörbe, denn er ist kein Einzelgänger und wächst meist in großen Mengen an einem Ort. Auch die Herbsttrompete bildet immer kleine Kolonien an feuchten Stellen in lichten Laubwäldern. Der Riesenschirmling ist der größte essbare Pilz, der sich wunderbar panieren und ausbacken lässt. Sein zartes Fleisch riecht nach Haselnüssen. Selbst im Frühjahr können der Semmelstoppelpilz und der Speisemorchel, mit dem wabenartigen braunen Hut, gesammelt werden und laden nach einem Waldspaziergang zu einem kulinarischen Erlebnis ein.

Fauna

Die nahezu unberührten Weiten der mittleren und südlichen Auvergne sowie der Cévennen liegen fern der Städte und großen Verkehrswege. Sie bieten zahlreichen Wildtieren einen intakten Lebensraum in ihrer natürlichen Umgebung. Eine besondere Artenvielfalt hat sich unter den Vögeln und Schmetterlingen in den verschiedenen Ökosystemen etabliert. Aber auch Schlangen, Reptilien und Amphibien finden hier ideale Lebensbedingungen, wie beispielsweise die Europäische Sumpfschildkröte, die seltene Wasserschildkröte und die Gelbbauchunke. Die Gelbbauchunke ist eine kleine Krötenart, die in ganz Europa unter Naturschutz steht.

Säugetiere

Recht häufig lassen sich Eichhörnchen, Dachse, Wildschweine, Hirsche und Rehe in freier Wildbahn beobachten. Aber auch die seltenen Arten wie Ginsterkatze, Hermelin und Fischotter können auf Wanderungen entdeckt werden. In den mittleren und höheren Gebirgsregionen des Sancy und des Cantal sind **Mufflone** und **Murmeltiere** anzutreffen. Die Mufflone wurden im Jahre 1956 eingeführt. Sie lassen sich problemlos mit dem Fernglas und in Glücksfällen auch manchmal aus der Nähe beobachten. Ebenso wie die Gemsen, mit denen sich die Mufflone die Berghänge teilen, sind diese vierbeinigen drahtigen Kletterer relativ scheu. Murmeltiere hingegen lieben es, sich in der Sonne zu aalen und gelten als lustige und gesellige Pelzträger, die auf einen Warnpfiff hin in Windeseile in Gänge und unterirdische Höhlen verschwinden.

Vögel

In der Auvergne leben über **250 verschiedene Vogelarten,** darunter der Wanderfalke, der im Sturzflug Geschwindigkeiten von bis zu 300 km/h erreichen kann, sowie der Fischadler, der Zwergadler, der Flussregenpfeifer, der nachtaktive Uhu und der Steinkauz. Der besonders farbenprächtige Eisvogel und der leicht an seinem orangefarbenen Federkleid mit dem langen Schopf zu erkennende Wiedehopf fischen an den klaren Flussläufen des Massif Central. An den Südhängen der

Vulkane kann mit etwas Glück der Rüttelflug des Schlangenadlers beobachtet werden, der auch für den kleinsten Greifvogel, den Turmfalken, charakteristisch ist. Der **Rote Milan** mit seinen bis zu 2 m Flügelspannweite ist einer der prachtvollsten Jäger im gesamten Reisegebiet. Er ist leicht an seinem rötlichen Gabelschwanz zu erkennen, der tief V-förmig ausgeschnitten ist. Wie sein kleinerer Bruder, der Schwarze Milan, jagt er kleine Nagetiere, Insekten und ernährt sich auch gern von Aas.

Eine Seltenheit ist der scheue **Steinrötel,** eine kleine Drosselart. Auf subalpinen Steinwiesen und kahlen Berghängen ernährt er sich von Insekten, Würmern und Eidechsen. Die Steinrötel sind Einzelgänger mit einer wundervollen bunten Färbung. Der Kopf und der Hals schillern blau-grau, die Flügel und der Rumpf sind in einem strahlenden Rot-Orange gefärbt.

Die Haine und Felder sind das Revier der **Wiesenweihe** und des **Sperbers.** Beide Vögel haben sich auf die Jagd im Tiefflug spezialisiert. Die Taktik des Sperbers beruht auf seiner unglaublichen Wendigkeit und seinen flinken Flugmanövern. Die Wiesenweihe ist mit einer durchschnittlichen Spannweite von 1 m ein eher ausdauernder Jäger. Das gut wiederzuerkennende Federkleid dieses Vogels ist hell mit dunkel gefärbten Flügelspitzen. Der **Weiße Storch** ist eine weitere Rarität in der Auvergne. Seit kurzem haben die ersten zehn Pärchen der langbeinigen Flieger hier ihr Revier bezogen. In der Hoffnung, noch mehr dieser schönen Vögel in der Auvergne ansiedeln zu können, hat die Vogelschutzorganisation LPO *(Ligue pour la Protection des Oiseaux)* Nistplattformen aufgestellt.

Das **Naturschutzgebiet Val d'Allier** in der nördlichen Auvergne ist das **größte Auenschutzgebiet in Frankreich.** Hier nisten etwa 120 Vogelarten, wie Schwalben, Fischadler, Reiher oder Dickfüße, die problemlos von den verschiedenen Beobachtungsplätzen studiert werden können.

● **Kontakt:** In Arvermes, Tel. 0470468202, oder über die Besucherzentren des Vogelschutzverbandes **LPO,** 63100 Clermont-Ferrand, 2, Rue du Clos-Perret, Tel. 0473363979, erhält man Infos zu den Vogelnaturschutzgebieten Vallée de Chaudefour/Massif du Sancy, Tel. 0473886880, und Sagnes de la Godivelle, Tel. 0473656407. Folgende Zentren des **C.P.I.E.** *(Centres permanents d'Initiation à l'Environnement)* bieten regelmäßige Lehrgänge mit Entdeckungsausflügen in die Natur an: C.P.I.E. du Pays de Tronçais, Avenue Nicolas Rambourg, 03360 St-Bonnet-de-Tronçais; C.P.I.E. de Haute-Auvergne, Château St-Etienne, 15000 Aurillac, sowie C.P.I.E. du Velay, Le Riou, 43700 Chaspinhac.

Fische

Die Gewässer sind fischreich und ein kleines Paradies für Angler und Sportfischer. Eine Besonderheit ist der **Lachs,** der von der Flussmündung der Loire am Atlantik eine über 900 km lange Reise zurücklegt, um im klaren Oberlauf des Allier abzulaichen. In den Seen und Flüssen tummeln sich vor allem Forellen, Zander, Äschen, Hechte, Bachsaiblinge und Karpfen.

Nationalparks

Frankreich besitzt eine ganze Reihe von **interessanten Naturlandschaften,** die für Natur und Mensch unter besonderen Schutz gestellt wurden. In den letzten Jahrzehnten wurden eine Reihe von großräumigen Schutzgebieten in ganz Frankreich geschaffen. Mittlerweile sind insgesamt sieben **Nationalparks** mit internationaler Anerkennung, vierzig **Naturparks** (vergleichbar den deutschen Naturschutzgebieten) und neun **Biosphärenreservate** ausgewiesen worden. Bei der Vielfalt und dem natürlichen Reichtum von Flora, Fauna, Geologie und Geographie ist es kein Wunder, dass sich immerhin fünf der Nationalparks im Massif Central befinden.

Die natürliche und raue Schönheit der Auvergne und der Cévennen ist sensibel und verletzlich. Nur eine rücksichtsvolle Behandlung kann die Naturschätze und Traditionen der vier regionalen Naturparks sowie des Nationalparks, der strengeren Schutzregeln unterliegt als die regionalen Parks, sichern. Bereits 1970 wurde der Nationalpark **Parc National des Cévennes,** ausgewiesen. Im Jahre 1977 wurde der **Parc Naturel Régional des Volcans d'Auvergne** geschaffen, dem 1986 der **Parc Naturel Régional Livradois-Forez** sowie 1995 der **Parc Naturel Régional des Grands Causses** folgten. Erst 2001 wurde der **Parc Naturel Régional des Monts d'Ardèche** eingerichtet. Die gemeinsame Zielsetzung der architektonisch und landschaftlich **sehr unterschiedlichen Naturparks** ist die Verbesserung der Lebensqualität sowie die wirtschaftliche und kulturelle Entwicklung der Regionen.

Parc National des Cévennes

Das in der Kernzone 91.000 ha und mit der angrenzenden Randzone 230.000 ha umfassende Schutzgebiet gehört zu den größten französischen Nationalparks. Es bildet im Süden des Massif Central zwischen Mende, Alès und Millau ein Dreieck, und das nur zwei Autostunden von der Mittelmeerküste entfernt. Je nach Höhen- und Hanglage kann das Klima eher ozeanisch oder bereits mediterran ausgeprägt sein, so dass sich hier auf engstem Raum eine besondere **pflanzliche Vielfalt** angesiedelt hat, die an die jeweiligen Klimabedingungen angepasst ist. Seine unverwechselbare Landschaft umschließt ein vielfältiges Relief: tiefe Schluchten, schneebedeckte Gipfel, grüne Hügel, Wälder und offene Hochplateaus. Die **höchsten Berge** sind Mont Lozère (1699 m), Mont Bouges (1350 m) und im Süden der Mont Aigoual (1567 m).

Der geologische Untergrund der Cévennen ist keineswegs einheitlich. Im Norden, rund um den Mont Lozère, bilden Granite den Untergrund, im mittleren Teil sind es Schieferschichten sowie metamorphes Gestein, das durch Druck und Hitze zum Teil aufgeschmolzen wurde, während rund um den Mont Aigoual nochmals granitisches Ausgangsgestein anzutreffen ist. Eine der typischsten Landschaften im Nationalpark ist der Gebirgsstock des Mont Lozère mit seinen baumlosen Hochflächen und den steilen Hängen, die vor allem im Osten mit großflächigen Wäldern von Esskastanien bewachsen sind.

Die **Forstwirtschaft** ist ein wichtiger Erwerbszweig in den Cévennen, die zu fast zwei Drittel mit Wald bedeckt sind. Ausgedehnte Nadelbaumforste sowie Eichen-, Buchen- und Kastanienwälder überziehen die zum Teil sehr steilen und nahezu unzugänglichen Berghänge. Im Frühling überzieht ein Narzissenteppich die freien Hochflächen, während in den Wäldern und auf den Lichtungen Türkenbundlilien, Bergwohlverleih und die anmutigen Frühlingsadonisröschen blühen. Der Frauenschuh sowie mehr als **vierzig weitere Orchideenarten** sind im Park katalogisiert worden. Dieser Artenreichtum der Flora soll durch den Naturschutz bewahrt werden. Die Aufmerksamkeit der Parkbehörde richtet sich auch auf die Fauna, hier stehen im Zentrum des Interesses vor allem die **großen Raubvögel,** wie Adler und Geier, aber auch die Biber, Hirsche oder Auerhähne.

Ein weiteres Ziel des Parc National des Cévennes ist, die **Abwanderung der Bevölkerung** zu stoppen. Im zentralen Bereich des Nationalparks ist die Bevölkerung noch fest ansässig und betreibt eine bescheidene Landwirtschaft: Schafzucht, Milchwirtschaft, Käserei und Forstwirtschaft. Auch die Weiterverarbeitung der Esskastanien zu Mehl, Gebäck und Marmelade, sowie die in den mediterranen Ausläufern des Parks ansässige Seidenraupenzucht stellen die traditionellen Wirtschaftszweige der Region dar. Die **Touristen,** allen voran Wanderer und Kanuten, sind Träger der wirtschaftlichen Stabilität der Region, wobei größtmögliche Rücksicht auf die Natur genommen wird. Die Urlauber sollen möglichst in Bauernhäusern, einfachen Wanderunterkünften oder ländlichen Pensionen unterkommen, um so die bestehende Infrastruktur zu stärken.

● Das **Hauptinformationszentrum** des Parc National des Cévennes befindet sich im **Schloss von Florac:** BP 15, 48400 Florac, Tel. 0466495300. Öffnungszeiten: Ostern bis Nov. täglich 9.00–12.00 und 14.00–18.00 Uhr, im Juli/Aug. bis 19.00 Uhr; das restliche Jahr nur werktags bis 18.00 Uhr. Die zahlreichen **Écomusée** geben einen Einblick in die traditionellen Lebensweisen, die ländliche Architektur und das Handwerk. Die meisten Museen bieten während der Sommermonate täglich Führungen entlang angelegter Lehrpfade an.

Parc Naturel Régional des Volcans d'Auvergne

Mit einer Fläche von über 395.000 ha ist der Parc Naturel Régional des Volcans d'Auvergne der **größte Naturpark in Europa.** Die von Vulkanausbrüchen und Gletschern geformten grünen Weiten lassen sich in **vier Gebiete** unterscheiden: die Vulkankette der Puys (Chaîne des Puys oder auch Monts Dôme genannt), das Sancy-Massiv, der Cézallier und die Berge des Cantal. Der Park ist wie geschaffen für Wanderer. Auf einem kurzen Spaziergang oder einer mehrtägigen Tour lassen sich geographische Besonderheiten, Wildtiere, Flora, traditionelle Architektur sowie al-

Puy de Sancy/Parc Naturel Régional des Volcans d'Auvergne

te Handwerkskünste erschließen. In den zahlreichen **Maisons du Parc** werden typische Tiere, Pflanzen oder regionale Erzeugnisse präsentiert. Im Maison de la Gentiane steht der Enzian im Mittelpunkt, im Maison de la Faune in Murat wird die Tierwelt den Besuchern detailliert näher gebracht, im Maison des Fromages in Egliseneuve-d'Entraigues dreht sich alles um den Käse.

Die **Vulkane der Auvergne** werden seit Urzeiten verehrt, wie beispielsweise die Mauern des Merkurtempels auf dem Puy de Dôme zeigen. Jedoch erst im Jahre 1751 wurden die vulkanischen Ursprünge des Massif Central „wiederentdeckt". Der Mineralologe *Jean Guettard* erforschte die Geologie des Mittelgebirges und legte erstmals ein Jahr später der Akademie der Wissenschaften seine These vom vulkanischen Ursprung dieser Region vor. Diese heute so offensichtliche Tatsache löste bis zum Ende des 18. Jh. eine heftige wissenschaftliche Diskussion aus.

• **Informationen:** Montlosier, 63970 Aydat, Tel. 0473656400, www.parcs-naturels-regionaux.tm.fr

Parc Naturel Régional Livradois-Forez

Zwei Berge und ein Tal, das wäre die einfachste Beschreibung des Parc Naturel Régional Livradois-Forez. Die beiden Bergmassive, die das Loire-Tal vom Tal

Land und Natur

auv_081 Foto: bf

auv_082 Foto: bf

der Allier trennen, haben dem Park den selbst für Franzosen schwer auszusprechenden Namen gegeben. Im Osten der Auvergne liegt dieses 300.000 ha große Naturschutzgebiet mit beeindruckenden Ausblicken auf die grünen Ebenen der Limagne und des Allier-Tals. Die abwechslungsreiche Landschaft besitzt Mittelgebirgscharakter und umfasst die Hügel und Hänge von Billom und Comté, die Moore des Forez, die Hochplateaus des Livradois sowie das Tal der Dore mit ihren Bachläufen und Mühlen.

Der zur Pflege von Umwelt, Landschaft und Naturschätzen gegründete Park setzt sich auch für die **Erhaltung des baulichen Erbes** und die Modernisierung des Wirtschaftslebens in ländlich geprägten Gegenden ein. Durch den Park führt die Route des Métiers, die **Straße des alten Handwerks,** auf der die lokalen Handwerkskünste wie Herstellung von Papier, Rosenkranzfertigung, Messerschmiedekunst oder das Webehandwerk präsentiert werden.

- **Informationen:** BP 17, 63880 St-Gervais-sous-Meymont, Tel. 0473955757, www.parc-livradois-forez.org

Parc Naturel Régional des Grands Causses

Der Parc Naturel Régional des Grands Causses grenzt im Osten an die Gebirgskette der Cévennen, im Norden an das Lot-Tal, im Süden an die Ebenen des Languedoc und im Westen an die Lacaune-Berge. Die Gesamtfläche des

315.000 ha großen Parks wird von **kahlen Flächen, dürren Weiden** und **Gräsern** dominiert. Gerade aufgrund der kargen Vegetation, der bizarren Steinformationen und der zerklüfteten rauen Hochplateaus besitzt dieser Park einen großen Schatz: Die Stille und eine weitgehende Einsamkeit innerhalb dieser fragilen Natur.

Die **Abgeschiedenheit** der Grands Causses ermöglicht eine artenreiche, wenn auch nicht üppige Flora, sowie eine **intakte Tierwelt** – darunter auch den 1981 wieder erfolgreich angesiedelten Gänsegeier. Auf den weitflächigen Ebenen weiden seit Jahrhunderten Schafherden. Sie liefern die würzige Milch für den berühmten Roquefort-Käse, der in den natürlichen Höhlen der Käsekeller des gleichnamigen Ortes reift. Aus dieser Landschaft ragen die **Burgen und Kirchen** des Templer- und Hospitalierordens mit deren charakteristisch trutziger Architektur empor. Die besondere Aufgabe des Nationalparks ist neben dem Naturschutz die Pflege der **traditionellen bäuerlichen Kultur,** sowie die Schafhaltung und die Organisation umweltverträglicher Urlaubsaktivitäten.

- **Informationen:** 71, Bd. de l'Ayrolle, BP 126, 12101 Millau cedex, Tel. 0565613550.

Felsgebilde von Nîmes-le-Vieux in den Causses

Parc Naturel Régional des Monts d'Ardèche

Die Kastanienbauern der Ardèche initiierten die Einrichtung dieses Naturparks, der 2001 als **vierzigster Regionalpark** offiziell eingeweiht wurde. Das Gebiet erstreckt sich von den Monts Boutières im Norden, über die Montagne Ardèchoise im Westen, grenzt im Osten an die Städte Privas beziehungsweise Aubenas, um im Süden bei Les Vans in die Ausläufer der nördlichen Cévennen überzugehen. Der Park umfasst **unterschiedliche Gebirgsregionen:** das Plateau de Vernoux, das Eyrieux-Tal, die „Sucs" des Gerbier de Jonc (1551 m), den Mont Mézenc (1763 m), das Tanargue-Massiv mit dem Col de Meyrand (1370 m), das obere Ardèche-Tal sowie die nördlichen Ausläufer der Cévennen. Den gesamten Naturpark beherrschen diese Gebirgszüge mit steilen felsigen Hängen und schmalen, zum Teil nur sehr schwer zugänglichen, Tälern, in denen **prächtige Kastanienwälder** gedeihen. Bislang bietet der Park keine Veranstaltungen oder Führungen an, fördert jedoch die Erschließung von Rundwanderwegen und Lehrpfaden.

- **Le Parc Naturel Régional des Monts d'Ardèche,** La Prade, BP 3, 07560 Montpezat-sous-Bauzon, Tel. 0475943520.

auv_084 Foto: bf

Menschen und Kultur

auv_085a Foto: bf

auv_085b Foto: bf

St-Privat d'Allier –
Steinkreuze säumen den Jakobsweg

Volkssport Angeln

Ansicht von Le Puy-en-Velay

Geschichte

Die Geschichte der Auvergne und der Cévennen ist eingebunden in die Vergangenheit Frankreichs und Europas; das Gebiet ist nie zum Schauplatz entscheidender Schlachten bzw. Territorialkämpfe und gesellschaftlicher Umwälzungen geworden – die fanden rund um das Mittelmeer, entlang der Rhône oder im fernen Paris statt.

Die Anfänge

Der **erste Europäer** wurde im Jahre 1971 in einer Höhle in der Nähe von Perpignan ganz im Südosten Frankreichs gefunden. Dieser ca. 450.000 Jahre alte **Homo erectus** mit fliehender Stirn und Augenbrauenwülsten ist ein Vorfahre, der den aufrechten Gang schon recht erfolgreich praktiziert hat. Aus dem Homo erectus entwickelte sich der heutige **Homo sapiens sapiens,** der „vernunftbegabte" Mensch. Bis zur Altsteinzeit ab 35.000 v. Chr. bleibt die Geschichte der ersten Bewohner des südlichen Frankreich im Dunkeln. Rund um die Pyrenäen wurden in Höhlen Wandmalereien und Werkzeuge entdeckt, die dem **Cro-Magnon-Menschen** zugeschrieben werden. Überreste des Cro-Magnon-Menschen wurden im südlichen Massif Central im Dordogne-Tal gefunden. Es handelt sich um etwa 1,80 m große Vorfahren, die sich durch einen kräftig-athletischen Körperbau auszeichnen und im Wesentlichen kaum vom heutigen Menschen unterscheiden.

Innerhalb der folgenden Jahrtausende bis zur Jungsteinzeit um 6000 v. Chr. entwickelte sich eine **dauerhaft sesshafte Lebensweise** mit Tierhaltung. In dieser vorchristlichen Zeit gründeten **keltische Stämme dörfliche Gemeinschaften.** Sie betrieben vor allem Landwirtschaft, Jagd, Fischfang und Bergbau und hinterließen rätselhafte Dolmen, Megalithen und Menhire, deren genaue Bedeutung bislang nicht geklärt werden konnte. Ab dem 2. Jh. v. Chr. verloren die Kelten angesichts der **germanischen und römischen Expansion** jedoch immer mehr an Bedeutung. Die Römer eroberten Schritt für Schritt den südlichen Teil Galliens. Bis 52 v. Chr. gelang es den Römern unter *Cäsar,* ganz Gallien zu unterwerfen. In der entscheidenden **Schlacht von Alesia** führte **Vercingetorix,** ein Averner, den gallischen Widerstand an. Diese ursprünglich keltische Stammesgruppe, die Handel trieb, eigenes Geld prägte und mit tyrannischer Macht über die Region herrschte, lebte in der heutigen Auvergne. Mit dem Sieg *Cäsars* über Gallien verloren die Averner ihr Land und ihre Unabhängigkeit an die Römer. Mit diesem Zeitpunkt begann in Gallien die so genannte **gallo-römische Periode,** die durch beeindruckende römische Bauwerke, wie den Pont du Gard und die Amphitheater von Nîmes und Arles, gekennzeichnet ist.

Die Zeit der Völkerwanderung

Im 3. bis 6. Jh. drangen **„barbarische Völker",** die Vandalen, die Hunnen, die Alemannen, die Franken und auch die

Nicht nur die Römer prägten das Massif Central

Trotz der abgeschiedenen Lage von Auvergne und Cévennen und des zum Teil recht unwegsamen Geländes blieb die Region nicht von den großen Veränderungen verschont, die über die Jahrhunderte über Frankreich hereinbrachen.

Die älteste bekannte Volksgruppe, die sich in der Region heimisch eingerichtet hatte, waren die **Ligurer.** Diese wurden im 6. Jh. v. Chr. von den Kelten, die das Land von Osten her besiedelten, in die entlegenen Bergregionen verdrängt. Die **Kelten** hinterließen kunstvolle Keramiken, rätselhafte Dolmen und sagenumwobene Kultstätten und Menhire. Sie erschlossen die Gebirgsregion durch Brücken und befestigte Wege. Im Gegenzug bedeutete dies auch die Ausbeutung der Bergwerke.

Das mächtigste keltische Volk in der Auvergne waren die **Arverner.** Noch bevor die Griechen und Römer ihr Einflussgebiet auf Gallien ausdehnten, hatten die Fürsten der Arverner ihren Machtbereich ausgeweitet und herrschten über die gesamte Auvergne. Im Jahre 121 v. Chr. kam es in einer entscheidenden Schlacht gegen die Römer zur Niederlage der Arverner. Sie konnten allerdings ihre Unabhängigkeit auf dem Gebiet der heutigen Auvergne bewahren. Von diesen zweifellos recht wehrhaften Arvernern ging der letzte große Aufstand gegen *Cäsar* unter Führung von *Vercingetorix* aus. Im Jahre 52 v. Chr. setzte sich *Cäsar* gegen die Truppen von *Vercingetorix* in der Schlacht von Alesia endgültig durch, was Asterix-Lesern bekannt sein dürfte. Damit war das keltische Gallien besiegt und in der Folge römische Provinz. Die lateinische Sprache konnte sich jedoch außerhalb der Städte nur sehr zögerlich oder gar nicht durchsetzen. Auch die keltischen Sitten, Bräuche und religiösen Riten blieben zum Teil bis heute erhalten, teilweise vermischt mit der christlich-römischen Kultur.

Der Weg ins Mittelalter war bis ins 10. Jh. hinein auch für das Massif Central eine Zeit der Unruhe. Zahlreiche Invasoren drangen in die Region ein. Im 3. Jh. zogen die **Alemannen** – keineswegs friedlich – durch das Gebiet, zur Zeit der Völkerwanderung kamen und gingen die **Vandalen** und die **Westgoten,** bis die **Franken** im 6. Jh. sesshaft wurden. Auch die Franken plünderten und mordeten während ihrer Landnahme in der Auvergne. Unter der Herrschaft der **Merowinger** und **Karolinger** herrschte weiterhin eine gewisse politische Unordnung, in die allein die neu gegründeten Klöster und Abteien eine Form von Stabilität und gesellschaftlicher Ordnung brachten.

Die geistlichen Zentren, allen voran Le Puy-en-Velay, erlebten einen enormen Aufschwung durch die **Pilger.** In dieser Blütezeit entstanden in der Region zahlreiche Kirchen im romanischen Stil, der über die Grenzen als auvergnatische Romanik bekannt wurde. Die im 12. Jh. immer noch sehr einflussreichen und mächtigen Grafen der Auvergne waren der französischen Krone ein Dorn im Auge, und so überrascht es nicht, dass die Auvergne geteilt und damit geschwächt wurde. Der Hundertjährige Krieg, die Religionskriege, Räuberbanden und ökonomische Krisen in den folgenden drei Jahrhunderten führten zu Chaos und Verarmung im Massif Central. Noch einmal eilte die Krone zu Hilfe: König *Ludwig XIV.* setzte sich gegen die Fürsten durch und bekräftigte in den so genannten „Grands Jours d'Auvergne" seinen absolutistischen Machtanspruch.

In der Neuzeit blieben Auvergne und Cévennen vergessen von der großen Politik aus Paris. Nach wie vor sind sie eine der ärmsten Regionen Frankreichs.

Westgoten, in Gallien ein. Den Westgoten gelang es 471, Arles einzunehmen und das große **Westgotische Reich** zu gründen. Es erstreckte sich von Spanien über große Teile Galliens, die Hauptstadt war Tolosa (Toulouse). Es war eine unruhige Zeit, in der sich kaum feste Herrschaftsstrukturen bildeten. Von den Klöstern aus, die im ganzen Land gegründet wurden, begann die **Christianisierung Galliens.**

Das Mittelalter

Die Westgoten unter *Alarich* konnten vom fränkischen *König Chlodwig* in der **Schlacht von Vouillé** besiegt werden. In den Jahren 481–987 herrschten die Familien der **Merowinger** und der **Karolinger** erfolgreich über Frankreich. So gelang es 732 dem Franken *Karl Martell* (altfranz. „der Hammer"), einem weiteren Vordringen der Mauren im südlichen Frankreich bei Poitiers ein Ende zu setzen. 751 wird *Pippin der Jüngere* zum König erhoben und als erster von der **katholischen Kirche zum König gesalbt.** Die Grafen der Auvergne konnten in der unruhigen Zeit des frühen Mittelalters ihre Machtposition so lange stärken, bis *Pippin der Jüngere* in den Jahren 761–767 die Herren der Auvergne endgültig unterwarf. Jedoch erst dem Enkel *Karl Martells,* **Karl dem Großen,** gelang es zwischen 768 und 814, das Fränkische Reich zu vergrößern. Er gliederte das neue mächtige Frankenreich in Grafschaften, in denen sich die Kaiserpfalzen zu wirtschaftlichen und kulturellen Zentren entwickelten. Im Jahre 800 erhielt *Karl der Große* die Bestätigung seiner Macht durch seine Krönung zum Kaiser in Rom.

Das einstige Reich *Karls des Großen* wurde 843 im **Vertrag von Verdun** in drei Königreiche geteilt: Westfränkisches Reich, Mittelreich und Ostfränkisches Reich. Aus dem **Westfränkischen Reich,** das von *Karl dem Kahlen* regiert wurde, ging das heutige Frankreich hervor. Das schwache **Mittelreich** unter den Königen von Lothringen wurde schnell der Zankapfel zwischen dem West- und dem **Ostfränkischen Reich** und unter diesen beiden mitteleuropäischen Großmächten aufgeteilt. In den ersten Jahren gelang es in Frankreich eine **stabile Erbmonarchie** zu etablieren, die sich auf die Kirche und den Staat stützte. Ab 888 setzten sich immer mehr Lehnsfürsten gegen das durch den Einfall der Normannen geschwächte Königshaus durch. Es bildete sich bis zum 10. Jh. eine Reihe von **Regionalherrschaften** im südlichen Reichsgebiet, wie zum Beispiel Aquitanien, Gascogne, Champagne oder Toulouse. Diese Fürsten waren meist recht machthungrige und streitlustige Herren, die das Land verwüsteten und Kirchen und Klöster zerstörten. Dennoch besaßen die Kirchen, wie das 910 gegründete Benediktinerkloster Cluny oder die 1043 gegründete Abtei La Chaise-Dieu, erheblichen Einfluss auf die kulturelle Entwicklung.

Die kriegerische und blutige Zeit des **Hochmittelalters** wurde bestimmt von den **Kreuzzügen** ins Heilige Land und dem Hundertjährigen Krieg. Der Aufruf von Papst *Urban II.* zum ersten Kreuzzug in Clermont fiel auf fruchtbaren Bo-

auv_089 Foto: bf

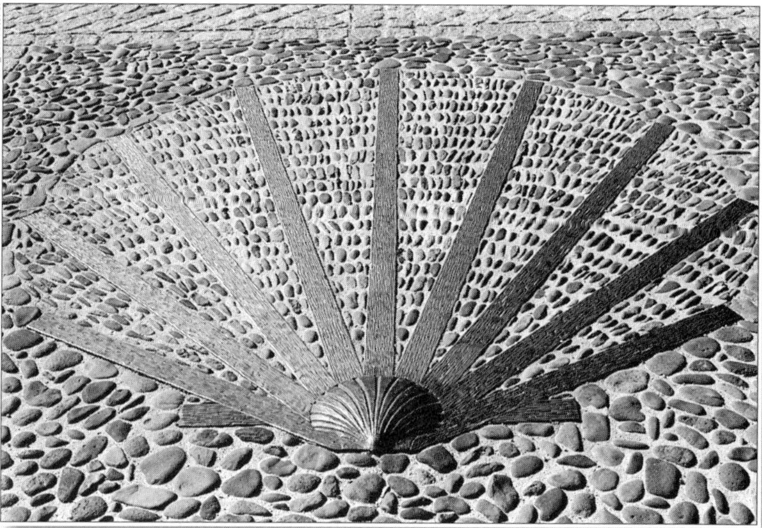

Menschen und Kultur

den. Die streitlustigen Fürsten ließen sich schnell von der religiösen Begeisterung des Volkes anstecken und wirkten auch in den folgenden Kreuzzügen als Heerführer gegen die Heiden und Araber. Die wirklichen Wegbereiter der Kreuzzüge und der Christianisierung sind allerdings die Mönchs- und Klerikerorden der **Benediktiner, Zisterzienser** und der **Kartäuser.** Unter ihrem geistigen Einfluss erblühten Wissenschaft und Baukunst. *Bernhard von Clairvaux,* ein Zisterzienserabt, zählte zu den bedeutendsten und einflussreichsten Gelehrten dieser Zeit. Neue Abteien sprießten wie Pilze aus dem Boden, wie zum Beispiel in Rocamadour oder Figeac, und auch die großen Klöster wurden immer mächtiger. Durch die Kreuzzüge gelangte die **hoch entwickelte Kultur des Orients** nach Mitteleuropa und bescherte Frankreich im 12. Jh. einen enormen wirtschaftlichen und kulturellen Aufstieg. Die ritterliche Dichtkunst sowie der gotische Baustil verbreiteten sich von Frankreich aus über ganz Europa, und der französische Adel wurde zum Vorbild für das gesamte Rittertum.

Eine **Heirat** sollte fatale Folgen für den Südwesten Frankreichs haben und der **Ursprung eines jahrhundertelangen Konflikts** werden. Im Jahre 1152

Symbol und Wegweiser für Pilger – die Jakobsmuschel

heiratete *Eleonore von Aquitanien* in zweiter Ehe *Heinrich Plantagenet,* den künftigen König von England, der als König *Heinrich II.* in die Geschichte einging. *Eleonores* Mitgift war gewaltig: der gesamte Südwesten Frankreichs, darunter auch das Lehen über die Auvergne. Mit der Thronbesteigung *Heinrich II.* war das Kräftegleichgewicht zwischen den Engländern und den in Frankreich regierenden *Kapetingern* erheblich gestört. Über drei Jahrhunderte zankten sich Frankreich und England, bis der Konflikt im **Hundertjährigen Krieg** von 1337–1453 gipfelte.

Für den Südwesten Frankreichs begann eine unfreiwillig wechselhafte Zeit. In den so genannten **Albigenserkriegen,** die Papst *Innozenz III.* gegen die *Albigenser* (auch *Katharer* genannt) ausrief, drang *Simon de Montfort,* der Anführer des Glaubenskampfes gegen die *Albigenser,* weit in den Südwesten vor und erneuerte damit die Macht der französischen Krone. Die Auvergne wurde dieser Krondomäne angeschlossen, um nur knapp zehn Jahre später zum Einflussgebiet des *Alphonse de Poitiers* zu zählen und schlussendlich nach seinem Tod wieder an die französische Krondomäne angegliedert zu werden, während die Nachbarprovinzen Quercy und Périgord zur britischen Krone gehörten.

Eine erneute Wende in der Region erwirkte der **„Schwarze Prinz", Jean de Berry,** ein Sohn des englischen Königs. Er verwickelte die westliche Auvergne in die Auseinandersetzungen um den Hundertjährigen Krieg. *Jean de Berry* erhielt die Auvergne und das Berry als Apanage, das er zum einen durch neue Steuern schröpfte und zum anderen durch großzügige Kunstförderungen und kirchliche Stiftungen unterstützte. Nach der Herrschaft *Jean de Berrys* beeinflussten die *Bourbonen,* die ein Jahrhundert über die Auvergne herrschten, sowie plündernde und brandschatzende Räuberbanden die Region. Endlich setzte der Sieg der Franzosen über die Engländer in der **Schlacht von Castillon** dem Hundertjährigen Krieg, der die Entwicklung des Landes jahrzehntelang blockierte, ein Ende. Der Wiederaufbau der Städte, Burgen und Kirchen begann.

Renaissance und Absolutismus

Während der **Renaissance** erholte sich Frankreich von den Folgen des Hundertjährigen Krieges. Das Königshaus konnte durch das Konkordat mit der Kirche seine Macht festigen. Die Künste und die Literatur wurden von den Renaissancekönigen gefördert. In dieser Blütezeit französischer **Literatur und Baukunst** entstanden die Erzählungen von *François Rabelais* sowie die Loireschlösser. Der Frieden währte jedoch nicht lange. 1562–1598 wüteten die **Religionskriege** in ganz Frankreich. Obwohl in der abgeschiedenen und traditionellen Auvergne und den Cévennen nur wenige Protestanten lebten, wurde die Region stark verwüstet. Während der **Bartholomäusnacht** 1572 herrschte im Massif Central ein Chaos, aus dem schließlich die Heilige Liga der Katholiken als Sieger hervorging. Erst das

Edikt von Nantes im Jahre 1598 entschärfte den Konflikt zwischen den verfeindeten Glaubensrichtungen. Knapp 100 Jahre gewährte das Edikt den Protestanten **Glaubensfreiheit** und politische Gleichberechtigung. 1685 wurde das Edikt von Nantes aufgehoben, worauf viele Protestanten fluchtartig Frankreich verließen.

Mittlerweile hatte **Ludwig XIV.**, besser bekannt als der **„Sonnenkönig"**, den Thron Frankreichs bestiegen. Der absolutistische Herrscher beschränkte nicht nur Parlament und Adel in ihren Kompetenzen, sondern verstärkte die Armee und zog auch die Künste in seinen Bann: Sie sollten ausschließlich der Verherrlichung des Sonnenkönigs dienen. Zur Demonstration seiner Macht schickte *Ludwig XIV.* seine Kommissare in die Auvergne, um die Fürsten zu bestrafen, die sich in den Jahren zuvor schwer an der Landbevölkerung vergangen hatten. Die Frondienste und Abgaben an die Feudalherren wurden reglementiert, und somit wurde zumindest der Versuch unternommen, die **Rechte der Bauern** zu sichern.

Die Französische Revolution

Nach dem Tod *Ludwig XIV.* konnte von einer prunkvollen Regentschaft seiner Nachfolger keine Rede sein. Frankreichs Beteiligung am **Siebenjährigen Krieg** trieb den Staat in den finanziellen Ruin. Der Widerstand in der Bevölkerung, geschürt durch das Gedankengut der **Aufklärung** *(Voltaire, Rousseau, Diderot)*, wuchs. Die Französische Revolution (1789–1799) schuf die Adelsprivilegien und die Monarchie ab. Die **Erste Republik** wurde ausgerufen. Die Französische Revolution markierte den Beginn tief greifender Veränderungen in Finanz-, Verwaltungs-, Bildungs- und Rechtswesen. So unterteilte man beispielsweise im Zuge der Verwaltungsreform Frankreich in Départements. Während der Schreckensherrschaft *Robbespierres* wurden im Namen von Freiheit und Gleichheit viele Glockentürme in der Auvergne zerstört; die Gegner des Wohlfahrtsausschusses flüchteten in die Berge des Massif Central.

Von Napoleon bis zum Ersten Weltkrieg

Obgleich *Napoleon* die **Monarchie** mit seiner Krönung zum Kaiser wieder einführte, unterstützte er die Neuerungen und Ideen, welche die weitere Entwicklung des Landes geprägt haben. Dieses **„revolutionäre Erbe"** sind zum Beispiel der Code Civil oder die Einführung der École Polytechnique. Die schwachen Nachfolger *Napoleons* machten die Errungenschaften der Französischen Revolution zum Teil wieder rückgängig. Als das allgemeine Wahlrecht abgeschafft werden sollte, brach die **Julirevolution** (1815–1830) aus. Im Anschluss an die Wirren der Julirevolution versuchte der Bürgerkönig *Louis-Philippe*, das Reich zu stabilisieren. Das ging so lange gut, bis 1848 die **Februarrevolution** von Paris aus fast alle europäischen Staaten erfasste. Die Zweite Republik wurde ausgerufen, *Napoleon I.*, der Neffe von *Napoleon Bonaparte*, zum Präsidenten gewählt. Der **Wechsel**

Geschichte in Zahlen

450.000 v. Chr.	Der Homo erectus lebt im Südosten Frankreichs und in den Pyrenäen.
35.000–10.000 v. Chr.	Höhlenmalereien nördlich der Pyrenäen entstehen während der Altsteinzeit. Die Überreste des Cro-Magnon-Menschen werden im südlichen Massif Central im Dordogne-Tal gefunden.
ab 6000 v. Chr.	Während der Jungsteinzeit entwickelt sich eine dauerhaft sesshafte Lebensweise mit Tierhaltung.
8. Jh. v. Chr.	Die Kelten wandern in den Süden Frankreichs ein.
bis 51 v. Chr.	Cäsar erobert Gallien. Entscheidungsschlacht bei Alesia gegen den Averner Vercingetorix.
5. Jh. n. Chr.	Westgotisches Reich mit der Hauptstadt Tolosa (Toulouse). Erste Klostergründungen. Beginn der Christianisierung Galliens.
3. Jh. n. Chr.	Christianisierung der Auvergne unter dem Heiligen Austremoine.
481–987 n. Chr.	Herrschaft der Merowinger und Karolinger.
672	Die Auvergne wird dem Herzogtum Aquitanien angegliedert.
732 n. Chr.	Karl Martell (Franke) schlägt die Mauren im südlichen Frankreich bei Poitiers.
761–767	Pippin der Jüngere unterwirftdie Herren der Auvergne.
768–814	Karl der Große vergrößert das Fränkische Reich. Kaiserkrönung 800 in Rom.
843	Vertrag von Verdun: Aufteilung des Frankenreiches. Entstehung des Westreiches unter Karl dem Kahlen.
910	Das Kloster Cluny wird vom Herzog von Aquitanien, dem Grafen der Auvergne und Wilhelm dem Frommen gestiftet.
1043	Gründung der Abtei La Chaise-Dieu.
1095	Papst Urban II. ruft zum ersten Kreuzzug in Clermont auf.
1152	Eleonore von Aquitanien heiratet den künftigen König von England. Der gesamte Südwesten Frankreichs wird Teil der englischen Krone.
1209–1229	Albigenserkriege im Südwesten.
1213	König Philipp August erobert die Auvergne, die damit unabhänig von Aquitanien wird.
1241–1271	Die Auvergne gehört zum Gebiet von Alphonse de Poitiers. Nach seinem Tod wird die Region wieder der Krondomäne angegliedert.
1339–1453	Hundertjähriger Krieg gegen England. Herzog Jean de Berry erhält die Auvergne als Apanage.
1416–1527	Durch Heirat fällt die Auvergne an Bourbon. Ab 1527 gehört sie wieder zur Krone.
1562–1598	Religionskriege zwischen Katholiken und Protestanten (Hugenotten) gipfeln in der Bartholomäusnacht 1572.
1598	Edikt von Nantes: Heinrich IV. konvertiert zum Katholizismus.
1643–1715	Unter der absolutistischen Herrschaft des Sonnenkönigs Ludwig XIV. steigt Frankreich zur europäischen Großmacht auf. Ludwig XIV. lässt die Fürsten der Auvergne, die sich schwer an der Landbevölkerung vergangen hatten, durch das Gericht der Grands Jours d'Auvergne bestrafen.

1685	Aufhebung des Edikt von Nantes. Beginn der Auswanderung, nicht nur von Hugenotten, aus dem Massif Central.
1789–1799	Französische Revolution. Die Gegner des Wohlfahrtsausschusses flüchten in die Auvergne und in die Cévennen.
1792–1804	Erste Republik.
1804–1814	Herrschaft Napoleons.
1830	Julirevolution. Regentschaft des „Bürgerkönigs" Louis Philippe.
1855	Anschluss des Massif Central (Clermont-Ferrand) an das Bahnnetz.
1848	Februarrevolution.
1852–1870	Zweites Kaiserreich unter Napoleon III.
1862	Vichy wird zum Modebad nach dem Besuch Kaiser Napoleons.
1870–1871	Deutsch-Französischer Krieg. Frankreich unterliegt.
1870–1940	Dritte Republik.
1884	Gustave Eiffel erbaut den Viaduc de Garabit über die Schluchten des Truyère für die erste Eisenbahnlinie quer durch die Auvergne.
1914–1918	Erster Weltkrieg. Stellungskrieg in Frankreich. Tod von 1.325.000 französischen Soldaten.
1939–1945	Zweiter Weltkrieg.
14.05.1940	Deutsche Truppen besetzen kampflos Paris. Teilung Frankreichs in den besetzten Norden und den „freien" Süden. Vichy wird die Hauptstadt des unbesetzten Frankreich. Kollaboration des Vichy-Regimes unter Pétain mit Nazideutschland.
25.08.1944	Die Alliierten befreien Paris.
1946–1958	Vierte Republik. Staatspräsident wird der Leiter der Exilregierung, Charles de Gaulle.
seit 1958	Fünfte Republik.
1963	Abkommen über die deutsch-französische Zusammenarbeit.
1969–1974	Der Auvergnate Georges Pompidou wird Staatspräsident.
1974–1981	Der aus der Auvergne stammende Liberalpolitiker Valéry Giscard d'Estaing hat das Amt des Präsidenten inne.
1981–1994	Der Sozialist Mitterand ist Staatspräsident.
1989	Anschluss des Massif Central (Clermont) an das Autobahnnetz.
seit 1995	Jaques Chirac leitet die Staatsgeschäfte.
Jan. 1996	Tod von François Mitterand.
Mai 1997	Der Sozialist Lionel Jospin gewinnt die Wahl zum Premierminister und löst damit den Konservativen Alain Juppé ab. Bei den Wahlen erzielt die rechtsextreme Front Nationale (FN) unter Jean-Marie Le Pen ihr bislang bestes Ergebnis mit 15% in ganz Frankreich; im Süden erreicht sie bis zu 30%.
1999	Die Causses (Millau) werden an das Autobahnnetz angeschlossen.
Jan. 2002	Währungsumstellung: Der Franc wird zugunsten des Euro abgeschafft.
Mai 2002	Präsidentschaftswahl: Chirac gewinnt die Stichwahl gegen Le Pen. Jacques Chirac setzt Jean-Pierre Raffarin (rechts-liberal) als Premierminister ein.
2002/03	Frankreich widersetzt sich dem Krieg der USA gegen den Irak.
März 2004	Bei den Kommunalwahlen geht die gemäßigte Linke als Sieger hervor. Die Front Nationale bestätigt ihre Position mit 15,6%.

zwischen Monarchie und Republik war damit noch nicht endgültig vollzogen. Es folgten das Zweite Kaiserreich von 1852–1870, die Dritte Republik von 1870–1940, die Vierte Republik (1946–1958) und die bislang letzte, die Fünfte Republik.

Erster und Zweiter Weltkrieg

In beiden Weltkriegen war Frankreich ein wesentlicher Kriegsschauplatz. Insgesamt war das europäische Mächtegleichgewicht durch die **Balkankrise,** das Wettrüsten aller europäischer Großmächte und Schwierigkeiten der Vielvölkerstaaten empfindlich gestört. Nach der Ermordung des österreichischen Thronfolgerpaares in Sarajewo nahm der **Erste Weltkrieg** am 3. August 1914 seinen Anfang. Der Krieg an der Westfront zwischen Frankreich und dem Deutschen Reich wurde zum Stellungskrieg, der zahlreiche Opfer forderte. Die Front drang allerdings nicht bis in die Auvergne vor, so dass die Region von dem direkten Kriegsgeschehen verschont blieb. Trotz des Sieges im Ersten Weltkrieg hatte der Tod von rund 1.325.000 Menschen und der Verlust von einem Viertel des Staatsvermögens enorme wirtschaftliche Auswirkungen, so dass die **Weltwirtschaftskrise** das gesamte Land erschütterte. Die Außenpolitik Frankreichs war während der Nachkriegszeit des Ersten Weltkriegs geprägt durch ein starkes Sicherheitsbedürfnis.

Frankreich erklärte Deutschland am 3. September 1939 nach dem Überfall deutscher Truppen auf Polen den Krieg. Auf französischem Boden begann der **Zweite Weltkrieg** mit dem Einmarsch deutscher Truppen am 10. Mai 1940. Der deutsche Feldzug führte schnell zum Erfolg. Paris wurde bereits am 14. Juni kampflos besetzt, das französische Heer brach zusammen. Frankreich erfuhr für die weitere Dauer des Zweiten Weltkrieges eine Teilung in ein **besetztes Nordostfrankreich** und ein **unbesetztes Gebiet im Süden.**

Auf britischer Seite führte die **Exilregierung** unter **General de Gaulle** den Krieg gegen Deutschland weiter, und auch im Land entstand eine aktive Widerstandsbewegung. Die **Résistance** organisierte sich zum Nationalen Widerstandsrat und kämpfte im Untergrund gegen die deutsche Besatzung sowie gegen Kollaborateure. Das französische Parlament löste sich auf und übertrug die Vollmacht über den unbesetzten Teil Frankreichs auf **Marschall Pétain,** der von seinem Regierungssitz in **Vichy** mit Nazideutschland kollaborierte. Gerade diese unrühmliche Epoche der französischen Geschichte ist mit der Auvergne und dem sonst so abgelegenen Massif Central im Gedächtnis der Franzosen fest verwurzelt. In der **„Zone Libre“,** dem so genannten Freien Frankreich, baute *Pétain* ein demokratiefeindliches und autoritäres Regime auf, das den Nazis ergeben war. *Pétain* schränkte die persönlichen Freihei-

Die Alten bleiben, viele junge Menschen verlassen die Auvergne auf der Suche nach besseren Perspektiven

ten ein, erließ Rassegesetze, internierte Flüchtlinge in Lagern und veranlasste die Deportation von Juden sowie politisch Andersdenkenden. Erst der **Einmarsch der Alliierten** – am 25. August 1944 wurde Paris befreit – beendete diese schreckliche Zeit. Die Exilregierung unter *Charles de Gaulle* setzte die Vichy-Regierung außer Kraft.

Aus dem Zweiten Weltkrieg gingen die **USA** und die **UdSSR** als neue Großmächte hervor. Seither ist es das Ziel der französischen Außenpolitik, ein starker Partner innerhalb des europäischen Bündnisses und der NATO zu sein und dabei doch Eigenständigkeit zu bewahren.

Die Vierte und die Fünfte Republik

Mit Nachkriegsfrankreich ist vor allem ein Name fest verbunden: **Charles de Gaulle.** Der Kämpfer in der Résistance und Leiter der Exilregierung in London wurde zum Regierungschef gewählt. Die Vierte Republik währte nicht lange, aber lange genug um entscheidende Grundsteine des politischen Systems zu setzen. *De Gaulle* installierte eine starke Legislative, betonte die Position des Präsidenten, verstaatlichte große Betriebe, wandelte das ehemalige Kolonialreich zur Französischen Union und betrieb vor allem die **Integration Frank-**

auv_095 Foto: bf

reichs im jungen Europa. Doch Wirtschaftskrisen, zunehmende Radikalisierung, der Indochinakrieg und die umstrittene Algerienpolitik führten zu häufigen Regierungsumbildungen.

Nach dem Rücktritt *de Gaulles* wurde der in der Auvergne, in Montboudif, geborene **Georges Pompidou** Staatspräsident (1969–1974). Er vertrat vor allem die Interessen des Großbürgertums und wurde von einem Staatspräsidenten abgelöst, dessen Wurzeln ebenfalls im Reisegebiet liegen: Der Liberalpolitiker **Valéry Giscard d'Estaing** stammte aus einer auvergnatischen Adelsfamilie. Von 1981–1995 leitete der Sozialist **François Mitterand** die Amtsgeschäfte. Unter *Mitterand* wurde die Infrastruktur des Landes neu geordnet. Auch bislang entlegene Gebiete wurden an die überregionalen Bahnverbindungen und an das Autobahnnetz angeschlossen. Die für die Auvergne so wichtige Autobahn A 71 Paris/Clermont wurde 1989 eingeweiht. Seit 1995 ist **Jacques Chirac** Staatspräsident Frankreichs.

Bevölkerung

Sie mögen überzeichnet sein, die Arverner im Comic „Asterix bei den Arvernern", und doch ist etwas Wahres dran – wie in allen kargen und zumeist unwegsamen Mittelgebirgen Europas hat sich hier ein Völkchen der kauzigen, arbeitsamen, bodenständigen und eher **introvertierten Originale** herausgebildet. Bis heute ist das Massif Central ein Gebiet abseits der Hauptverkehrswege und liegt ein wenig isoliert. Kein Wunder, dass neue Einflüsse hier nur schwer zum Tragen kommen. Doch wenn sie sich durchsetzen, dann hält die Bevölkerung mit großer Zähigkeit und Hingabe an ihnen fest. Eine ausgeprägte **konservative Geisteshaltung** ist bis heute unverkennbar.

Es mag eine Binsenweisheit sein, dass die Lebensumstände den Menschen formen, aber gerade in Auvergne und Cévennen wird dies besonders augenfällig. Vor allem die Älteren, geprägt durch ein karges und entsagungsreiches bäuerliches Leben, gelten als dickschädlig, selbstzufrieden, geizig und dabei doch gastfreundlich. Geizig sind die Auvergnaten und die Bewohner der Cévennen vor allem mit Worten. Packt sie der Rededrang, dann wird gern genuschelt. Insgesamt keine einfachen Vorraussetzungen, um mit den Menschen in Kontakt zu treten. Sind diese Anfangsschwierigkeiten jedoch überwunden, lernt man ehrliche, optimistische und herzliche Menschen kennen.

Durch das Massif Central verläuft die Grenze zwischen dem südfranzösischen Idiom, der **Langue d'Oc,** und dem nordfranzösischen, der **Langue d'Oil.** Das Langue d'Oc, auch bekannt als Okzitan, ist dem Katalanischen wesentlich näher als dem Hochfranzösischen. Sprachwissenschaftler zählen das Auvergnatische weder zum Süd- noch zum Nordfranzösisch. Vielmehr bildet es eine **Übergangszone,** die Elemente beider Sprachen in sich vereint. Die Regionalsprache in den Causses und in den Bergregionen der Cévennen ist bereits deutlich von der Langue d'Oc beeinflusst.

Armut, der Mangel an landwirtschaftlich nutzbaren Flächen und Hungersnöte zwangen die Bewohner der Auvergne und der Cévennen seit dem 19. Jh. zur **Emigration** in die größeren wirtschaftlichen Zentren. Um 1880 galt Paris als „größte Stadt der Auvergne", in der die Emigranten als Kohlenträger oder als Bistrobesitzer arbeiteten. Die **Landflucht** hat dieser bevölkerungsärmsten Region Frankreichs stark zugesetzt: Viele Gehöfte verfallen, die Gemeinden überaltern, die wirtschaftliche Entwicklung ist gebremst, Großfamilien zerbrechen. Doch gerade diesem Umstand ist es zusammen mit den landschaftlichen Gegebenheiten zu verdanken, dass sich die Gesamtregion mit ihren Naturschätzen, Traditionen und kulturellen Eigenheiten in einer noch recht ursprünglichen und natürlichen Weise erhalten konnte.

Kunst und Architektur

Die kulturhistorische Überlieferung beginnt im Massif Central mit der **Megalithkultur der Bronzezeit,** wovon, besonders in der südlichen Auvergne, zahlreiche Dolmen Zeugnis ablegen. Die nachfolgenden Bau- und Kunststile beeinflussten die Region nur marginal. Lediglich die Romanik setzte in der Auvergne besondere Akzente: Während der so genannten **auvergnatischen Romanik** entstanden einzigartige Sakralbauten.

Sowohl *Merowinger* als auch *Karolinger* gründeten eine Reihe von Klöstern, wie beispielsweise in Issoire, Mozac oder in Brioude, Ebreuil, Aurilliac und Moissat. Die Klöster galten als Keimzellen der **Missionierung der Region** und dienten der Bewahrung des antiken Gedankengutes. Doch erst die im 10. Jh. einsetzenden Pilgerströme nach Santiago de Compostela sowie die Gottesfriedenbewegung, die gegen die Willkür des Adels aufbegehrte, setzten die entscheidenden Impulse für die Entwicklung der auvergnatischen Romanik. Der Beginn der Romanik in der Auvergne kann mit dem Bau der **Kathedrale von Clermont,** die **946** eingeweiht wurde, datiert werden.

Das 11. Jh. war für die Auvergne eine Zeit des **relativen Wohlstandes.** Die Fürsten, der Adel sowie der Klerus bemühten sich durch den Bau von Kirchen und Klöstern, ein Gegengewicht zur stärker werdenden Zentralmacht zu

Kathedrale Notre-Dame in Moulins

Die Sakralarchitektur der auvergnatischen Schule

Einen wesentlichen Beitrag zur Entwicklung der sakralen Architektur leisteten zweifellos die Baumeister im 11. und 12. Jh. in der Auvergne, die heute unter dem Begriff der auvergnatischen Schule zusammengefasst werden. Die Kirchen der auvergnatischen Romanik sind schlicht und klar gegliedert. Das dreiteilige Schiff mit Querhaus wird von einem großen Tonnengewölbe überspannt, an dessen Front sich der Altarraum befindet. Das Mittelschiff ist in der Regel etwa doppelt so hoch und auch doppelt so breit wie die Seitenschiffe, die mit Arkaden voneinander getrennt sind. Eine Besonderheit und Neuentwicklung ist der **Chorumgang,** der durch aufwendig gestaltete Säulen zum Altar hin begrenzt ist. An der Außenwand des Chorumgangs sind kleine Kapellen (Apsidialkapellen) mit Reliquienschreinen und Heiligenstatuen eingearbeitet. Zu ihnen zogen die Pilger im Uhrzeigersinn rund um den Altar.

Dem Kirchenraum ist eine Vorhalle (Narthex) vorgebaut, deren starke Wände und Fundamente das Gewicht der Türme tragen. An den Seitenschiffen befinden sich Tribünen, die allerdings nicht betreten werden konnten und wohl lediglich eine statische Funktion haben: Der enorme Seitendruck des Tonnengewölbes wird zum Teil durch die kleinen Halbtonnen über der Tribüne abgefangen. Dieser Trick ermöglichte es den Baumeistern, die Säulen und Mauern der Kirchen relativ leicht und dünn zu bauen – ein Umstand, der durchaus auch zur Verkürzung der Bauzeit beitrug.

Ein typisches Bild bieten die Kathedralen von der Ostansicht. In einer gestuften Folge bilden die Bauelemente der Apsidialkapellen, die Kapellen des Chorumgangs, der Chorumgang selbst, der Hochchor sowie die Querschiffe, das Gewölbe über den zentralen vier Pfeilern *(Massif barlong)* und zum Schluss der Turm die so genannte **„auvergnatische Pyramide“.** Sie ist zusammen mit dem Chorumgang zum Wahrzeichen der auvergnatischen Romanik geworden.

setzen. Durch die wachsende Religiosität platzten die Kirchen aus allen Nähten. Es entstanden neue, größere Gotteshäuser, bei deren Bau erstmals die Techniken der auvergnatischen Schule zur Anwendung kamen. In dieser Periode entstanden die Klöster St-Flour, Billom oder La Chaise-Dieu. Die bedeutendsten Kirchen der auvergnatischen Schule wurden im 12. Jh. errichtet: Notre-Dame du Port in Clermont, St-Nectaire, St-Saturin, Issoire, Notre-Dame in Orcival oder die orientalisch beeinflusste Kathedrale von Le Puy-en-Velay. Diese Sakralbauten dienten als Vorbild für alle weiteren Kirchen im gesamten Gebiet, von denen der Großteil während der Französischen Revolution zerstört wurde – lediglich La Chaise-Dieu, Conques, Lavaudieu und Souvigny blieben unversehrt.

Sakralbauten im **Stil der auvergnatischen Schule** zeichnet eine betonte Schlichtheit aus. Die klare Gliederung der Innenräume und Fassaden, der sparsame Einsatz der künstlerischen Mittel unterstreichen die karge Schönheit der Landschaft. Die Kircheninnenräume waren ohne großen Aufwand ausgemalt, wovon heute keine größeren Flächen mehr erhalten sind. Opulenter dagegen die Plastiken und vor allem die Verzierungen an den reich geschmückten Kapitellen, die ganze Szenen aus der Bibel oder dem Leben Heiliger darstellen. Doch auch das heidnisch-wilde Erbe der Auvergne ist in grotesken Fabelwesen, Fratzen und sonderbaren Fantasieszenen verewigt.

Eine Besonderheit ist die große Anzahl an **Marienfiguren.** Die Verehrung der Muttergottes basiert hier auf der keltischen Kultur, in der ebenfalls weibliche Gottheiten angebetet wurden. Die meisten Madonnen sind sitzend auf einem Thron dargestellt. Diese *Vierges en Majesté,* die **thronenden Jungfrauen,** zeigen meist derbe bäuerliche Gesichtszüge, die sehr realistisch nachempfunden sind. Die Muttergottes breitet schützend ihre großen Hände um das Jesuskind, das auf ihrem Schoß wie ein Miniaturerwachsener sitzt. Eine weitere Spezialität der Auvergne sind die emaillierten Statuen, die reich geschmückt mit Gold und Edelsteinen verziert sind. Eine der wenigen erhaltenen vergoldeten Reliquien ist die Hl. Fides in Conques. Bei der Betrachtung der Marienfiguren in der Auvergne kommt man nicht an den sonderbaren **Schwarzen Madonnen** vorbei. Die *Vierges Noires* sind im gesamten Mittelmeergebiet verbreitet und werden in vielen Kirchen des Reisegebiets verehrt.

Die **gotische Epoche,** die sich seit dem 12. Jh. vom Norden Frankreichs aus verbreitete, konnte sich im Massif Central so gut wie gar nicht durchsetzen. Einsam stehen die gotisch geprägten Kirchen von St-Robert in La Chaise-Dieu, Saint-Jean in Ambert sowie Notre-Dame de l'Assomption inmitten Hunderter romanischer Sakralbauten. Auch die der Gotik folgenden Kunstrichtungen wie die **Renaissance** oder der **Klassizismus** konnten sich nur vereinzelt durchsetzen. So entstanden beispielsweise im Stil der Renaissance die Schlösser von Chazeron oder Cordès und im klassizistischen Stil das Hôtel de Chazerat in Clermont. Die im 19. Jh. erbauten Thermalbäder, wie das vielleicht bekannteste von Vichy, sind eine bunte Synthese aus Klassizismus, Jugendstil, alt und neu sowie orientalischer Einflüsse. Die **Moderne** hat die Gesichter der Städte und Dörfer kaum verändert. Lediglich „Einzelkunstwerke" wie eine Autobahnraststätte etwa 30 km nördlich von Clermont-Ferrand, die einem Vulkan nachempfunden ist, oder der Erlebnispark Vulcania tragen die Moderne und Postmoderne ins Landschaftsbild des Massif Central.

Kunsthandwerk

Aufgrund der unzureichenden Erträge aus der Landwirtschaft waren viele Bewohner der Auvergne sowie der Cévennen gezwungen, sich ein Zubrot aus einem Nebenerwerb zu erwirtschaften. Auch deshalb entwickelten sich ungehindert von den Zünften seit dem 14. Jh. traditionelle handwerkliche Berufe, wie Tuchmacher, Spitzenklöppler, Papiermacher, Töpfer, Rosenkranzknüpfer, Köhler und Schmiede. Die **Messerschmiede** von Thiers im Osten der Limagne und von Laguiole sind bis heute für die Qualität ihrer klassischen Messer bekannt. Das Flüsschen Durolle trieb die Schleifsteine an, von welchen die Rohlinge geformt wurden. Die enorm aufwendige Handarbeit des feinen Nacharbeitens wurde von den zahlreichen Schleifern übernommen, während die Bauern der Umgebung die Messer dann zusammensetzten.

Die **Spitzenklöppelei,** die in den Altstadtgassen von Le Puy-en-Velay für die touristischen Besucher gepflegt wird, nimmt bis heute einen festen Platz im Handwerk des Velay ein. Die **Textilindustrie** wiederum war für die äußerst strukturschwachen Causses ein wichtiger Erwerbszweig. Feine wollene Tuche und Stoffe wurden in Lodève, südlich von Millau, bis ins 18. Jh. hergestellt. In Millau selbst konnte sich eine bescheidene **Lederfabrikation,** insbesondere von Handschuhen, in die Neuzeit retten. Die Auvergne ist die Heimat der **Steinmetze,** die den bereits in der Antike genutzten Lavastein zu Grabsteinen und Skulpturen verarbeiteten. Bei Riom wird seit über 100 Jahren das vulkanische Gestein emailliert und zu Schildern verarbeitet, die mittlerweile weltweit exportiert werden.

Die Wohnhäuser

Trutzig und massiv wirken die **traditionellen Steinhäuser** der Auvergne. Als Baumaterial wird in der Regel das anstehende vulkanische Gestein benutzt. Im Gebirge sind die Mauern aus dicken Basaltblöcken und massiven Dächern. Die Fenster sind relativ klein und erhellen die Stuben vor allem in den Wintermonaten nur mit einem schummrigen Licht. Der Stall und das Wohnhaus befinden sich unter demselben Dach, sind nach Süden ausgerichtet und in den Hang hineingebaut, so dass das Dach im hinteren Hausbereich bis zum Boden hinabreicht. Die hoch gelegenen

Typisches Wohnhaus aus Stein

Alm- oder Sennhütten *(Buron* oder *Jasseries)* sind nur im Sommer bewirtschaftet. Die mächtigen Grundmauern tragen ein massives, mit Steinplatten gedecktes Dach. Hier wird der aromatische Käse hergestellt, der in den Tälern verkauft wird.

Charakteristisch für die Region Limagne, nördlich von Clermont-Ferrand, sind die alten **Winzer- und Bauernhäuser.** Sie dienen als Wohn- und als Gewerbestätten. Im Erdgeschoss befinden sich die Stallungen, Geräteschuppen und Weinlager, während sich im oberen Stockwerk, das oftmals über eine Außentreppe zu erreichen ist, der Wohnraum der Familie befindet. Es ist interessant zu beobachten, dass die **Dachneigung** im nördlichen Teil der Auvergne und in den Hochlagen, ähnlich wie im Norden Frankreichs, etwa 45° beträgt. Im südlicheren Massif Central sind die Dächer mit Neigungen um 30° eher mit denen im mediterranen Raum vergleichbar. Der Übergang zwischen der Langue d'Oc und der Langue d'Oil scheint mehr als nur eine Sprachgrenze zu sein.

Eine Besonderheit sind die **Taubenhäuser,** die in der Auvergne vor allem im Département Allier anzutreffen sind. Die meist quadratischen, auf Stelzen ru-

auv_101 Foto: bf

auv_102 Foto: bf

henden Fachwerkbauten sind in der Regel nicht an das Wohnhaus angegliedert. Der Abstand der Taubenhäuser vom Boden dient der Lüftung, dem Schutz vor Feuchtigkeit und vor unliebsamen Nagern. Die Taubenzucht war zunächst ein Privileg des Adels, später jedoch hielten sich auch bürgerliche Familien Tauben – nicht zum Zeitvertreib, sondern wegen des Taubenmistes. Der Kot der Tauben galt als **wertvoller Dünger,** verlor allerdings mit der Verbreitung chemischer Mittel an Bedeutung.

Die Tradition der Korbflechterei lebt

Die ländlichen **Wohn- und Wirtschaftshäuser** der Cévennen und der Causses wirken komplexer und offener als die Bauten der Auvergne. Diese Wirkung wird im Wesentlichen durch das Baumaterial hervorgerufen, den weißen Kalkstein, mit dem auch die Dächer gedeckt sind. Die dicken Mauern schützen im Sommer vor der Hitze und in den Wintermonaten vor den heftigen Winden und der Kälte. In den Causses sind die Schafe in einem zusätzlichen Gebäude, häufig weit vom Wohnhaus entfernt, untergebracht. Das Erdgeschoss der Wohnhäuser wird wirtschaftlich genutzt. Hier befindet dich der Geräteraum, die Werkstatt und das Vorratslager. Die Wohnräume im Obergeschoss sind über eine Außentreppe erreichbar.

Traditionen und Feste

Nahezu alle traditionellen Feste und Brauchtümer haben ihren Ursprung in der bäuerlichen Lebensweise, dem Handwerk oder dem Marienkult. In den Herbstmonaten gibt es in vielen Gemeinden bunte **Erntedankfeste,** Feste zur Getreideernte, Obsternte, Weinlese, oder es werden Feste zu Ehren des Käses, des Waldes, der Jagd oder des Handwerks veranstaltet. Die **Almauf- und Abtriebe** werden in den Bergdörfern mit den reich beschmückten und fein herausgeputzten Rindern gefeiert. Zur **Johannisnacht,** der kürzesten Nacht des Jahres, werden große Sonnwendfeuer in den Bergen entfacht. All diese Festivitäten werden von Musik- und Tanzgruppen untermalt, und nie fehlen die deftigen Gaumenschmäuse der regionalen Küche.

In Auvergne und Cévennen haben sich die Bewohner schon früh das karge Leben mit Musik versüßt. Diese Kunst findet ihren Ausdruck in den **traditionellen Tänzen,** wie dem *Bourée,* dem Volkstanz der Auvergne, oder den charakteristischen Musikinstrumenten. Die Drehleier *(Vielle),* das Akkordeon und der Dudelsack *(Cornemuse, Cabrette)* stellen mit ihren reichen Verzierungen, Schnitzereien und Einlegearbeiten an sich kleine Kunstwerke dar.

Der **Marienkult** ist in der ganzen Region weit verbreitet. Der Heiligen Madonna sind zahlreiche Feste, Wallfahrten und Prozessionen geweiht. Die Verehrung der Heiligen Jungfrau ist eng verbunden mit den natürlichen Rhythmen der Landwirtschaft, wie zum Beispiel in den Monts Dore. Bei der Prozession wird die Schutzheilige, die *Notre-Dame-de-Vassivière,* mit dem Vieh ins Gebirge gebracht und zum Abtrieb wieder zurück ins Tal. Die Madonnen der Region zählen zu den ältesten in Frankreich. Eine Besonderheit sind die **Schwarzen Madonnen,** wie die von Le Puy-en-Velay oder die Notre-Dame-de-Vassivière, die im gesamten Mittelmeerraum verbreitet sind und wahrscheinlich ein Erbe aus den Zeiten der Kreuzzüge darstellen.

Wirtschaft

Steine, viel Müh und karger Lohn – so könnte die grundsätzliche wirtschaftliche Situation in weiten Teilen des Reisegebiets karikiert werden. Trotz staatlicher Strukturreformen und Eingriffen in das Wirtschaftsleben seit der Regierung *De Gaulle* hat sich an der uralten **ökonomischen Misere** wenig verändert. Das Massif Central ist nach wie vor ein landwirtschaftlich geprägtes Gebiet, an dem die Industrialisierung nahezu spurlos vorübergegangen ist. Doch auch für den bäuerlichen Broterwerb bietet die Region keine paradiesischen Zustände: Die Böden sind karg und schwer zu bearbeiten, das Klima ist rau, und die Hangneigungen erschweren jeglichen Einsatz moderner Maschinen. Die Flächen wurden durch die übliche Erbteilung immer kleiner, so dass im Wesentlichen **Subsistenzwirtschaft** betrieben und kaum für den lokalen oder regionalen Markt produziert wurde. Auf den begünstigten Standorten im Gebirge stand der Anbau von Roggen, Buchweizen und Kartoffeln im Vordergrund. Ein paar Schafe, Ziegen und Schweine ergänzten das Nahrungsangebot, während ein oder zwei Rinder vorwiegend als Arbeitstiere zum Einsatz kamen.

Wo aus klimatischen Gründen der Anbau von Feldfrüchten unmöglich ist, bleiben den Landwirten gestern wie heute die **Viehhaltung** sowie die **Käserei.** Das gilt für alle Hochregionen der Auvergne wie dem Aubrac, dem Cantal, dem Livradois, dem Forez, dem Cézallier sowie für die Cévennen und die Causses. Die braunen langhörnigen Salers-Rinder der Auvergne wurden traditionell ab Mai auf die Bergweiden getrieben, wo sie die Sommermonate bis Oktober weideten. Die Hirten lebten bei ihren Herden in den kleinen Almhütten, den *Burons,* in denen sie den aromatischen Käse herstellten. Die **Subventionspolitik der EU** veränderte diese traditionelle Struktur nachhaltig: Immer weniger Rinder werden noch auf die Almen getrieben, die Burons stehen leer, die berühmten auvergnatischen Käsesorten werden in großen Molkereien produziert. Auf den Hochebenen der Causses gedeiht eine nährstoffreiche, aber spärliche Vegetation, die den „wollenen Herren der Causses", den **Schafen,** als Nahrungsgrundlage genügt, aber Rinderherden nicht ernähren könnte. Das berühmteste Schafsprodukt ist zweifellos der in den Höhlen bei Rochefort reifende Edelpilzkäse.

Nur die fruchtbaren **schwarzen Vulkanböden** der großen Limagne in der nördlichen Auvergne bieten gute Voraussetzungen für eine intensive Bewirtschaftung. Hier werden traditionsgemäß **Getreide,** die arbeitsaufwendigen **Hackfrüchte** wie Zuckerrüben und Mais sowie empfindlichere **Sonderkulturen** wie Tabak, Obst, Gemüse und Wein angebaut.

Die **Weine** der Côtes d'Auvergne sind kaum über die Grenzen der Region bekannt, und sicherlich suchen Weinliebhaber ausgesprochene Spitzenweine hier eher vergebens. Dennoch sind die lokalen Weine wie der Chardonnay, Gamay und Pinot noir ausgezeichnete Gaumenfreuden, die der herzhaften Küche der Region an Geschmack in nichts nachstehen.

Die oberhalb des Allier-Tals stufig angelegten **Obstgärten** versorgen die Nahrungsmittelindustrie mit Früchten, die kandiert, eingemacht oder in Alkohol eingelegt als Spezialität der Auvergne feilgeboten werden.

Die rationalisierte Produktion vor allem von Mais und Sonnenblumen hat zur Zerstörung der typischen **Bocage-Landwirtschaft** geführt. Dieser Terminus bezeichnet eine Landnutzungsform, bei der kleine Parzellen, von Hecken, Steinmauern und Erdwällen umschlossen, vorherrschen. Die Bocage-Landwirtschaft bietet vielen Vögeln, Insekten und Reptilien ökologische Nischen. Leider ist diese Natur bewahrende Landnutzung nur noch in den weniger fruchtbaren Gegenden um die Monts Dore, in den Monts Dôme und bei St-Flour anzutreffen.

Seide aus Frankreich

Im alten Rom wurde der kostbare Rohstoff für edle Tücher und Kleider der Edelleute tatsächlich mit Gold aufgewogen! China gelang es, das Geheimnis um die Seidenraupen lange Zeit vor der restlichen Welt zu verstecken. So konnte China über 3000 Jahre lang das uneingeschränkte Seidenmonopol bewahren. Auf die Weitergabe des geheimen Schatzes stand die Todesstrafe. Aber etwa um 2000 v. Chr. gelang es einer chinesischen Prinzessin – so geht eine Legende –, die Raupeneier in ihrer Hochzeitsfrisur nach Korea in ihre neue Heimat zu transportieren und so das Monopol zu brechen. Oder war es so, dass Mönche die Seidenraupen in Bambusstäben versteckt nach Europa schmuggelten? Etwa zur gleichen Zeit wurde Seide tatsächlich zum ersten Mal auf der Seidenstraße nach Westen befördert. Auch um die Entdeckung der Seide spinnen sich einige Legenden, zum Beispiel die Geschichte der Kaiserin *Si-Ling-Chi,* die aus Angst vor einer Schlange auf einem Maulbeerbaum Zuflucht gesucht haben soll und dabei beobachten konnte, wie sich eine Raupe in einen schimmernden Faden einpuppte. Die chinesische Kaiserin wurde aufgrund ihrer „Entdeckung" zur Schutzpatronin der Seidenraupen erklärt. Eine weitere Legende besagt, dass wiederum eine chinesische Kaiserin einen Kokon in ihren Tee fallen lies. Als sie die versponnene Seidenraupe herausfischte, entdeckte sie das Geheimnis des Seidenfadens.

Vor allem in den wärmeren Regionen rund ums Mittelmeer, also auch in Südfrankreich, breiteten sich im 13. und 14. Jh. die Seidenraupenzucht und die hierfür nötigen Maulbeerbäume aus. Die Blätter des Maulbeerbaums sind die Hauptnahrung des Maulbeerspinners, der Raupe eines Nachtschmetterlings. Nach Frankreich soll der erste Maulbeerbaum 1268 gekommen sein; bereits 1345 bestanden in Montpellier und in Marseille Seidemanufakturen. Unter *Ludwig XI.* und seinen Nachfolgern fand der Seidenanbau kräftige Unterstützung, so dass im Jahre 1667 Frankreich der größte europäische Produzent für den immer noch kostbaren Rohstoff war. Nach vielen Rückschlägen, darunter die Fleckenkrankheit Ende des 19. Jahrhunderts sowie die beiden Weltkriege, kam die europäische Seidenproduktion praktisch zum Erliegen. Doch mit der Ökobewegung und dem Markt für naturverträgliche Kleidung konnte in Frankreich die Herstellung von Seide wieder einen Aufschwung verzeichnen. Für die Hauptanbaugebiete der Départements Gard, Ardèche, Drome und Vaucluse arbeitet ein Entwicklungszentrum für ökologisch unbedenkliche Seidengewinnung.

● **Buchtipp:** „Seide" von *Andrea de Carlo;* stilistisch wundervoll aufgearbeitet, erzählt der Roman die Geschichte der Seidenraupenzucht in Südfrankreich und des Schmuggels neuer Raupen von China entlang der Seidenstraße.

Der **Sprung ins Industriezeitalter** gelang der Region nur sehr verhalten. Zu weit entfernt liegt das Massif Central von den Verkehrsadern, Handels- und Wirtschaftszentren des Landes. Bis heute führen die großen Verkehrsstraßen um die Region herum. Erst 1989 wurde Clermont-Ferrand an das Autobahnnetz angeschlossen, und weitere zehn Jahre vergingen, bis Millau und damit die Causses bequem erreichbar war. So ist es keineswegs verwunderlich, dass die Auvergne sowie die Cévennen traditionelle **Abwanderungsregionen** in Frankreich sind. Die Bewohner der mittleren und höheren Gebirgslagen zogen in die Täler, nach Clermont, und natürlich im weiteren Verlauf nach Paris. In manchen Gegenden wie den Causses, dem Aubrac oder Cantal ergriff eine Welle der **Landflucht** die Dörfer – bereits drei Viertel der ursprünglichen Bevölkerung sind abgewandert! Um etwa eine Million ist die Bevölkerungszahl in den letzten 150 Jahren zurückgegangen. Kein Wunder, dass viele Gehöfte und Dörfer verlassen daliegen, und so manche Landstriche veröden.

Die **Strukturreformen,** die insbesondere seit den 1960er Jahren die ländlichen Gebiete Frankreichs aufwerten sollten, kamen bislang hauptsächlich den Städten, allen voran Clermont-Ferrand, zugute. Die Universität und der Flughafen wurden ausgebaut, neue Industrieviertel erschlossen, Wohnsiedlungen angelegt, und die alteingesessenen Michelin-Werke schafften den Sprung zum Weltkonzern. Für die Gesamtregion liegen die Hoffnungen im Fremdenverkehr. Der Aktivtourismus, familienfreundlich und naturverträglich, soll die Zukunft der Region mit ihrem Naturpotenzial sowie den bäuerlichen und handwerklichen Traditionen sichern helfen.

Tourismus

In einigen Regionen der Auvergne und der Cévennen zählt der Tourismus zum **wichtigsten Wirtschaftsfaktor.** Allerdings heißt dies noch lange nicht, dass sich Hotelkomplexe, Ferienhäuser und Campingplätze aneinander reihen. Der Tourismus findet in der Regel in größtmöglichem Einklang mit Natur, Kultur und den Einwohnern statt. Bislang hat sich der **„sanfte Tourismus"** durchgesetzt, und es scheint, dass die Fremdenverkehrsplaner begriffen haben, dass das größte Kapital dieser Region die intakte Naturlandschaft ist.

Dem Besucher steht eine vielfältige Auswahl an Hotels, Privatunterkünften und Wanderherbergen *(Gîte d'Étape)* zur Verfügung, die selbst in den Sommermonaten selten völlig ausgebucht sind. Die Restaurants setzen auf regionale Spezialitäten.

Den ersten touristischen Ansturm hatte die Region im Mittelalter zu verzeichnen. Seit etwa dem 10. Jh. sammelten sich die **Pilger** aus ganz Mitteleuropa in Le Puy-en-Velay, um von hier aus auf der Via Podiensis ihren beschwerlichen und nicht ungefährlichen Gang über die Pyrenäen zum Grab des Apostels Jakobus im entfernten **Santiago de Compostela** anzutreten. Le Puy entwickelte sich zu einem bedeutenden Wallfahrtsort mit beachtlichem Wohlstand. Entlang der **Via Podiensis,** die in der südlichen Auvergne über die Margeride, das Aubrac-Massiv zum Lot-Tal führt, entstanden in der Folge Herbergen, Hospize und Kirchen. 1972 wurde der Fernwanderweg GR 65 entlang der historischen Route eingerichtet, der seit einigen Jahren Wanderer und Pilger gleichermaßen folgen. Seit 1998 gehört der gesamte **Jakobsweg (Chemin de St. Jaques)** zum **Weltkulturerbe** der UNESCO.

Dem Vulkanismus verdankt Vichy in der nördlichen Auvergne seine **Mineral- und Heilquellen,** die bereits während der Belle Epoque eine erste Blüte des Wellness-Tourismus erlebten. Als ab 1810 *Napoleon* das Kurbad aufsuchte, reiste jeder, der etwas auf sein Ansehen hielt, in den kommenden Jahren nach Vichy. Bis heute hat die Stadt ihren Charme aus dem 18./19. Jh. bewahrt und ist ein gut besuchtes Kurbad. Zu einem „gesunden Urlaub" gehört ebenso die Unterhaltung in Konzertsälen und Theatern, vielleicht auch die Freude am Spiel im Casino. Längst sind die Kurbäder nicht mehr den oberen Zehntausend des Fín de Siècle vorbehalten, heute tummeln sich Jung und Alt aus allen Gesellschaftsschichten in den heilenden Quellen der Thermen.

Vom **Bädertourismus** profitiert ebenfalls die Region der Monts Dore mit ihren renommierten Heilquellen wie zum Beispiel die von St-Nectaire, La Bourboule oder Le Mont-Dore.

Abgesehen von den Thermalbädern und den Pilgerrouten verteilen sich die Besucher auf das gesamte Reisegebiet. Die Vulkanseen südlich von Clermont-Ferrand sind vor allem bei **Familien** sehr beliebt. Die Strände der Binnengewässer sind kinderfreundlich und selbst in den Ferienmonaten nicht überlaufen, und auch die Preise für Gastronomie und Übernachtungen sind relativ moderat. Ein abwechslungsreiches Angebot wartet auf sportlich Ambitionierte: Drachen-, Gleitschirm- und Segelfliegen, Ballonfahren, Angeln, Klettern, Kajak, Rafting, Golf, Reiten, Mountainbiking, Wandern, Skifahren, Langlauf etc. Die **Sport- und Erlebnismöglichkeiten** werden in zunehmenden Maße von Wochenendausflüglern und Aktivurlaubern jeden Alters geschätzt.

Ein touristisches Potenzial der Region liegt sicherlich in der **Kombination von Aktivferien** in der Auvergne oder den Cévennen und eines **Strandurlaubs** an der Côte d'Azur. Noch ist das Massif Central eines der letzten europäischen „wilden" Reisegebiete, das auf dem Weg an die Mittelmeerküsten mehr als einen Zwischenstopp wert ist.

auv_108 Foto: bf

Unterwegs in Auvergne und Cévennen

auv_109a Foto: bf

auv_109b Foto: bf

Gorges de l'Ardèche

Typische Giebelverzierung an einem alten Herrschaftshaus im Allier

Landschaft im Parc Naturel Régional de Livradois-Forez

Die nördliche Auvergne

Grüne, fruchtbare Ebenen und ausgedehnte Wälder prägen die sanft hügelige Landschaft der nördlichen Auvergne im **Département Allier.** Geologisch betrachtet handelt es sich um ein Einbruchsbecken, das sich bildete, als im Tertiär die Alpen aufgefaltet wurden. Im Westen begrenzt die steile Gebirgskette der **Monts Dore** die weite Ebene, im Osten sind es die **Berge des Forez.** Die vulkanischen Böden sind fruchtbar, und unter dem Schutz der Gebirgszüge, die die rauen Westwinde ebenso wie die mediterrane Hitze abhalten, kam es schon früh zu einer reichhaltigen **landwirtschaftlichen Nutzung** der Flächen. Nördlich des Zusammenflusses von Sioule und Allier beherrscht die große **Limagne** mit Sonnenblumen-, Mais-, Weizen- oder Zuckerrübenfeldern das Landschaftsbild. Die südliche Limagne ist übersät mit Oberflächenformen vulkanischen Ursprungs sowie mit Hängen und Anhöhen aus Kalkstein. Im letzten Jahrhundert blühte hier der Anbau von **Wein,** der allerdings durch eine verheerende Reblausepidemie und zunehmende Weinimporte aus Algerien fast zum Erliegen kam. Die vereinzelt übrig gebliebenen Rebflächen befinden sich rund um **Saint-Pourçain,** dem einzigen namhaften Weinanbaugebiet der Auvergne.

Im Nordwesten des Département Allier erstreckt sich das über 10.000 ha große Waldgebiet des **Forêt de Tronçais** mit zahlreichen Seen und Wanderwegen. Das Herz der Region schlägt jedoch in der **Bocage des Bourbonnais** rund um **Moulins,** dem zentralen Ort im Land der Herzöge von Bourbon. Die

Fürsten von Bourbon hinterließen hier zahlreiche charmante Schlösser, wie das Château de Lapalisse, romanische Kirchen und pittoreske Dörfer. Die wirtschaftliche Metropole **Montluçon** liegt inmitten eines intensiv landwirtschaftlich genutzten Gebietes mit kleinen Höfen, deren Felder durch die „Bocage", also durch Hecken, voneinander getrennt sind.

Im Gegensatz zur westlichen Bergkette ist im Osten der Limagne der kristalline Gebirgssockel stärker auseinandergefallen und zerbrochen. Die **Montagne Bourbonnaise** sowie die angrenzenden **Monts de la Madeleine** sind rauer, kälter und regenreicher als die übrigen Landstriche. Die Wiesen und die ausgedehnten Fichten- und Buchenwälder haben der Region zu dem Namen „Kleine Schweiz" verholfen. So kommen vor allem **Wanderer** und **Mountainbiker** hier auf ihre Kosten, die in Ruhe einen Gipfel nach dem anderen erklimmen oder einige Etappen entlang des Fernwanderweges, des GR 3, zurücklegen können.

Über die Landesgrenzen hinaus verteidigt die historische und touristische Metropole **Vichy** ihren Ruf als eine der besten Adressen für Erholung, Wellness und Kultur. An den Ufern des Sees von Allier gelegen, entfaltet die Altstadt im prächtigen Kolonialstil ihren ganzen Glanz vergangener Zeiten.

Die **nördliche Auvergne** ist ein eher beschaulicher, hübscher und lieblicher Landstrich am Fuße der großen Vulkane. Das Klima ist milder, die Berge sind oft eher Hügel, die Flüsse keine reißenden Wildbäche. Das Département Allier insgesamt bietet einen Vorgeschmack auf den grandiosen Auftritt der Vulkane, die sonst die gesamte Auvergne prägen.

Moulins ⇗III, D2

Das grüne Land der Herzöge von Bourbon liegt zwischen den Bergen des Bourbonnais und den südlichen Ausläufern der Sologne. Inmitten dieser landschaftlichen Idylle thront Moulins, die **Hauptstadt der Region, an den Ufern des Allier.** Das Stadtbild wird von **prachtvollen Häusern** aus dem 15. Jh. geprägt, die sich in der Altstadt mit ihren verwinkelten Gassen aneinander schmiegen. Die reichlich verzierten Fassaden der Häuser sind liebevoll restauriert und insgesamt gut erhalten, so dass bis heute die charmante Fülle des ausklingenden Mittelalters erlebbar ist.

Der Reichtum Moulins basierte auf der ertragreichen **Landwirtschaft,** dem blühenden **Handwerk** und dem regen **Handel,** der unter der Schirmherrschaft der Fürsten gedieh. Anhand der Straßennamen, wie Rue de la Halle au Blé (Getreidehalle), Rue de la Chèvre (Ziegenstraße) oder Place de la Marché de Vache (Platz des Kuhmarktes), wird deutlich, wie wichtig die Landwirtschaft für das Bourbonnais war. Heute haben sich **zahlreiche Industriezweige** rund um Moulins angesiedelt, wie Maschinenbau und Schuhindustrie sowie, basierend auf der Landwirtschaft, eine große Nahrungsmittelindustrie. Doch von der industriellen Umgebung ist in der Stadt selbst nichts zu spüren. In den verkehrsberuhigten Straßen, den Fußgängerzonen und in den Altstadtgassen mit dem typischen Kopfsteinpflaster reihen sich exquisite Boutiquen, Spezialitätenläden, Bars und Restaurants aneinander.

Moulins ist keineswegs im mittelalterlichen Dornröschenschlaf versunken, sondern immer noch der **geschäftige Hauptort** des Bourbonnais. Die Einkaufs- oder Erkundungswege sind kurz, denn alles ballt sich nach wie vor in der **Altstadt** oder an den Ufern des Allier. Die stilvoll renovierten Läden sind ein absoluter Augenschmaus, die feilgebotenen, meist süßen Verführungen ein Gedicht.

Geschichte

Die Anfänge der **„Stadt der Mühlen"** gehen zurück ins 10. Jh., genauer auf die urkundliche Erwähnung Moulins im Jahre 990. In den folgenden drei Jahrhunderten bauten die **Herzöge von Bourbon** an der Stadt und einem stabilen Staatsgefüge, das den mächtigen Nachbarn im Berry und Burgund die Stirn bieten konnte. Das Geschlecht der Bourbonen nutzte die Gunst der Stunde, als sich die Herzogtümer Auvergne und Aquitanien mit der Krondomäne streiteten. Die Bourbonen stellten sich in den Dienst des Königs, vollführten unter dessen Namen die Eroberung der Auvergne, deren Besatzung, den Kreuz-

auv_112 Foto: bf

zug gegen die Albigenser und begleiteten *Ludwig IX.* beim Kreuzzug ins Heilige Land. Eine geschickte **Heiratspolitik** verhalf den Fürsten von Bourbon zur Schaffung eines ausgedehnten und wohlhabenden Reiches. Immerhin standen acht Bourbonen an der Spitze des französischen Königreiches.

Im 15. Jh. wurde Moulins vom Herzogsitz zur **Hauptstadt** erhoben, und die Stadt erlebte eine glorreiche Blütezeit. Der Glanz des Hofes zog viele **Künstler** an, so fand zum Beispiel der Komponist polyphoner Kirchenmusik, *Jean Ockeghem* (1410–1497), in Herzog *Charles* einen freigebigen Mäzen, bevor er Mitglied des königlichen Orchesters wurde. Aber auch Malerei, Bildhauerei und Dichtkunst wurden von den Herzögen von Bourbon gefördert. In dieser Zeit entstanden nahezu alle historischen Gebäude Moulins. Im Mittelpunkt der Altstadt stehen der Rathausplatz mit dem Jaquemart, dem Uhrenturm, das Vieux Château sowie die Cathédrale Notre-Dame.

Der **Fall der Herzöge von Bourbon** und damit auch Moulins Abstieg in die Bedeutungslosigkeit vollzogen sich im Jahre 1531 durch die Angliederung des Bourbonnais an die französische Krone. König *Franz I.* war das große und glanzvolle Herzogtum ein Dorn im Auge. Nachdem der neunte Herzog von Bourbon, *Charles de Bourbon-Montpensier,* 1527 in einem Kreuzzug nach Jerusalem gezogen und schon zu Beginn der Kämpfe gefallen war, gingen seine Ländereien zurück in den Besitz des französischen Königs.

Moulins – Brasserie am Place d'Allier

Sehenswertes

Cathédrale Notre-Dame

Der zweitürmige Kirchenbau wurde im **Flamboyant-Stil** aus schwarzem Vulkanstein aus Volvic und aus dem hellen Chauvignystein errichtet. Das Schwarz-Weiß-Muster setzt starke Akzente in den Rundbögen der ansonsten eher schlicht wirkenden Außenfassade. Ungewöhnlich sind die **Skulpturen** auf dem Hauptschiff, die gewöhnliche Leute aus dem Bourbonnais mit ihren traditionellen Gewändern darstellen. Die Kathedrale besteht aus zwei sehr unterschiedlichen Bauteilen, dem **Chor** und dem **Hauptschiff,** die in verschiedenen Epochen entstanden.

Der erste Stein wurde 1468 von *Agnes de Bourgogne* gelegt. Die eigentlichen Arbeiten begannen jedoch erst 1474, um 1508 zunächst völlig eingestellt zu werden. Eine provisorische Mauer beendete diesen ersten Bauabschnitt. Erst um 1860 wurde die Mauer eingerissen und der spätgotische Chor um das Hauptschiff und die zwei Türme erweitert. Dabei imitierten die Bauherren den Stil des 13. Jh.

Sehenswert sind vor allem die **Kunstschätze** der Kathedrale und die Glasmalereien, wie die aus dem 16. Jh.

stammende Grablegung Christi des so genannten Kreuzigungsfensters. Die Chapelle de la Virgen Noire beherbergt die Statue einer Schwarzen Madonna aus dem 12. Jh., die daran erinnert, dass Moulins eine Etappe der Pilger auf dem Weg nach Santiago de Compostela war; sie ist das Gegenstück zur Schwarzen Madonna von Le Puy-en-Velay. Ihr soll es zu verdanken sein, dass ein Brand aufgehalten wurde, der am 20. November 1655 den Jaquemart und das ganze Viertel heimsuchte.

Das **Tryptichon** des anonymen „Meisters von Moulins" ist in der Sakristei der Kathedrale zu bewundern. Dieser gegen 1498 fertig gestellte Flügelaltar gilt als eines der letzten Meisterwerke gotischer Malerei in Frankreich. Auf den Seitenflügeln sind die Stifter, der Herzog *Pierre II.* und seine Gemahlin *Anna de Beaujeu* mit ihrer Tochter, abgebildet.

- **Führungen:** April bis Sept. 9–11.30 und 14–17.30 Uhr; Okt. bis März Mi bis Mo 10–11.30 und 14–16.30 Uhr, an Sonn- und Feiertagen 14–16.30 Uhr. Dauer der Führung etwa 15 Minuten. Tel. 0470208965.

Jaquemart

Der **über 30 m hohe Turm** am Place de l'Hôtel-de-Ville im Zentrum der Altstadt war das Symbol der von den Bürgern Moulins erlangten städtischen Freiheiten. Baubeginn war 1409, doch erst 1455 erhielt der Jaquemart sein heutiges Aussehen. Der Glockenturm musste so manchen **Flammensturm** über sich ergehen lassen – zuletzt erfasste 1946 ein Brand, der von einem Feuerwerk ausgelöst wurde, den Turm. Dank einer spontan von den Bürgern organisierten Spendenaktion wurde er schnell wieder aufgebaut. Das Uhrwerk zeigt die Eltern *Jaquemart* und *Jaquette,* von ihnen werden die vollen Stunden geschlagen. Die Kinder *Jaquelin* und *Jaqueline* zeigen die Viertelstunden an.

Musée Bourbonnais

Das **Museum für Volkskunst,** gleich neben dem Jaquemart, ist in mehreren Häusern untergebracht, die im 17. Jh. alle eine einheitliche Fassade aus roten und schwarzen Ziegeln im Rhombenmuster erhielten und miteinander durch Galerien verbunden sind. Das Museum hat vier Abteilungen: Folklore, religiöse Kunst, Mühlenmuseum sowie Spielzeug- und Bügeleisensammlung.

- Die **Führungen** durch die Sammlungen dauern etwas über 1 Stunde.
- **Öffnungszeiten:** April bis Sept. 10.00–12.00 und 15.00–18.00 Uhr; Okt. bis März 10.00–12.00 und 14.00–17.00 Uhr. Eintritt: 4 €. Tel. 0470443903.

Musée d'Art et d'Archéologie

Das in einem Teil des ehemaligen Schlosses, im Anne-de-Beaujeu-Pavillon, untergebrachte Museum widmet sich Funden aus der **Frühgeschichte** bis hin zu Zeugnissen der **gallo-römischen Kultur,** der mittelalterlichen **Bildhauerkunst** und der **Malerei.** Bemerkenswert sind vor allem die schönen farbenprächtigen Wandteppiche aus dem 16. Jh.

- **Öffnungszeiten:** Juli bis Aug. außer Di 10.00–13.00 und 14.00–18.00 Uhr; Sept. bis Juni 10.00–12.00 und 14.00–18.00 Uhr. Eintritt: 3 €. Tel. 0470204847.

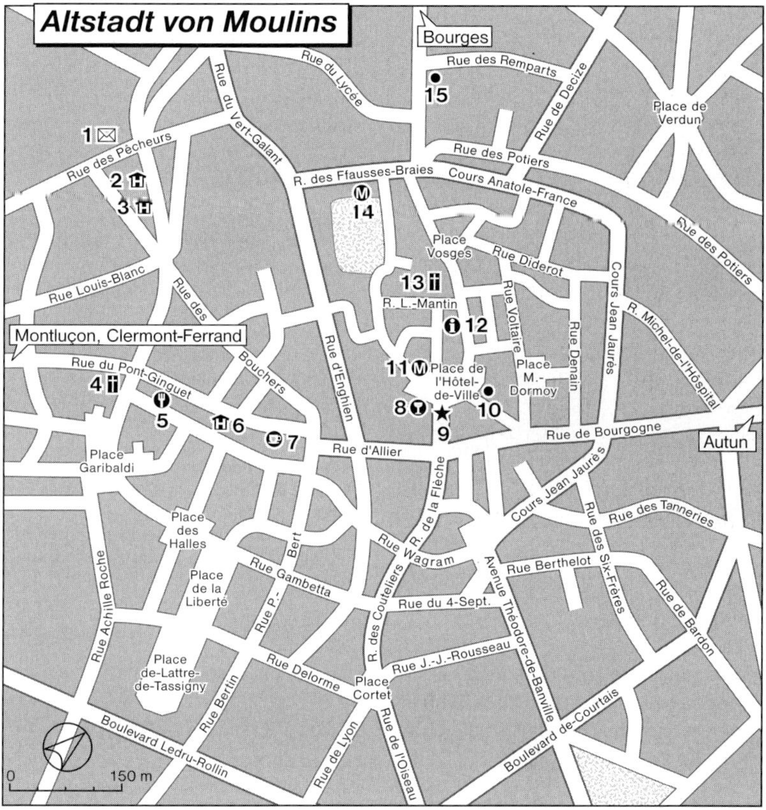

- 1 Poste
- 2 Hôtel Le Normandie
- 3 Hôtel Kyriad
- 4 Église Sacré-Coeur
- 5 Brasserie Le Commerce
- 6 Grand Hôtel du Dauphin
- 7 Le Grand Café
- 8 Bar & Brasserie Les Ducs
- 9 Le Jacquemart
- 10 Hôtel de la Ville (Rathaus)
- 11 Musée Bourbonnais
- 12 Office du Tourisme
- 13 Cathédrale Notre-Dame
- 14 Musée d'Art et d'Archéologie
- 15 Palais de Justice

In der Altstadt von Moulins

Palais de Justice

Der Justizpalast in der Rue de Paris war ehemals ein **Jesuitenkolleg** und ist mit seiner rot-schwarzen Backsteinfassade ein typisches Beispiel für die bourbonische Baukunst im 17. Jh.

Information

- **Office du Tourisme de Moulins et sa Région**
11, Rue François Péron, 03000 Moulins. Tel. 0470441414. Geöffnet: Sept. bis Juni Mo bis Sa 9.30–12.30 und 14.30–18.30 Uhr; Juli bis Aug. zusätzlich an Sonn- und Feiertagen geöffnet von 9.00–12.00 und 14.00–18.00 Uhr. Internet: www.moulins.net.
- **Führungen durch die Altstadt** werden ganzjährig durchgeführt. Dauer etwa 90 Minuten, 4,70 €. Auskunft über das Office du Tourisme.
- Die Stadt im Internet:
www.ville-moulins.fr

Unterkunft

- **Hôtel Kyriad**€€€
9 à 19, Place Jean Moulin, Tel. 0470355050. Modernes Hotel mit über 40 Zimmern, das sogar größtenteils **rollstuhlgerecht** eingerichtet ist. Den Gästen stehen Garten, abgeschlossener Autoparkplatz sowie ein Fahrradabstellplatz zur Verfügung.
- **Hôtel le Normandie**€€
39, Place Jean Moulin, Tel. 0470442338. Ein kleines, ruhig gelegenes Haus im Zentrum der Stadt mit 11 Zimmern.
- **Grand Hôtel du Dauphin**€€
59, Place d'Allier, Tel. 0470443305. Das Hotel befindet sich in einer ehemaligen Poststation, nur 2 Minuten von der historischen Altstadt entfernt; schöner Innenhof und überdachte Terrasse.

Camping

- **Camping de la Plage**
Rue de Clermont-Ferrand, Tel. 0470441929. Der am Ufer des Allier gelegene großzügige Platz bietet viel Schatten, ein Restaurant, einen kleinen Laden, Tennisplatz sowie Spielplatz. Geöffnet von Mai bis zum 15. Sept.

Essen und Trinken

- **Le Grand Café**
49, Place d'Allier. Ein grandioses Café, das bereits 1899 seine Türen öffnete. Der Innenraum ist ganz im Stil des Rokoko mit vielen Spiegeln, Säulen, Verzierungen, bemalten Decken und Kronleuchtern eingerichtet – Überfluss, wohin das Auge blickt; und auf dem Balkon spielt ein Orchester klassische Musik.
- **Brasserie le Commerce**
Place d'Allier, die Speisekarte reicht vom kleinen Snack bis zum Menü. Ein großer Salattel-

ler mit Schinken kostet 7 €, Tellergerichte wie Schnitzel in Cidresauce um 11 €. Vor allem bei schönem Wetter ein empfehlenswerter Platz, um draußen zu essen.

- **Bar & Brasserie Les Ducs**
27, Rue de l'Horologe, gleich neben dem Jaquemart. Ein Restaurant mit viel Flair und einer umfangreichen Speisekarte. Hier lässt sich inmitten der Altstadt auch auf der Terrasse gut schmausen. Crêpes oder Salate ab 7 €, Fisch um 11 € und nicht zu vergessen: die hauseigenen, süßen Leckereien zum Kaffee oder Tee.

Verkehrsverbindungen

- **Gare de Moulins,** Rue Philippe Thomas, Tel. 0407203714, täglich Hauptverbindungen nach Clermont-Ferrand, Lyon oder Paris.
- **Busse** bieten gute Reisemöglichkeiten innerhalb des Département Allier, wie nach Vichy oder Montluçon. Place Jean Moulin, Tel. 0470202374. Die aktuellen Fahrpläne liegen im Office du Tourisme aus.

Markt

- Am **Freitag** ist Markttag in der historischen Altstadt. Bunter Gemüse-, Obst- und Käsemarkt aus der Region. Die Markthalle ist von Di bis So morgens geöffnet.

Einkaufen

Moulins ist ein **Einkaufsparadies.** Viele kleine Läden, Boutiquen und Spezialitätenläden säumen die Gassen der Altstadt. Schon die Auslagen sind meist liebevoll gestaltet. Neben Kunsthandwerk, Antiquitäten oder Dekorationsaccessoires sind vor allem die **Konditoreien** eine Fundgrube sinnlicher Freuden. Moderne Kaufhäuser sind in der Altstadt rund um den Place d'Allier anzutreffen.

- **Les Palets d'Or**
11, Rue de Paris, die **Konfiserie** kann auf eine lange Tradition zurückblicken. Bereits 1898 wurde der Laden, in dem mehr als 35 Schokoladenspezialitäten hergestellt werden, eröffnet. Durch den Verkaufsraum zieht der Duft von Kaffee, Milch, Crème Fraiche und natürlich von Schokolade.

Rund um Moulins

Château du Riau

Das Schloss liegt nur 12 km entfernt von Moulins der N 7 folgend in nördlicher Richtung bei Villeneuve-sur-Allier mitten im Grünen. Die **Schlossanlage** mit Haupthaus, Turm und Nebengebäuden ist von April bis Sept. von 14.30–18.30 Uhr zu besichtigen (außer Di). Führungen durch die Schlossinnenräume: 1 Std., 5 €. Tel. 0470433447.

Souvigny

↗ III, C2

Souvigny wäre gewiss eine nette und ruhige Ortschaft, wenn auch völlig bedeutungslos, wäre da nicht eine der schönsten sakralen Bauten des Bourbonnais, die sich ausgerechnet hier im Tal der Queune, etwa 12 km südwestlich von Moulins, an der D 945 befindet. Souvigny zählt zu den „Fünf Töchtern" des Klosters von Cluny, das im 12. Jh. mehr als 1000 Siedlungen besaß. Das **Kloster** ist eine der am besten erhaltenen Bauten der ehemaligen Kongregation von Cluny und zeugt bis heute von der geistigen Ausstrahlung und der künstlerischen Herrlichkeit des mächtigen Ordens. Souvigny wird als die **erste Hauptstadt des Bourbonnais** bezeichnet, bevor im 13. Jh. die Herren den Ort verließen und Moulins zu ihrem Herzogsitz auserkoren.

Geschichte

Mönche hatten sich im 10. Jh. unter dem Schutz der ersten Herren von Bourbon in Souvigny angesiedelt. Um die Abtei herum entstand die Keimzelle der Provinz Bourbon an der ehemaligen Grenze der Provinzen Auvergne, Berry und Burgund. **Zwei Äbte aus Cluny,** der *Hl. Mayeul* und der *Hl. Odilon,* starben hier in Souvigny (994 und 1049), wo sie auch zusammen in einem Grab ihre letzte Ruhestätte fanden. Diese beiden Kirchenfürsten begründeten die Berühmtheit des Klosters, das von nun an viele Pilger anzog. Die Herzöge von Bourbon wählten Souvigny später ebenfalls als Grabstätte. Diese Entscheidung zog eine Reihe von Veränderungen und Umbauten am Kloster nach sich. So wurde die romanische Prioratskirche, die Église St-Pierre et St-Paul, im 15. Jh. im gotischen Flamboyant-Stil umgearbeitet. Heute ist das Kloster in der Obhut des **Johanniterordens.**

Sehenswertes

Église St-Pierre et St-Paul

Die ursprüngliche Kirche wurde im 11. und 12. Jh. im **romanischen Stil** errichtet. Davon zu sehen sind an der Außenfassade allerdings nur noch der Chor und Teile des Längsschiffes. Das gesamte Bauwerk erfuhr im 15. Jh. eine grundlegende Umgestaltung im gotischen **Flamboyant-Stil.** Die ursprüngliche Fassade erhielt einfach eine weitere aufgesetzt, Teile des Längsschiffes und der Chorinnenraum wurden erneuert. Schließlich bekam das westliche Längsschiff noch einen Anbau, die **Chapelle Neuve.** Erst im 18. und 19. Jh. wurde die Kirche um die Sakristei und den Kreuzgang erweitert. Der Innenraum ist gewaltig: Das riesige Längsschiff mit vier tonnengewölbten Seitenschiffen und zahlreichen Säulen unterteilt den Raum, ohne den lichten Gesamtcharakter zu beeinträchtigen.

Kreuzgang und Klostergarten

Der Kreuzgang ist vom Seitenschiff aus oder über das Museum zugänglich. Nur eine Seite des Kreuzganges aus dem 15. Jh. mit Kreuzgratgewölbe ist erhalten geblieben. Der Kreuzgang gibt den Blick auf den Garten frei, der sich terrassenförmig an den Hang schmiegt und den Blick zur Ebene hin öffnet. Der Klostergarten ist im **französischen Stil** des 18. Jh. angelegt, mit Zierpflanzen, einem großen Rosenheckenkreuzgang und mit Gemüsepflanzen.

- **Museum im Kloster,** ganzjährig geöffnet von 9.00–12.00 und 14.00–18.00 Uhr, im Juli und Aug. bis 19 Uhr. Eintritt für den Klostergarten und das Museum: 3,80 €. Geführte Touren: 3,80 €. Internet: www.ville-souvigny.com.

Musée du Pays de Souvigny

Das Musée du Pays de Souvigny et de la Colonne du Zodiac beherbergt interessante Überreste aus der alten **Klosterkirche,** darunter Statuen und Steinbaldachine. Im Zentrum steht die Do-

Im Klostergarten der Église St-Pierre et St-Paul

kumentation der Geschichte des Klosters Souvigny und der Umgebung. Das interessanteste Exponat ist die achteckige, 1,80 m hohe **Kalendersäule,** die **Colonne du Zodiac,** aus dem 12. Jh. Die leider nicht vollständig erhaltene Säule ist eine Darstellung des Universums und seiner Wunderwerke: die Monate des Jahres begleitet von den Tierkreiszeichen auf einer Seite, fremde Völker und Fabeltiere auf zwei weiteren Seiten.

● **Öffnungszeiten:** Ganzjährig geöffnet von 9.00–12.00 und 14.00–18.00 Uhr. Juli und Aug. bis 19 Uhr. Eintritt: 3,80 €.

Unterkunft

● **Gîte d'Étapes et de Séjours Embourg**
Château d'Embourg, Tel. 0470431915. Etwas außerhalb beim Château d'Embourg ist diese Gîte d'Etappe für 25 Personen, die sich auf acht Räume verteilen, in einem alten Bauernhaus in idyllischer Lage untergebracht. Pro Person 19 €, Frühstück für 4 €.

Fest

● **Foire Médiévale du Pays de Souvigny,** am letzten Juliwochenende „reist" Souvigny für eine Woche zurück ins Mittelalter. Jongleure und Tanzgruppen finden sich vor der großartigen Kulisse des Klosters ein und bevölkern die ansonsten stillen Gassen. Es finden mittel-

auv_119 Foto: bf

alterliche Spiele, ein Bankett und ein großer Ball statt. Infos unter Tel. 0470436210 und www.souvigny.com

Rund um Souvigny

St-Menoux

ist in nördlicher Richtung nur 5 Autominuten von Souvigny entfernt. Das kleine Dorf besitzt wie Souvigny eine ganz erstaunliche Kirche. Die helle und lichte **Église de St-Menoux** stammt aus dem 12. Jh. und wurde zu Ehren des hier im 7. Jh. verstorbenen bretonischen Bischofs *Menulphus (Menoux)* errichtet. Der Bischof muss ein ganz außergewöhnlicher Mann gewesen sein, dass man ihm nach 500 Jahren ein derartiges Denkmal setzt. Im Chor ist der **Sarkophag,** der die sterblichen Überreste des Hl. Menulphus enthält, aufgebahrt. Der Heilige soll die Gabe gehabt haben, die „Armen im Geiste", die *Bredins,* zu heilen. Seit dem Tod des Bischofs müssen Kranke angeblich nur den Kopf in die seitlichen Aussparungen des Sarkophags stecken, um wieder in den Vollbesitz ihrer geistigen Kräfte zu gelangen. Daher kommt der Name des Sarkophages: „Débredinoire" (Heiler der geistig Kranken).

Bourbon l'Archambault

↗ III, BC2

Das heutige **Kurbad** war das ehemalige Aquis Bormonis, die Siedlung, die den Herzögen von Bourbon und damit der wichtigsten Dynastie französischer Könige ihren Namen gegeben hat. Die Quelle, schon in der **Antike** als Rheuma lindernd bekannt, wurde auf Anweisung des Bruders von *Ludwig XIII.,* des Herzogs von Orleans, im 17. Jh. zum Kurbad ausgebaut. Die Architektur des Thermalbades und die Schmuckelemente sind stark vom Stil des ausgehenden 19. Jh. geprägt. Bourbon l'Archambault stand als Thermalbad immer im Schatten von Vichy, dennoch kurten auch hier berühmte Persönlichkeiten.

Zu Fuß findet man sich in den wenigen Straßen des **Zentrums** zwischen Thermen und Burg schnell zurecht. Hier befinden sich Restaurants, Bars und ein paar kleine Läden. Lohnenswert ist ein Stopp in Bourbon l'Archambault auf dem Weg in den Forêt de Tronçais, um dem Kurbad und der mittelalterlichen Burg einen Besuch abzustatten und vielleicht im nahe gelegenen See eine Runde zu schwimmen.

Sehenswertes

Fortesse Medievale

Die **mittelalterliche Festung** (Tour de l'Amiral, Tel. 0470670230) hat täglich von 14.00–18.00 Uhr geöffnet. Es werden für 6 € geführte Touren (mit mittelalterlich kostümierten Führern) angeboten.

Information

- **Office du Tourisme et de Thermalisme de Bourbon l'Archambault et sa Région**
1, Place des Thermes, Tel. 0470670979

Unterkunft

- **Hôtel des Trois Puits**€€
Rue des Trois Puits, Tel. 0470670835. Das charmante Hotel im bourgeoisen Stil liegt direkt am Kurpark. Ganzjährig geöffnet, 46 Zimmer.
- **Hôtel du Commerce**€
29, Rue de la Burge, Tel. 0470670193. Geöffnet von April bis Okt. Unmittelbar neben den Thermen bietet das kleine Hotel auch Zimmer mit kleiner Kochnische zur Selbstverpflegung.

Camping

- **Camping Municipal Jean Bignon**
Boulevard Jean Bignon. Schöner Platz mit großen Bäumen, 157 Stellplätze. Auf dem Gelände gibt es Sportmöglichkeiten, eine Boulebahn, Tennisplätze sowie Spielgelegenheiten für Kinder. Der Platz hat geöffnet von März bis Okt.

Fest

- **„Les Légendes du Médaillon",** Ende Juli und den ganzen August hindurch finden auf der Burg an den Wochenenden Lichterfeste und ein Feuerwerk statt.

Forêt de Tronçais

⇗ II, B2

Das **Waldgebiet** mit einer Fläche von ca. 10.000 ha erstreckt sich im Norden des Département Allier zwischen Berry und Bourbonnais. Der Steineichenwald mit Buchen und Hainbuchen im Unterbestand ist eine der schönsten Gegenden der nördlichen Auvergne. Mit zahlreichen Seen, Wanderrouten und Sportmöglichkeiten ist der Forêt de Tronçais ein **beliebtes Naherholungsgebiet.** Pilzsammler füllen hier ihre Körbe mit Steinpilzen, Pfifferlingen und Täublingen. Auf Waldwanderungen können Hirsche, Rehe, Wildschweine, Fasane und so manches Eichhörnchen beobachtet werden, das flugs von einem Ast zum anderen turnt.

Geschichte

Auch ein Wald hat seine Geschichte und die des Forêt de Tronçais ist ausnahmsweise eine erfreuliche. Ursprünglich befand sich der **Staatsforst** im Besitz der Herzöge von Bourbon. Mit dem Zusammenbruch des Reiches Bourbon ging der Wald wie alle Ländereien des Bourbonnais an die französische Krone. Im 16. und 17. Jh. nahm sich jede Gemeinde, was sie vom Wald und seinen Naturschätzen brauchen konnte. Die Folge waren die **Verwilderung** des Waldes und seine **Zerstörung,** die bereits drei Viertel des Areals umfasste. Nicht uneigennützig stellte 1670 *Colbert,* der Minister für Wirtschaft und Finanzen am königlichen Hofe, den Forêt de Tronçais unter stren-

auv_122 Foto: bf

ge Kontrolle und initiierte erste Aufforstungsarbeiten. Die Bäume sollten erst im Alter von 200 Jahren genutzt werden. Bereits 100 Jahre später ging der Baumbestand durch die im Tronçais gegründeten Hüttenwerke nochmals rapide zurück. Doch die Regierung ergriff rechtzeitig Gegenmaßnahmen und stellte den Wald erneut unter Schutz. Seit 1928 dürfen nur Bäume abgeholzt werden, die das stattliche Alter von mindestens 225 Jahren erreicht haben. Einige wunderschöne Eichen sind über 300 Jahre alt und erreichen einen Stammumfang von etwa 4 m und eine Höhe von fast 40 m. Aus dem Forêt de Tronçais stammen nahezu achtzig Prozent der Eichen(-fässer), in denen die edlen Weine des Medoc, wie beispielsweise der Château Rothschild, reifen.

Sehenswertes

Alle **Seen** und **Wanderwege** im Wald sind empfehlenswert und versprechen ein Höchstmaß an Naturerleben und Erholung. Für welchen See oder welche Wanderung man sich entscheidet, ist nicht so gravierend, denn das Waldgebiet ist in sich recht homogen.

St-Bonnet-de-Tronçais

Das heimelige Dorf am Waldrand ist Ausgangsort für viele **Wanderer** und Seebesucher, denn gleich **zwei Seen** befinden sich am Ortsrand, der **Étang**

de St-Bonnet sowie der **Étang de Morat.** Der Étang de Morat ist kleiner, und es geht dort etwas ruhiger zu als am benachbarten Étang de St-Bonnet. Hier befinden sich ein Campingplatz, eine Tauchschule, Angelplätze, ein Waldspielplatz, ein Tennisplatz, eine Minigolfanlage und ein Seerundwanderweg. Der 2 km lange „Sentir Botanique de Grillon" zieht viele Wanderer an die Ufer des Sees.

Fontaine Viljot

An der D 987a befindet sich die **klare Quelle,** die Fontaine Viljot, eingerahmt von Eichen und Nadelbäumen. Glaubt man der **Legende,** so warfen heiratswillige Mädchen eine Nadel in die Quelle; blieb sie im Boden stecken, so hatten sie ein Herz getroffen, und die Hochzeitsglocken sollten bald läuten.

Information

- **Forêt de Tronçais**
Place du Champ-de-Foire, 03350 Cérilly, Tel. 0470675589, und im Internet unter www.aumance-troncais.auvergne.net.
- Im Sommer werden unterschiedliche **Führungen** durch den Wald angeboten. Kontakt über das **Office National des Fôrets,** Tel. 0470468200, oder über die **Association du Pays de Tronçais** in Cérilly, Tel. 0470675589, und natürlich über die Touristeninformation in Cérilly.

Blick auf Hérisson
am Südrand des Forêt de Tronçais

Unterkunft

- **Hôtel du Centre**€€
Place de la Gare Routière, Tel. 0470061005. Das familiäre Hotel mit nur 16 Zimmern ist sehr ruhig gelegen.
- **Chambres d'Hôtes La Beaume**€
Laurence et Jehan de Pomyers, Tel. 0470068376. Das Haus ist im typischen Stil der alten Waldhäuser erbaut. Das Besitzerehepaar vermietet 5 Zimmer und bietet geführte Touren in den Wald an.

Camping

- **Camping de Champ-Fossé**
Champ-Fossé, Tel. 0470061130. Ruhige Lage, direkt am See mit eigenem Zugang. Die 120 Stellplätze liegen größtenteils im Schatten und sind durch Hecken voneinander abgetrennt. Auf dem Campingplatz können 10 Gîtes, also kleine Häuschen, angemietet werden. Geöffnet von April bis Sept.

Sport und Aktivitäten

Bademöglichkeiten und **Angelplätze** bestehen nahezu an allen Seen. Entlang der kleinen Straßen lässt es sich vortrefflich **Fahrrad fahren,** und die Wandermöglichkeiten sind schier unerschöpflich.

Wanderungen

- **Futaie Colbert,** ein 30-minütiger Rundweg ab Rond du Vieux-Morat durch ein leicht hügeliges Gebiet, in dem noch einige 300-jährige Eichen zu bewundern sind.
- **Chêne Stebbing,** eine kurze Wanderung zur **Eiche von Stebbing,** die isoliert mitten im Forst steht. Sie zählt zu den über 300-jährigen Waldbewohnern. Ausgangs- und Endpunkt: Rond du Vieux-Morat.

Hérisson

↗ II, B2

In Hérisson scheint die Welt noch völlig in Ordnung zu sein, ein Stückchen **romantisches Bilderbuch-Frankreich** ist zu bewundern. Der historische Marktflecken liegt wirklich ganz zauberhaft an einer Windung der Aumance und schmiegt sich an den Südrand des Fôret de Tronçais. Überragt wird das Örtchen von einer mächtigen **Burgruine.** Hier war einst einer der Hauptsitze der Herzöge von Bourbon. Die Zeugen der Vergangenheit sind überall gegenwärtig: Schutzmauern, befestigte Stadttore, verwinkelte enge Gassen, alte Häuser.

Die mit Platanen gesäumten **Flussufer der Aumance** sind ideal zum Schlendern oder um gemütlich auf einer Parkbank zu sitzen. Das romantische Ruhe ausstrahlende Aumance-Tal hat zahlreiche Maler, Dichter und Schriftsteller angeregt, die das Tal mit den Naturschönheiten verewigt haben.

Geschichte

Hérisson wurde bereits im 5. Jh. gegründet. Im Schutz der Burg entwickelte sich der Marktflecken bis ins 11. Jh. rasch zu einem blühenden **Handelszentrum.** Danach begann eine stürmische Zeit: Ansturm englischer Truppen, Rebellion sowie Unruhen in den Religionskriegen. Heute sind die einstigen ruhigen Tage in Hérisson wieder eingekehrt. Die Bewohner leben von Land- und Forstwirtschaft und von einem bescheidenen Tourismus.

Sehenswertes

Château Féodal de Hérisson

Auf einem Felsen über dem Flussmäander der Aumance ließen die Herzöge von Bourbon im 12. Jh. die Burg an Stelle eines Wehrbaus aus dem 10. Jh. erbauen. Es sollte eine der **wichtigsten Festungen** der Bourbonnais zum Schutz vor den Engländern im Hundertjährigen Krieg werden. Bis ins 17. Jh. trotzten die Burg und das kleine Städtchen zahlreichen Angriffen, allerdings nicht ohne Verluste hinnehmen zu müssen. Von der einstigen glorreichen Burg zeugen heute noch die Grundmauern sowie die zum Teil erhaltenen drei **Wehrtürme.** Obwohl „nur" Ruinen besichtigt werden können, lohnt sich der Besuch aufgrund des hübschen Ausblicks auf die Dächer Hérissons und das Flüsschen Aumance.

Information

- **Bureau Infos Tourisme**
Parc de la Mairie, 03190 Hérisson, Tel. 0470068223.
- **Informationstafel** direkt vor dem Hôtel de Ville. Geführte Touren durch Hérisson und in die nähere Umgebung ab 1,50 €. Information und Anmeldung im Bureau Infos Tourisme, das gleich in dem Seiteneingang des Hôtel de Ville untergebracht ist.

Unterkunft/ Essen und Trinken

- **Auberge, Bar, Restaurant Le Médièval**€
Place de la Republique. Einfache Herberge mit sauberen, wenn auch nicht gerade geschmackvoll eingerichteten Zimmern. Die Speisekarte des Restaurants entspricht der einfachen ländlichen Küche: viele Fischge-

richte und Wild. Menü ab 10 €. Schon am Morgen geht es in dieser einzigen Dorfkneipe recht lebhaft zu. Hier treffen sich die Männer zum Frühschoppen, erzählen lautstark, spielen oder sehen einfach nur zu.

Camping

• Camping Municipal de l'Aumance
Route de Crochepot, Tel. 0470068786. Kleiner, superruhiger und einfacher Campingplatz an der Aumance mit 50 Plätzen. Hier lassen sich gerne auch Angler nieder, um in aller Gelassenheit die Angelrute ins Wasser zu hängen. Geöffnet von April bis Sept.

Markt

• Freitags findet im Ortskern am Place Josep Lesage ein kleiner **Bauernmarkt** mit den Produkten aus der heimischen Produktion statt. Vor allem den Käse sollte man sich nicht entgehen lassen.

Wanderungen

Hérisson ist Ausgangspunkt für einige Wanderungen rund um den Ort oder auch weiter in den Fôret de Tronçais.

• Wanderung zur Chapelle du Calvaire
Über die Hauptbrücke verlässt man den Ort, um etwa 20 Minuten bergauf der kleinen Straße folgend durch den Mischwald zu wandern. Von der Kapelle aus hat man einen schönen Blick über das Dorf und das Tal der Aumance.

• Le Sentier de Fôret de Tronçais (11 km)
Dreistündiger Rundwanderweg durch den Fôret de Tronçais. Der Rückweg ist gemütlich und führt durch das beschauliche Tal der Aumance.

Montluçon

⇗ II, B3

Die **Wirtschaftsmetropole des Bourbonnais** liegt in einer Flussbiegung im oberen Cher-Tal. In den Außenbezirken haben sich zahlreiche Industriebetriebe niedergelassen, deren Gewerbegebiete nahtlos mit der Innenstadt verwachsen sind. Im Stadtzentrum beweist sich Montluçon erneut als moderne Stadt mit vielen Einkaufsstraßen, Geschäften, Kaufhäusern und Boutiquen. Doch an den Flanken des kleinen Berges über dem Cher-Tal befindet sich das eigentliche Juwel Montluçons: der intakte **mittelalterliche Stadtkern** mit Fachwerkhäusern, Toren, Brunnen und Kirchen. Und weithin sichtbar überragt die einzige heute noch intakte Burg der Herzöge von Bourbon die Stadt.

Geschichte

Der Aufschwung Montluçons erfolgte nach der Fertigstellung des **Canal du Berry** im Jahre 1841. Der Kanal verband die Erzvorkommen des Berry mit den Kohlelagerstätten bei Commentry. Diesem Umstand sowie der raschen Entwicklung der Stahlindustrie verdankte Montluçon eine schwunghafte Entwicklung unter *Napoleon III.* Die Stadt an der Cher wurde zum **Handelszentrum** der Region und zu einem wichtigen Verkehrsknotenpunkt im Schienenverkehr. Zu Beginn des 20. Jh. waren die Rohstoffe erschöpft, und Montluçon erlebte eine schwere strukturelle Krise, von der sich Stadt und Region nur sehr langsam mit der Ansiedlung von neuen

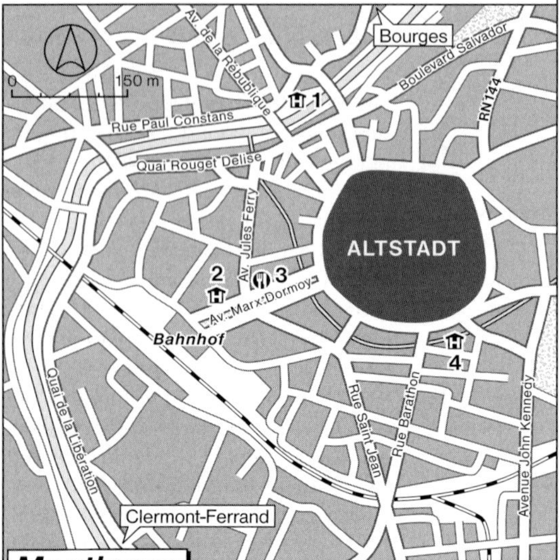

Montluçon

Altstadt von Montluçon

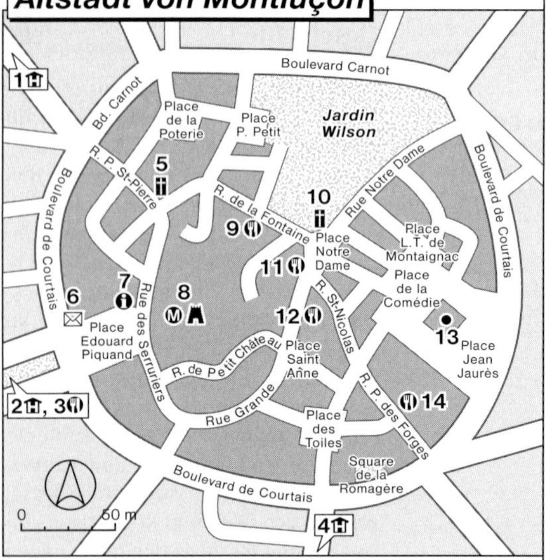

- 1 Hôtel & Restaurant Marmotte
- 2 Hôtel des Bourbons
- 3 Le Shangaï (Restaurant)
- 4 Hôtel Celtic
- 5 Église St-Pierre
- 6 Poste
- 7 Office du Tourisme
- 8 Château des Ducs de Bourbon, Musée des Musiques Populaires
- 9 Restaurant La Vie en Rose
- 10 Église Notre-Dame
- 11 Restaurant Le Don Quichotte
- 12 Restaurant Les Forges
- 13 Mairie (Rathaus)
- 14 Restaurant Les Forges

Branchen wie Maschinenbau, Chemie, Elektrotechnik und Möbelbau erholen konnten.

Sehenswertes

Église de Notre-Dame

Ludwig II. von Bourbon ließ die Kirche im 15. Jh. anstelle der romanischen Kirche, von der heute nur noch eine Chorkapelle erhalten ist, erbauen. Die Kirche blieb trotz einer Bauzeit von drei Jahrhunderten **unvollendet.** Das zweischiffige Gotteshaus ist lichtdurchflutet und wirkt durch den sparsamen Einsatz von Dekorationen einfach und schlicht. Sehenswert sind die Statuen der Jungfrau Maria, Johannes des Täufers sowie das schön geschnitzte Kruzifix aus Elfenbein.

Église St-Pierre

Die gedrungene Kirche liegt versteckt zwischen den Häusern der Altstadt in der Rue Porte St-Pierre. Die Kirche wurde im 12. und 13. Jh. erbaut. Der Innenraum ist einschiffig gestaltet, die Vierungskuppel wird von Rundpfeilern getragen. Wie häufig in romanischen Kirchen, ist die Atmosphäre in St-Pierre eher bedrückend und dicht. Die Außenwelt dringt in den sakralen Raum kaum ein. Die Kunstwerke, wie das Taufbecken oder eine Skulptur der *Maria Magdalena,* stammen aus dem 15. Jh.

Château des Ducs de Bourbon

Oben auf dem Mont Luçon über den Dächern der mittelalterlichen Altstadt thront das im Hundertjährigen Krieg erbaute Schloss der Herzöge von Bourbon. Das Schloss wirkt weder märchen- noch wehrhaft, sondern eher wie ein überdimensionales Wohnhaus. Im **Fachwerkstil** errichtet, mit durchgängigem Balkon und kunstvoll eingefügten Steinfüllungen zwischen den Holzstreben, fügt sich das Schloss gut in den mittelalterlichen Stadtkern.

Musée des Musiques Populaires

Das Museum ist **im Bourbonen-Schloss** untergebracht. Ganz anders als vielleicht erwartet, ist das Museum für Volksmusik keineswegs ein „totes Museum“. Hier werden immer noch neue Instrumente nach historischen Vorlagen hergestellt oder repariert. Die Dudelsäcke, Drehleiern und Blasinstrumente sind auf den ständig stattfindenden Mittelalter- oder Renaissancefesten in der Auvergne die wichtigsten Instrumente. Über **700 Instrumente** befinden sich in der Sammlung, die durch eine Dokumentation über traditionelle und elektronische Musikinstrumente ergänzt wird.

- **Öffnungszeiten:** April bis Sept. von 14.00–19.00 Uhr; Okt. bis März 14.00–18.00 Uhr, außer Di. Eintritt 3 €. Tel. 0470025657.

Information

- **Office du Tourisme de la Vallée de Montluçon**

5, Place Piquand, 03100 Montluçon, Tel. 0470051144. www.vallee-montlucon-dvpmt.fr. Geöffnet von Mai bis Sept. Mo bis Sa von 9.30–19.00 Uhr sowie sonntags im Juli und Aug. von 10.00–14.00 Uhr. Von Okt. bis April Mo von 14.00–18.00 Uhr und Di bis Sa von 10.00–12.00 und 14.00–18.00 Uhr.

Unterkunft

● **Hôtel des Bourbons**€€€
47, Rue Marx Dormoy, Tel. 0470052893. Das Hotel liegt zentral bei der Altstadt und dem Château des Ducs de Bourbon. Das Haus mit seinen 45 Zimmern bietet allen Komfort eines gehobenen Mittelklassehotels und gehört zur Qualitätskette der Logis de France.
● **Hôtel Restaurant Marmotte**€€, Quai Ledru Rollin, Tel. 0470037574, sowie **Hôtel Celtic**€€, 1, Rue Corneille, Tel. 0470052879. Beide Häuser befinden sich ganz in der Nähe des mittelalterlichen Stadtkerns. Beide sind einfache Stadthotels mittlerer Größe mit dem üblichen Hotelstandard.
● **Chambres d'Hôtes Montbarnier** €€
Neris-les-Bains, Jean-Marc Fragnon, Tel. 0470090105. In einem wunderschön renovierten Bauernhaus mit Terrasse und Bibliothek gibt es Platz für vier Personen.

Camping

Direkt bei Montluçon gibt es keine Campingplätze, jedoch in der gesamten näheren Umgebung rund um Montluçon.

● **Camping Municipal du Lac**
Avenue Marx Dormoy. Der Campinggrund mit 135 Plätzen ist durch Hecken abgeteilt und durch zahlreiche Bäume gut beschattet. Auf dem Gelände befinden sich 19 Chalets, die meist monatsweise vermietet werden. Geöffnet von April bis Ende Okt. Tel. 0470032470.
● **Camping Municipal Route de Clermont**
Route de Clermont-Ferrand. Kleiner, einfacher Platz ohne Sporteinrichtungen oder Einkaufsmöglichkeiten – dafür ist der Platz recht ruhig. Geöffnet von Mai bis Sept. Tel. 0470031983.

Essen und Trinken

● **La Vie en Rose**
7, Rue la Fontaine. Das bei den Bewohnern von Montluçon sehr beliebte Restaurant kredenzt vor allem die Spezialitäten der Küche des Bourbonnais. Bekannt ist das kleine Lokal in der Altstadt vor allem für seine *Pate aux Pommes de Terre* (Kartoffelkuchen), ein einfaches Traditionsgericht aus der Region. Menü ab 10 €.
● **L'Eau à la Bouche**
26, Rue Grande. Ein weiteres Restaurant, auf dessen Speisekarte die traditionellen Gerichte des Bourbon und aus Savoyen stehen. Die gehobene Küche hat ihren Preis, der aber der Qualität der aufgetischten Speisen absolut entspricht. Menü ab 16 €.
● **Les Forges**
2, Rue Porte des Forges. Die Pizzeria und Crêperie in der mittelalterlichen Altstadt bietet eine große Auswahl an Pizzas, Crêpes, Salaten oder auch Pastagerichten. Die leckeren Pizzas (ab ca. 7 €) können auch an einem der Tische mit Sonnenschirm in der Fußgängerzone der Altstadt verspeist werden.
● In der Altstadt und im Stadtzentrum gibt es unzählige kleine **Brasserien, Snack Bars** oder auch die Möglichkeit, **asiatisch (Le Shangaï**, 43, Avenue Marx Dormoy) oder **spanisch (Le Don Quichotte,** 12, Place Notre Dame) zu speisen.

Verkehrsverbindungen

● **Gare S.N.C.F.,** täglich Bahnverbindungen nach Paris, Lyon, Bordeaux, Nantes und Limoges. Tel. 0836353535.
● Gleich daneben verbinden **Busse** Montluçon mit den größeren und kleineren Orten in der Auvergne und des regionalen Umlandes.

Markt

● Am Samstag findet in der Fußgängerzone der Altstadt ein sehr schöner **Obst-, Gemüse-, Blumen-** und **Kunsthandwerkmarkt** statt. Die Kulisse der Fachwerkhäuser verleiht dem bunten Markttreiben eine Atmosphäre, die einen unweigerlich ein wenig in die Zeit des Mittelalters zurückversetzt.

Einkaufen

Rund um den **Boulevard de Courtais,** der die historische Altstadt ringförmig umschließt, befinden sich die Auslagen der modernen Geschäfte und Boutiquen sowie die großen Kaufhäuser, die durchgehend geöffnet haben.

Sport und Aktivitäten

- Rund um Montluçon gibt es einige Seen, die für **Angler und Wassersport** zugänglich sind, wie zum Beispiel der Plan d'Eau de Néris oder der See bei Lapeyrouse.
- **Kanu- und Kajakfahrten** sind südlich von Montluçon bei Lavault-Sainte-Anne auf der Cher in allen Schwierigkeitsgraden möglich. Infos beim Club Canoë - Kajak „Vallée de Montluçon-Lavault", Tel. 0470055878.
- Etwa 8 km südwestlich von Montluçon, im Cher-Tal, bietet der Kletterfelsen **Rocher de Lignerolles Klettermöglichkeiten** unterschiedlicher Schwierigkeitsstufen. Informationen beim Office du Tourisme in Montluçon oder direkt beim Kletterclub Club Amitié Nature, Tel. 0470038894. Kletterführer sind im Office du Tourisme oder im Rathaus von Lignerolles erhältlich.
- **Golfer** haben die Auswahl zwischen zwei 18-Loch-Plätzen in der Region. Etwa 17 km nördlich von Montluçon im Cher-Tal bei Nassigny befindet sich der **Golf Club du Val de Cher en Tronçais;** der Platz ist von April bis Okt. bis auf Di geöffnet; Informationen unter Tel. 0470067000. In Néris-les-Bains öffnet der **Golf Club de Sainte-Agathe** von April bis Okt. täglich sein Grün von 9.00–19.00 Uhr und von Nov. bis März von 10.00–17.00 Uhr; Tel. 0470032177.

Die nördliche Auvergne

auv_129 Foto: bf

Rund um Montluçon

Néris-les-Bains

Der **Kurort** ist einen Stippvisite wert. Das kleine Städtchen etwa 5 km südlich von Montluçon ist auch zu Fuß gut zu erreichen. Von Montluçon aus führt ein Wanderweg, der mit neu angepflanzten Bäumen gesäumt und mit ausreichend Parkbänken ausgestattet ist, zu den **Thermen** von Néris-les-Bains. Der Ort selbst lebt vom Kurtourismus und hat wie eigentlich alle Kurorte eine besonders schön angelegte Parkanlage, ein äußerst gepflegtes Straßenbild, und die Häuser aus dem ausklingenden 19. Jh. tragen stets ein perfektes „Make-up".

auv_130 Foto: bf

Fachwerkhäuser in der Altstadt von Montluçon

Lapalisse und das Vallée de la Besbre

IV, A2

Die Stadt **Lapalisse** wird von dem hoch über der Besbre liegenden Schloss beherrscht. Lapalisse gilt bis heute als „Verkehrsknotenpunkt" im östlichen Teil des Département Allier. Hier kreuzten sich die Wege der Händler, die das Vallée de la Besbre entlangzogen, mit denen, die das Land in West-Ost-Richtung bereisten. Heute donnern die „modernen Händler" mit ihren Lkws durch die Hauptdurchgangsstraße von Lapalisse. Davon wird die Atmosphäre der historischen Altstadt und des Viertels rund um das Schloss nicht beeinträchtigt; sie zeugt von der Idylle des höfischen Landlebens.

Von Lapalisse bis Dompierre-sur-Besbre, kurz vor der Mündung der Besbre in die Loire, erstreckt sich das unglaublich liebliche **Vallée de la Besbre.** Die landwirtschaftlich genutzten Hügel, durch die sich die Besbre in endlosen freien Flussmäandern zieht, sind von zahlreichen **Hecken (Bocage)** unterteilt. Diese Hecken gaben der Landschaft ihren Namen. Die Bocage Bourbonnais schützt nicht nur die Felder vor dem Wind, sondern die Hecken bieten vielen Wiesenbewohnern eine Heimat.

Sie sind kleine **Biotope** für Insekten, Vögel und Reptilien. Der Fluss selbst ist **fischreich.** Hier tummeln sich Karpfen, Forellen, Schleie, Hechte, Rotaugen und Weißfische, was natürlich entsprechend viele Angler anzieht. Erstaunlicherweise sieht man entlang des Flusslaufes viele kleine Schlösser, die sich heute in Privatbesitz befinden – nur wenige davon sind zu besichtigen.

Geschichte

Das **Schloss Lapalisse** hat eine sehr beständige Geschichte, die nicht durch die Dramen von Abbruch, Wiederaufbau und Feuersbrünsten gekennzeichnet ist. Entsprechend intakt ist die gesamte Anlage, und die gesammelten **Kunstschätze** der Schlossherren sind ebenfalls an Ort und Stelle zu besichtigen. Errichtet wurde das Schloss im 12. Jh., der mittlere Teil stammt allerdings aus dem 16. Jh., erbaut im Auftrag des Lehnsherren *Jacques II. de Chabannes.* In einer Schlacht bei Pavia wurde er gefangen genommen und aufgrund von Lösegeldstreitigkeiten erschossen. Bei seinem Tod dichteten die Soldaten ein Lied für ihren tapferen und beliebten Feldherrn: „Der Herr von La Palice ist tot, gefallen vor Pavia. Leider! Denn wäre er nicht tot, so hätte er noch viele Neider". Doch der letzte Satz misslang und machte aus dem Loblied eine Banalität: „Denn wäre er nicht tot, so wäre er noch am Leben" (im französischen Original statt „ferait" „serait"). Das Andenken des edlen Feldherrn wurde damit unfreiwillig der Lächerlichkeit preisgegeben. Diese so genannte **„Lapalissade"** ging als feststehender Begriff für eine Binsenweisheit in den französischen Sprachgebrauch ein.

Sehenswertes

Der Großteil des Schlosses stammt aus dem beginnenden 16. Jh. und wurde hauptsächlich von **florentinischen Handwerkern** erbaut. Sie sollten nach den Wünschen des damaligen Herrn, *Jacques II. de Chabannes,* das Schloss im Stil der Frührenaissance errichten. Die Innenfassaden der Anlage zieren geometrische Muster aus verschiedenfarbigen Backsteinen, Rankenornamenten sowie Verankerungen aus hellem Sandstein. Aus der Gesamtkomposition der Innenarchitektur sticht der **Goldene Salon** heraus. Seine gut erhaltene vergoldete Kassettendecke bildet gleichsam die Krone für zwei wundervolle farbenprächtige Wandteppiche aus den flämischen Manufakturen des 15. Jh.

- **Geführte Touren** täglich von April bis Okt. von 9.00–12.00 und 14.00–18.00 Uhr, 5 €. Tel. 0470993758.

Information

- **Office du Tourisme**
3, Rue du Président Roosevelt, 03120 Lapalisse, Tel. 047099 0839. Internet: www.lapalisse.auvegne.net oder www.cc-paysdelapalisse.fr.

Unterkunft

- **Hôtel Galland**€€€
20, Place de la République, Tel. 0470904155. Wer sich nach dem exquisiten Essen im Restaurant (s.u.) direkt zur Ruhe begeben will, hat in diesem stilvoll eingerichteten kleinen

Hotel mit nur acht Zimmern eine gute Gelegenheit. Allerdings sind die Zimmer an den Wochenenden oft ausgebucht, wenn sich die Gourmets ein Stelldichein geben.

- **Hôtel du Bourbonnais**€€

Place du 14 Juillet, Tel. 0470992923. Das traditionsreiche Haus in der Oberstadt schräg gegenüber dem Rathaus ist sicherlich eine gute Adresse. Das Gebäude aus dem 19. Jh. verbreitet auch in den Zimmern eine wohlige Atmosphäre.

- **La Truite Gourmande**€

In einer ruhigen Seitenstraße der Rue du Président Roosevelt gelegenes sehr einfaches Haus mit acht Zimmern.

Camping

- **Camping Municipal**

Route Roanne – Lyon an der N 7. Der gemütliche Campingplatz mit 66 Stellplätzen liegt in unmittelbarer Nähe von Schloss, Stadtgarten und Besbre. Vor allem Anhänger des Angelsports sichern sich an den Wochenenden gerne einen Platz. Geöffnet von Mai bis zum 15. Sept.

Essen und Trinken

- **Hôtel Galland**

20, Place de la République. DIE Adresse für gutes Essen am Ort. Das Restaurant ist vielfach ausgezeichnet und gehört zu den Bottin Gourmand. Trotzdem sind die Menüpreise gemessen an der Klasse des Hauses durchaus erschwinglich. Ein Drei-Gänge-Menü ist bereits für 22 € erhältlich – nach oben hin kann es einem bei den Preisen natürlich schwindlig werden ... Spezialitäten des Hauses und der Region ist Fisch wie Dorade oder Langusten. Am Montag bleibt die Küche kalt.

- **Restaurant Bourbonnais**

In rustikal-gemütlicher Atmosphäre gibt es hier das Menü bereits ab 15 €. Draußen stehen ein paar Tische, wo man vorab schon mal einen Aperitif oder einen Café schlürfen kann.

- **La Truite Gourmande**

Einfaches Hotel mit entsprechend einfacher Küche, an der aber durchaus nichts auszusetzen ist. Vor allem hat das Restaurant viele Tische zum Draußensitzen und -speisen.

- Für einen schnellen Imbiss gibt es zahlreiche **Snack Bars,** die belegte Baguettes anbieten, und **Pizzerien** in der Unterstadt.

Markt

- Donnerstags findet parallel zur Hauptstraße, der Rue du Président Roosevelt, am Marktplatz ein bunter **Regionalmarkt** mit den typischen Obst-, Gemüse-, Käse- und Wurstständen, aber auch mit Haushalts- und Eisenwaren statt.

Einkaufen

In der Unterstadt an der Besbre befinden sich die beiden **Hauptgeschäftsstraßen** der Stadt. Hier werden Dienstleistungen und alle Dinge für den täglichen Bedarf angeboten. Am Stadtrand haben sich die für Frankreich so typischen **Großsupermärkte** einen Platz erobert.

Sport und Aktivitäten

- Es gibt zahlreiche Möglichkeiten, die Gegend mit **Pferden** zu erkunden. Im Fremdenverkehrsamt sind alle notwenigen Infos auch für kleine Wanderungen rund um Lapallisse und im Vallée de la Besbre erhältlich.
- Am nahe gelegenen Flughafen können **Tandem-Fallschirmsprünge** oder **Rundflüge** gebucht werden. Information ebenfalls im Office du Tourisme oder am Fluggelände direkt an der N 7 kurz nach Lapalisse in Richtung Moulins.

Rund um Lapalisse

Château de Thoury

Ursprünglich war das heutige Schloss eine Burg aus dem 11. Jh. Die klassischen **Stilelemente einer Burg** sind erhalten geblieben: Eine Brücke führt über den Burggraben zu dem mit zwei

Pechnasen bewehrten Tor, das von zwei spitzen Türmen eingerahmt wird. Besichtig werden können der Innenhof, der Park, ein Teil der Innenräume und der Folterkeller.

● **Anreise:** Entlang der D 53 kurz vor St-Pourçain-sur-Besbre, ca. 40 Minuten von Lapalisse entfernt.
● **Besichtigungen** von April bis Okt. von 10.00–12.00 und 14.00–19.00 Uhr, 4,70 €. Tel. 0470420041.

Parc d'Attractions et Animalier Le Pal

Der **Tier- und Freizeitpark** ist auf einem 25 ha großen Waldgelände angelegt. Im Tierpark können fast 500 große und kleine Tiere wie Elefanten, Löwen, Giraffen, Affen, Papageien oder Raubvögel in „freier Wildbahn" beobachtet werden. Der Freizeitpark besitzt die typischen Attraktionen wie Achterbahn, Wasserbahn, Rafting und viele weitere Fahrgeschäfte.

● **Anfahrt:** Vom Château de Thoury weiter der D 53 folgend gleich bei St-Pourçain-sur-Besbre.

Vichy

⇗ VII, C1

Vichy ist gewiss die einzige Stadt der Auvergne, die **über die Grenzen Frankreichs bekannt** ist. Sie ist der französische Thermalkurort der Vergangenheit und der Gegenwart. Diesen Ruhm verdankt Vichy dem Vulkanismus. An den Bruchkanten der Limagne treten sehr viele warme und kalte **Mineral- und Heilquellen** an die Oberfläche – immer noch eine Folge der einstigen vulkanischen Aktivität des größten Vulkangebietes Europas. Das Wasser Vichys ist zusammen mit dem Tafelwasser aus Volvic das berühmteste in Frankreich.

Die Stadt kann sich wirklich sehen lassen: Idyllisch direkt am Ufer des Allier gelegen, bietet **Vieux-Vichy,** das alte Vichy, alles, was man von einem berühmten **Kur- und Erholungsort** erwartet: weitläufige Parkanlagen, Promenaden, schöne und exquisite Boutiquen, Offerten rund um Schönheit und Wellness sowie ein beachtliches Sport- und Kulturangebot – und das alles im Flair des Fin de Siècle.

Geschichte

Schon die **Römer** kannten die wohltuende Wirkung der Quellen rund um Vichy und gründeten dort ihr Thermalbad **Vicu Calidus.** So entwickelte sich Vichy in den ersten zwei Jahrhunderten unserer Zeitrechnung zu einem wirtschaftlichen Zentrum und Thermalkurort. Wiederentdeckt wurden die Jungbrunnen im 17. Jh., jedoch erst im 19. Jh. wurden die Thermen im Zuge des beginnenden Tourismus salonfähig hergerichtet und aufgebaut. Wohlhabende Aristrokraten zog es aus den Städten und Palästen in die Sommerfrische des Landes oder an die Meeresküsten.

Zu einem ersten großen Ruhm verhalf die Schriftstellerin **Madame Sévigné** dem Kurort. Sie hielt sich 1676 und 1677 aufgrund einer schweren Lähmung ihrer Hände in Vichy auf. Geheilt verließ sie den Ort und schrieb Lobeshymnen auf die nahezu wundertätige Wirkung des Wassers von Vichy. Spätestens nachdem *Napoleons* Mutter, **Laëtitia Bonaparte,** 1799 in Vichy kurte, fuhr jedermann, der etwas auf sich hielt, im Sommer in den Ort. Der große kleine Kaiser selbst war 1810 der Stifter des Parc des Sources (Quellenpark). Der Grundstein für das Centre Thermal des Dômes (Kurhaus) wurde erst 1821 gelegt. Fortan blieb der gute Ruf Vichys ungebrochen, auch wenn der Adel sein „Kurprivileg" einbüßte und sich die Quellen mit bürgerlichem Publikum teilen musste.

auv_A4 Foto: bf

In der **Belle Epoque** kommt es in Vichy zu einem zweiten Bauboom: 1903 werden die Oper, die Quellenhalle (Halle des Sources) und das große Kurmittelhaus eingeweiht. Der Quellenpark wird von einer 700 m langen überdachten Galerie aus Schmiedeeisen umgeben. Die prunkvollen Stadthäuser unterschiedlicher Baustile entstehen in der ersten Hälfte des 20. Jh. In Vieux-Vichy hat sich seither wenig verändert: Die Fassaden im Zuckerbäckerstil, die großen Hotels und Villen prägen das Stadtbild.

Doch der Name Vichy steht auch für eine sehr unrühmliche Periode in der französischen Geschichte. Im Zweiten Weltkrieg war Vichy von **1940–1944** Sitz der **Regierung unter Pétain** im so genannten „freien" Teil Frankreichs (siehe Exkurs auf der rechten Seite).

Sehenswertes

Parc des Sources

Der **Quellenpark** stammt aus dem Jahr 1810 und wurde auf Anordnung *Napoléons* angelegt. Die für die Weltausstellung 1889 in Paris gebaute **überdachte Galerie** aus der Werkstatt des

Das Vichy-Regime – ein dunkles Kapitel französischer Geschichte

Die Kriegsereignisse im Zweiten Weltkrieg überschlugen sich in Frankreich, als am 4. Juni 1940 Paris von deutschen Truppen besetzt wurde. Bereits am 18. Juni richtete General *de Gaulle* von London aus die Widerstandsregierung, die Résistance, ein. Von der englischen Hauptstadt aus leitete und lenkte er die Widerstandsbewegung im besetzten Frankreich. Die französische Regierung konnte nicht länger in Paris bleiben und zog sich unter der Leitung des Feldmarschalls *Pétain* zunächst nach Bordeaux zurück. Nach dem Waffenstillstandsabkommen mit den Achsenmächten musste sie allerdings die Stadt wieder verlassen – das neue Regime, das den nicht besetzten Teil Frankreichs verwalten sollte, benötigte eine neue Hauptstadt. Die Wahl fiel auf Vichy. Die Gründe hierfür lagen gewiss in der Infrastruktur des Ortes, den zahlreichen und hervorragenden Hotels, der guten Eisenbahnverbindung nach Paris sowie dem ausgezeichneten Telefonnetz.

Am 10. Juli 1940 verkündeten die amtierenden Abgeordneten im Opernsaal das Ende der Dritten Republik. An ihre Stelle trat jetzt die Übergangsregierung unter der Führung *Pétains*. Die verschiedenen Regierungsministerien logierten in den namhaften Hotels der Stadt, das Erziehungsministerium im Spielkasino. Die ausländischen Botschaften wurden im Hotel Les Ambassadeurs untergebracht.

Das „freie" Vichy-Regime trat die demokratischen Grundrechte mit Füßen und kollaborierte mit den Nazis. Vichy wurde das Zentrum eines Überwachungsstaates, in dem Angst, Schrecken und Willkür die Bevölkerung lähmten und die Polizei das Straßenbild beherrschte. Erst die Befreiung Frankreichs durch die alliierten Truppen führten zum Sturz des Regimes am 20. August 1944. Sechs Tage später wurde auch der „freie" Teil Frankreichs wirklich befreit, als die aus der Résistance hervorgegangenen Truppen der Front Français d'Interieur (FFI) von der jubelnden Bevölkerung in Vichy willkommen geheißen wurden.

berühmten Kunstschmiedes *Emil Robert* wurde im Jahr 1900 im Parc des Sources wieder aufgebaut. Besonders schön ist das Distelfries, das die Galerie unter der Bedachung rundherum schmückt. Heute ist der Park mit den alten Platanen und Kastanien der Mittelpunkt des Kurbetriebes.

Halle des Sources

Schon bei Betreten der **Quellenhalle** riecht es gesund. Die Halle des Sources ist ein schönes Beispiel für die Leichtigkeit und Transparenz der **Stahl-Glas-Architektur** des ausgehenden 19. Jh. Entworfen wurde die Halle vom Architekten *Charles Lecoeor,* realisiert durch *Emil Robert.* Zu dieser Trinkhalle wurden die **wichtigsten Heilquellen** geleitet: Grand Grille, Chomel, Lucas, Parc, Célestins, Hôpital (s.u.).

• **Öffnungszeiten:** Mo bis Sa von 6.15–20.30 Uhr und So sowie feiertags von 7.45–20.30 Uhr. Der Eintritt ist frei, nur wer zur „Tränke" der heilenden Quellen möchte, bezahlt 1,50 €.

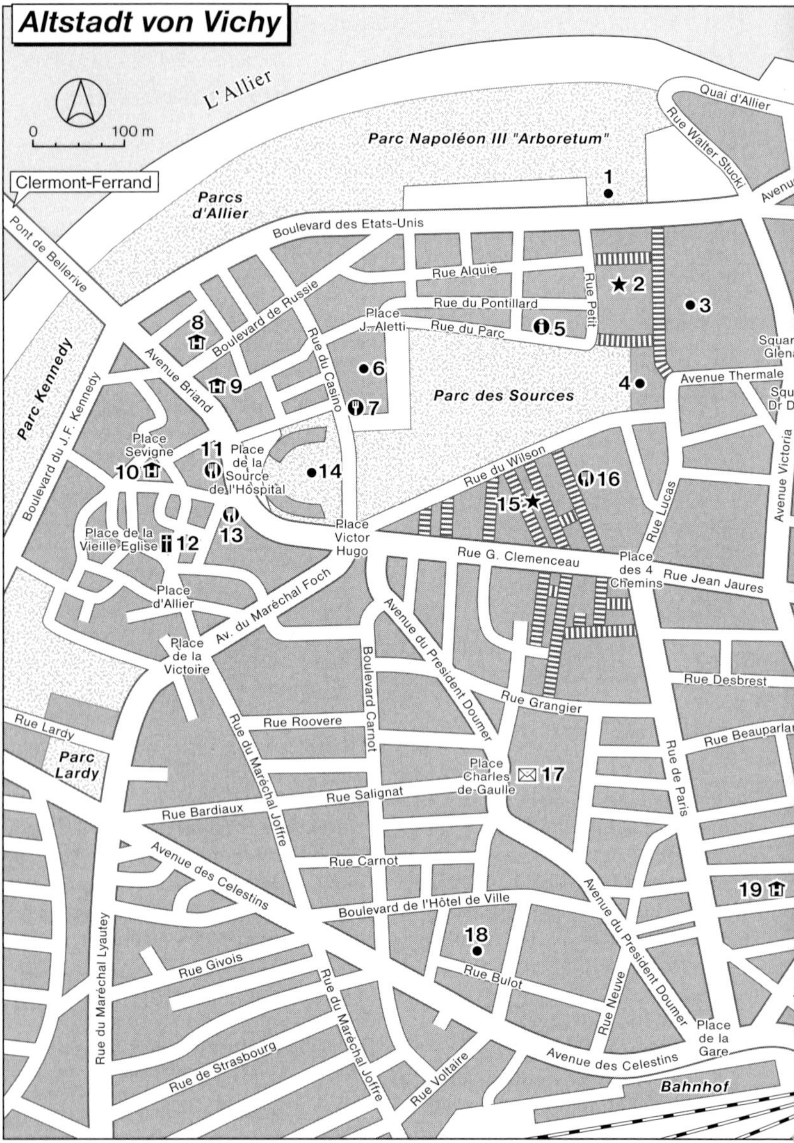
Altstadt von Vichy
L'Allier
0
100 m
Clermont-Ferrand
Parc Napoléon III "Arboretum"
Quai d'Allier
Rue Walter Stucki
Parcs d'Allier
Pont de Bellerive
Boulevard des Etats-Unis
Rue Alquie
Rue du Pontillard
Place J. Aletti
Rue du Parc
Rue Petit
Boulevard de Russie
Rue du Casino
Avenue Briand
Parc Kennedy
Boulevard du J.F. Kennedy
Parc des Sources
Avenue Thermale
Square Glena
Place Sevigne
Place de la Source de l'Hospital
Rue du Wilson
Rue Lucas
Avenue Victoria
Place de la Vieille Eglise
Place Victor Hugo
Rue G. Clemenceau
Place des 4 Chemins
Rue Jean Jaures
Place d'Allier
Av. du Maréchal Foch
Avenue du President Doumer
Boulevard Carnot
Place de la Victoire
Rue Desbrest
Rue Grangier
Rue Lardy
Parc Lardy
Rue Roovere
Rue du Maréchal Joffre
Rue Beauparlar
Rue de Paris
Place Charles de Gaulle
Rue Salignat
Rue Bardiaux
Rue Carnot
Avenue des Celestins
Boulevard de l'Hôtel de Ville
Rue du Maréchal Lyautey
Rue Givois
Rue Bulot
Rue Neuve
Place de la Gare
Rue de Strasbourg
Rue Voltaire
Bahnhof
1
2
3
4
5
6
7
8
9
10
11
12
13
14
15
16
17
18
19

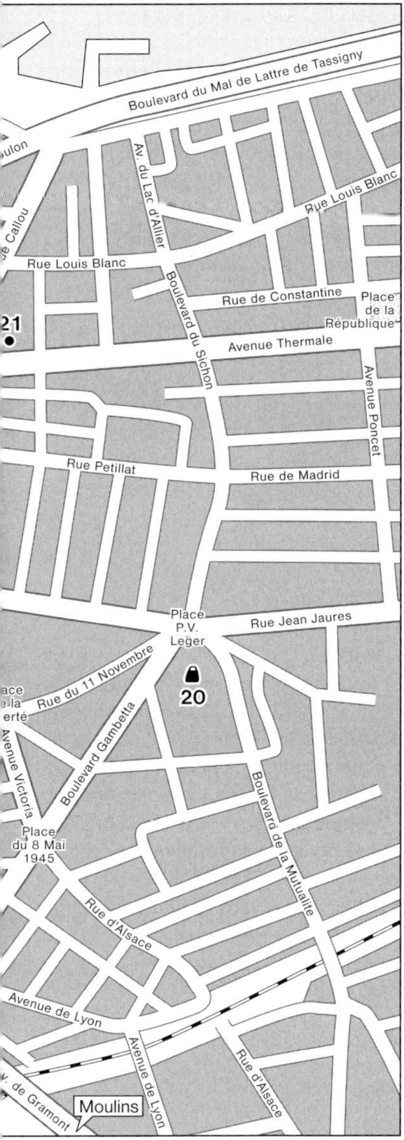

- ● 1 Centre Thermal les Celestines (Kurzentrum)
- ★ 2 Galerie Napoleon
- ● 3 Centre Thermal des Dômes (Kurhaus)
- ● 4 Halle des Sources (Quellenhalle)
- 5 Office du Tourisme
- ● 6 Palais des Congres Opera (Opern- und Kongresshalle)
- 7 Brasserie du Casino
- 8 Hôtel de Loudres
- 9 Hôtel Castel Louis
- 10 Hôtel de Grignan
- 11 Restaurant l'Escale
- 12 Église St-Blaise
- 13 Restaurant le Petit Bouchon
- ● 14 Centre Culturel (Kulturzentrum)
- ★ 15 Jardin d'Eden
- 16 Créperie du Petit Bonheur
- ✉ 17 Poste
- ● 18 Hôtel de Ville (Rathaus)
- 19 Hôtel du Cygne
- 20 Marché Calcert (Markthalle)
- ● 21 Thermes Callon

Die Thermalquellen

Insgesamt **sechs Thermalquellen** sprudeln aus den Tiefen des vulkanischen Gesteins. Es sind drei heiße und drei kalte Quellen, die ihre Wirksamkeit vor allem bei Krankheiten des Stoffwechsels und der Verdauung sowie bei rheumatischen Erkrankungen unter Beweis stellen. Die Quellen werden seit 1853 von einer staatlichen Gesellschaft gefördert und genutzt, das Quellwasser wird in Flaschen abgefüllt und weltweit versandt.

Heiße Quellen (Sources Chaudes):

- **Hôpital/34°C,** reich an Karbonsäure, wird generell bei Verdauungsproblemen und Koliken eingesetzt.
- **Grande Grille/40°C,** aus bis zu 1200 m Tiefe, ist die am stärksten wirksame Quelle, die nur unter ärztlicher Aufsicht längere Zeit getrunken werden sollte.
- **Chomel/43°C,** wird von den Kurgästen am häufigsten getrunken und auch von sehr sensiblen Patienten gut vertragen. Die Quelle hat eine gute ausgleichende Wirkung bei nahezu allen Störungen.

Kalte Quellen (Sources Froides):

- **Célestins/22°C,** hat den geringsten Mineralstoffanteil der Quellen Vichys.
- **Parc/23°C,** ist sehr reich an Kalzium und Magnesium und wird als leichtes Abführmittel benutzt.
- **Lucas/27°C,** besitzt den absolut stärksten Mineralstoffgehalt der Heilwässerchen und wird vor allem bei allergischen Erkrankungen eingesetzt.

Palais des Congres Opera

In die unter Denkmalschutz stehende **Opern- und Kongresshalle** wurde noch zusätzlich ein Kongresszentrum integriert. Die Oper im Stil der Belle Epoque mit Blumendekorationen, Masken und Leiern auf goldenem und elfenbeinfarbenem Hintergrund ist ebenfalls das Werk von *Charles Lecoeor.* Erst im Jahre 1995 wurden die Jugendstil-Salons renoviert und eine Reihe moderner Sitzungsräume geschaffen.

Hier befindet sich auch das erste **Casino** Vichys, das 1865 eingeweiht wurde. Es ist ein Gebäude in **eklektischem Stil,** ein Kunststil oder auch künstlicher Stil, der (vergangene) Stile nachahmt bzw. sie mischt. Die Hauptfassade zeigt die Skulpturen der vier Jahreszeiten des Bildhauers *Carrier Belleuze.*

Centre Thermal des Dômes

Das **erste Kurhaus Vichys** wurde wiederum von *Charles Lecoeor* verwirklicht. Diesmal griff er in die architektonische Kiste der **arabisch-maurischen Stilelemente.** Die großen Rundkuppeln in der Mitte und an den Seiten des Langbaus sind mit Goldemailplättchen verkleidet. In der mondänen Eingangshalle führen zwei geschwungene Treppen auf die Balustrade, unten plätschert ein kleiner Springbrunnen, die Wände zieren in Blautönen gehaltene Freskenmalereien mit nackten Badenixen des Malers *Osbert.*

- **Öffnungszeiten:** Mo bis Fr 8.00–12.00 sowie 14.30–18.00 Uhr, Sa 8.00–12.00 und 15.00–18.00 Uhr. Ein Besuch des Kurhauses mit entsprechenden Anwendungen ist nur nach **Voranmeldung** möglich, lediglich die

Freskenmalerei im Centre Thermal

Sauna kann jederzeit für 10 € pro Stunde in Anspruch genommen werden.

Parcs d'Allier

Der 20 ha große Park auf dem eingedeichten Gelände am Allier-Ufer wurde 1861 auf Veranlassung des Kaisers *Napoléon III.* angelegt. Im Stile der **englischen Gärten** sind einheimische sowie exotische Baum-, Strauch- und Blumenbestände angepflanzt: verschiedene Akazien, Tulpen- und Ahornbäume, Kastanien, Gledichias, Platanen, Silberlinden, Maulbeerbäume, Tamarinden, Magnolien, Lärchen und Rosenhecken.

Information

- **Office du Tourisme**

19, Rue du Parc, BP 2418, 03204 Vichy Cedex, Tel. 0470987194, und im Internet unter www.ville-vichy.fr oder www.vichytourisme.com. Öffnungszeiten: April bis Sept. 9.00–12.30 und 13.30–19.00 Uhr (im Juli und August durchgehend geöffnet bis 19.30 Uhr). Sonn- und feiertags von 9.30–12.30 und 15.00–19.00 Uhr, von Okt. bis März Mo bis Fr 9.00–12.00 und 14.00–18.30 Uhr sowie Sa von 9.00–12.00 und 14.00–18.30 Uhr und So von 14.30–17.30 Uhr.

Unterkunft

Natürlich hat Vichy für jeden Geldbeutel die passende Unterkunft, vor allem aber für die etwas dickeren. Die Auswahl ist jedoch in **allen Preiskategorien** sehr groß, und der Komfort stimmt.

● **Hôtel de Grignan**€€€€
7, Place Sévigne, Tel. 0470320811. Ein sehr geschmackvolles Haus mit 110 Zimmern in äußerst ruhiger Lage nur 3 Minuten vom Allier-Ufer und vom Park entfernt. Wenn man sich mal etwas gönnen möchte ...

● **Hôtel de Londres**€€€
7, Boulevard de Russie, Tel. 0470982827. Das familiäre Haus mit bepflanztem Innenhof liegt sehr zentral zwischen dem Park am Allier und dem Quellenpark. Das charmante Hotel gehört zu den ältesten privat geführten Häusern in Vichy.

● **Hôtel Castel Louis**€€
11, Avenue Aristide Briand, Tel. 0470317230. Ein schönes Hotel in zentraler, wenn auch nicht gerade sehr ruhiger Lage zwischen Allier und Kurpark.

● **Hôtel du Cygne**€
4–6, Rue Dacher, Tel. 0470982103. Auf halbem Weg zwischen Bahnhof und Stadtzentrum ist das kleine und einfache Standardhotel mit 25 Zimmern zu finden.

Camping

Am linken Ufer des Allier in **Bellerive-sur-Allier** befinden sich **in unmittelbarer Stadtnähe** gleich fünf Campingplätze, die alle eine vergleichbare Ausstattung (Einkaufs-, Sport-, Spiel- und Waschmöglichkeiten) sowie schattige Stellplätze besitzen:

● **Camping Les Acaias**
Rue Claude Decloître, Tel. 0470323622. Rund 90 Plätze, 16 Caravans zu mieten. Geöffnet von April bis Mitte Okt.

● **Camping Les Acacias-Nouvelle Europe**
Rue Claude Decloître, Tel. 0470323622. Etwa 55 Plätze, 4 Caravans zu mieten. Geöffnet von Mitte Mai bis Mitte Sept.

● **Camping Beau Rivage** und **Camping La Croix St-Martin** sind vergleichbar mit dem modernen und sehr gut ausgestatteten Camping Les Acaias, während es sich bei **Camping Les Isles** um einen recht einfachen und günstigen Platz handelt.

auv_134 Foto: bf

Essen und Trinken

Die Auswahl an Restaurants und Brasserien ist unglaublich. Die Qualität der Menüs und auch der kleinen Snacks ist in der Regel sehr gut. Insgesamt ist das **Preisniveau** in Vichy **höher als in der übrigen Auvergne,** aber das wird wohl von einer renommierten Kurmetropole auch erwartet.

- **Restaurant l'Escale**
7, Place Source de l'Hôpital. Gleich neben dem Park befindet sich das kleine Restaurant mit heimeliger Atmosphäre. Ein Menü der regionalen Küche bekommt man ab 13 €. Spezialität des Hauses sind die *Moules Frites,* frittierte Miesmuscheln.
- Gleich nebenan ist das **Restaurant le Petit Bouchon.** Hier wird den Gästen das *Menue Terroir* ab 18 € aufgetischt. Die Speisekarte bietet allerdings auch eine reichhaltige Auswahl an Salaten oder Gemüsekuchen *(Tarte)* ab 8 €. Falls das Wetter wohlgesinnt ist, wird auch draußen unter den Arkaden serviert.
- **Brasserie du Casino**
4, Rue du Casino. Die stilvolle Brasserie mit großer Terrasse am südlichen Ende des Parc des Sources gehört zur gehobenen Kategorie. Man sitzt hier schön in der Sonne und kann in Ruhe einen guten Kaffee genießen (was in Frankreich häufig ein Problem darstellt – der Kaffee bei McDonald's ist in der Regel besser als in den Bars!). Mittwoch ist Ruhetag.
- **Créperie Au Petit Bonheur**
12, Rue Sornin. Nette Créperie und Saladerie zentrumsnah in einer Seitenstraße vom Parc des Sources. Crépes um 6 €, Salate für 7 €.
- **Jardin d'Eden**
15, Passage Amirauté. Ebenfalls im Shoppingdorado gleich neben dem Parc. Hier gibt es alles, was das Herz von Salatfans begehrt. Salate und weitere kleine Snacks wie belegte Baguette ab 7 €.

- Entlang der Brücke Pont de Bellerive am Parc Kennedy haben **schwimmende Restaurants** mittlerer Preislage ihren Anker ausgeworfen. Die Speisekarten sind vielfältig, die Atmosphäre nicht alltäglich. Menü ab 15 €.

Verkehrsverbindungen

- Vom **Gare S.N.C.F.** am Place de la Gare fahren täglich Direktzüge nach Paris, Lyon, Marseille, Nîmes, Béziers und Bordeaux.
- Der **Regionalflugplatz,** der Aeroport de Vichy-Charmeil, liegt wenige Kilometer in nördlicher Richtung bei **Charmeil,** Tel. 0470323409. Von Juni bis Sept. Linienflüge zwischen Vichy und Nizza.

Post

- **Place Charles de Gaulle,** geöffnet von 8.00–19.00, Sa von 8.00–12.00 Uhr. Die Post an sich ist eine „Sehenswürdigkeit", ein grandioses Beispiel geschmackloser Architektur. Im Stile der „Betongießer" der 1970er und 80er Jahre wurde das Gebäude der Oper nachgeahmt.

Markt

- Vor der großen **Markthalle** am Marché Couvert am Place de P. V. Léger findet jeden Mittwoch ein sehr schöner Gemüse-, Obst- und Blumenmarkt statt.

Einkaufen

Keine andere Stadt im gesamten Reisegebiet hat eine vergleichbare Auswahl an exquisiten Läden, Kunstgalerien, Kosmetikgeschäften oder Läden mit schönem und nutzlosem Schnickschnack. Im gesamten **Vieux-Vichy** kann man direkt von einem Laden in den nächsten fallen, ohne dabei die Straßenseite zu wechseln. Die schönen Fassaden, die malerischen Passagen und Auslagen der Einkaufsmeilen reihen sich an Oasen des Genusses: Kaffeehäuser, Brasserien und Restaurants bieten dem Kaufgestressten Erholung im Stile des Fin de Siècle.

● **Spezialität: Pastilles de Vichy,** die gesunden Süßigkeiten aus den Quellen Vichys sind in allen Konditoreien der Innenstadt oder direkt beim Hersteller in der Pastillerie erhältlich. Die Bonbons bestehen aus Mineralsalzen, das ist der gesunde Anteil, sowie Zucker und Geschmacksstoffen wie Zitrone, Minze oder Anis. Die **Pastillerie** in der Allée des Ailes hat werktags von 9.00–12.00 und 14.00–18.00 Uhr geöffnet. Es werden Führungen und Diavorführungen angeboten. Tel. 0470309479.

Sport und Aktivitäten

Vichy ist **bestens ausgestattet,** um die sportlichen Bedürfnisse seiner Gäste zu befriedigen. In der Stadt selbst, am Allier-Fluss und in der nahen Umgebung gibt es zahlreiche Sporteinrichtungen unter freiem Himmel oder unter einem Dach zusammengefasst im **Centre Omnisport,** der Mehrzweck-Sportanlage.

Wassersport

Auf dem **Plan d'Eau,** einem 120 ha großen **Stausee** am Allier, nur 5 Autominuten vom Stadtzentrum in nördlicher Richtung entfernt, können eine Vielzahl von Wassersportarten wie Segeln, Wasserski, Jetski, Kanu und Kajak, Rafting und natürlich Schwimmen ausgeübt werden.

● Kontakt: **Yachtclub,** Tel. 0470987355, und **Kanuclub,** Tel. 0470960662.

Reiten

Südlich von Vichy in **Le Vernet** offeriert ein **Reitstall** für Anfänger und Sattelfeste eine Vielzahl an Touren in das Bourbonnais sowie entlang des Sichon-Tals.

● Kontakt: **Centre Equestre de la Forge,** 03200 Le Vernet, Tel. 0470982476.

Tennis

● **Tennis Club Vichy**

Bellerive. Anlage mit neun Sandplätzen, drei Plätzen mit Kunststoffbelag und fünf Hallenplätzen. Auskunft unter Tel. 0470322520.

Multifunktionale Sportanlage

18 Tennisplätze im Freien sowie zwei in der Halle.

Mountainbiken

● **Club de VTT de Vichy**

Charmeil. Der Club bietet auch Gästen Exkursionen in das Bourbonnais oder in die Montagne Bourbonnaise an.

● Kontakt: Tel. 0470326868.

Golf

In der Umgebung von Vichy können **zwei 18-Loch-Plätze** bespielt werden.

● Der **Club Golf de Vichy** liegt direkt an den Ufern des Allier bei Bellerive. Auskünfte unter Tel. 0470323911.

● Eine weitere Anlage befindet sich im Wald von Montpensier etwa 8 km südwestlich von Vichy. Kontakt: **Domaine du Château de Rilhat,** 03700 Serbannes, Tel. 0470565927.

Rund um Vichy

Montagne Bourbonnaise

Rund 20 km von Vichy entfernt türmen sich im äußersten Südosten des Département Allier die Montagne Bourbonnaise. Geologisch betrachtet sind die Berge die Bruchkanten, an denen die große Ebene der Limagne eingesunken ist. Die ausgedehnten Misch- und Nadelwälder der Montagne Bourbonnaise sind ein **intakter Naturraum,** der sich mit seinen Schönheiten vor allem Wanderern erschließt. Der **Fernwanderweg GR 3** führt in Nord-Süd-Richtung durch die Gebirgsregion. Vor allem im Tal der Besbre rund um **Le Mayet-de-Montagne** gibt es zahlreiche kleine Wanderrundtouren für alle Ansprüche sowie **Angelplätze** und Möglichkeiten zu **klettern.**

- **Office du Tourisme de Le Mayet-de-Montagne**
Chalet Cantonal, 03250 Le Mayet-de-Montagne, Tel. 0470593840; Informationen auch im Office du Tourisme in Vichy.
- **Gîtes d'Étape St-Nicolas-des-Biefs**
Tel. 0470564673. Wanderunterkunft für über 40 Personen.
- **Camping Municipal Le Mayet-de-Montagne**
Chemin de Fumouse, Tel. 0470597052. An einem kleinen See gelegen, bietet der Campingplatz Raum für 50 Stellplätze. Spielplatz, Minigolfanlage und Tennisplätze stehen auf dem Gelände zur Verfügung.

Vallée de la Sioule

↗ **VI, A1**

Die **Sioule,** einer der **Hauptzuflüsse des Allier,** entspringt in den Monts Dôme und findet mal reißend, mal sanft dahinfließend den Weg durch das Gebirge in das Becken der Limagne. Der Fluss hat sich tief in den Kalkstein eingegraben, wodurch im Oberlauf das Gefälle immer stärker wurde und im Laufe der Zeit die tiefe Schlucht zwischen Châteauneuf-les-Bains und Ébreuil entstand. Im Unterlauf haben sich zahlreiche Inseln gebildet, die gern von **Kanu-** und **Kajakfahrern** angesteuert werden.

Sehenswertes

Château de Chouvigny

Hoch über der Gorges de Sioule thront diese Burg auf einem Felsen in strategisch günstiger Lage und mit malerischem Blick über das Tal. Die Burg wurde 1250 erbaut und kann besichtigt werden.

- **Öffnungszeiten:** Juli bis Aug. von 10.00–12.00 und 14.30–18.30 Uhr sowie Mai bis Juni und Sept. So und feiertags von 14.30–17.30 Uhr. Eintritt und Führung 5 €. Tel. 0470904495.

Sonstiges

Die Ruinen des im 13. Jh. erbauten **Château Rocher** bieten ebenfalls einen tollen Ausblick auf das Vallee de la Sioule. Vom Pont-de-Menat führt ein Wanderweg hoch zu den Ruinen.

Vor der Einfahrt zur Schlucht zwischen Pont-de-Menat und Chouvigny steht direkt an der Straße ein einzelner abgetrennter Felsen, der **Roc Armand.** Eine in den Felsen gehauene Treppe führt steil nach oben auf die Felsspitze. Von hier kann man auf der gegenüberliegenden Seite sehr gut die **Granitpyramiden** erkennen, Felsnadeln, die Erosionsprozesse aus dem Gestein herausgebildet haben.

Sport und Aktivitäten

- **Kanu- und Kajakfahrten** ab Pont-de-Menat oder Pont de St-Gal, 03450 Chouvigny, Tel. 0470909990. Gebühren inklusive Rückholung etwa 12 €.

Ébreuil

↗ VI, B1

Die verschlafene Ortschaft liegt am Ufer der Sioule, die ab Ébreuil durch ein breites Tal dem Allier entgegenströmt. Die **Schwemmlandflächen** längs des Flusses werden intensiv landwirtschaftlich genutzt.

Sehenswertes

Église St-Léger

Die Kirche wurde im 10. Jh. im Stil der Romanik errichtet und später im 13. Jh. nochmals im frühgotischen Stil umgebaut. Bemerkenswert sind der hölzerne Dachstuhl, der ebenfalls hölzerne, mit versilbertem Kupfer überzogene Schrein des Heiligen Leodegar hinter dem Hauptaltar aus dem 16. Jh. sowie die farbenfrohen Fresken aus dem 12. und 15. Jh.

Information

● **Office du Tourisme de Vallées de Sioule Bouble et de la Forêt des Colettes**
Mairie, 03450 Ébreuil, Tel. 0470907755 oder 0470907830, und im Internet unter www.ebreuil.auvergne.net.

Unterkunft

● **Hôtel du Commerce**€€
30, Rue des Fossés, Tel. 0470907266. Schönes Hotel im Ortszentrum – und auch das Einzige am Ort.

● **Gîte d'Étape**
Rue Malintrat, Tel. 0470907133. Einfache Wanderunterkunft am Fluss für 20 Personen.

Camping

● **Camping Les Nieres**
Tel. 0470907060. Der kleine Standard-Campingplatz an den Ufern der Sioule bietet 45 Plätze und 10 Plattformen für Caravans. Geöffnet von April bis Sept.

● **Camping de la Filature de la Sioule**
Île de Nières, Tel. 0470907201. Dieses Campinggelände verfügt über nahezu 100 Plätze mit Spielplatz, Minigolf, Bar und Einkaufsmöglichkeit. Geöffnet von April bis Sept.

Essen und Trinken

● **l'Albatros**
31, Route de Vicq, Tel. 0470907427. Auf den Tisch und die Terrasse kommen meist Gerichte der regionalen Küche, vor allem natürlich die hervorragenden Fische aus den Gewässern der Sioule. Menü um 13 €.

Sport und Aktivitäten

● Pferde können im **Cercle Hippique** du Val de Sioule bestiegen werden. Für Anfänger und Fortgeschrittene gibt es Kurse sowie Exkursionen durch das Vallée de Sioule. Kontakt: Tel. 0470907752 oder beim Office du Tourisme.

● **Kanu-** und **Kajakfahren, Canoë Nature Sioule & Bouble,** Tel. 0470907764. Der Club am Ufer der Sioule hat Stundentouren, Halbtagestouren und ganztägige Ausfahrten im Programm.

● **Tennis,** 2 Plätze. Bei der Bar „Chez Rey" nachfragen, Tel. 0470907025.

Wanderungen

Die Wandermöglichkeiten und ausgewiesenen Wandertouren sind mannigfaltig. Beim Office du Tourisme sind Beschreibungen der Touren erhältlich.

Weiße Montbéliard-Rinder – typisch für die nördliche Auvergne

Gannat

VI, B1

Der kleine freundliche Ort im Sioule-Tal ist still und beschaulich, bis – wie jeden Sommer seit nunmehr über zwanzig Jahren – **Tanz- und Musikgruppen** aus aller Herren Länder nach Gannat strömen. Für zehn Tage verwandeln sich die Straßen Gannats in eine Bühne der Kulturen und Gesichter der Welt.

Sehenswertes

Musée Municipal

Das **Stadtmuseeum** ist in Räumen untergebracht, die in der Zeit des Vichy-Regimes als Gefängniszellen dienten. Neben sakralen Kunstgegenständen ist vor allem die Abteilung mit Fotografien, Zeitungsartikeln und Relikten aus der Zeit der **Résistance** interessant.

• **Öffnungszeiten:** Juli bis Aug. werktags von 10.00–12.00 und 14.00–18.00 Uhr sowie So 14.00– 18.00 Uhr. Von Mai bis Juni und Sept. bis Okt. von 14.00–18.00 Uhr. Di geschlossen. Eintritt: 4,70 €. Tel. 0470900050.

Information

• **Office du Tourisme Pays de Gannat**
Place des Anciens-de-l'AFN, 03800 Gannat, Tel. 0470901778 und im Internet unter www.gannat.com und www.gannat.auvergne.net.

Unterkunft

• **Hôtel de l'Agriculture**€€
3, Place Rantian, Tel. 0470900017. Das familiäre Hotel mit 22 Zimmern liegt im Ortskern in ruhiger Lage.

auv_145 Foto: bf

Festival

- **Les Cultures du Monde,** wird in der 3. und 4. Juliwoche von der Union d'Association Folklore et Culture veranstaltet. Informationen unter Tel. 0470908030 oder beim Office du Tourisme.

auv_146 Foto: bf

St-Pourçain-sur-Sioule

⇗ III, D3

St-Pourçain ist ein lebhafter Marktflecken im Sioule-Tal, nur wenige Kilometer bevor sich das Flüsschen mit dem Allier vereinigt. Von hier kommen die **bekanntesten Weine der Auvergne.** Glaubt man den Geschichtsschreibern, so wurden hier bereits in vorchristlicher Zeit Reben angebaut. Doch die Konkurrenz aus dem Languedoc sowie eine verheerende Reblausepidemie bedeuteten das Ende für die meisten Winzer. Nur noch wenige Weingärten, auf denen sehr geschätzte Weine gedeihen, sind übrig geblieben.

Sehenswertes

Musée de la Vigne et du Terroir

Im **Weinbaumuseum** wird anhand historischer Gerätschaften, wie einer riesigen Kelter oder einem großen vierkolbigen Destillierapparat, die Geschichte des Weinbaus der Gegend sehr anschaulich dargestellt. Sprachinteressierten sei die Abteilung zu den Sprachen des **Langue d'Oc** und des **Langue d'Oïl** empfohlen. Einst verlief

Eingang zum Vallée de la Sioule

die Sprachengrenze durch das Gebiet von St-Pourçain; auch deshalb wird St-Pourçain das „Tor zum Süden" genannt.

Cave Coopérative de St- Pourçain

Die **Weinkooperative** der lokalen Winzer öffnet ihre Weinkeller zur Besichtigung und natürlich auch die Flaschen zur Degustation.

- **Öffnungszeiten:** Mo bis Sa im Juli und Aug. von 8.00–12.30 und 13.30–18.30 Uhr. Tel. 0470454282.

Église St-Croix

Die **Abteikirche des Benediktinerordens** entstand in stolzen 400 Jahren Bauzeit in mehreren Abschnitten. Der später angefügte Chor aus dem 11. Jh. befindet sich interessanterweise nicht in der Mittelachse des Hauptschiffes. Die **bizarren Schnitzereien** des Chorgestühls lohnen einen genaueren Blick: Gruselige bis fast belustigende Fratzen und Fabelwesen zieren den gesamten Chor.

Information

- **Office du Tourisme de Pays de St-Pourçain-sur-Sioule**
Tel. 0470453273.

Unterkunft

- **Hôtel Le Chene Vert**€€€
35, Boulevard Ledru-Rollin, Tel. 0470477700. Das traditionsreiche Hotel ist in einem umgebauten Postgebäude im Ortskern untergebracht. Das schöne, geschmackvoll eingerichtete Haus gehört der Qualitätskette der Logis de France an.

- **Hôtel de Globe**€€
9, Rue Marcellin Berthelot, Tel. 0470453042. Im Zentrum und trotzdem ruhig gelegen, ist das Haus mit 14 Zimmern ein Hotel mit gutem Standard.

Camping

Die beiden Campingplätze am Ort liegen sehr ruhig am Ufer der Sioule.

- **Camping de l'Île de la Ronde**
Île de la Ronde, Tel. 047044454543. 50 Plätze. Geöffnet von Juni bis Aug.
- **Camping de la Moutte**
Stade de la Moutte, Tel. 0470459194. 35 Stellplätze nur 500 m vom Ortskern entfernt. Geöffnet von Mitte Mai bis Sept.

Rund um St-Pourçain-sur-Sioule

Charroux

Der kleine Marktflecken liegt nur wenige Kilometer von Ebreuil entfernt in nördlicher Richtung oberhalb der Sioule. Charroux ist ein gut erhaltenes Beispiel für ein **mittelalterliches Wehrdorf** mit seinen engen Gassen, der Zitadelle und dem Eingangstor. Die Ortschaft gehört zu den **schönsten Dörfern Frankreichs.**

Parc Naturel Régional du Livradois-Forez

Der Name des regionalen Naturparks kommt von den beiden vom Tal der Dore getrennten Bergmassiven, dem Livradois und dem Forez. Die Hügel und Wälder gehen von West nach Ost allmählich in hohe, vom Wind umstürmte Gipfel über. Es ist eine verwunschene Gegend, in der **Legenden** und **Traditionen,** wie sie zum Beispiel von *Herni Pourrat* in seinem Roman „Gaspard" beschrieben werden, tief verwurzelt sind. Ein Schild auf einer kleinen Straße von Lyon klärt den Reisenden sehr treffend darüber auf, dass man sich ab hier in einer besonderen Region, gleich einer Insel inmitten Frankreichs, befindet: „Hier endet Frankreich, und es beginnt die Auvergne".

Die Region des Livradois-Forez ist **eines der einsamsten Gebiete der Auvergne.** Der geologische Untergrund alter kristalliner Gesteine ermöglicht nur eine spärliche Bodenbildung in den Hochlagen und die Ausbildung eher schwieriger und ärmerer Böden in den mittleren Lagen. Die Bauern des Livradois-Forez haben sich schon seit jeher ihr Brot hart von der Natur abgerungen. Das Vieh musste von Weide zu Weide, von Alm zu Alm getrieben werden. Die **„Jasseries",** das sind eigens zur Käseherstellung benutzte kleine Steinhäuser auf den Sommerweiden, zeugen noch heute von dem einstigen Hirtenleben. So ist es keineswegs verwunderlich, dass sich neben einer bescheidenen Viehzucht und Milchwirtschaft vor allem das **Handwerk** durchsetzen konnte. Die bewaldeten Berge der Monts Forez und viele Wildwasser, die am westlichen Abhang fließen, bildeten die natürliche Grundlage für Korbflechterei, Bienenzucht, Holzschnitzerei, Köhlerei, Messerschmieden, Rosenkranzknüpferei und Töpferei. Entlang der **Route des Métiers,** der **„Straße des Handwerks",** die durch den Ostteil des Livradois-Forez verläuft, kann man alle traditionellen Berufe dieser Region noch erleben und besichtigen.

Die **Monts Forez,** die in Pierre-sur-Haute eine stattliche Höhe von 1634 m erreichen, sind die südliche Fortsetzung der Montagne Bourbonnaise. Die westliche Begrenzung der Monts Forez ist das kleine Flüsschen **Dore,** das sich ein tiefes und breites Tal geschaffen hat. Im Vallée de la Dore liegen die für Handel und Transport wichtigen Marktflecken, wie Ambert. Das lockere Relief der **Monts de Livradois,** deren höchster Gipfel der **Signal de Mons** mit 1210 m ist, erhebt sich in Nord-Süd-Richtung zwischen dem Tal der Dore und dem Allier-Tal. Im Süden trennt das **Plateau de la Chaise-Dieu** den Parc Naturel Régional du Livradois-Forez gegenüber der vulkanisch überformten Region des Velay ab. Das Plateau de la Chaise-Dieu ist geologisch betrachtet eine Rumpffläche mit einem sanft welligen Relief. Die einstigen Gipfel wurden durch die Kräfte der Erosion so weit abgetragen und die Ebenen mit dem anfallenden Material aufgefüllt, dass heute lediglich der Sockel des Gebirges sichtbar ist.

Der **Parc Naturel Régional du Livradois-Forez** ist fest in der Hand von Wanderern, Mountainbikern, Anglern sowie von Drachen- und Gleitschirmfliegern. Dutzende verschiedener Wanderrouten führen auf kleinen Rundtouren oder auf mehrtägigen, zum Teil recht anstrengenden und anspruchsvollen Wegen durch die größtenteils bewaldete Gegend. Auch wenn die Monts du Livradois-Forez von den Einwohnern liebevoll die „Berge der aufgehenden Sonne" genannt werden, können sie ihr wildes und schwer zugängliches Gesicht keinesfalls verbergen.

Thiers

⇗ VII, C2

Zunächst etwas merkwürdig erscheint die Lage von Thiers, dem **Zentrum der Messerschmiedekunst** – warum nur quetschen sich die Häuser eng an eng an den steilen Hang zu Füßen des Flüsschens Durolle und der weiten Ebene der Limagne, wenn ein paar Meter weiter unten ausreichend Platz ist? Die Antwort ist einfach: Im 14. Jh. ließen sich in Thiers Messerschmiede nieder, die das steile Gefälle der Durolle für ihre Mühlen nutzten. Das Gewerbe blühte sehr schnell auf, und Thiers wuchs auf engstem Raum zu einer pulsierenden Handelsmetropole. Allein auf einer Strecke von 3 km befinden sich 140 **Wasserfälle,** und überall in der Umgebung stolpert man über die Reste einstiger **Mühlen.** Kein Wunder, dass Thiers bis heute der Inbegriff für Messer und Scheren ist. Bereits Ende des 18. Jh. lebten zwei Drittel der 15.000 Einwohner vom Schmiedehandwerk, und noch heute finden in **300 kleinen Messerschmieden** über 5000 Menschen Arbeit.

In der gesamten Stadt, vor allem natürlich in der Altstadt, wimmelt es von

Schildern mit der Aufschrift „Coutellerie“ (Messerschmiede). In den Auslagen der Geschäfte stapeln sich die heimischen Produkte, aber auch Messer aus Laguiole, der Konkurrenzstadt in Sachen Schmiedekunst in der südlichen Auvergne. Thiers bietet nicht nur kunsthandwerklich interessierten Besuchern etwas. Wer Gefallen an engen, verwinkelten **mittelalterlichen Gassen,** kunstvollen **Fachwerkhäusern** und an einem grandiosen Blick über die Ebene auf die imposante Chaîne des Puys, die Kette der Vulkangipfel (auch Monts Dôme genannt), hat, findet bestimmt auch Gefallen an einem Aufenthalt in Thiers.

Geschichte

Die Anfänge von Thiers gehen auf eine Siedlung rund um die **Église du Moutier** am linken Ufer der Durolle zurück, die im Jahre 532 von den Franken geplündert und zerstört wurde. Der Wiederaufbau fand am rechten Durolleufer bei der heutigen Hauptkirche St-Genès im Altstadtviertel statt. Von nun an entwickelte sich Thiers um dieses Zentrum und „kroch“ eng angeschmiegt an den Felsen immer weiter den Hang hinauf.

Die eigentliche Blüte der Stadt begann, wie eingangs erwähnt, mit dem Einzug der **Messerschmiede** in Thiers. Einer Legende zufolge sollen **auvergnatische Kreuzritter** aus dem ersten Kreuzzug die Kunst des Schmiedehandwerks **aus dem Orient** mitgebracht haben. Bereits im 15. und 16. Jh. exportierten Händler Klingen aller Art ins benachbarte Spanien sowie nach Norditalien.

Sehenswertes

Église St-Genès

Die Kirche wurde von Bischof *Avitus von Clermont* zu Ehren des **Märtyrers Genesius,** der hier begraben wurde, gestiftet. Vom ursprünglichen romanischen Bau ist heute nicht mehr viel zu sehen, lediglich am Giebel sind schöne Fenster erhalten. Vom Place du Palais aus betritt man die Kirche durch eine Vorhalle aus dem 18. Jh. Sie schützt ein Wandgrab aus dem 14. Jh., das reich verziert mit Skulpturen in die Kirchenmauer eingelassen wurde. Beachtenswert ist vor allem die riesige Kuppel von St-Genès; es handelt sich um die **größte Vierungskuppel der Auvergne,** also eine Kuppel, die auf der Kreuzung von Hauptschiff und Querschiff sitzt.

Le Vieux Thiers

Die Altstadt von Thiers ist ein Eldorado für Liebhaber **mittelalterlicher Baukunst.** Entlang der Straßen Rue du Bourg, Rue Conchette, Rue de la Courtellerie, Rue Pirou und am Place du Pirou sind zahlreiche sanierte **Fachwerkhäuser** aus dem 15.–17. Jh. zu bestaunen. Am Place du Pirou fällt vor allem das Château du Pirou, in dem das Office du Tourisme untergebracht ist, ins Auge, ein sehr schöner mittelalterlicher Profanbau aus dem frühen 15. Jh. mit Spitzgiebel. Besonders interessant ist das Maison des Sept Péchés Capitaux in der Rue Pirou Nr. 9; auf dem Quer-

Blick von Thiers auf das Allier-Tal

auv_151 Foto: bf

balken zeigt es in allegorischer Darstellung die sieben Todsünden.

Maison des Coutelliers

Das **Haus der Messerschmiede** steht ganz im Zeichen der Geschichte der Messerschmiedekunst. Über sechs Ausstellungsräume verteilt, wird die technische Entwicklung der Schmiedekunst bis heute dokumentiert. Die verschiedenen Messertypen von 1591–1857 sind auf einer Übersichtstafel dargestellt. Wirklich beeindruckend ist die authentisch eingerichtete Messerschmiede aus alten Tagen, in der ein Schmied die herkömmliche Art des Messerschleifens demonstriert: Liegend, mit einem Hund zum Wärmen auf den Knien, geht er täglich außer sonntags seinem Handwerk nach.

● **Öffnungszeiten:** Juli bis Aug. von 10.00–18.30 Uhr, So 10.00–12.00 und 14.00–18.30 Uhr. Juni und Sept. täglich wie sonntags. Okt. bis Mai 10.00–12.00 und 14.00–18.00 Uhr, Mo geschlossen. Eintritt inkl. Führung (25 Minuten): 4 €. Tel. 0473805886. Adresse: 21–23, Rue de la Coutellerie.

Musée de la Coutellerie

Alles rund um die **Herstellung der Klingen** sowie eine Ausstellung der verschiedensten Messer vom 15. Jh. bis in die heutige Zeit. Das Museum „lebt“: Ohrenbetäubender Lärm begleitet die Filmvorführung über das Schmieden, Schleifen und Härten der Klingen. Die Besucher können den Prozess vom Rohling bis zum edlen Messer mit kunstvoll geschnitztem Griff mitverfolgen. In der Ausstellung befinden sich wertvolle Stücke mit Griffen aus Elfen-

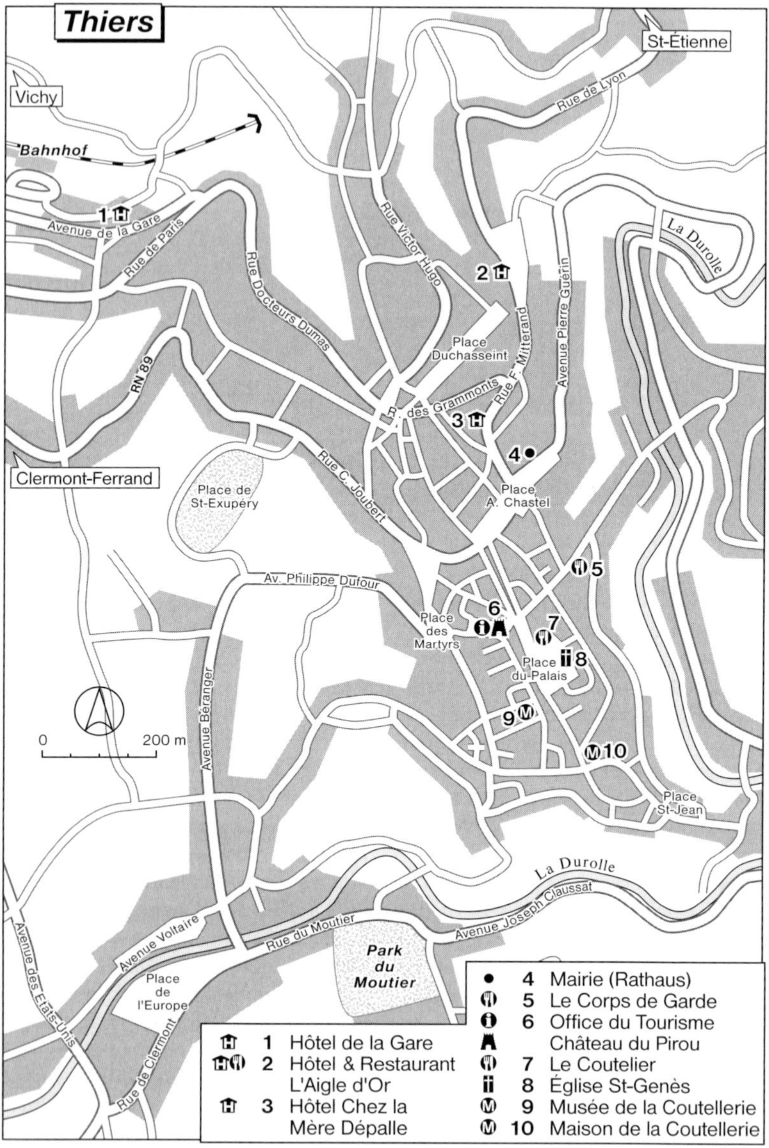
Thiers
Vichy
St-Étienne
Bahnhof
Clermont-Ferrand
Avenue de la Gare
Rue de Paris
RN 89
Rue Docteurs Dumas
Rue Victor Hugo
Rue de Lyon
La Durolle
Avenue Pierre Guérin
Rue F. Mitterand
Place Duchasseint
R. des Grammonts
Rue C. Joubert
Place de St-Exupéry
Place A. Chastel
Av. Philippe Dufour
Place des Martyrs
Place du Palais
Avenue Béranger
0
200 m
Place St-Jean
La Durolle
Avenue Joseph Claussat
Rue du Moutier
Avenue Voltaire
Park du Moutier
Place de l'Europe
Avenue des États-Unis
Rue de Clermont
1 Hôtel de la Gare
2 Hôtel & Restaurant L'Aigle d'Or
3 Hôtel Chez la Mère Dépalle
4 Mairie (Rathaus)
5 Le Corps de Garde
6 Office du Tourisme
Château du Pirou
7 Le Coutelier
8 Église St-Genès
9 Musée de la Coutellerie
10 Maison de la Coutellerie

bein, Perlmutt, Schildpatt, Horn und Ebenholz.

● **Öffnungszeiten** siehe Maison des Coutelliers. Adresse: 58, Rue de la Coutellerie.

Information

● **Office du Tourisme**
Château du Pirou, 63300 Thiers, Tel. 0473806565 oder im Internet unter www.thiers.auvergne.net. Öffnungszeiten: Mitte Juni bis Mitte Sept. Mo bis Sa 9.00–12.00 und 14.00–19.00 Uhr, So 10.00–12.00 und 14.00–18.00 Uhr. Ansonsten Mo bis Sa 9.00–12.00 und 14.00–18.00 Uhr.

Unterkunft

● **Hôtel Chez la Mère Dépalle**€€€
Pont de Dore, Tel. 0473801005. Obwohl das kleine Hotel an einer der Hauptdurchgangsstraßen von Thiers liegt, kann man es aufgrund der zentralen Lage und dem ausgezeichneten Preis-Leistungsverhältnis empfehlen. Es zählt zu den Häusern mit dem Qualitätssiegel der „Qualité Auvergne".

● **Hôtel L'Aigle d'Or**€€€
8, Rue de Lyon, Tel. 0473800050. Dieses Hotel gehört zu den traditionsreichen Häusern Thiers. Es besitzt eine schöne familiäre Atmosphäre und ist nur einen Katzensprung von der historischen Altstadt entfernt.

● **Hôtel de la Gare**€
30, Avenue de la Gare, Tel. 0473800141. Sympathisches Hotel mit Restaurant und Bar. Die sechs Zimmer sind schlicht, haben aber die übliche Ausstattung.

Camping

● **Camping Municipal Iloa**
Base de Loisirs Iloa-Courty, Tel. 0473809235. Kleiner, schattiger Platz zu Füßen der Stadt. Geöffnet von Mitte April bis Mitte Okt.

Essen und Trinken

● **L'Aigle d'Or**
8, Rue de Lyon, sehr gute Küche mit den traditionellen Gerichten der Region. Menü ab 13 €.

● **Le Coutelier**
4, Place du Palais. Hier kommen nur regionale Köstlichkeiten auf den Tisch, wie auch schon am Eingang zu lesen ist: „Hier endet Frankreich und es beginnt die Auvergne". Gemütliches Lokal mit Terrasse gleich neben der Église St-Genès. Menü ab 14 €.

● **Le Corps de Garde**
34, Rue Durolle. Kleines Lokal mit Terrasse. Die Speisekarte bietet klassische französische Küche und regionale Spezialitäten. Menü ab 11 €.

Verkehrsverbindungen

● **Gare S.N.C.F.,** Place de la Gare. Täglich Bahnverbindungen nach Lyon, Paris oder nach Bordeaux.

auv_153 Foto: bf

Thiers – Touristeninfo im Château du Pirou

• **Transport Urbain,** TUT, 5, Rue Conchette. Lokale Busverbindungen. Fahrplan auch im Office du Tourisme erhältlich.

Markt

• Jeden **Samstag** wird in der Altstadt ein schöner, bunter Markt abgehalten.
• **Dienstags** findet ein kleiner Obst- und Gemüsemarkt statt.

Einkaufen

In den Straßen der Altstadt reiht sich ein **Messergeschäft** an das andere. Die Qualität stimmt, der Preis in der Regel auch, und ein Messer aus Thiers ist gewiss eine langlebige Erinnerung und ein schönes Mitbringsel aus der Auvergne.

Rund um Thiers

Château de Vollore

Etwa 10 km südöstlich von Thiers, auf einem Hügel der Monts Forez, ist das Château de Vollore zu besichtigen. Zum ersten Mal von sich reden machte das Schloss bei der Zerstörung durch die Franken im 6. Jh. Das heutige Schloss ist eine Melange aus einem Burgturm aus dem 12. Jh., einem weiteren Gebäudeteil aus dem 14. Jh. und dem Wohntrakt aus dem 17. Jh. Im Innern können zahlreiche **Kunstgegenstände** aus dem Besitz des Generals *La Fayette* besichtigt werden.

• **Öffnungszeiten:** Juli und Aug. von 14.00–19.00 Uhr. Eintritt mit Führung (45 Minuten) 5 €. Tel. 0473537106.

Vallée de la Durolle

Von der Église du Moutier führt die Avenue Joseph-Claussat immer weiter flussaufwärts die Durolle entlang. Die zahlreichen **Wasserfälle** und **Stauwerke** trieben die Mühlen der ersten Messerschmiede von Thiers an. Je nach Wetterlage wird das Vallée de la Durolle immer malerischer oder auch beängstigend dunkel und eng. Beim **Creux de l'Enfer** soll der Legende gemäß der *Heilige Genesius* mit seinem Esel über das Tal gesprungen sein, als er von Soldaten verfolgt wurde. Die Stelle, an der er wohlbehalten auf der anderen Seite landete, wird seither „Saut du Moine", Mönchssprung, genannt.

P. N. Régional du Livradois-Forez

Der Naturpark erstreckt sich über 300.000 ha von den Wäldern des Bois Noir in den Monts Forez bis zu den Grenzen des Velay im Süden. Er umfasst die Gegend um Thiers, den Bas-Livradois, den Haut-Livradois, die Monts du Forez, die Ebene von Ambert und das Gebiet um La Chaise-Dieu. Die **Granitberge** der Monts Forez ziehen sich über eine Länge von 45 km in Nord-Süd-Richtung durch den gesamten Naturpark. Bis zu einer Höhe von durchschnittlich 900 m sind die Berghänge landwirtschaftlich genutzt. Vor allem **Getreide** wie Weizen und Roggen sowie Kartoffeln werden hier angebaut. In ungünstigeren Lagen sind Weiden und Wiesen vorherrschend. Über 1000 m lösen Buchen- und Tannenwälder und in den Höhenlagen ab 1200 m die Sommerweiden, die „Hautes-Chau-

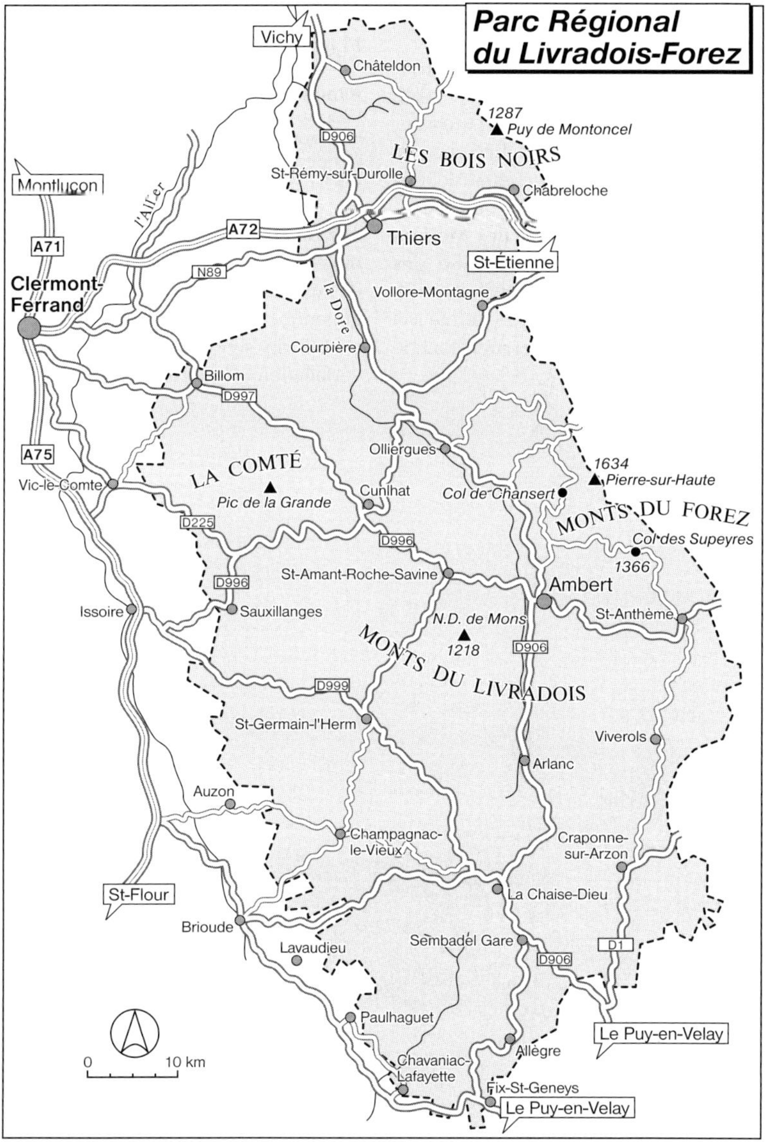
Parc Régional
du Livradois-Forez
Vichy
Châteldon
1287
Puy de Montoncel
D906
LES BOIS NOIRS
St-Rémy-sur-Durolle
Chabreloche
Montluçon
l'Allier
A72
Thiers
A71
St-Étienne
N89
Clermont-Ferrand
la Dore
Vollore-Montagne
Courpière
Billom
D997
A75
Olliergues
1634
Pierre-sur-Haute
LA COMTÉ
Vic-le-Comte
Pic de la Grande
Cunlhat
Col de Chansert
MONTS DU FOREZ
D225
D996
Col des Supeyres
1366
St-Amant-Roche-Savine
Ambert
D996
Issoire
Sauxillanges
St-Anthème
N.D. de Mons
1218
D906
MONTS DU LIVRADOIS
D999
St-Germain-l'Herm
Viverols
Arlanc
Auzon
Champagnac-le-Vieux
Craponne-sur-Arzon
St-Flour
La Chaise-Dieu
Brioude
Lavaudieu
Sembadel Gare
D1
D906
Paulhaguet
Le Puy-en-Velay
0
10 km
Allègre
Chavaniac-Lafayette
Fix-St-Geneys
Le Puy-en-Velay

mes", die intensiv landwirtschaftlich genutzten Hänge ab.

Der zur **Pflege von Umwelt, Landschaft und Naturschätzen** im Jahre 1986 gegründete Park dient auch der Erhaltung des baulichen Erbes und der Modernisierung des Wirtschaftslebens in ländlich geprägten Gegenden. Durch den Park führt die **Route des Métiers en Livradois-Forez,** die „Straße des Handwerks", auf der die lokalen Handwerker und Fabrikanten ihre Berufe mit den traditionellen überlieferten Techniken vorführen.

Panoramafahrt entlang des Hauptkammes der Monts Forez

●**Route:** von Thiers der **D 102** in Richtung Vollore folgen, über Vollore-Montagne hinauf zum Col du Béal (1390 m), über den Col de Chansert (1080 m) der **D 255** nach Job hinabfolgend weiter nach Ambert.

Auf der rund **150 km** langen Strecke bieten sich immer wieder überraschende Ausblicke auf die Limagne und die gegenüberliegenden Monts Dôme. Vorbei an schönen Bergdörfern und verfallenen Gehöften, erklimmt die

auv_156 Foto: bf

Straße die Höhenzüge der Monts Forez. Der schattige Hochwald lichtet sich zu den Hautes-Chaumes, und überall rauschen kleine **Wildbäche,** die zur Schneeschmelze durchaus stattliche Ausmaße annehmen können. Hier muss man schon mal anhalten, um einem Fasan das Queren der Straße zu ermöglichen. Der kurvenreiche Höhenweg ist auf jeden Fall ein Paradies für **Motorradfahrer** oder gut trainierte Radler.

Information

- **Maison du Parc**

BP 17, 63880 St-Gervais-sous-Meymont, Tel. 0473955757 und im Internet: www.parc-livradois-forez.org.

Sport und Aktivitäten

Die sportlichen Angebote sind zahlreich, beschränken sich aber im Wesentlichen auf Wandern, Mountainbiken, Reiten, Drachen- und Gleitschirmfliegen sowie auf die Wintersportarten. Informationen bei den regionalen Fremdenverkehrsbüros von Thiers, Ambert oder beim Maison du Parc.

Mountainbiken

Mountainbikern stehen insgesamt etwa **50 gekennzeichnete Routen** im Naturpark zur Verfügung. Informationen bei den Office du Tourisme oder direkt bei den jeweiligen Fahrradclubs: **Centre National FFCT Les Quatre Vents,** 63120 Aubusson d'Auvergne, Tel. 043531694; **Centre VTT FFC d'Ambert,** La Gare Ambert, Tel. 0473826844; **Centre VTT/FFC de St-Anthème,** Tel. 0473954706.

Im Parc Naturel Régional du Livradois-Forez

Reiten

Es gibt über **30 Reiterhöfe,** die kurze Ausflüge und mehrtägige Reittouren anbieten. Ein besonderer Leckerbissen für Reiter ist der **einwöchige Rundtrip** über das Plateau de La Chaise-Dieu, die Gorges de l'Allier und die Margeride. Auskunft erteilt das **Comité Départemental du Tourisme de la Haut-Loire,** 12, Rue P.-Jourde, 43000 Le Puy-en-Velay, Tel. 0471090143.

Drachen- und Gleitschirmfliegen

Für Drachen- und Gleitschirmflieger stehen zahlreiche Startplätze auf den Gipfeln der Monts Forez zur Verfügung. Die Startplätze sind zum Teil befestigte Rampen oder Naturhänge, die in der Regel mit dem Auto erreichbar sind. Information erteilen der **Aéro Club du Livradois,** Tel. 0473820164, sowie der **Club Delta Auvergne,** Fougedoire, 63600 Ambert, Tel. 0473829141.

Wanderungen

Im gesamten Naturpark Livradois-Forez stehen ausreichend **Unterkünfte für Wanderer** zur Verfügung. Um auf Nummer sicher zu gehen, sollten die Gîtes d'Étape sowie die Chambres d'Hôtes in den Sommermonaten sowie an den Wochenenden **telefonisch vorbestellt** werden. Information über die Office du Tourisme.

Château de Mauzun

Wanderung zu den Ruinen der ehemaligen Residenz der Bischöfe von Clermont. Die Ruine gilt als **eine der schönsten Festungen der Gegend.**

Anfahrt: ab Billom etwa 8 km in südöstliche Richtung der **D 997** folgen. **Leichte Wanderung,** Dauer je nach Ausgangsort zwischen 20 Min. und 1 Stunde.

Grün de Chignore (1074 m)

Auf dem **Waldwanderweg Sentier Le Secret de la Forêt d'Ayguebonne** zum gelben Gipfelkreuz, das an das beginnende 20. Jh. erinnern soll. Im Jahre 1901 pilgerten die Bewohner von Vallore-Montagne bei minus 10°C zum Gipfel des Chignore, um den ersten Freitag des neuen Jahrhunderts zu feiern und das Kreuz aufzustellen.

Anfahrt: über Vollore-Montagne der **D 42** folgen zum Col du Pertuis. Dauer: etwa 2,5 Stunden, **leichte Wanderung.**

Mont Chouvre (1462 m)

Längere Wanderung durch die Wälder der **Montagne de Monthialle** und den Hautes-Chaumes, die Hochweiden der Monts Forez.

Anfahrt: über Job der **D 255** zum Col du Chansert folgen. Dauer: etwa 3 Stunden, **mittlerer Schwierigkeitsgrad.**

Ambert

↗ XII, B1

Im Herzen eines kleinen, vom Flüsschen Dore geschaffenen Beckens zwischen den Monts Forez und den Montagne Livradois liegt die kleine, aber bedeutende Stadt Ambert. Sie erfuhr im ausgehenden Mittelalter durch die zahlreichen **Papiermühlen** und die Herstellung von **Rosenkränzen** einen gewissen Wohlstand. Heute ist Ambert das **touristische Zentrum des Parc Naturel de Livradois-Forez.** In wenigen Minuten sind die Gipfel der Monts Forez oder die Hügel der Livradois westlich von Ambert bequem zu erreichen. In den Sommermonaten verbindet ein **Panoramazug** Ambert mit La Chaise-Dieu. Doch Ambert selbst hat durchaus auch einige Attraktionen zu bieten: ein bezauberndes **mittelalterliches Zentrum,** die Kathedrale im spätgotischen Stil und ein kreisrundes Rathaus.

Geschichte

Die Ursprünge von Ambert liegen im Dunkeln. Erst seit die Stadt durch die zahlreichen Papiermühlen im Laufe des 15. Jh. aufblühte, ist sie aus der Geschichtsschreibung der Region nicht mehr wegzudenken. Die über **300 Mühlen** belieferten im Wesentlichen die Druckermetropole Lyon. Von diesem Wohlstand zeugt die Ende des 15. Jh. erbaute **Église St-Jean.** Im 16. Jh. wüteten die **Religionskriege** im Livradois mit unerbittlicher Härte. Überliefert ist eine Schlacht um Ambert, bei der die Katholiken versuchten, die Stadt einzunehmen. Der Führer der Hugenotten, *Merle,* hatte nicht genug Männer, um die Stadt zu halten. Not macht bekanntlich erfinderisch, so auch in diesem Fall: *Merle* ließ die Statuen der Stadt auf die Befestigungsmauer stellen und setzte ihnen die Helme seiner Soldaten auf. Als die „Soldaten" trotz heftigen Beschusses nicht fielen, bekamen es die Angreifer mit der Angst zu tun und verließen das Schlachtfeld.

Im 17. Jh. wandelte sich die wirtschaftliche Struktur der Region. Immer mehr Papiermühlen wurden stillgelegt, die Herstellung von Rosenkränzen ging ebenfalls zurück. Glücklicherweise wurde aus dem Strukturwandel keine Strukturkrise, da sich rechtzeitig **Textilbetriebe** niederließen, die bis heute Bänder und Borten produzieren.

Das Städtchen war die Heimat einiger **berühmter Persönlichkeiten,** wie des Komponisten *Emmanuel Chabrier,* des Dichters *Pierre de Nolhac,* des Geographen *Lucien Gachon.* Bekanntester

Sohn der Stadt ist **Henri Pourrat,** der Anfang des 20. Jh. historische Romane über das Leben der Bauern schrieb (siehe Exkurs unten).

Sehenswertes

Église St-Jean

Baubeginn der Kathedrale war im Jahr 1471. Sie wurde hauptsächlich im Stil der **Spätgotik** nach dem Vorbild der gotischen Kirchen im Norden Frankreichs errichtet. Lediglich der obere Teil des Glockenturms und eine Kapelle sind der **Renaissance** zuzuordnen. Neben dem schön verzierten Südportal erinnert eine Inschrift daran, dass die Auvergne im 15. Jh. von einem **Erdbeben** heimgesucht wurde („Selbst wenn die Erde heftig erbebt und die Welt Jahr um Jahr weiter besteht, wird dieses Portal von 1477 noch immer geöffnet sein."). Der Innenraum wirkt licht und weit, bedingt durch die gotische Bauweise und die großen Kirchenfenster. Von dem Reichtum Amberts zeugt auch der **vergoldete Bleialtar** in der Kreuzung von Quer- und Hauptschiff.

Hôtel de Ville

Ursprünglich sollte das **Rathaus** eine Kornhalle werden, aber irgendwie kam es nicht dazu. So zeichnet sich das Rathaus durch die **ungewöhnliche Architektur** eines kreisrunden Gebäudes mit umlaufenden Arkaden aus.

Das Sprachrohr der Auvergne

Henri Pourrat, ein treuer Sohn der Auvergne, wurde 1887 in Ambert geboren und verstarb im Alter von 72 Jahren in seinem Heimatort. Bis auf wenige Reisen und ein aus gesundheitlichen Gründen abgebrochenes Studium der Agrarwissenschaften in Paris, blieb er seiner ländlichen Heimat treu.

Henri Pourrats reiches schriftstellerisches Werk ist geprägt von der Landschaft und der bäuerlichen Kultur des Livradois-Forez. In den Volkserzählungen findet er die vielfältigen Stoffe und Motive für seine Romane und Geschichten. Er entwickelt einen eigenen Stil, der die natürliche regionale Sprache mit dem bildhaften Ausdruck verbindet. Vor allem in seinem Hauptwerk, dem Roman „Gaspard des Montagnes", gelingt *Henri Pourrat* die Symbiose von realistischer Beschreibung des Alltags, poetischer Naturschilderung und der Darstellung phantastischer Abenteuer seines Helden.

Henri Pourrat sammelt die oft nur mündlich überlieferten Volksmärchen, Legenden, Lieder und Anekdoten der Auvergne in einem mehrbändigen Werk, dem „Trésor des Contes". Ambert und seiner näheren Umgebung setzt der Autor ein Denkmal mit „Ceux de l'Auvergne" und „Au fort de l'Auvergne".

Pourrats lebenslanges Anliegen war es, in der Dichtung die ewig gültige christliche Weltordnung zum Ausdruck zu bringen, die sich vor allem in den Traditionen, den Ritualen und den Werten des ländlichen Lebens zeigt. *Henri Pourrat* erhielt für sein umfangreiches, mehr als siebzig Bücher umfassendes Werk zahlreiche Auszeichnungen, bleibt aber außerhalb Frankreichs völlig unbekannt.

Maison de la Fourme et des Fromages

Im **Haus des Käses** erfährt man alles über Herstellung, Reifung sowie Lagerung von Käse. Im Laufe der Führung wird über alle Produktionsschritte informiert. Der schöne Keller wurde im 13. und 14. Jh. extra für das berühmteste Produkt des Ortes, den **Fourme d'Ambert,** erbaut. Der edle Blauschimmelkäse erhielt seinen Namen von der Form *(Fourme),* in welcher der Frischkäse gepresst wird.

● **Führungen** (1 Std.): Juni bis Sept. von 9.00–19.00 Uhr, ansonsten Di, Do, Fr und Sa von 9.00–12.00 und 14.00–19.00 Uhr. Tel. 0473824923, 4 €. Adresse: 29, Rue des Chateaux.

Information

● **Office du Tourisme**
4, Place de l'Hôtel de Ville, 63600 Ambert, Tel. 0473826190 und im Internet unter www.ambert.auvergne.net. Öffnungszeiten: Mo bis Fr 9.00–12.00 und 14.00–18.00 Uhr sowie Sa 10.00–12.00 Uhr.

Unterkunft

● **Hôtel de la Gare**€€
15–17, Avenue de la Gare, Tel. 0473820027. Direkt gegenüber dem Bahnhof, nur 3 Minuten von der Altstadt, relativ ruhig gelegenes schönes Haus. Es gehört zu den von der Logis de France empfohlenen Hotels.

● **Hôtel les Copains**€€
42, Boulevard Henri IV, Tel. 0473820102. In unmittelbarer Nähe zum historischen Stadtkern, gehört dieses nette Hotel ebenfalls zu den Logis de France.

● **Hôtel La Dore**€
58, Avenue Maréchal Foch, Tel. 0473823863. Am Bahnhof gleich neben dem Bahnübergang, ist es das einfachste und günstigste Hotel in Ambert, und da die Bahnlinie nicht häufig frequentiert wird, auch zu empfehlen.

● **Auberge de Jeunesse**
St-Martin-des-Olmes, Tel. 0473820138. Die Jugendherberge liegt etwa 2 km außerhalb von Ambert in Richtung Montbrison. Sie bietet 47 Plätze in 3- bis 5-Bettzimmern. Für Erwachsene 8,50 €, Frühstück 3 €.

Camping

● **Camping Les Trois Chênes**
Route du Puy, Tel. 0473823468. Der schön angelegte moderne Campingplatz bietet in den Sommermonaten 120 Plätze. Der durch Bäume geschützte Grund liegt ganz in der Nähe des Freizeitsees hinter dem Bahnhof von Ambert. Geöffnet von Mai bis Sept.

Essen und Trinken

● **Restaurant Hôtel de la Gare**
15–17, Avenue de la Gare. Auf der Speisekarte stehen vor allem die Traditionsgerichte der Auvergne. Die Spezialität der gehobenen Küche des Hauses ist die Forelle Mont Dore mit Champignon und Lauch. *Menue du Terroir,* 18 €.

● **Restaurant La Dore**
58, Avenue Maréchal Foch. Einfache Küche, die alles von Spaghetti bis Schnitzel, aber auch regionale Gerichte auftischt. Im großen Speisesaal geht es während der Stoßzeiten manchmal hoch her. Menü ab 11 €, Menü der regionalen Küche ab 14,50 €.

● **Pizzeria La Taverne**
Rue du Chateaux in der Altstadt gleich beim Maison de la Fourme et des Fromages. An Holztischen, die relativ eng bestuhlt sind, werden Pizzas aus dem Holzbackofen, Grillteller und Salate aufgetischt. Salat ab 5 €, Pizza ab 7 €, Menü ab 10 €. So Ruhetag.

In der Altstadt von Ambert

auv_161 Foto: bf

● **Bar des Négociants**
Gegenüber dem Südportal der Kathedrale, auch zum Draußensitzen. Typische Bar, die abends auch kleine Snacks anbietet und sich durch einen guten Kaffee auszeichnet.

Verkehrsverbindungen

Autorail touristique „Livradois-Forez"

Der **Schienenomnibus** verkehrt in den Sommermonaten ab Ambert bis nach La Chaise-Dieu. Die Fahrt beginnt gegen 14 Uhr in Ambert, die Rückfahrt erfolgt gegen 18.30 Uhr in La Chaise-Dieu. Fahrtkosten: 11 €. Die genauen Fahrpläne hängen am Bahnhof aus und sind unter Tel. 0473824388 zu erfragen.

Sport und Aktivitäten

● Im schön angelegten **Freizeitsee** hinter dem Bahnhof lässt es sich gut im kühlen und relativ sauberen Wasser plantschen.

● Folgt man der Straße über den Bahnüberweg, so beginnen dort nach etwa 50 m einige **Rundwanderwege** um den Ort sowie Halbtages- und Tagestouren in die Region. Die Wanderrouten sind gut gekennzeichnet. Informationen beim Office du Tourisme.

● **Le Galop de l'Alouette,** La Combe Haute, Tel. 0473823917. Reitstunden und **Ausritte,** auch für Kinder und Familien.

Markt

● Der **Donnerstagsmarkt** rund um die Kirche und in der mittelalterlichen Altstadt bietet alles, was einen typischen ländlichen Wochenmarkt ausmacht. Auf keinen Fall sollte man die **Käsetheken** links liegen lassen. Die Käsebauern bieten gerne kleine Probierstücke an.

Einkaufen

● In den Gassen der Altstadt zwischen Kathedrale und Rathaus häufen sich die **Patisseri-**

en. Die Auslagen dieser Konditoreien sind einfach verführerisch, die kleinen Kuchen und Gebäckstücke ein Gedicht.

●In der **Crèmerie & Fromagerie Le Burau,** Petit Rue de l'Enfer, beim Rathaus, gibt es alle erdenklichen Käsespezialitäten der Region sowie die eingelegten Spezialitäten der Auvergne, wie *Tripoux* (Innereien) und *Confit du Canard* (Ente).

Rund um Ambert

Moulin Richard-de-Bas

In der **Papiermühle** etwa 5 km außerhalb von Ambert (der D 996 und weiter der D 57 Richtung Montbrison folgend) wird weiterhin Papier nach traditionellen Methoden hergestellt. Die Mühle nahm nach ihrer Stilllegung im Jahre 1943 ihren Betrieb als **Museum** wieder auf. Die einzelnen Schritte der Papierherstellung sowie die Lebensbedingungen der Papiermacher und ihrer Familien werden sehr anschaulich dargestellt. Ein Ausstellungsraum ist der **Geschichte der Papierherstellung** gewidmet. Die in China entwickelte Methode wurde bereits 1326 auch im Livradois eingeführt. Das leicht saure Wasser aus den Monts Forez begünstigte die Papierherstellung. Interessanterweise arbeiteten die Papiermacher früher nur nachmittags bis Mitternacht. Die restliche Zeit diente das Wasser der Mühle zum Bewässern der Felder.

●Tel. 0473820311. **Führungen:** Juli und Aug. von 9.00–20.00 Uhr, ansonsten von 9.00–12.00 und 14.00–18.00 Uhr. Eintritt: 5 €.

auv_162 Foto: bf

Arlanc

Auf halber Strecke zwischen Ambert und La Chaise-Dieu liegt der kleine Ort Arlanc an der Dore. Arlanc selbst ist eher unbedeutend, aber vor den Toren des Ortes befindet sich ein beeindruckender Park. Der **Jardin Pour la Terre** mit seinen 6 ha Fläche erschließt sich in seiner ganzen Dimension eigentlich nur aus der Vogelperspektive, denn die Anlage ist in der Form einer Weltkarte bepflanzt – der Park ist ein botanischer Spaziergang durch die ganze Welt. Die Pflanzen stammen von ihren natürlichen Standorten und sind im entsprechenden „Erdteil" im Park zu finden. Der Weg ist von Figuren gesäumt, die magische Geschichten erzählen.

- **Öffnungszeiten:** tägl. von Mai bis Sept. von 14.00–19.00 Uhr; im Juli und Aug. von 10.00–19.00 Uhr. 6 €.

Filigrane Kunstwerke der Spitzenklöppelei sind im **Musée de la Dentelle** in Arlanc zu besichtigen. Die Ausstellung umfasst viele Einzelexponate, die Entwicklung von Mustern bis zum fertigen Kunstwerk und die verschiedenen Techniken der Klöppelei.

- Die **Öffnungszeiten** variieren je nach Monat, aber in der Regel ist das Museum von Juli bis Sept. tägl. von 15.00–18.00 Uhr, in den übrigen Monaten meist nur an den Wochenenden geöffnet. Eintritt: 3 €.

Abteikirche St-Robert in La Chaise-Dieu

La Chaise-Dieu

↗ XII, B2

Ein Ort, eine Kirche. Eingebettet in die grüne Hügellandschaft des Livradois, liegt die unbedeutende Ortschaft La Chaise-Dieu mit der umso bedeutenderen **Abteikirche St-Robert.** Kaum zu glauben, dass sich hier auf der grünen Wiese ein solcher Kunstschatz befindet.

Geschichte

Im Jahre 1043 zog sich der ehemalige Domherr *Robert de Turlande* aus Brioude in die abgelegene Gegend des Hochplateaus des Livradois zurück. In der Einsamkeit wünschte er ein gottesfürchtiges Leben zu führen. Schnell wuchs die Zahl der zu ihm stoßenden Mönche, und *Robert de Turlande* sah sich veranlasst, ein **Benediktinerkloster** zu gründen. Bereits 1067 zählte die Abtei 300 Mitglieder und unterhielt weitere 49 Klöster. Doch damit nicht genug, der Ruf der Abtei La Chaise-Dieu ermöglichte eine weitere Ausdehnung ihres Einflussbereiches bis über die Grenzen Frankreichs nach Spanien und Italien. **Mitte des 12. Jh.** war die Abtei ein wichtiges geistiges Zentrum und der **drittgrößte Orden Frankreichs.** Im Jahre 1342 bestieg *Klemens VI.* den Papststuhl in Avignon. Als ehemaliger Schüler der Abtei unterstützte und förderte er den Orden. Er veranlasste 1344 den Bau der Abteikirche. Nach der enorm kurzen Bauzeit von nur acht Jahren wurde die Kirche bereits 1352 fertig gestellt. Der begnadete Künstler *Jacques de St-Nectaire* bereicherte die Kirche mit einer Reihe von **Skulpturen** und wundervollen **Wandteppichen.**

Die Zeit der **Religionskriege** im 16. Jh. hinterließ die Abtei in halb verwüstetem Zustand. Mit dem Konkordat von 1516, in dem der König den Abt ernennen durfte, wurde der **Niedergang von La Chaise-Dieu** eingeleitet. *Richelieu* reduzierte die Anzahl der Mönche auf lediglich fünfzig und schloss die Abtei mit dem Kloster von St-Maur zusammen. Endgültig vertrieben wurden die letzten Mönche während der Französischen Revolution. Über 150 Jahre lang interessierte sich niemand für die Abtei, sie lag mit den verbliebenen Kunstschätzen brach. Erst nach dem Zweiten Weltkrieg begann der intensive Aufbau mit umfangreichen Renovierungsarbeiten, die immense Geldsummen verschlangen. Der Pianist *Georges Cziffra* rief ein **Musikfestival** ins Leben, dessen Erlös stets in die Renovierung der Abtei fließt. Seither zählt das Festival geistlicher Musik von La Chaise-Dieu zu den wichtigsten Musikfestivals Frankreichs.

Sehenswertes

Église Abbatiale St-Robert

Die Außenfassade der aus **Granitgestein** erbauten Kirche wirkt massiv, ist aber sehr schlicht gehalten. Umso erstaunlicher die Atmosphäre im Kircheninnenraum. Das weite Hauptschiff krönt ein Kreuzrippengewölbe und wird von Säulen getragen, die das Hauptschiff von den schmalen Seitenschiffen trennen. Das Hauptschiff wird durch einen zum Haupteingang abgeschlossenen Raum perspektivisch unterbrochen und verkürzt. Dahinter verbirgt sich das schön geschnitzte und mit vielfältigen Verzierungen ausgestattete Chorgestühl aus dem 15. Jh. Das **Grab von Papst Klemens VI.,** einem Schüler der Abtei, befindet sich in der Mitte des Chors.

Eine wahre Kostbarkeit sind die großen und farbenprächtigen **Wandteppiche** aus dem 16. Jh. mit Szenen aus dem Alten und dem Neuen Testament. Die linke Außenwand des Chors ziert die **25 m lange Wandmalerei des „Dance Macabre“** (Totentanz). Zwischen den Mächtigen der damaligen Zeit tanzen hagere und makabre Gestalten, die Skeletten ähneln. Erst beim Verlassen der Kirche fällt die mächtige, aus Eichenholz geschnitzte **Orgel** ins Auge. Sie wird von vier athletischen Figuren, die wahren Titanen oder Adonissen gleichen, getragen. Leider sind vom Kreuzgang aus dem 14. Jh. nur zwei Seiten erhalten geblieben.

- **Öffnungzeiten** von Kirche, Chor und Tresor: Juni bis Sept. 9.00–12.00 und 14.00–19.00 Uhr, Okt. bis Mai 10.00–12.00 und 14.00–17.00 Uhr. Der Eintritt zur Kirche und zum Kreuzgang ist frei. Der Eintritt für den Chor und den Tresor beträgt 3 €.

Information

- **Office du Tourisme Cantonal**
Place de la Mairie, 43160 La Chaise-Dieu, Tel. 0471000116 und im Internet unter www.tourisme.fr/lachaisedieu

Unterkunft

- **La Casadeï**€€€
Place de l'Abbaye, Tel. 0471000058. Direkt gegenüber der Abteikirche befindet sich das

kleine Hotel mit den wild gemusterten Zimmern. Kürzer können die Wege nicht sein: von der Kirche ins ausgezeichnete Restaurant und dann nur noch eine Treppe nach oben ins Zimmer. Das Haus ist Mitglied der Logis de France.

● **La Jacquerolle**€€
Rue Marchédial, 43160 La Chaise-Dieu, Tel. 0471000752. Liebevoll eingerichtete Zimmer, viel Holz und Blümchentapete.

● **Hôtel & Restaurant Lion d'Or**€€
Avenue de la Gare, Tel. 0471000158. Renommiertes familiäres Hotel im Ortszentrum.

Camping

● **Camping Municipal Les Prades**
Route de Vichy, Tel. 0471000788. Der Campingplatz liegt etwa 2 km nördlich von La Chaise-Dieu an einem See am Wald. Geöffnet von Juni bis Sept.

Essen und Trinken

● Im Restaurant **Lion d'Or** kommen die Gerichte einer exzellenten auvergnatischen Küche auf den Tisch, zum Beispiel *Terrine de la Viande* (Fleischtopf), *Lentilles du Puy* (grüne Linsen aus Le Puy) oder das legendäre *Coq au Vin* (Huhn in Wein). Ein einfaches Menü ist immerhin schon ab 18 € erhältlich.

● **Café & Bistro, Restaurant Fougaou**
Avenue St-Marie. Kleines Restaurant mit alternativem Ambiente und offenem Kamin. Auf der Speisekarte stehen Salate, vegetarische und Tagesgerichte, Menüs ab 15 €.

● **Salon de Té**
Rue St-Martin, etwa 50 m von der Kirche entfernt. Das Kaffee- und Teehaus betritt man durch einen Antiquitätenladen. Im hinteren Teil ist der schnuckelig eingerichtete Salon. Neben Getränken werden auch kleine Snacks wie *Gratin de Pommes de Terre* (Kartoffelgratin) serviert.

Sport und Aktivitäten

● Ausritte in die Umgebung für ein paar Stunden oder auch über ein Wochenende veranstaltet der **Reiterhof Les Écuries de l'Abbaye,** La Pénide, 43160 La Caise-Dieu, Tel. 0471000676.

● Rund um La Chaise-Dieu gibt es zirka 15 gekennzeichnete **Wandertouren** von 4 bis 13 km Länge. Informationen im Office du Tourisme.

Einkaufen

● **L'Auvergne Gourmand**
Avenue de la Gare, gleich gegenüber dem Office du Tourisme. In diesem winzigen Geschäft werden Schleckermäuler auf jeden Fall fündig: eingelegte Zwiebeln, Pilze, Pasteten, Marmeladen und Liköre.

Festival

● Alljährlich findet das **Festival de la Musique Française** von La Chaise-Dieu in der zweiten Augusthälfte statt. Liebhaber geistlicher Musik strömen in Scharen in die Kirche mit ihrer grandiosen Akustik, um den Werken alter und neuer Komponisten sowie hervorragenden Organisten zu lauschen. Die große Orgel, die erst seit 1995 wieder vollständig hergestellt ist, steht häufig im Zentrum des Festivals. Informationen über das Office du Tourisme.

Das Velay

Das Landschaftsbild des Velay ist gekennzeichnet durch ein relativ **weitläufiges** und **unruhiges Relief.** Das nördliche Velay rund um Le Puy-en-Velay, die Heimat der berühmten Linsen, ist eine liebliche Gegend, überzogen mit Wiesen, Wäldern und landwirtschaftlichen Nutzflächen. Der Übergang von den Bergen des Livradois-Forez über die Rumpfebene um La Chaise-Dieu zu der welligen Basaltdecken-Landschaft des Velay ist fließend. Im Westen wird die Region von der **Schlucht des Allier** begrenzt. Entlang einer der Bruchspalten, die während der Alpenfaltung in den Gebirgssockel des Massif Central gerissen wurden, hat sich der Fluss tief in das Gestein eingegraben und trennt heute die Hochebene der Margeride im Westen vom Velay im Osten ab.

Das östliche Velay ist ein Vorbote der **schroffen Landschaften** der Ardèche und der Cévennen. Die Gipfel des **Mont Mézenc** (1753 m, höchste Erhebung im Département Haute-Loire) und des Mont Meygal (1436 m) sind den älteren vulkanischen Massiven aufgesetzt. Im Frühjahr überziehen wilde Narzissen zusammen mit ultramarinblauen Stiefmütterchen die Hänge der Naturwiesen. Von den Vorgebirgen dieses zerklüfteten Ostrandes der Auvergne kann man bei guter Fernsicht die Alpenkette und den Mont Blanc am Horizont erkennen.

Das Velay liegt im Herzen des Département Haute-Loire, der Region rund um den Oberlauf der **Loire,** des längsten Flusses Frankreichs, der nur etwa 10 km vom Mont Mézenc entfernt seine Reise zum Atlantik aufnimmt. Die

Loire hat sich wie die Allier entlang einer Bruchspalte orientiert, wobei sie das Gestein kaum tiefer einschneiden konnte. Die Gorges de la Loire sind dementsprechend nicht besonders spektakulär, sondern eher eine liebliche Flusslandschaft. Eine außergewöhnliche Kulisse bildete sich jedoch am Zusammenfluss der Loire mit dem Flüsschen Borne im Becken von Le Puy-en-Velay. Das kleine Becken wurde im Tertiär nochmals vulkanisch überformt, zahlreiche Lavaströme erfüllten die Ebene. Seither nagte unaufhörlich die Erosion an dem Gestein, so dass nur noch einzelne sehr prägnante **Felsnadeln** im Becken und einige Bergstöcke am Rande übrig geblieben sind.

Die Region erfreut sich schon seit dem Mittelalter eines nicht unbeachtlichen **Tourismus.** In vergangenen Zeiten zogen vor allem die **Pilger** von Le Puy-en-Velay zum Grab des Apostels Jakobus gen Spanien (siehe Exkurs „Mit dem Pilgerstab nach Santiago de Compostela") und bescherten dem Velay einen gewissen Reichtum. Heutzutage sind es wiederum Pilger und Kunstinteressierte, die Kirchen, Kapellen, Heiligtümer und Kunstschätze besuchen.

Le Puy-en-Velay

⇗ **XVIII, A1**

Eingebettet in die weiten Hochplateaus des südlichen Vulkangebietes der Auvergne liegt die **Hauptstadt der Region Haute-Loire:** reich an Legenden, Traditionen und sakralen Orten.

Der erste Blick auf Le Puy-en-Velay verblüfft: Gekrönt von einer gigantischen roten Marienstatue und der Kapelle St-Michel recken sich die Basaltfelsen **Roche Corneille** und **Aiguilhe** keck in Schwindel erregende 80 m Höhe über die Dächer der Stadt und verleihen Le Puy eine recht bizarre und unwirkliche Silhouette. Hier scheint jeder Felsen ein Sockel für ein sakrales Denkmal zu sein.

Und natürlich spinnen sich um die beiden kuriosen Basaltschlote zahlreiche **religiöse Geschichten** und **Legenden.** So soll ein junges Mädchen beim Sturz vom Felsen sanft vom Erzengel Michael aufgefangen worden sein. Der flachere Mont Anis, das heutige Fundament der Kathedrale Notre-Dame, soll einst ein druidischer Kultplatz mit Dolmen und heiliger Quelle gewesen sein. Einer von starkem Fieber geplagten Witwe sei dort die Muttergottes erschienen, die ihr anriet, auf dem heidnischen Druidenaltar zu übernachten. Und siehe, am kommenden Tag wachte sie völlig geheilt auf. Der Deckstein des Altars, der bekannte „Fieberstein", der **Pierre des Fievres,** lockte schon sehr früh große Pilgerscharen in die Kathedrale Notre-Dame, wo er in einer Seitenkapelle ruht. Le Puy war auch Sammelpunkt für die **Jakobspilger,** die seit

auv_168 Foto: bf

dem 10. Jh. dem Ruf ans Grab des heiligen Apostels Jakob folgten. Hier beginnt die berühmte **Via Podiensis,** die die Pilger aus Deutschland, der Schweiz und Frankreich über die Pyrenäen bis ins ferne Santiago de Compostela in Spanien führt.

Geschichte

Le Puy, das heißt übersetzt der **Gipfel** – eine Stadt also, in der die Gassen und Stufen immer wieder steil bergan führen. Die eigenartigen Felsnadeln haben schon früh die Aufmerksamkeit der **Kelten** und **Ligurer** gefesselt. Auf einem der steilen Felsen, dem Aiguilhe, soll sich in gallo-römischer Zeit ein Merkurtempel befunden haben, an dessen Stelle heute die Chapelle St-Michel weit sichtbar thront, und auf dem Mont Anis diente ein Dolmen den keltischen Druiden als Altar. Bereits im 7. Jh. avancierte Le Puy zum **Bischofssitz.**

Die berühmte Stadt wurde noch bekannter durch die **Schwarze Madonna,** die der Hl. Ludwig 1254 vom Kreuzzug nach Le Puy brachte. Es gibt einige dieser schwarzen Jungfrauen im Mittelmeerraum, ihnen werden immer außergewöhnliche Kräfte zugeschrieben.

Im Zentrum der Entwicklung in Le Puy steht die ungewöhnliche **Kathedrale Notre-Dame,** die im 11. Jh. als Station auf dem Weg nach Santiago de Compostela gebaut und in den folgenden Jahrhunderten laufend erweitert wurde. Tausende von Pilgern kamen in

Le Puy-en-Velay –
Haupstadt der Region Haute-Loire

Mit dem Pilgerstab nach Santiago de Compostela

Seit dem 10. Jh. begeben sich Pilger nach der Frühmesse in der Kathedrale von Le Puy-en-Velay auf die 1600 km lange **Via Podiensis** nach Spanien. Ihr Ziel ist das **Grab des Apostels Jakob,** dessen Ruhm in Santiago de Compostela zu erstrahlen begann. Vor allem die deutschen und schweizerischen Jakobspilger sammeln sich in Le Puy, um sich gemeinsam auf den gefahrvollen Weg nach Galizien zu begeben. Vier Routen, an denen sich Klöster, Kirchen, Heiligtümer und Pilgerherbergen in regelmäßigen Abständen aneinander reihen, führen quer durch Frankreich zu den Pyrenäen.

Einer Legende zufolge soll der Leichnam des Apostels *Jakobus des Älteren,* der um 44 n. Chr. von *Herodes* geköpft wurde, an die nordspanische Küste gelangt und dort unter mysteriösen Umständen entdeckt worden sein. Seither gilt das Grab des *Jakob* in Santiago neben dem des Apostels *Petrus* in Rom als einziges Apostelgrab Europas. Einen enormen Aufschwung erhielt die Wallfahrt der Jakobspilger im 11. und 12. Jh. Für viele Gläubige war das Heilige Land zu weit entfernt und zu gefährlich; als dann während des Investiturstreits Rom als Ziel der Pilger wegfiel, machten sich viele auf den Weg nach Santiago de Compostela.

In der Zeit der großen Wallfahrten des Mittelalters kommen die Lebensumstände und Bedrängnisse der Menschen zum Ausdruck: Hunger, Krankheiten, Kriege, Epidemien, Existenzängste, Endzeitvorstellungen, seelische Nöte, Sühne, Reiselust, Unbehaustheit, die Suche nach dem inneren und äußeren Weg. Alle sozialen Schichten hatten Anteil am Jakobuskult, Kaufleute, Geistliche, Studenten, Kreuzfahrer, Handwerker. Auch die Liste berühmter Pilger ist lang: *Franz von Assisi, Wilhelm X. von Aquitanien, Ludwig VII.,* alle katholischen Könige des 15. Jh., zuletzt Papst *Johannes Paul II.* Die Jakobsmuschel, der Pilgerstab und die Kürbisflasche wurden zu Zeichen der Wallfahrt. In den letzten zehn Jahren erfreut sich der Weg nach Santiago de Compostela wieder zunehmender Beliebtheit. Und warum sollten sich die Beweggründe der Pilger geändert haben?

1993 setzte die UNESCO den gesamten spanischen Abschnitt des Pilgerweges, und damit 116 Ortschaften in Nordspanien, auf die Liste des Weltkulturerbes der Menschheit. Aber nicht nur „El Camino", der Weg, wie der Jakobsweg in Spanien kurz genannt wird, sondern auch die französischen Wege wurden 1998 zum **Weltkulturerbe** erklärt.

Wer sich auf die Wallfahrt macht, wird außergewöhnliche Naturlandschaften hautnah erleben, kunsthistorische Perlen besichtigen können und vor allem die persönliche Bedeutung des Pilgerns, der Reise nicht nur zum Grab des Apostels, sondern zu sich selbst, erfahren.

auv_169 Foto: bf

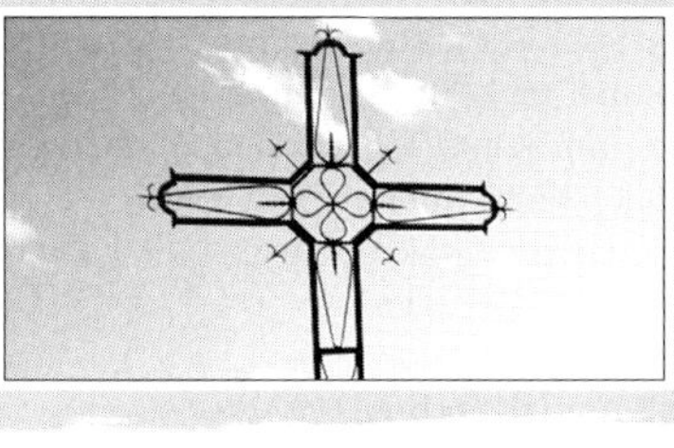

die Stadt, um den „Fieberstein" und die Schwarze Madonna in der Kathedrale zu bewundern. Le Puy ist neben Chartres der älteste Marienwallfahrtsort in Frankreich.

Von den zahlreichen Pilgern konnten die **Handwerker** und **Händler** gut leben, und um die Kathedrale wuchs allmählich eine größere Ansiedlung. Jahrhundertelang blieb das Handwerk auf die Bedürfnisse der Pilger und auf den kirchlichen Bedarf beschränkt: Es wurden sakrale Ausstattungen und vor allem auch Spitzen für Messgewänder produziert. Im 17. Jh. entwickelte sich daraus eine Industrie für **Spitzenklöppelei.** Etwa 70.000 Bäuerinnen aus dem Velay knüpften mit großer Geduld und viel Geschick die traditionellen Spitzenmuster. Heute wird noch in einigen maschinell betriebenen Spitzenfabriken geklöppelt, hauptsächlich für „Urlaubspilger".

Sehenswertes

Cathédrale Notre-Dame

Die Kathedrale erhebt sich stolz über dem Häusermeer der Altstadt. Schon früh erwies sich die im **11. und 12. Jh. erbaute** Kirche als zu klein für die zahlreichen Pilger und wurde deshalb in drei Etappen nach und nach vergrößert und erweitert. Als zuletzt der Baugrund auf dem Hang des Mont Anis nicht mehr ausreichte, wurde der letzte Teil des Schiffes mit mächtigen **Fundamenten** und **Pfeilern** abgestützt, um den erheblichen Höhenunterschied auszugleichen. Die Wallfahrtskirche wurde vom Zahn der Zeit und der Französischen Revolution stark in Mitleidenschaft gezogen und Mitte des 19. Jh. restauriert.

Die Kathedrale weist eine sehr eigentümliche **Mischung aus romanischem Baustil und maurischen Elementen** auf. Vor allem die mosaikartigen, mehrfarbigen Ornamente der Fassade erinnern an die Architektur des Südens. Mit dem Bau der Kathedrale wurde an der Goldenen Pforte begonnen. Hier fand der druidische „Fieberstein", von dem sich eine große Anzahl Wallfahrer Linderung und Heilung erhofften, seine neue sakrale Heimat. Über dem Altar des Chors thront die Schwarze Madonna, vor der schon sechs Päpste und 13 französische Könige knieten. Die Sakristei birgt einen ganz besonderen Schatz, die **Theodulf-Bibel** des Bischofs von Órleans aus dem 8. Jh. Der herrliche romanische Vorbau, das Porche du For, aus dem 12. Jh. besitzt das **älteste gotische Gewölbe der Region,** in dessen Wabenmustern und durchbrochenen Bögen sich der arabische Einfluss spiegelt.

Cloître der Cathédrale Notre-Dame

Der stimmungsvolle **Kreuzgang,** von dem gesagt wird, er sei einer der schönsten des christlichen Abendlandes, ist ein Wunderwerk mit bunten Arkaden, verziert mit roten, weißen, schwarzen und ockerfarbenen Rautenmosaiken. Die Bogengänge wurden keineswegs in einem Bauabschnitt voll-

Vor der Kapelle St-Clair
in der Altstadt von Le Puy

endet, sondern entstammen unterschiedlichen Epochen. Die Kapitelle schmückt eine reiche Vielfalt teilweise skurriler und fratzenhafter Motive.

● **Öffnungszeiten:** Ende Mai bis Ende Juni 9.00–12.00 und 14.00–18.30 Uhr; Juli bis Aug. 9.00–18.30 Uhr; Sept. bis Mai 9.00–12.00 und 14.00–17.00 Uhr täglich. Eintritt: 4,60 €. Allerdings erhält man beim Office du Tourisme und an den Kartenhäuschen des Klosters, des Rocher und von St-Michel einen Besucherpass für alle diese Sehenswürdigkeiten für 10 €.

Rocher Corneille

Vom Kreuzgang führt der Weg zum Gipfel des Rocher Corneille. Dort steht seit 1860 die gewöhnungsbedürftige, um nicht zu sagen hässliche, **Madonnenfigur,** die **Notre-Dame de la France.** Der 16 m hohe Körper wurde aus dem Metall von über **200 Kanonen,** einer Beute aus dem Krimkrieg, gegossen – sieht man das Ergebnis, eine bis heute durchaus umstrittene „Recyclingmaßnahme" ... Rot angestrichen, mit goldfarbener Krone, wacht die Muttergottes einsam auf ihrem Felsen. Aus ihrer Krone hat man bei gutem Wetter einen **weiten Blick** über die Stadt und die Hochebenen des Velay – mit dem Vorteil, dass die rote Madonna selbst nicht zu sehen ist.

● **Öffnungszeiten:** Ende Mai bis Ende Juni 9.00–19.00 Uhr; Juli bis Aug. 9.00–19.30 Uhr; Sept. 9.00–19.00 Uhr; Okt. bis Mai täglich 9.00–12.00 und 14.00–17.00 Uhr. Eintritt: 3 €. Besucherpass siehe Cloître.

auv_171 Foto: bf

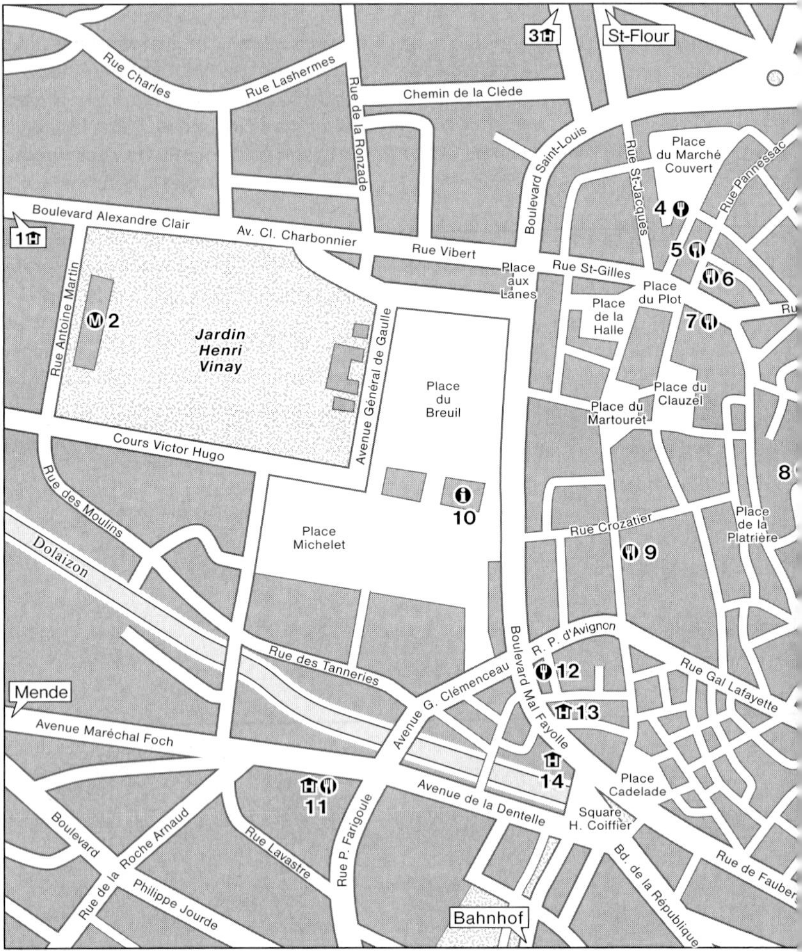

H	1	Hôtel Christel
M	2	Musée Crozatier
H	3	Gîte d'Ètape des Capucins, Pension Maison St-François
	4	Brasserie Les Archers
	5	Restaurant l'Ecru d'Or
	6	Restaurant Entrez les Artistes
	7	Restaurant Eric et Maic Tournayre
	8	Restaurant Comme la Maison,
	9	Restaurant Le Croco
i	10	Office du Tourisme
H	11	Hôtel Bristol et Taverne Lyonnaise

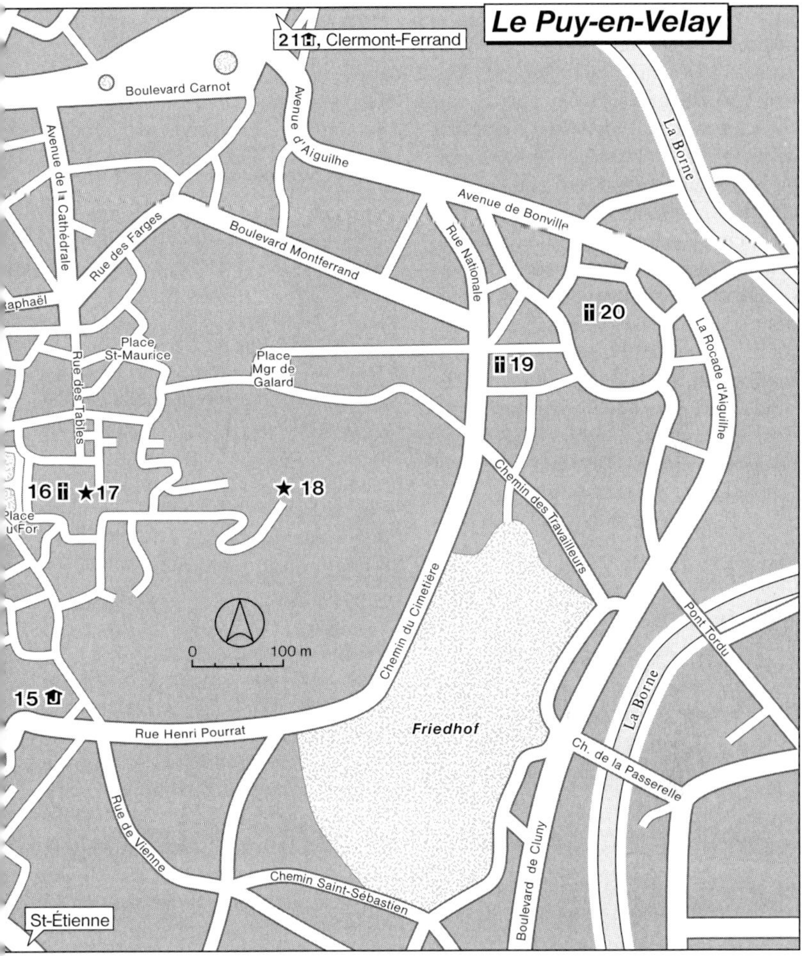

12	Brasserie Le Majestic
13	Hôtel Dyke
14	Hôtel Le Regional
15	Jugendherberge
16	Cathédrale Notre-Dame
★ 17	Cloître Chatédrale Notre-Dame
★ 18	Rocher Corneille
19	Chapelle St-Clair
20	Chapelle St-Michel d'Aiguilhe
21	Hôtel l'Erimitage

Chapelle St-Michel d'Aiguilhe

Über 260 schmale Stufen führen zur Kapelle St-Michel d'Aiguilhe, die dem Erzengel Michael geweiht ist. In den Morgenstunden, bevor sich der Vorhang des neuen Tages lichtet, kann man einen wundervollen Blick auf die Dächer der noch unter einer sanften Nebeldecke schlafenden Stadt erhaschen. Wie ein Finger zeigt die Kapelle, deren Glockenturm die Bauweise der Kathedrale zitiert, gen Himmel. Das Hauptschiff mit seinem Gewölbe im **frühromanischen Stil** ist eine gelungene Lösung, um die geringe Bodenfläche optimal auszunutzen. Ein romanisches Portal aus dem 10./11. Jh. umspannt die in Felsen gehauene Treppe, von der aus ein **Rundweg** um die Kirche führt. Die Kapelle diente ursprünglich als Oratorium, das später durch das Schiff, den Chor und den Turm erweitert wurde.

- **Öffnungszeiten:** Feb. bis Mitte März von 14.00–17.00 Uhr; Mitte März bis April von 9.30–12.00 und 14.00–17.30 Uhr; Mai bis Sept. 9.00–18.30 Uhr; ab Okt. von 9.30–12.00 und 14.00–17.30 Uhr, jeweils täglich. Eintritt: 2,50 €. Besucherpass siehe Cloître.

Chapelle St-Clair

Datiert auf die zweite Hälfte des 12. Jh., gehört die **Totenkapelle** St-Clair zum ehemaligen Hospital St-Nicolas, das in der Zeit der Pilgerströme große Bedeutung für die Stadt besaß. Die Kapelle zu Füßen des Aiguilhe mit dem **Pilgerkreuz** aus dem 15. Jh. und dem Brunnen strömt ein mittelalterliches Flair aus.

Altstadt

Zu Füßen der Kathedrale Notre-Dame breiten sich die roten Dächer wie ein Schirm über die Altstadt aus. Vor allem in der Rue Pannessac und der Rue Charmalenc begrenzen schöne **Renaissancefassaden** aus dem 15.–17. Jh. die engen und steilen Gassen. Die Häuser der Altstadt erinnern an den Reichtum, den Le Puy durch Handwerk, Handel und Manufakturen erwirtschaften konnte. Bei einem Rundgang können noch

Steil bergan führt die Rue des Tables zur großen Pilgerkirche Notre-Dame

die **Spitzenklöpplerinnen** beobachtet werden, die vor den Türen der Läden die traditionellen Muster herstellen.

Musée Crozatier

Das Museum am Stadtpark Jardin Henri-Vinay ist seit 1820 das **Heimatmuseum,** geschichtliche Sammlung und Kunstmuseum zugleich. Dem traditionellen Handwerk der Region, dem Spitzenklöppeln, ist ein eigener Raum gewidmet.

- **Öffnungszeiten:** Mai bis Sept. von 10.00–12.00 und 14.00–18.00 Uhr, Mo geschlossen (außer von Mitte Juli bis Sept.), Okt. bis April von 10.00–12.00 und 14.00–16.00 Uhr, Mo und So geschlossen. Eintritt: 3 €. Tel. 0471066240.

Distillerie de la Verveine Velay Pagès

Die **Brennerei des traditionellen Kräuterlikörs,** des **Verveine du Velay,** kann in St-Germain-Laprade besichtigt werden. Der Ort liegt etwa 10 Minuten außerhalb von Le Puy an der N 88 in Richtung St-Etienne. Die Führung (45 Minuten) zeigt die Geschichte der Brennerei seit 1859. Natürlich wird die Herstellung des Likörs, in dem über 32 verschiedene Kräuter enthalten sind, erklärt. Diese Kräutermischung gibt dem Verveine die unvergleichliche Farbe und den Geschmack, der durch Reifung in Eichenfässern intensiviert wird. Zum Schluss gibt es eine kleine Probe des guten Tropfens.

- **Öffnungszeiten:** Ganzjährig Di bis Sa, im Juli und Aug. von Mo bis So 10.00–12.00 und 13.30–18.30 Uhr. Eintritt und Führung: 5 €. Tel. 0471030411.

Information

- **Office du Tourisme de la Communauté d'Agglomération du Puy-en-Velay Haute-Loire**
Place du Breuil, 43000 Le Puy-en-Velay, Tel. 0471093841, www.ot-lepuyenvelay.fr. Täglich von 9.00–19.00 Uhr geöffnet.
- **Wanderverein** für die Region Haute-Loire, La Croisée des Chemins, Rue Boucherie Basse 23, Tel. 0471041595.
- **Centre d'Enseignement de la Dentelle**
38–42, Rue Raphaël, Tel. 0471041098. Informationszentrum, Fachbuchhandlung und Schule für Spitzenklöppelei mit interessanten Austellungsstücken. Eintritt: 2 €.

Unterkunft

- **Hotel Christel** €€€
15, Boulevard A. Clair, Tel. 0471099595. Relativ ruhig gelegenes Stadthotel mit freundlicher Atmosphäre.
- **Hotel Bristol et Taverne Lyonnaise**€€
7–9, Boulevard Maréchal Foch, Tel. 0471091338. Charmantes Hotel in altehrwürdigen Mauern. Das Restaurant ist aufgrund seiner guten regionalen Küche beliebt.
- **Hotel l'Ermitage**€€
73–75, Avenue de l'Ermitage, Tel. 0471070505. Gut geführtes Hotel mit eigener Gartenanlage.
- **Hotel Dyke**€€
37, Boulevard Maréchal Fayolle, Tel. 0471090530. Zentral gelegenes Hotel mitten im Trubel der Altstadt mit modernen kleineren Zimmern.
- **Hôtel Le Régional**€
36, Boulevard Maréchal Foch, Tel. 0471093774. Einfaches Hotel mit zwölf Zimmern.
- **Gîte d'Étape et Meublés de Tourisme des Capucins**€
29, Rue des Capucins, Tel. 0471042874. Nur fünf Minuten von der Altstadt entfernt, vermieten die deutschsprachigen Besitzer nicht nur Zimmer für Wanderer, sondern auch preisgünstige Apartments. Das Haus hat einen netten kleinen Garten, der auch von den Gästen genutzt werden kann.

•Pension Maison St-François
Rue St-Mayol, Tel. 0471059886. Ruhige Pension direkt am GR 65 am Stadtrand.

Jugendherberge

•Centre Pierre Cardinal, 9, Rue Jules Vallès, Tel. 0471055240. Die Herberge ist ganzjährig geöffnet und bietet Platz für rund 70 Gäste.

Camping

•Camping du Puy-en-Velay
Chemin de Bouthezard, Aiguilhe, Tel. 0471095509. Kleiner Platz im Schatten des Aiguilhe nur fünf Minuten vom Stadtzentrum entfernt. Geöffnet von April bis Okt.

•Camping Comme au Soleil
Le Cours de l'Eau, Tel. 0471083255. In Coubon, etwa 15 Minuten südlich von Le Puy an der Loire, liegt dieser sehr schön angelegte und ruhige Platz mit vielen Sport- und Einkaufsmöglichkeiten. Es können Bungalows angemietet werden. Pro Person 2,50 € und 3 € für den Platz.

Essen und Trinken

•Eric et Marc Tournayre
12, Rue Chènebouterie. Beliebtes Gourmet-Restaurant, das vor allem die typischen Gerichte der Auvergne auf die Speisekarte setzt: Pilzgerichte, herzhafte Käsesorten oder die berühmten grünen Linsen aus Le Puy. Eine gelungene Mischung aus gehobener moderner Gastronomie und regionaler Küche in einem schönen Gewölbekeller.

•A l'Ecu d'Or
59 et 61, Rue Pannesac. In der wohligen Atmosphäre eines mittelalterlichen Gewölbes serviert man hier eine gehobene Küche, die vor allem regionale Spezialitäten wie zum Beispiel das Aligot kreativ erweitert.

•Entrez les Artistes
29, Rue Pannesac. Kleines Restaurant, dessen Speisekarte sich vor allem an den frischen Produkten der Region und nicht an den touristischen Wünschen orientiert. Auf der Terrasse kann man das Menü schon ab 9 € so richtig genießen.

•Le Croco
5, Rue Chaussade. Hier gibt es üppige Salate (um 7 €), Crêpes und eine große Auswahl an Desserts. Menü ab 16 €.

•Comme la Maison
7, Rue Séguret. Die Terrasse ist einfach Klasse. Mit schönem Blick über die Altstadt mundet auch die durchschnittlich gute regionale Küche. Menü ab 10 €.

•Brasserie Les Archers
Place du Marché Couvert. Mit Holzbänken und kleinen Marmortischen eingerichtete urgemütliche Brasserie. Die Weinkarte ist erlesen, die Speisekarte ebenfalls. Spezialität ist die *Truite Fumée aux Lentilles* (geräucherte Forelle mit Linsen). Menü ab 11 €.

•Brasserie Le Majestic
8, Boulevard Maréchal Fayolle. Die beliebte Brasserie ist stets gut besucht, ob zum Frühstück oder auf einen kleinen Imbiss zu Mittag oder zum Abendessen. Menü ab 8 €.

Pub/Café

•The King's Head
Place du Marché Couvert. Irish Pub mit internationalem Publikum.

•Café Internet
Rue Gal Lafayette. Geöffnet tägl. von 15.00–18.00 Uhr.

Verkehrsverbindungen

•**Gare SNCF,** Bahnhof am Place Maréchal Leclerc, Tel. 0836353535. Täglich Zugverbindungen nach St. Etienne, Lyon und Clermont-Ferrand.

•**TUDIP, regionale Buslinie,** Office du Tourisme, Place du Breuil, Tel. 0471093841. Die Fahrpläne liegen im Office du Tourisme aus.

•**Aéroport Le Puy-en-Velay/Loudes,** Tel. 0471086228. Zweimal täglich Flugverbindung nach Paris.

Markt

•Am Samstag findet in der unteren Altstadt rund um den Place du Breuil ein schöner und interessanter **Pflanzen- und Lebensmittelmarkt** statt. Alles, was die Landwirtschaft und die Wälder der Region hergeben, wird hier feilgeboten: leckere Käsesorten, Pilze, Holzofenbrot usw.

Einkaufen

- **Fromagerie & Crèmerie,** Place du Marché Couverte. Schnuckeliger Laden, Leidenschaft des Inhabers ist Käse. Er lässt gerne von seinen Köstlichkeiten probieren.
- **Patissserie & Chocolaterie „La Cabasse",** Rue Pannesac. Der Laden wurde dem guten alten Stil authentisch nachempfunden. Hier gibt es alles, was das Herz der Schleckermäuler begehrt: kleine Törtchen, süße Stückchen und die Spezialität des Hauses, „Le Pave de Pannesac", ein Schokoladenwürfel, der nach der Straße benannt wurde.
- **Pharmacie,** Rue de Pannesac. Die alte Apotheke ist eine Augenweide: Viele Schubläden, Glasbottiche und Tiegel erinnern an das traditionelle Apothekerhandwerk. Die schön renovierte Außenfassade des Hauses ist reich verziert.

Feste

Fêtes Renaissance du Roi de l'Oiseau

Das große Renaissancefest, das **Fest des Vogelkönigs,** findet meist am zweiten Wochenende im September statt. Ganz Le Puy kehrt zurück ins 16. Jh. und wird zur einzigartigen Schaubühne. Turniere im traditionellen Stil, Musik und Theater der Renaissancezeit, Schausteller sowie Straßenmusikanten sind in den Straßen und auf den Plätzen zu bewundern. Alle Bewohner und auch Besucher tragen **historische Trachten** und schlüpfen in die Rolle von Gauklern, Bettlern, Edelmännern und -frauen. Der Ursprung des Festes ist ein **Turnier,** bei dem die besten **Bogenschützen** der Stadt ermittelt wurden. Kostümverleih und Informationen im Comité Roi de l'Oiseau, 29, Rue Raphaël, Tel. 0471091653.

Fête de la Vierge Noir

Das **Marienfest** wird traditionell am 15. August mit einer der **größten Prozessionen in Frankreich** zelebriert. Die Prozession führt zu Ehren der Schwarzen Madonna durch den historischen Stadtkern.

Licherfest der Vulkane

Während der Sommermonate wird zu Ehren der Pilger dieses Lichterfest gefeiert. Die markante Silhouette der Stadt bietet die ideale Kulisse für ein **Feuerwerk** mit grandiosen Spezialeffekten, das von zahlreichen Konzerten und weiteren Rahmenveranstaltungen begleitet wird.

Rund um Le Puy-en-Velay

Château de Polignac

Etwa 6 km nordwestlich von Le Puy-en-Velay liegt das Château de Polignac mit seinem beeindruckenden **Bergfried** auf einem Basaltplateau. Die Burg, die an der Stelle eines Apollotempels erbaut wurde, ist die Wiege der berühmtesten Familie des Velay. Von den Schlossruinen genießt man einen wunderschönen Ausblick auf die herrliche Landschaft der südlichen Auvergne.

- Die **Öffnungszeiten** sind unter Tel. 0471094978 zu erfragen. In den Sommermonaten ist das Château in der Regel von 10.00–12.00 und 14.00–18.00 Uhr geöffnet.

Orgues d'Espaly

Westlich von Le Puy sind die **Basaltsäulen** von d'Espaly, die sich wie Orgelpfeifen aneinander reihen, zu bestaunen. Sie entstanden beim Erkalten der Lava, die in den Felsspalten aufstieg.

Lac du Bouchet

Der **kreisrunde Kratersee,** der etwa 20 km südlich von Le Puy in den Monts du Devès liegt, lockt in kühlen 1208 m Höhe zum Baden und zum Wandern in himmlischer Ruhe. Ein **Rundweg** führt in 20 Minuten rund um den malerischen See mit seinem kristallklaren Wasser. Der Lac du Bouchet ist ein perfektes Beispiel für ein Maar. Die **Monts du Devès,** die westlich an das Allier-Tal grenzen, sind wie die Monts Dôme im Département Puy-de-Dôme Vulkankegel vom Strombolityp. Der Lac du Bouchet ist ein guter Ausgangspunkt für Wanderungen ins Allier-Tal und durch die Monts du Devès. Die Wege sind gut beschildert, ein Hinweisschild am Parkplatz des Lac du Bouchet informiert über die verschiedenen Touren. Das **Restaurant** am See ist von Mai bis September geöffnet.

Die Gorges de l'Allier entlang

Der Allier mündet im äußersten Norden der Auvergne unweit von Moulins in die Loire. In seinem Unterlauf öffnet sich das Tal zu den **fruchtbaren Ebenen der Limagne** im gleichnamigen Département Allier. Von Brioude, etwa

auv_178 Foto: bf

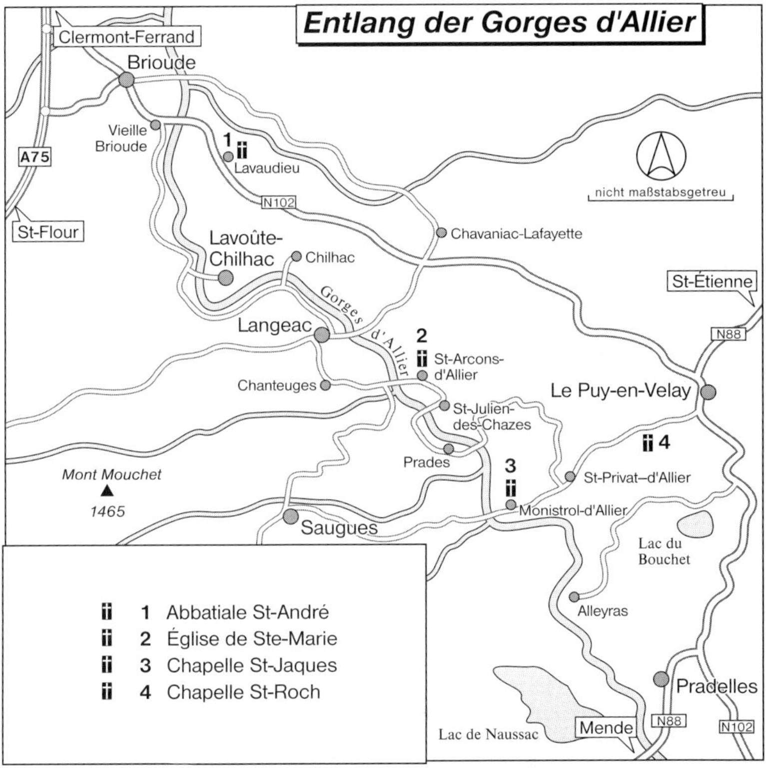

50 km südlich von Clermont-Ferrand, der Hauptstadt der Auvergne, bahnt sich der Oberlauf des Allier seinen Weg durch das südliche Velay. Hier sind die Gorges de l'Allier teilweise mehrere hundert Meter tief **cañonartig** in die Hochflächen eingeschnitten. Der Fluss folgt einem der **Grabenbrüche,** die in Nord-Süd-Richtung das Massif Central durchziehen. Diese entstanden im Tertiär unter dem Einfluss der Auffaltung der Alpen.

Der Fluss mäandriert in weiten Schleifen auf dem weitgehend granitischen Untergrund, wird aber immer wieder durch **Basaltströme,** die er in engen Windungen durchbricht oder weiträumig umgeht, in seinem Lauf gestört. An manchen Stellen legt die **Erosionskraft**

Kratersee Lac du Bouchet

des Allier steile Wände von Basaltprismen frei, wie beispielsweise die „Orgeln" bei Chilhac, südlich von Brioude.

Zwischen Brioude und Langeac kann die D 585 der immer schmaler werdenden Schlucht noch folgen. Ab Langeac verläuft nur noch eine Bahnlinie neben dem Fluss. Hier verkehrt ein **Train Touristique** bis nach Langogne. Die teils bewaldeten Steilhänge der Gorges de l'Allier fallen bis zu 500 m ab, und der Landstrich wird immer verlassener und wilder.

Die Gorges de l'Allier bieten dem Urlauber vor allem **sportliche Betätigungsfelder** in einer recht ursprünglichen und selbst in den Sommermonaten längst nicht überlaufenen Region. Der Fluss selbst ist das Ziel von Anglern, Kanuten, Kajakfahrern und Wasserratten. Zahlreiche **Wander-** und **Mountainbikerouten** führen entlang der Gorges de l'Allier sowie die Steilhänge hinauf zu schönen Ausblicken auf das Velay und die benachbarte Margeride. Aber auch die Kultur kommt keineswegs zu kurz: Die **Kathedrale** von Brioude oder die **historischen Altstädte** von Langeac, Lavoûte-Chilhac oder von Pradelles sind einen Besuch wert.

Brioude ⇗ XII, A2

Die quirlige Kleinstadt liegt auf einer sanft ansteigenden Flussterrasse des Allier. Brioude, das ehemalige „Benigna Brivas", die Sanfte, besitzt ein **reichhaltiges architektonisches Erbe.** Das Städtchen ist um die Basilika St-Julian gewachsen und war einst eine Hochburg der Pilgerfahrten. Das Flair einer lebendigen Vergangenheit hat sich Brioude bis heute bewahrt: nette Gassen, Plätze und Tore, reich verzierte Häuser, Türmchen und Brunnen. Brioude ist darüber hinaus ein namhaftes Zentrum für den **Lachsfang.** Zwischen Februar und April ziehen die Lachse flussaufwärts, um in den kalten Gewässern des oberen Allier abzulaichen.

Geschichte

Die Anfänge von Brioude gehen zurück in die **gallo-römische Epoche.** Aus dem kleinen Marktflecken entwickelte sich im Laufe des Mittelalters eine Hochburg für **Wallfahrten.** Grund hierfür war der Märtyrertod eines römischen Legionärs, der im Jahr 304 in Brioude enthauptet wurde. Nach seiner Heiligsprechung zog das Grab des Hl. Julian mit der kleinen Kirche vor allem im 6. Jh. viele Pilger in die Stadt. Die **Herzöge von Aquitanien** machten Brioude sogar zu ihrem Hauptsitz. *Wilhelm der Fromme,* der Begründer des Klosters von Cluny, wurde in der Grabkirche beigesetzt. Ab dem 9. Jh. litt Brioude unter der **Tyrannei** der aristokratischen Familie der Chorherren von St-Julien. Die Französische Revolution beendete jäh die Unterdrückung der Bevölkerung, und Brioude wuchs und gedieh bis zur Gegenwart zum friedlichen Städtchen.

Sehenswertes

Basilique St-Julian

Auf dem Grab des Hl. Julian errichtet, hat die heutige **romanische Basilika** die Kapellen und Kirchen ersetzt, die nacheinander errichtet wurden, sich

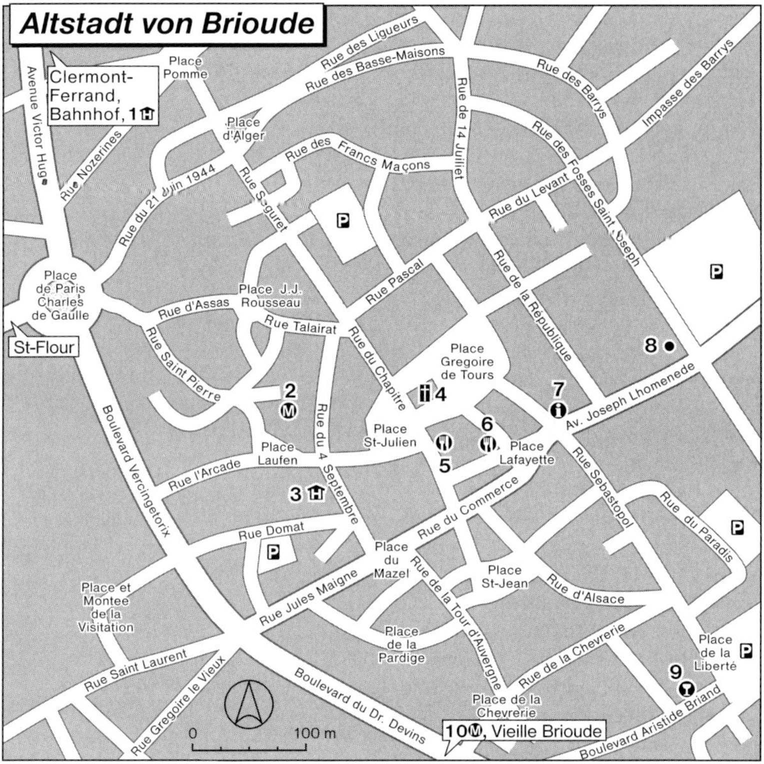

- 1 Le Continental
- 2 Hôtel de la Dentelle (Museum für Spitzenklöppelei)
- 3 Hôtel du Centre
- 4 Basilique St-Julian
- 5 Restaurant Marquet
- 6 Cardigan's Restaurant Lounge Bar
- 7 Office du Tourisme
- 8 Mairie (Rathaus)
- 9 Bar und Restaurant Le Midi
- 10 La Maison du Sauman (Museum und Aquarium)

aber aufgrund der Pilgerscharen stets als zu klein erwiesen. Mit einer Länge von 74 m ist sie die **größte romanische Kirche der Auvergne.** An der Basilika wurde mehr als 200 Jahre gebaut, und so ist es keineswegs verwunderlich, dass sie nicht wie aus einem Guss wirkt. St-Julian hebt sich durch seine Vielfarbigkeit und **architektonischen Eigentümlichkeiten** von dem Archetyp der „großen auvergnatischen Kirchen" ab und zählt zu den großen Wallfahrtskirchen des Landes. Auffallend sind die **breiten Seitenschiffe,** die durch einen weiten Chorumgang verlängert werden. Es fehlen das Querhaus sowie das für die auvergnatische Romanik typische Massif Barlong, auch auvergnatischer Querriegel genannt (mächtiges Querhaus, das zur Vierung hin gestaffelt ist).

Von außen betrachtet erinnert das Gebäude zwar an die auvergnatische Pyramide, im Innern aber ist auf diesen stufigen Aufbau zugunsten der Betonung der Längsrichtung verzichtet worden. Die über 300 (!) Kapitelle sind größtenteils gut erhalten und zeigen eine erstaunliche **ikonische Vielfalt** an antiken, mittelalterlichen und religiösen Themen. Der Basilika St-Julian sollte man definitiv einen Besuch abstatten. Schon allein die **Farbenpracht** der gelbrötlichen Sandsteine sowie die bunten Kiesel, aus denen die Bodenmosaike gelegt wurden, sind beeindruckend.

La Maison du Saumon et de la Rivière

Das **Museum und Aquarium** ist ganz den Lachsen gewidmet, die alljährlich zum Ablaichen stromaufwärts wandern. Aber auch andere Flussbewohner, wie zum Beispiel Krebse, sind im Aquarium zu beobachten.

● **Öffnungszeiten:** März bis April von 10.00–12.00 und 14.00–18.00 Uhr; Mai/Juni/Sept. von 10.00–12.30 und 13.30–18.00 Uhr; Juli und Aug. von 10.00–19.00 Uhr. Eintritt: 5,50 €. Adresse: Place de la Résistance, Tel. 0471749143.

Hôtel de la Dentelle

Im **Museum für Spitzenklöppelei** sind außergewöhnliche Exemplare filigraner und farbenprächtiger Spitzenkleider zu bestaunen.

● **Öffnungszeiten:** April bis Okt. von Mo bis Fr 10.00–12.00 und 14.00–18.00 Uhr; Juli und Aug. von 9.30–12.00 und 14.00–18.30 Uhr. Eintritt: 4 €. Adresse: 29 et 43, Rue du 4 Septembre, Tel. 04 71748002.

Information

● **Office du Tourisme de Brioude et sa Région**
Place Lafayette, 43100 Brioude, Tel. 0471749749 sowie im Internet unter www.brioude.com.

Unterkunft

● **Hôtel du Centre**€
13, Rue du 4 Septembre, Tel. 0471500698. Freundliches Hotel im Herzen der Altstadt, das seinen Gästen die Mahlzeiten auch auf der Terrasse serviert.

● **Le Continental**€
35, Avenue de la Gare, Tel. 0471500911. Gleich gegenüber dem Bahnhof etwa 10 Minuten von der Altstadt entfernt.

Südlich von Brioude beginnen die Gorges de l'Allier

auv_183 Foto: bf

Camping

● **La Bageasse**
Tel. 0471500770. Der schöne, schattige und ruhige Platz liegt 2–3 km außerhalb von Brioude am Ufer des Allier. Geöffnet von Mitte Mai bis Mitte Okt.

Essen und Trinken

● **Bar & Restaurant Le Midi**
17, Boulevard Aristide Briand. Am Rande der Altstadt können hier leckere Salate ab 5 €, *Plat du Jour* für 7 € und das Menü ab 10 € verspeist werden.

● **Cardigan's Restaurant Lounge Bar**
Place Lafayette. Die Speisekarte ist einfach grandios: Salate, unzählige Tellergerichte und vor allem stets frische Zutaten (ab 7 €). In der Lounge Bar erwartet den Gast eine große Auswahl an Whiskeys, Cocktails, Weinen und Bieren in stilvoller Atmosphäre, die häufig mit Livemusik untermalt wird.

● **Restaurant Marquet**
16, Rue Savaron, gleich gegenüber der Basilika. In diesem netten Restaurant kommt vor allem die Regionalküche auf den Tisch: Lachs, Trüffel und Fleischspezialitäten der bekannten Salers-Rinder. Menü ab 10 €.

Markt

● Samstagmorgen beteiligen sich im Stadtzentrum über **100 Marketender** am bunten **Regionalmarkt** mit frischen Produkten, die rund um Brioude gedeihen und produziert werden.

Sport und Aktivitäten

● **Base de Canoë-Kayak,** Pont de Lamothe, Tel. 0471504382, Richtung Lamothe an der D 588 direkt am linken Allier-Ufer. Tagesausflüge, stundenweise Vermietung sowie Kurse im **Kajak-** und **Kanufahren.**

Festival

● Seit 1989 findet in der Basilika St-Julian jährlich von Mitte Juli bis Mitte August die **„Saison Musicale"** statt, ein **Festival klassischer Musik** anlässlich der Restauration der Kirchenorgel.

Rund um Brioude

Château de Paulhac

Die Burg ist ein schönes Beispiel für eine **mittelalterliche Burg** aus dem 12. Jh.

● **Öffnungszeiten:** an Wochenenden, sonn- und feiertags von 14.00–17.00 Uhr. Tel. 0471502776. Eintritt und Führung: 7 €.

Lavaudieu

XII, A2

Im Schatten von Brioude entwickelte sich Lavaudieu seit dem Mittelalter zu einem bescheidenen Ort. In Lavaudieu, was übersetzt das Tal Gottes bedeutet, sind die Reste einer alten **Benediktinerabtei** aus dem 11. Jh. erhalten. Das Kloster gründete der Hl. Robert, erster Abt von La Chaise-Dieu. In der Abtei von Lavaudieu lebten bis zur Französischen Revolution mehrere Generationen von Benediktinerinnen unter der Obhut der Äbte von La Chaise-Dieu.

Sehenswertes

Église St-André

Die dem Apostel *Andreas* geweihte Kirche mit dem achteckigen Turm enthält **bemerkenswerte Fresken** aus dem 14. Jh., die vom Einfluss italienischer Wandmalereien zeugen. Sie stellen die Grablegung *Marias,* das Martyrium des *Hl. Andreas,* den Leidensweg Christi und eine Allegorie des Schwarzen Todes dar.

Der **romanische Kreuzgang Cloître Église St-André** ist der einzige in der gesamten Auvergne, der völlig unversehrt die Turbulenzen der Geschichte überdauert hat. Nahezu jede Säule ist unterschiedlich modelliert: gedreht, mehreckig, glatt oder zylinderförmig mit einfach verzierten Kapitellen.

● **Öffnungszeiten:** Mitte April bis Mitte Juni und Mitte Sept. bis Okt. von 10.00–12.00 und 14.00–17.30 Uhr, Di geschlossen; Mitte Juni bis Mitte Sept. von 10.00–12.00 und 14.00–18.30 Uhr. Eintritt: 4 € (zusammen mit dem Eintritt für das Maison des Arts et Traditions Populaires, s.u.).

Maison des Arts et Traditions Populaires

Das **Volkskundemuseum** ist in einer Bäckerei aus dem 19. Jh. untergebracht. Neben dem ursprünglichen Backtrog, Ofen und Brunnen sind Werkzeuge alter Handwerksberufe sowie altertümlicher Hausrat ausgestellt.

● **Öffnungszeiten** und Eintritt siehe Église St-André.

Carrefour du Vitrail

Im **Haus der Glaskunst** kann in der Glasbläserei sowie in der Handwerksstätte die Kunst der Glasverarbeitung und der Restauration alter Gläser oder Kirchenfenster besichtigt werden.

● **Öffnungszeiten:** Mai bis Okt. von 10.00–12.00 und 13.00–18.00 Uhr; Mai und Okt. am Wochenende geschlossen. Eintritt mit Führung: 4,50 €. Tel. 0471764611.

Information

● **Point Info**

43100 Lavaudieu, Tel. 0471764600, im Juli und Aug.

Unterkunft

● **Chambres d'Hôtes**€

„La maison d'à côté", *Marie Robert,* Tel. 0471764504, gleich vor der alten Brücke über die Senouire.

- **Chambres d'Hôtes**€€
„La Buissonnière", *Andrée* und *Michel Isabel*, Tel. 0471764902, am westlichen Ortsrand gelegen.

Essen und Trinken

- **L'Auberge de l'Abbaye**
Gleich am Marktplatz. Nettes schlichtes Restaurant mit klassisch-französischer Küche und regionalen Menüs. Menü ab 11 €.
- **Café & Restaurant Court la Vigne**
In einem hübsch renovierten Haus aus dem Mittelalter gleich bei der Kirche St-André.

Langeac ⇗ XII, A3

Mitten im Allier-Tal schmiegt sich das belebte Städtchen Langeac an die Ufer des Allier. Langeac ist einfach ein netter und **authentischer Marktflecken** der Region sowie ein idealer Ausgangspunkt für einen Aufenthalt im Allier-Tal. Von hier aus sind die Sehenswürdigkeiten in Brioude, La Chaise-Dieu oder Le Puy-en-Velay bequem zu erreichen. In der Umgebung von Langeac bestehen **zahlreiche Möglichkeiten zu sportlicher Betätigung** zu Wasser und auf dem Land. In einem der vielen Straßencafés lässt sich gemütlich die Atmosphäre genießen, lesen, beobachten oder einfach nur „abhängen".

Information

- **Office du Tourisme des Gorges d'Allier**
Place Aristide Briand, 43300 Langeac, Tel. 0471770541 und im Internet unter www.langeac.com.

Unterkunft

- **Central Hôtel**€-€€
Place Aristide-Briand, Tel. 0471770599. Gutes Haus im Zentrum mit Restaurant und Snackbar. Die Übernachtungspreise schwanken je nach Zimmer und Saison.
- **Hôtel de l'Avenue**
28, Avenue de la Gare, Tel. 0471770888. Gemütliches Hotel mit Restaurant und Pizzeria sowie großer Terrasse.

Camping

- **Camping municipal**
Tel. 0471770501. Direkt am Allier, am nördlichen Ortsrand gelegen. Weitläufiger Platz mit Stellplätzen für 200 Personen, Imbiss und Schwimmbad unter großen Bäumen. Geöffnet von April bis Okt.
- **Camping**
Chez l'Habitant l'Escargot Bleu
43300 Prades, Tel. 0471740041. Winziger Platz am Fuße der Kletterfelsen südlich von Langeac. Geöffnet von Juli bis Aug. sowie nach Voranmeldung.

Essen und Trinken

- **La Providence**
46, Avenue Danton. Traditionelle Küche, *Plat du Jour* für 10 €. So. geschlossen.
- **Café du Nord**
15, Rue de la République. Regionale Küche mit Spezialitäten für Feinschmecker, z.B. Trüffel. *Menue du Jour* (Tagesmenü) 11 €.
- **Pizza Belle**
4, Rue Parmentier. Pizzas vom Holzofen, Salatkarte und Pastagerichte. Pizza und Salate ab ca. 8 €.

Sport und Aktivitäten

- Im Allier-Tal gibt es zahlreiche **Klettermöglichkeiten.** Nur wenige Felsen stehen unter Naturschutz und sind ganzjährig für Kletterer gesperrt. Wie in Deutschland, sollte man nur an ausgewiesenen Felsen klettern. Beliebt sind im Allier-Tal die **Granitfelsen Cubelles-Haut** (35 m) mit 20 Routen von Schwierigkeitsgrad 5 bis 6b oder **Cubelles-Bas** (40 m) mit 10 Routen von 5 bis 6b. Bei **Pradel** können die Schwindel erregenden Höhen am **Basaltstein** erklommen werden. Mit 70 (!) verschiedenen Wegen von 4 bis 7c und einer Steighöhe von 15–30 m kann man sich hier so richtig austoben. Die beiden Klettergebiete liegen am linken Allier-Ufer etwa 8 km südlich von Langeac. Infos bei allen Office du Tourisme sowie unter Tel. 0471770469 oder

0471772830 beim Kletterverband, der auch **Kurse** und **geführte Touren** anbietet.

- **Reiten: Ferme Equestre,** *Marc Peyrache,* 43380 Aubazat, Tel. 0471774426. Der Reiterhof, etwa 5 km nördlich von Langeac, bei Lavoûte-Chilhac, bietet Kurse, Ausritte und **Ferien auf dem Reiterhof** mit Unterkunft im Gîte Rural (einfache ländliche Unterkunft) oder Gîte de Groupe (Gruppenraum) für jedermann (Kinder ab 8 Jahren).
- **Kanu, Kajak, Rafting: Tonic Aventure,** Base de l'Île d'Amour, 43300 Langeac, Tel. 0471772564 und unter www.kayak.fr, oder in Chilhac, Base d'eau vive, 0471774366.
- **Mountainbiking** und **Trekkingtouren: Patrick Robillard,** 2, Avenue de la Gare, Tel. 0471772785 oder 0675046427. Das Office du Tourisme bietet zusätzlich Tourenbeschreibungen für Wanderer und Mountainbiker rund um das Allier-Tal.

Festival

- **Fête de St-Gal,** 1. Juliwochenende. Das Festival findet hauptsächlich zu Wasser statt: Blumengeschmückte Boote und Kanus ziehen den Allier hinab. Ein Lichterfest und ein Feuerwerk werden von Livemusik untermalt.

auv_186 Foto: bf

St-Privat d'Allier – Station auf dem Pilgerweg nach Santiago de Compostela

Ausflug

- Der **Train Touristique** schlängelt sich eng am Flusslauf des Allier entlang durch die Gorges de l'Allier. Täglich fährt der Zug in etwa 2 Stunden **von Langeac nach Langogne.** Abfahrt um 9.10 Uhr mit drei möglichen Rückfahrten ab Mittag. Preis: 17 € inkl. Eintritt in das Museum l'Auberge de Peyrebelle. Infos: **Boutique Train Touristique,** Place de la Gare, B.P. 27, Tel. 0471777017.

Rund um Langeac

Monistrol-d'Allier und St-Privat d'Allier

Hoch über den Schluchten thront der kleine Ort St-Privat d'Allier auf einem Felssporn. Er ist wie auch Monistrol-d'Allier eine Station auf dem Pilgerweg nach Santiago de Compostela. Von St-Privat d'Allier führt der **Wanderweg GR 65** steil hinab durch Wälder und Felsen ins Allier-Tal.

Unterkunft

- **La Vielle Auberge**€-€€
Le Bourg, St-Privat-d'Allier, Tel. 0471572056. Im Zentrum des kleinen Ortes.
- **Hôtel des Gorges**€-€€
Direkt am Bahnhof in Monistrol-d'Allier, Tel. 0471572450.

Sport und Aktivitäten

- **Base an Rafting,** 43580 Monistrol d'Allier, Tel. 0471572390 und www.an-rafting.com. Die Wassersportbasis ist nur 200 m vom Bahnhof entfernt und bietet alle Aktivitäten und Abenteuer auf und im sprudelnden Nass. Canyoning (½ Tag) für 37 € oder Rafting für 36 € pro Person.

Pradelles ⇗XVIII, A2

Pradelles ist ein **Ort wie aus dem Museum.** Viele sehr gut erhaltene und aufwendig renovierte Steinhäuser, kleine Gassen, Plätze und vielen Brunnen erinnern an die „gute alte Zeit". In **wundervoller Hanglage** über dem Staudamm des **Lac de Naussac** befindet sich Pradelles an einer strategisch wichtigen Stelle zwischen dem Velay, der Margeride und dem südöstlich anschließenden Vivarais. Wie in Le Puy-en-Velay wacht über Pradelles weithin sichtbar die **Statue einer roten Madonna.** Mit halb ausgebreiteten Armen blickt sie vom Kirchturm der Chapelle de Notre-Dame de Pradelles auf ihre Schäfchen. Während der verheerenden Zeiten der Religionskriege stand Pradelles unter dem Schutz von *Jeanne la Verdette,* einer Art *Jeanne d'Arc,* so dass der Ort kaum Zerstörungen davontrug und seinen historischen Charme erhalten konnte. Heute ist Pradelles ein beliebter Fremdenverkehrsort, vor allem während des Renaissance-Festivals.

Information

- **Office du Tourisme de Pays de Pradelles**
Avenue du Puy, Tel. 0471008265 oder im Internet unter www.pradelles.com. Öffnungszeiten: Mo bis Sa von 9.30–17.30 Uhr und Juli/Aug. So von 10.00–12.00 Uhr.

Unterkunft

- **Hôtel l'Arche**€€
33, Avenue du Puy, Tel. 0471008298. Geöffnet von April bis Okt.
- **Hôtel Masclaux**€
Tel. 0471008042. Einfaches Hotel am zentralen Marktplatz.

Camping

- **Camping Municipal Rocher de Grelet**
Tel. 0471008007. Kleiner Platz mit 30 Stellflächen. Geöffnet von Juli bis Aug.

Essen und Trinken

- **Restaurant & Brasserie Aux Légendes**
Regionale und klassisch französische Küche mit kleinen Imbissen und Salaten. *Menue du Jour* (Tagesmenü) ab 10 €.

Sport und Aktivitäten

- **Le Velo-Rail de Pradelles** ist ein Vergnügen der besonderen Art. Auf einer stillgelegten Eisenbahnlinie kann man mit einem **„Schienenfahrrad"** die Landschaft im Allier-Tal oder nach Norden im Velay in aller Ruhe auf sich wirken lassen. Information: Communauté de Communes des Pays de Cayres et Pradelles, Tel. 0471008746. Die Stunde auf dem Velo-Rail kostet 12,50 €.

Festival

- Beim **Festival de Pradelles** am letzten Juliwochenende sind die Bewohner und Besucher in traditionelle Kostüme aus der Renaissance gekleidet. Ein Markt, Vorführungen, Musik und regionale Leckereien werden vor der Kulisse des Dorfes präsentiert.

Arlempes ⇗XVIII, A2

Die Ruinen der **Burg** der Familie *Montlaur* aus dem 12.–15. Jh. überragen die Gegend von Arlempes auf einem Felsen hoch über der noch wilden Schlucht. Der Ort **im Tal der Loire** gehört zu den schönsten Dörfern Frankreichs. Arlempes wirkt verwunschen. Heute leben hier nur noch 118 Menschen. Ein paar Steinhäuser umrahmen den Felsen, auf dem die Burgruinen zu besichtigen sind.

Geschichte

Die Anfänge des Ortes scheinen weit in die Geschichte zurückzureichen. Etwa 1000 v. Chr. soll sich in der **Grotte de la Baume** eine menschliche Behausung befunden haben. Die Grotte war in keltischer oder auch schon in präkeltischer Zeit eine Kultstätte. Danach bleibt die Geschichte bis zum Bau der **Burg von Arlempes** durch die Familie *Montlaur* im Dunkeln. In dieser strategisch günstigen Lage, in der die Festung nahezu uneinnehmbar war, konnten die Schlossherren das Loire-Tal überblicken und verteidigen. Im 16. Jh. residierte in der Burg die Geliebte *Heinrichs II., Diane de Poitiers.*

- **Château de Arlempes**

Den Eintritt von 3 € entrichtet man im einzigen Hotel und Restaurant am Ort, im Hôtel de Manoir. Geöffnet von März bis Okt., geführte Touren im Juli und Aug. von 14.00–18.00 Uhr.

Unterkunft/ Essen und Trinken

- **Hôtel de Manoir**€€

Tel. 0471571714. Einziges Hotel im Ort. Schön ruhig am Fuß der Burg über der wilden Loire gelegen. Im Hotelrestaurant wird regional-ländliche Küche geboten, wie z.B. Linsensalat mit geräucherter Forelle oder Schinken aus der Auvergne. Auf der schönen Terrasse kann man auch ganz einfach gemütlich einen Café au Lait und die Idylle genießen.

Loire-Tal nördlich von Le Puy

Wie der Allier entspringt auch der **längste Fluss Frankreichs,** die **Loire,** im Grenzgebiet zwischen der südlichen Auvergne und den Cévennen. Doch während der Allier sich sein Bett mühevoll durch die granitischen und vulkanischen Massive der zentralen Auvergne fräst, geht die Loire einen Weg des geringeren Widerstandes. Entlang einer Bruchlinie bahnt sie sich einen kurzen Weg in nordöstlicher Richtung aus dem Bergmassiv. Entsprechend sind die **Gorges de la Loire** weniger spekatulär. Lediglich auf kurzen Abschnitten, wie bei Arlempes oder nördlich von Le Puy-en-Velay in den Gorges de Peyredeyre, ist das Flussbett canyonartig steil und wild. Im Übrigen aber ist die noch junge Loire ein freundlich in Mäandern dahinschlängelnder Fluss.

Lavoûte-sur-Loire ⇗XIII, C3

Etwa 5 km nördlich von Le Puy am Ausgang der **Gorges de Peyredeyre** liegt die **Burg Lavoûte-Polignac,** die seit über 1000 Jahren von einer engen Schleife der Loire eingeschlossen wird. Das Schloss war der Sommersitz der reichen Familie *Polignac.* Die Burg wird erstmals im 9. Jh. urkundlich erwähnt. Während der folgenden Jahrhunderte wurde sie sukzessive bis ins 14. Jh. hinein vergrößert, bis das Schloss in der Französischen Revolution fast gänzlich in Schutt und Asche gelegt wurde. Ende des 19. Jh. wurde die Burg zum Teil neu aufgebaut und restauriert.

● **Château de Lavoûte-Polignac**
Öffnungszeiten: April, Mai und Okt. von 14.00–18.00 Uhr; im Juni, Juli und Aug. von 10.00–13.00 und 14.00–19.00 Uhr. Tel. 0471085002.

Chamalières-sur-Loire ⇗ XIII, C3

Im 10. Jh. ließen sich **Benediktinermönche** im Tal bei Chamalières nieder. Sie gründeten ein Kloster, welches der Abtei St-Chaffre-du-Monastier unterstand. Die Klosterkirche aus dem 11./12. Jh. ist aufgrund ihrer **Wandmalereien** und der prächtigen romanischen **Reliefs** sehenswert.

Retournac ⇗ XIII, C3

Das kleine Zentrum im Loire-Tal ist ein guter Ausgangsort für **Erkundungstouren entlang der Loire.** Retournac bietet zahlreiche Möglichkeiten der Freizeitbeschäftigung, darunter Tennis, Kanufahren, Klettern, Wandern oder ein Besuch der 5 km entfernten **Église Artias** aus dem 12. Jh.

Musée des Manufactures de Dentelle

Das Museum widmet sich auf 300 Quadratmetern ganz dem traditionellen Handwerk der Spitzenklöppelei.

● **Öffnungszeiten:** März bis Sept. von 14.30–18.00 Uhr. Eintritt: 2,50 €. Adresse: 14, Avenue de la Gare.

Information

● **Office du Tourisme**
42, Place Boncompain, Tel. 0471652050.

Unterkunft

● **Relais de l'Univers**€€
34, Avenue de la Gare, Tel. 0471594006. Kleines Hotel mit nur zehn Zimmern.

● **Hôtel Le Beau Rivage**€€
2, Rue des Ribbes, Tel. 0471594064. Familiäres Hotel im Ortszentrum.

Camping

● **Camping Les Ribbes**
Tel. 0471594016. Am Ufer der Loire am Ortsrand von Retournac, mit Schwimmbad und Tennisplatz.

Sport und Aktivitäten

● **Base sportive du Moulin,** alles rund um den **Wassersport.** Geöffnet von März bis Okt., Tel. 0471087481.

auv_189 Foto: bf

Käseleckereien aus dem Velay und Livradois

Clermont-Ferrand und Umgebung

Die **Hauptstadt der Auvergne** hätte sich nicht besser in Szene setzen können als am Rande des Einbruchsbeckens der Großen Limagne vor der Kulisse der Vulkangipfel der Monts Dôme. Der **Bischofssitz Clermont-Ferrand** wird von der düster-schwarzen Silhouette der Cathédrale Notre-Dame de l'Assomption bestimmt, die aus dem dunklen Basaltstein aus Volvic erbaut worden ist. Dieser Umstand hat Clermont-Ferrand auch den Beinamen „Schwarze Stadt" eingebracht. Aber über die Grenzen Frankreichs hinaus ist Clermont-Ferrand nicht aufgrund seiner Geschichte oder seiner Kunstschätze bekannt, sondern wegen der hier ansässigen **Michelin-Reifenwerke.**

Die **Monts Dôme,** auch **Chaîne des Puys** genannt, sind über **110 Einzelvulkane,** die sich dicht gedrängt auf 30 km ihren Weg an die Erdoberfläche gebahnt haben. Der letzte Krater erlosch vor 3000 Jahren, damit ist die Vulkankette diejenige der Auvergne, die zuletzt aktiv war. Es ist umstritten, ob die Aktivität nun für immer beendet ist oder ob die Vulkane lediglich in einen Dornröschenschlaf versunken sind. Anders als bei den „alten Vulkanen" der Auvergne, wie dem Aubrac oder dem Cantal, konnte die Erosion den jungen quartären Gipfeln der Chaîne de Puys noch kaum zusetzen. Die Puys, so nennen die Auvergnaten die Bergspitzen, weisen in der Regel noch die idealtypische Kegelform eines Vulkans auf. Kein Wunder, dass diese Modelllandschaft auch von den Medien entdeckt wurde, was z.B. die Volvic-Werbung anschaulich beweist.

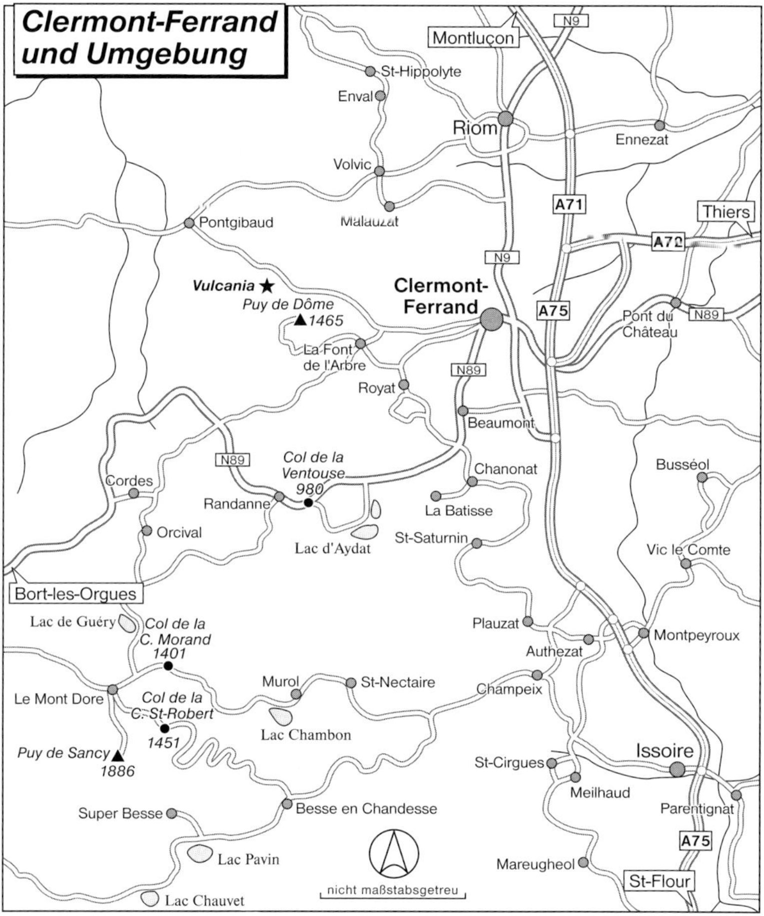
Clermont-Ferrand
und Umgebung
Montluçon
N9
St-Hippolyte
Enval
Riom
Ennezat
Volvic
A71
Malauzat
Thiers
Pontgibaud
A72
N9
Vulcania
Puy de Dôme
1465
Clermont-
Ferrand
A75
Pont du
Château
N89
La Font
de l'Arbre
N89
Royat
Beaumont
N89
Col de la
Ventouse
980
Chanonat
Busséol
Cordes
Randanne
La Batisse
Orcival
Lac d'Aydat
St-Saturnin
Vic le Comte
Bort-les-Orgues
Lac de Guéry
Col de la
C. Morand
1401
Plauzat
Montpeyroux
Authezat
Murol
St-Nectaire
Champeix
Le Mont Dore
Col de la
C. St-Robert
1451
Lac Chambon
Puy de Sancy
1886
St-Cirgues
Issoire
Meilhaud
Parentignat
Super Besse
Besse en Chandesse
A75
Lac Pavin
Mareugheol
St-Flour
nicht maßstabsgetreu
Lac Chauvet

Der Hausberg von Clermont-Ferrand, der **Puy de Dôme,** überragt mit 1465 m die Monts Dôme. Von ihm bietet sich eine wirklich grandiose Sicht, die weit über die Grenzen der Auvergne hinausreicht. Die gesamte Vulkankette ist von einem nahezu ununterbrochenen grünen Teppich aus Wäldern, Heidevegetation und Bergwiesen überzogen. Tiefblaue Akzente in dieser Landschaft setzen kreisrunde **Kraterseen** und durch Lavaströme aufgestaute Seen, willkommene Naherholungsgebiete für die Städter aus Clermont-Ferrand und Montluçon. Die Urlauber konzentrieren sich meist um die Thermalkurorte der Auvergne, die Seen oder um die zahlreichen Burgen. Dazwischen ist das Land einsam und meist der Natur, den Kühen oder Schafen überlassen.

Clermont-Ferrand

⇗ VI, B2/3

Die Hauptstadt der Auvergne und des Département Puy-de-Dôme ist eine bedeutende **Industrie- und Universitätsstadt.** Die wirtschaftliche Entwicklung Clermont-Ferrands steht ganz im Zeichen eines Weltkonzerns, des **Reifenimperiums Michelin.** Ein Großteil der Bevölkerung arbeitet in der Firma, der l'Usine, wie die Michelinwerke genannt werden (siehe Exkurs „L'Usine – die Stadt und die Fabrik"). Der **Tourismus** und die damit verbundenen Dienstleistungen werden für Clermont-Ferrand immer bedeutender, denn die beiden Städte Clermont und Montferrand haben eine große Palette an historischen Bauwerken zu bieten, allen voran die **Kathedrale Notre-Dame-de-l'Assomption,** sowie interessante Museen, Galerien und Ausstellungen.

Die **„Schwarze Stadt",** wie Clermont-Ferrand aufgrund der Farbe des Volvicsteins genannt wird, der wegen seiner Widerstandsfähigkeit bei fast allen historischen Gebäuden als Baumaterial verwendet wurde, hat in den letzten Jahrzehnten ihr Gesicht stark verändert. Aus der Stadt ist eine moderne Metropole geworden, die gekonnt das historische Erbe mit zeitgenössischer Architektur belebt, wie zum Beispiel im Jaude- oder im Gerichtsviertel. In Clermont-Ferrand vermischen sich der romantische **Charme der Altstadtgassen** und das moderne Leben einer internationalen Universitätsstadt. Trotzdem ist

auv_193 Foto: bf

Clermont-Ferrand keine Stadt, bei der die Besucher ins Schwärmen geraten. Es ist die Metropole der punktuellen Highlights, der Kathedrale etwa oder mancher Häuser in den Gassen der Altstadt, wo im Erdgeschoss in der Regel Ladengeschäfte untergebracht sind und die oberen Stockwerke mit den schönen alten Fassaden bewohnt werden.

Clermont-Ferrand ist nicht nur die Hauptstadt der **Auvergne,** sondern auch ihr **kultureller** und **geographischer Mittelpunkt.** Auf einer kleinen Anhöhe über der Großen Limagne liegt die Stadt verkehrsgünstig an der Pforte zu den Höhenzügen der Auvergne sowie am Übergang zu den Flüssen und Beckenlandschaften Mittelfrankreichs. Die perfekte Kulisse für die Altstadt bilden die Vulkane der Monts Dôme mit ihrem höchsten Vulkankegel, dem Puy de Dôme, auf dem der bekannteste Sohn der Stadt, *Blaise Pascal,* sein berühmtes Experiment zum Nachweis des Luftdrucks durchführte.

Die Region rund um Clermont-Ferrand lockt mit romanischen Kirchen, mittelalterlichen Burgen, traditionellen Dörfern, Kurbädern, Seen, Vulkanen, und dies alles in einer relativ **intakten** und naturbelassenen **Landschaft,** die ihresgleichen sucht.

Geschichte

Schon in **keltischer Zeit** siedelten die **Arverner** am Fuße der Monts Dôme auf dem Gebiet der heutigen Stadt. Sie

Der Puy de Dôme vor den Toren Clermont-Ferrands

gaben der Kultstätte den Namen Oppidum Nemessos, was soviel bedeutet wie heiliger Wald. Im letzten Jahrhundert vor Christus eroberten die **Römer** unter *Julius Cäsar* die Region sowie ganz Südfrankreich von der Mittelmeerküste aus. Sie mussten allerdings auf dem Plateau von Gergovia, das nur wenige Kilometer vom heutigen Stadtzentrum entfernt ist, eine empfindliche Niederlage einstecken, denn die **Gallier** unter der Führung von *Vercingetorix* ließen sich nicht aus ihrer Burg vertreiben. Ihrem Helden *Vercingetorix* haben die Auvergnaten ein stattliches Denkmal mitten auf dem Place de Jaude errichtet. Letztendlich waren die Römer dennoch siegreich. Bei der alten Siedlung entstand unter den Römern ein neuer Ort, der zunächst Nemetum und später zu Ehren des Kaisers *Augustus* Augustonemetum genannt wurde. **Augustonemetum** entwickelte sich prächtig und wurde zu einem gut ausgebauten Provinzzentrum, das bereits im 2. Jh. bis zu 30.000 Einwohner zählte. Der Wohlstand der städtischen Oberschicht war so immens, dass der *Hl. Martin* bei einem Besuch des Bischofssitzes, entrüstet über den Prunk, die Stadt sofort wieder verließ. Mit dem Zusammenbruch des Römischen Reiches blieb die gallorömische Oberschicht zurück und machte die Stadt zum **kulturellen Zentrum im Westfränkischen Reich.**

Der Reichtum zog plündernde Horden der Westgoten, Sarazenen und Wikinger an, die wiederholt die Stadt überfielen, bis die **Normannen** sie im 10. Jh. endgültig dem Erdboden gleichmachten. Der Bischof von **Clermont,** wie der Ort seit dem 8. Jh. heißt, begann mit dem Aufbau einer neuen Stadt. Damit war der Grundstein für die mittelalterliche Stadt gelegt, deren städtebauliche Architektur sich zum Teil bis heute erhalten hat. Auf dem höchsten Punkt der Stadt ließ der Bischof von Clermont eine **Kathedrale** erbauen, die das **Vorbild aller romanischen Kirchen** der Auvergne wurde und den Stil der so genannten auvergnatischen Romanik prägte. Im Mittelalter dehnte sich Cler-

auv_194 Foto: bf

Michelin und die Kathedrale – zwei Wahrzeichen der Stadt

Sidonius Apollinaris, Bischof von Clermont und Literat

Sidonius Apollinaris, der Schriftsteller und spätere Bischof von Clermont, wurde 431 in Lyon als Kind einer gallo-römischen Aristokratenfamilie geboren. Er erhielt eine seinem Stand angemessene klassische Ausbildung. Im Alter von etwa 20 Jahren heiratete *Sidonius* die Tochter des ersten Senators der Auvergne. In dieser Zeit hatten die Römer in Gallien entscheidende Kämpfe gegen die Hunnen unter *Attila* zu bestehen. Den Erfolg, den sie davontrugen, verdankten die Römer hauptsächlich den Westgoten, die sich anschickten, zur politisch bestimmenden Macht in Gallien zu werden.

Seit dem Jahre 455 war *Sidonius* in das politische Geschehen in Gallien auf höchster Ebene involviert. Als sein Schwiegervater *Avitus* 455 zum Kaiser erhoben wurde, begleitete er ihn nach Rom. Im Alter von etwa 30 Jahren avancierte *Sidonius* nun zu einem der ersten Senatoren Galliens sowie zu einem der besten Dichter seiner Zeit. Sechs Jahre später verließ er Rom und zog sich für sieben Jahre auf das Gut seiner Frau in die Auvergne zurück. *Sidonius* widmete sich hier vorwiegend der Dichtung und fand immer stärker einen Zugang zur Religion.

Die Situation in Gallien war in den 60er und 70er Jahren des 4. Jh. schlichtweg katastrophal. Die Westgoten hatten ihre Herrschaft bis an die Rhône ausgedehnt und strebten die politische Unabhängigkeit an. *Sidonius* sah eine Rettung für das römische Imperium nur in dessen enger Verknüpfung mit der katholischen Kirche. Hierfür gab er seine Familie sowie die Poesie auf und trat in den Klerus ein. Im Jahre 471 wurde *Sidonius* zum Bischof von Clermont ernannt.

Seit der Übernahme des Bischofsamtes widmete sich *Sidonius* der Abfassung von Briefen, die an die Aristokratie adressiert waren. Immerhin verfasste er von 477–482 neun Bücher. Bei den Briefen steht nicht unbedingt sein schriftstellerisches Talent im Vordergrund, sie sind vor allem eine wahre Fundgrube zu Politik, Kultur und Religion seiner Zeit. Im Dienst an Kirche und Kultur blieb er sich und Rom treu. Seine tiefe Distanz zu den germanischen Völkern seines Landes konnte Sidonius nie überwinden.

mont weiter zu einer der größten Städte Frankreichs aus. Kein Wunder, dass ausgerechnet hier Papst *Urban II.* im Jahre 1095 zum Ersten Kreuzzug aufrief, was die Menge begeistert mit „Deus lo vult" (Gott will es) beantwortete.

In der Bischofsstadt Clermont besaßen die ansässigen Fürsten der Auvergne keinerlei Macht, so dass sie in unmittelbarer Nähe auf einem Hügel die **Burg Montferrand** errichteten. Die im 12. Jh. gegründete Stadt profitierte von Händlern und Kaufleuten, konnte die Schwesterstadt aber nie entthronen. Kardinal *Richelieu* vereinigte die beiden Städte, die seit 1731 als Clermont-Ferrand firmieren.

Die **Industrielle Revolution** ging fast völlig an der Provinzstadt vorüber, bis im Jahre 1889 die Brüder **Michelin** die

L'Usine – die Stadt und die Fabrik

Was für Wolfsburg der Volkswagen-Konzern, ist für Clermont-Ferrand „die Firma", „l'Usine" – **Michelin.** Die Michelin-Werke sind der größte Arbeitgeber der Region rund um Clermont-Ferrand. Mit über 80 Produktionsstätten in 20 Ländern ist Michelin längst kein traditionelles Familienunternehmen mehr, sondern ein international agierender Weltkonzern. **1889** gründeten die Brüder **Edouard** und **André Michelin** die Gesellschaft Michelin et Cie in Clermont-Ferrand; die zündende Idee dahinter: schnell und einfach zu reparierende **Reifen** zu produzieren. Bereits zwei Jahre später ließ *Edouard Michelin* den abmontierbaren Fahrradreifen patentieren, doch verhalf vor allem die Erfindung des Automobils dem Unternehmen zu einem ungeheuren Aufschwung.

Im Jahre 1895 baute Michelin den „Eclair", das weltweit erste mit Luftreifen ausgerüstete Automobil, was einen großen Fortschritt für den Reisekomfort der Motorvehikel bedeutete, die bislang mit Vollgummireifen versehen über die schlechten Straßen holperten. Damit ist die Erfolgsgeschichte des Unternehmens nicht mehr aufzuhalten. Es folgten der erste schlauchlose Reifen, der Niederdruckreifen, das Lamellenprofil, der erste Niederquerschnittsreifen sowie der Stahlgürtelreifen. Parallel dazu gab Michelin den **Guide Rouge Michelin** heraus, der zunächst als Ratgeber für Autofahrer kostenlos in Tankstellen, Hotels und Restaurants verteilt wurde. Heute wird die jährliche Ausgabe des roten Michelin-Führers von den französischen Küchenkünstlern mit Spannung erwartet: Wie viele Sterne erhält welches Restaurant diesmal? 1925 begann Michelin mit dem Verlegen der **Grünen Reiseführer,** die zunächst Region für Region in Frankreich abdeckten, bis schließlich europäische und weltweite Destinationen vorgestellt wurden.

Das gesamte 20. Jh. über wuchs das Unternehmen Michelin und mit ihm die Stadt Clermont-Ferrand. Doch zuletzt beutelten Umsatzrückgänge, Entlassungen, Werksschließungen und -verkäufe die Firma und mit ihr die gesamte landwirtschaftlich geprägte und strukturschwache Region der Auvergne. So ist die Beziehung zwischen Michelin und Clermont-Ferrand eine langjährige Ehe in guten wie in schlechten Tagen.

Bibendum – das kleine Reifenmännchen

Das Michelin-Bibendum ist **eines der bekanntesten Markenzeichen weltweit.** Kaum ein anderes Logo ist so eng mit einem Unternehmen und seinen Produkten verknüpft. Das legendäre Reifenmännchen hat aber auch alles, was ein Markenzeichen benötigt, um zum Mythos zu werden: eine nette Entstehungsgeschichte, außergewöhnliches Design und sympathische Ausstrahlung.

Geburtsstunde des Reifenmännchens ist das Jahr **1894.** Auf der Weltausstellung in Lyon kommt *Edouard Michelin* beim Anblick eines Stapels unterschiedlich großer Reifen ein folgenschwerer Gedanke: „Wenn der Arme hätte, sehe er fast aus wie ein Mensch". Seinen Namen verdankt das Reifenmännchen witzigerweise einem bierbäuchigen Bayern, der sich auf einem Werbeplakat Bier schmecken lässt. Der dazugehörige Trinkspruch „Nunc est bibendum" (Lasst uns trinken/anstoßen) regt die Brüder *Michelin* zu ihrem Plakat an. Ein aufgeblasen dickes Reifenmännchen hält einen mit Nägeln und Glasscherben gefüllten Pokal hoch, Untertitel: „A votre Santé! Nunc est bibendum. Le Pneu Michelin boit l'Obstacle!" (Auf ihr Wohl! Lasst uns anstoßen. Der Reifen von Michelin schluckt alle Hindernisse!).

Das erste Bibendum-Männchen bestand aus etwa 40 Reifen. Nach einer jahrzehntelangen Schlankheitskur hat es heute 26 Reifenwülste und lacht auf Plakaten, Ansichtskarten oder als Kühlerfigur von den Lkw-Brummis fröhlich in die Welt.

Reifenwerke gründeten und fortan die Entwicklung von Clermont-Ferrand bestimmten. Die Stadt und ihr Umland sind nahezu ausschließlich von den Michelinwerken abhängig. Für Clermont-Ferrand ist Michelin in etwa das, was für Wolfsburg das VW-Werk oder für Leverkusen die Firma Bayer ist.

Sehenswertes

Cathédrale Notre-Dame-de-l'Assomption

Im Zentrum der Altstadt steht auf einer leichten Anhöhe das **Wahrzeichen** von Clermont-Ferrand, die düsterschwarze Kathedrale – hell ist an der Fassade nur der Taubendreck. Sie wurde anstelle einer frühromanischen Kirche, die dem Bischof *Stephan II.* geweiht war, erbaut. Von der ehemaligen Kirche ist lediglich die Krypta erhalten. Der Grundstein für die neue Kathedrale wurde im Jahr 1248 gelegt. Bis zum 14. Jh. schritt der Bau einigermaßen zügig voran, dann gerieten die Bauarbeiten jedoch ins Stocken, und erst vor etwas mehr als 100 Jahren konnte die Cathédrale Notre-Dame-de-l'Assopmtion vollendet werden. Der **hochgotische Bau** wurde in einer strengen formvollendeten stilistischen Einheit nach dem Vorbild der großen gotischen Kirchen der **Île de France** erschaffen. Dem Typus einer Basilika entsprechend, ist der wundervolle Chor dreischiffig und das Langhaus fünfschiffig, wobei die gesamte Kathedrale von Kapellen umgeben ist und die Querschiffe nicht über die Breite des Langhauses hinaustreten. Bemerkenswert sind die schönen bunten **Glasfenster** der Chorkapellen sowie die rot-blauen **Fensterrosen** der Querschiffe, die denen von Notre-Dame in Paris nachempfunden sind. Bei „Aufräumarbeiten" in der Kathedrale wurde 1974 eine der zahlreichen **Schwarzen Madonnen** der Auvergne entdeckt, die seither einen würdigen Platz hinter dem Hochaltar in der Chappelle du Saint einnimmt. Die Madonna wirkt mit ihren riesigen Händen, die das Jesuskind schützen, und der ansonsten sehr schlichten Ausführung eher modern als romanisch. Die **Krypta** aus dem 10. Jh. besitzt einen Umgang, der sich zu vier Kapellen öffnet und einen weißen **Marmorsarkophag** aus dem 4. Jh. beherbergt.

- **Öffnungszeiten:** Mo bis Fr 8.00–12.00 und 14.00–18.00 Uhr sowie So 9.30–12.00 und 15.00–19.30 Uhr.

Am **Place de la Victoire** vor dem Seiteneingang der Kathedrale haben die Bürger Papst *Urban II.*, der von hier aus im Jahr 1095 zum Kreuzzug ins Heilige Land aufrief, ein Denkmal errichtet.

Basilique Notre-Dame-du-Port

Die ehemalige **Wallfahrtskirche** ist zum Vorbild für die romanischen Kirchen der Auvergne geworden. Der Bau wurde um 1100 begonnen und sehr wahrscheinlich noch im Laufe des 12. Jh. beendet. Lediglich die Türme stammen aus dem 19. Jh. Die Proportionen der Basilika entsprechen meist dem antiken Harmonieideal des Goldenen Schnitts (eine Strecke wird so in zwei Abschnitte unterteilt, dass sich der längere Teil zur Gesamtlänge wie der

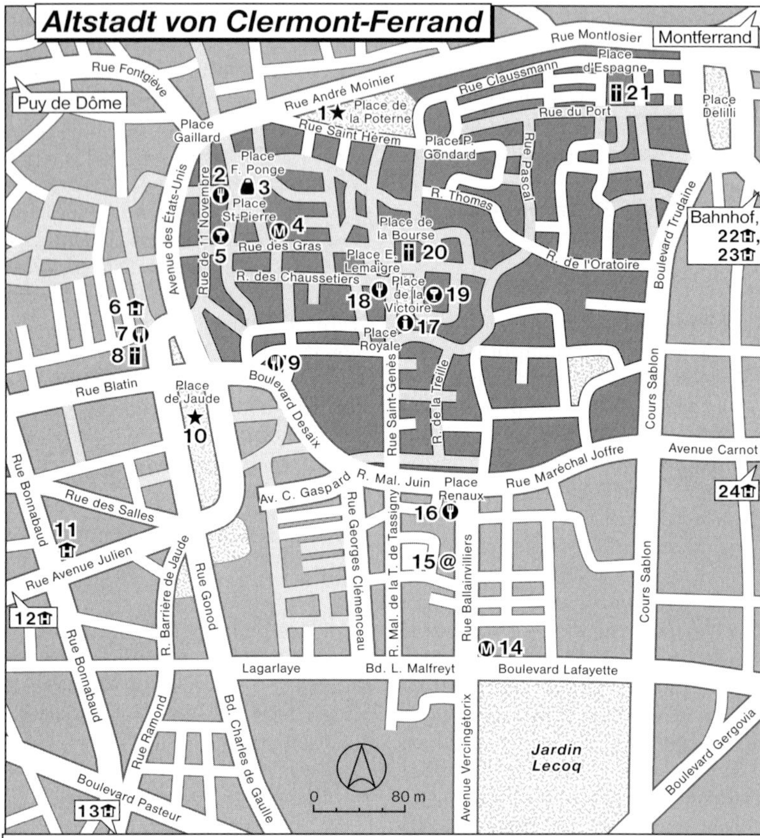

★	1	Fontaines Pétrifiantes
	2	Brasserie Danièle Bath
	3	Marché St-Pierre
Ⓜ	4	Musée du Ranquet
	5	Bar La Mignonne
	6	Dav'Hôtel Jaude
	7	Restaurant Gérard Auglard
	8	Église St-Pierre-les-Minimes
	9	Salon de Té le Jardin de la Pref
★	10	Statue de Vercingetorix
	11	Hôtel Régina
	12	Foyer St-Joseph
	13	Home Dôme
Ⓜ	14	Musée Bargoin
@	15	Internetcafé
	16	Brasserie Le Ballainvilliers
	17	Office du Tourisme
	18	Brasserie La Dernière Jeance
	19	Taverne de Maître Ranter, Bar d'O
	20	Cathédrale Notre-Dame-de-l'Assomption
	21	Basilique Notre-Dame-du Port
	22	Hôtel le Puy de Dôme
	23	Hôtel d'Aigueperse
	24	Foyer de Jeunes Travailleurs le Phare

kleinere Teil zum größeren Streckenabschnitt verhält). Leider versperren die Häuser der Altstadt den Blick auf den schönsten Teil, den **Chor.** Er ist reich an Mosaiken und Rossetten, die mit einem Schachbrettmuster verziert sind. Im Innenraum ist der Chor leicht erhöht und durch einem Chorumgang mit vier Kapellen erweitert. Die Kapitelle des Chors zählen aufgrund der lebhaften Gestik und des bewegten Aufbaus der dargestellten Szenen und Motive zu den bedeutendsten Werken der auvergnatischen Bildhauerkunst.

Église St-Pierre les Minimes

Die ehemalige **Klosterkapelle des Paulanerordens,** der Pères Minimes, liegt direkt am Place Jaude. Die Brüder bezeichneten sich selbst als die Geringsten *(les Minimes),* ein Zeichen außerordentlicher Demut. Etwa um 1790 wurde der kleine Orden aufgelöst und seine Güter verstaatlicht, so auch die Klosterkirche, in der *Blaise Pascal* 1623 getauft wurde. Die Kirche fiel der Französischen Revolution zum Opfer. Die Gemeinde wuchs im 19. Jh. so stark an, dass eine neue und größere Pfarrkirche notwendig wurde. Der Um- und Neubau war 1897 beendet und zeigte bereits die heutige Form der Église St-Pierre, deren Innenausstattung aus einem Sammelsurium von Stücken aus dem 15. bis ins 20. Jh. besteht.

An diesem Brunnen an der Kathedrale soll Papst Urban II. zum Kreuzzug aufgerufen haben

Altstadt von Clermont

Der **Place de Jaude** mit der **Reiterstatue des Vercingetorix,** des legendären Helden der Auvergne im Kampf gegen die Römer, ist das Zentrum von Clermont. Das imposante Denkmal trägt die Inschrift „J'ai pris les armes pour la liberté de tous" (Ich wählte die Waffen für die Freiheit aller). Rund um den Platz gibt es zahlreiche Kinos, Restaurants, Bars, Einkaufszentren, kleine Boutiquen, eben alles, was ein modernes Stadtzentrum ausmacht. Der Name des Platzes leitet sich wahrscheinlich von Place du Coq ab, wobei die Auvergnaten „Coq" wie „Jau" aussprechen. Also war der Place de Jaude ursprünglich einmal der Geflügelmarkt. Am nördlichen Kopfende des Platzes liegt der klassizistische Kuppelbau der Église St-Pierre les Minimes.

Zwischen der **Markthalle (Marché St-Pierre)** und der Cathédrale Notre-Dame-de-l'Assomption erstreckt sich ein Gewirr aus engen Gassen des mittelalterlichen Clermont. In der Markthalle und um sie herum reihen sich die Gemüse-, Obst- und Käsestände aneinander, bei deren Anblick einem das Wasser im Mund einfach zusammenlaufen muss.

Bis Mitte des 20. Jh. hatte Clermont einen schlechten Ruf unter Reisenden. Es galt als dreckig, stinkig, und der grauschwarze Volvicstein ließ es auch unfreundlich erscheinen. Daran hat sich vor allem seit den 1980er Jahren viel geändert: Behutsam wurden die alten Häuser renoviert, Fußgängerzonen eingerichtet und moderne Einkaufszentren erbaut. Beim Bummel durch die Straßen Rue du Port, Rue des Gras, Rue des Boucheries, Rue des Chaussetiers oder Rue des Petits-Gras sind immer wieder **mondäne Herrenhäuser,** reich verzierte Fassaden sowie schöne Brunnen und Plätze zu bestaunen.

auv_200 Foto: bf

Place de Jaude –
Reiterstatue des Vercingetorix

Straßencafé am Markt

auv_201 Foto: bf

Musée Bargoin

Das Museum mit seiner außerordentlich interessanten Sammlung ist für archäologisch und geschichtlich interessierte Besucher eine wertvolle Informationsquelle. In der Ausstellung werden Fundstücke aus **prähistorischer Zeit,** darunter Skelette aus der Magdalénienepoche, Gegenstände aus der keltischen Periode sowie Schmuck aus dem Neolithikum präsentiert. Die umfangreiche Sammlung aus **gallo-römischer Zeit** umfasst Tierfiguren, Tonwaren und im Besonderen die Reste des großen Merkurtempels, der auf dem Puy-de-Dôme thronte. Interessant sind die hölzernen **Votivtafeln** aus dem 1. Jh. n. Chr. Sie stammen aus der Thermalquelle Les Roches in Chamalières (etwa 3 km südwestlich von Clermont-Ferrand) und zeigen Kranke, die zur Quelle pilgern, um dort Heilung zu erbitten.

• **Öffnungszeiten:** täglich außer Mo von 10.00–18.00 Uhr. Eintritt: 4 €. Jeweils am ersten So eines Monats freier Eintritt.

Musée du Ranquet

Im Hôtel Fontfreyde, einem hübschen Renaissancebau aus dem 16. Jh., das auch **Maison des Architectes** genannt wird, befindet sich dieses Museum mit einer Sammlung zur auvergnatischen **Volkskunde** und Erinnerungsstücken von **Blaise Pascal,** wie beispielsweise einer Rechenmaschine. Im heimatkundlichen Teil der Ausstellung sind

Webutensilien, landwirtschaftliche Geräte, Möbel und Gebrauchsgegenstände, so zum Beispiel ein Krug in Form eines Schweinskopfs, zu sehen.

• **Öffnungszeiten:** täglich außer Mo von 10.00–18.00 Uhr. Eintritt: 4 €. Jeweils am ersten So eines Monats freier Eintritt.

Fontaines Pétrifiantes de St-Alyre

Auch Clermont besitzt entlang einer Verwerfung über **20 Mineralquellen,** die als stark kohlensäurehaltige Tafel- und Mineralwässer in der Limonadenherstellung Verwendung fanden. Nördlich der Altstadt an der Rue G. de Biauzat befinden sich die **versteinerten Quellen** von St-Alyre, die in den **Grottes du Pérou** besichtigt werden können. Das mineralhaltige Wasser überdeckt die Kaskaden oder auch Gegenstände, wie die im Park ausgestellten Tiere, innerhalb weniger Wochen mit einer Schicht aus glänzendem Kalziumkarbonat.

Jardin Lecoq

Der **Park** im Süden der Altstadt ist nach dem Naturforscher *Henri Lecoq* benannt, der Anfang und Mitte des 19. Jh. Flora, Fauna und Geologie der Auvergne studierte und katalogisierte. Die Parkanlage ist eine schöne Oase inmitten der Stadt mit **zwei künstlich angelegten Seen,** ideal zum Ausspannen oder für ein Picknick.

Altstadt von Montferrand

Ganz im Stil des in Südfrankreich verbreiteten **Stadttypus der Bastide** ist der kleine Altstadtkern von Montferrand zwar sehr übersichtlich und klar strukturiert, wirkt aber recht provinziell und verschlafen. Montferrand entstand um die Burg der Fürsten der Auvergne als Rivalin der Bischofsstadt Clermont. Mit ihrem symmetrischen Grundriss mit zwei sich am Carrefour des Taules kreuzenden Hauptstraßen, die zu den vier Stadttoren führen, unterwarf sich die Stadtplanung völlig der **militärischen Funktion.** Allerdings ist die Festungsanlage bereits im 17. Jh. geschleift worden. Die durch Handel reich gewordenen **Kaufleute** steckten viel Geld in den Bau ihrer Wohnhäuser, die verstreut über die gesamte Altstadt zu besichtigen sind, spendeten aber nicht viel für den Bau der gotischen Kirche (13. Jh.), die selbst heute noch armselig wirkt im Vergleich zu den reich herausgeputzten Fassaden der Herrenhäuser. Bezeichnenderweise ist die Kathedrale der Notre-Dame de la Prospérité geweiht, also der Muttergottes des Erfolgs, des Wohlstands und des Handels.

Die **Häuserfassaden** in Alt-Montferrand wurden in den 1960er und 70er Jahren renoviert, so dass sie heute im so genannten **gelblichen Montferrandputz** beim Gang durch die Altstadt wieder zu besichtigen sind. Im südöstlichen Stadtviertel stehen vor allem die ehemaligen Häuser der Landwirte und Winzer, die mit einer großen Außentreppe versehen sind. Adelige, reiche Kaufleute und Beamte bevorzugten reich verzierte Fassaden aus Volvicstein, während die Händler ihre Fachwerkhäuser mit offenen Überdachungen versahen, unter denen sich die Obst- und Gemüsestände befanden. Sehenswert sind beim Bummel durch die Altstadt vor allem die Häuser in den Straßen Rue de la Rodade, Rue de la Cerisière, Rue Marmillat, Rue du Séminaire und Rue Kléber.

Musée des Beaux-Arts Roger-Quillot

Abgesehen von den kunsthistorisch interessanten Exponaten der Ausstellung ist schon allein das **außergewöhnliche Gebäude,** in dem das Museum untergebracht ist, einen Blick wert. Das Museum hat eine **wechselvolle Geschichte** hinter sich. Zunächst war es der alte Palast der ehemaligen Bastide, dann Gerichtshof, später Priesterseminar, dann Lazarett und schließlich ein Polizeigebäude. Erst seit 1992 wird es als Museum genutzt. Die moderne Architektur des Gebäudes verweist auf das Guggenheim-Museum in New York: viel Glas, Beton, Metallgeländer und eine Rampe, von der die Ausstellungsräume betreten werden. Die Exponate sind konsequent der jeweiligen Epoche zugeordnet. Dadurch ergibt sich ein strikt **chronologischer Aufbau** der Sammlung, beginnend im Mittelalter bis in die Neuzeit, wobei Gemälde neben Skulpturen, Möbeln, Tapisserien und anderen Objekten stehen.

• **Öffnungszeiten:** täglich außer Mo von 10.00–18.00 Uhr. Eintritt: 4 €. Jeweils am ersten So eines Monats frei.

Information

• **Office du Tourisme**
Place de la Victoire, 63000 Clermont-Ferrand, Tel. 0473986500, www.clermont-fd.com. Das Office organisiert Stadtführungen (2 Std.). Die Termine können hier erfragt werden, Preis: 5,50 €. Öffnungszeiten: Mai bis Sept. 9.00–19.00 Uhr, Sa, So 10.00–19.00 Uhr; Okt. bis April Mo bis Fr 9.00–18.00 Uhr, Sa 10.00–13.00 und 14.00–18.00 Uhr sowie So 9.30–12.30 und 14.00–18.00 Uhr.

Unterkunft

• **Dav'Hôtel Jaude**€€€
10, Rue des Minimes, Tel. 0473933149. Zentrumsnahes kleines Hotel.

• **Hôtel Régina**€€€
14, Rue Bonnabaud, Tel. 0473934476. Familiäres Haus in Parallelstraße zum Place Jaude.

• **Hôtel d'Aigueperse**€€
4, Rue d'Aigueperse, Tel. 0473913062. Kleines Hotel in Bahnhofsnähe.

• **Hôtel Le Puy de Dôme**€
49, Avenue Charras, am Bahnhof, Tel. 0473907438.

Jugendherbergen

• **Foyer de Jeunes Travailleurs Le Phare**
7, Avenue de l'Union Soviétique, Tel. 0473924640. Insgesamt bietet die Herberge Platz für fast 100 Übernachtungsgäste. Pro Nacht 15–19 € inklusive Frühstück.

• **Home Dôme**
12, Place de Regensburg, Tel. 0473294070. 480 (!) Betten für 14–16 € mit Frühstück.

• **Foyer St-Joseph**
10, Rue du Bon-Pasteur, Tel. 0473984900. Unterkunft für 80 Personen für 20–30 € pro Übernachtung.

Essen und Trinken

Rund um den Place de la Victoire mit Aussicht auf die Kathedrale befinden sich diverse Cafés, Brasserien und Restaurants, z.B.:

• **Taverne de Maître Ranter**
Großes Lokal mit schöner Terrasse und reicher Auswahl an Speisen: von Flammkuchen 8 € über Sauerkraut *(Choucroutes)* für 14 € bis zu Fleisch vom Grill ab 15 €.

• **Bar d'O**
Nur ein paar Schritte neben der Taverne. Die kleine stilvolle Bar und Brasserie verfügt über

eine ausgezeichnete Wein- und Tageskarte sowie eine Auswahl an kleinen Gerichten, wie Quiche mit Lachs oder *Bleu d'Auvergne* (Blauschimmelkäse) für 6 €.

● **Brasserie La Dernière Seance**
Empfehlenswert wegen der Cocktails (mit und ohne Alkohol) ab 5 €.

● Rund um die Markthalle ist die **Brasserie Danièle Bath,** Place St-Pierre, eine der besseren Adressen für gutes Essen mit Stil und Ambiente in Clermont.

● **Bar La Mignonne**
Rue St-Barthélémy. Typische Bar mit kleinen Snacks. Hauptsächlich jüngeres Publikum.

● **Restaurant Gérard Anglard**
17, Rue Lamartine, direkt neben der Église St-Pierre les Minimes. Gehobene Gastronomie: Der Küchenchef zaubert Feinschmeckerkost sowie regionale Gerichte auf den Tisch. Menü ab 20 €.

● **Auberge du Palais**
10, Rue St-Adjutor. Hier kommen ausschließlich auvergnatische Speisen frisch auf den Tisch. Menü ab 11 €.

● **Brasserie Le Ballanvilliers**
Rue Ballanvilliers. Klasse Brasserie mit schönem Innenraum und einigen Tischen im Freien. Leckere Gerichte (u.a. Fisch), gute Auswahl an Weinen und Cocktails, Salate ab 7 €.

● **Salon de Thé**
Le Jardin de la Pref, Boulevard Desaix. Sehr stilvoller kleiner Teesalon mit Tageskarte, Imbiss und Eis.

Internetcafé

● 30, Rue Ballainvilliers; geöffnet von 10.00–23.00 Uhr. 1 Stunde kostet 6 €.

Verkehrsverbindungen

● **Gare SNCF,** mehrmals täglich gute **Zugverbindungen** nach Paris, Lyon, Le Puy, Bordeaux, Aurilliac oder Moulins. Der Fahrplan ist im Office du Tourisme erhältlich.

● Regionale **Busverbindungen** im Département Puy-de-Dôme vom Place Jaude.

auv_204 Foto: bf

● **Aeroport International Clermont-Ferrand/Aulnat,** im Norden der Stadt. Der Flughafen wird sogar von der Billigfluglinie Ryanair angeflogen. Direktflüge sind zum Beispiel nach Amsterdam, Brüssel oder London möglich, ansonsten verbindet der Flughafen Aulnat die Auvergne vor allem mit Paris und den anderen größeren Städten Frankreichs.

Markt

● Großer Markt **samstags in der gesamten Altstadt.**

Einkaufen

● In der Altstadt rund um die Kathedrale gibt es neben Boutiquen und kleinen Läden vor allem **Andenken-** und **Porzellangeschäfte.**

● Direkt am Place de la Victoire, in bevorzugter Lage vor der Kathedrale, hat die Firma **Michelin** ihre Ladenflächen, auf denen allerlei Mitbringsel aus über 100 Jahren Reifen- und Reiseführergeschichte erworben werden können.

● Besonders empfehlenswert: die **Weinhandlung Les Caves Tissandier** am Boulevard Desaix, die **Caves de Grandseigne** in der Rue Blaise Pascal und das **Haus für Feinschmecker** im Comtesse du Bary in der Rue Jean Rochon.

● Käseliebhabern sei ein Besuch der **Fromagerie Nivesse** am Marktplatz empfohlen.

Sport und Aktivitäten

● **Golf des Volcans** bei Orcines, Richtung Vulcania, 18-Loch-Platz, sowie der 9-Loch-Platz **Golf de Charade** bei Royan.

Auf dem Gemüsemarkt

Festival

● Anfang Februar findet jährlich das **Kurzfilmfestival „Sauve qui peut le Court Métrage“** (Wer kann, der rette den Kurzfilm) mit inzwischen landesweitem Ruf statt. Anlässlich des Festivals strömen alljährlich zahlreiche Besucher in die Stadt.

Rund um Clermont-Ferrand

Royat

Royat ist seit der Antike ein angesehener **Thermalkurort,** dessen Quellen bereits von den Arvernern genutzt wurden. Ähnlich wie Vichy erlebte der Kurort durch die Anwesenheit von Prominenz und Hochadel einen enormen Aufschwung.

Die fünf Quellen werden zur Behandlung von Arthrose, Rheuma sowie von Herz- und Kreislauferkrankungen eingesetzt. Die Thermalquellen steigen entlang einer Verwerfung im granitischen Bergsockel an die Oberfläche. Die Gräben sind teilweise mit Lava aufgefüllt, wie der Flusslauf des Tiretaine, der sich tief in die Lava einschneiden konnte. In malerischen Wasserfällen sprudelt der Wildbach heute durch Royat.

Église St-Léger

Die befestigte romanische Église St-Léger wurde **auf einem Lavastrom** erbaut. Sie ist eine **Ausnahmeerscheinung** in der Auvergne, denn anders als ihre Schwesterkirchen zeigt sie nicht die typischen Stilelemente der auvergnatischen Romanik, sondern orientiert sich vielmehr an den südfranzösischen Kirchenbauten.

Parc Thermal

Im Kurpark sind die **Thermen aus gallo-römischer Zeit** mit ihren Mosaiken und Marmorverkleidungen freigelegt und restauriert worden. Der sich anschließende **Parc Bargoin** ist eine sehr harmonisch angelegte Parkanlage mit einem botanischen Garten und dem mit 250 Jahren **ältesten Ahornbaum Frankreichs.**

Puy de Charade (904 m)

Die **leichte Wanderung** auf den Puy de Charade (etwa 3 Std.) führt von Royat nach Charade, wo ein Fußweg zum Gipfel abzweigt (Beschilderung folgen). Von oben hat man einen tollen Ausblick auf alle Bergketten der Haute-Auvergne sowie auf die Limagne.

Puy de Dôme

Der Hausberg von Clermont-Ferrand ist der **höchste Vulkan der Chaîne de Puys** (Chaîne bedeutet Kette) und gleichzeitig Namenspatron des Département Puy de Dôme. Er ist mit 1465 m der Herr über die mehr als 110 Vulkane des **jüngsten Vulkanmassivs** der Auvergne. Die Chaîne de Puys (oder Monts Dôme) erheben sich ca. 30 km westlich von Clermont-Ferrand über dem Einbruchsbecken der Limagne. Die Aussicht vom Puy de Dôme kann entweder nach einer einstündigen **Wanderung** vom Col de Ceyssat oder nach einer Fahrt mit dem **Shuttlebus** genossen werden.

Europäischer Vulkanpark Vulcania

Vulcania ist ein weltweit einzigartiger, wissenschaftlich ausgerichteter **Erlebnispark,** der im Frühjahr 2002 seine Pforten öffnete. Weitere Informationen im Kapitel zu den Monts Dôme.

Riom

↗ VI, B2

Riom bedeutet übersetzt **„die Schöne“.** Und schön ist die Lage der Stadt auf einer Bergschulter über der Limagne gewiss. Die **Altstadt** ist weitgehend gut erhalten und liebevoll restauriert worden. In einem der zahlreichen Straßencafés kann man die Stadt(-architektur) auf sich wirken lassen. Vielleicht nicht gerade bei wolkenverhangenem Himmel, denn dann erscheint die Stadt sehr trist; Grund ist der dunkle Volvicstein, der als Baumaterial Verwendung fand.

Geschichte

Die Anfänge der Siedlung können bis in die griechische Zeit zurückverfolgt werden. Durch den **Hl. Amable,** den ersten Kirchenfürsten von Riom, gewann der Ort im 5. Jh. an Bedeutung. Der Hl. Amable wird heutzutage noch sehr verehrt, denn seine **Reliquien** sollen Riom im Jahre 1125 vor einer Feuersbrunst verschont haben. Zu seinem Gedenken wird der Schrein mit den Reliquien in einer festlichen Prozession durch die Stadt getragen. Im 13. Jh. erhielt Riom die Stadtrechte und liegt seither mit Clermont in einem jahrhundertelangen Wettstreit um die Vormachtstellung in der Auvergne. Riom war häufig Aufenthaltsort der Herzöge der Auvergne. Seine Blütezeit erlebte es unter dem verschwenderischen Herzog *Jean de Berry*, der in Riom seine neue Residenz errichtete. Anfang des 16. Jh. ließ sich das **königliche Gericht,** das später zum obersten Gerichtshof erhoben wurde, in Riom nieder, obwohl in Clermont schon ein gleichwertiges Gericht existierte. Den Wettstreit insgesamt konnte Clermont im 19. Jh. für sich entscheiden, der Sitz des Obersten Gerichtshofes blieb jedoch in Riom.

Sehenswertes

Église Notre-Dame-du-Marthuret

Die Kathedrale stammt aus dem 14./15. Jh. und ist im Baustil des Languedoc errichtet. Interessant ist die Vierge à l'Oiseau, eine **Jungfrau mit Vogel,** die in einer der Kapellen ausgestellt ist – eine Kopie der Statue ziert das Hauptportal. Die Madonna mit dem kleinen Jesus auf dem Arm stilisiert eine Szene aus der Bibel, in der berichtet wird, dass Jesus mit einem aus Ton geformten Vogel spielt und ihm dann Leben einhaucht. Die Jungfrau wurde von den Hofbildhauern *Jean de Berrys* erschaffen und von der Metzgerszunft während der Französischen Revolution erfolgreich versteckt.

Basilique St-Amable

Die **Hauptkirche Rioms** ist dem Stadtpatron, dem Hl. Amable, geweiht. Der Bau wurde im 12. Jh. begonnen und erst im 18. Jh. abgeschlossen. So ist in der Kirche ein **bunter Stilmix** zu beobachten: Romanik, Gotik, Übergangsstile und Elemente aus der Renaissance.

auv_207 Foto: bf

Abstieg vom Puy de Dôme

Herrenhäuser und Paläste der Altstadt

Empfehlenswert beim Rundgang durch die Altstadt: das **Hôtel de Ville** aus dem 16. Jh. mit einem hübschen Innenhof und einer Emailtafel, die einen Brief der *Jeanne d'Arc* an die Bürger Rioms wiedergibt, oder die **Rue de l'Horloge** mit schönen Herrenhäusern sowie der **Tour de l'Horologe.** Der Turm, im Stil der Renaissance des 17. Jh. auf einem mittelalterlichen Fundament errichtet, bietet einen guten Ausblick über die Dächer Rioms.

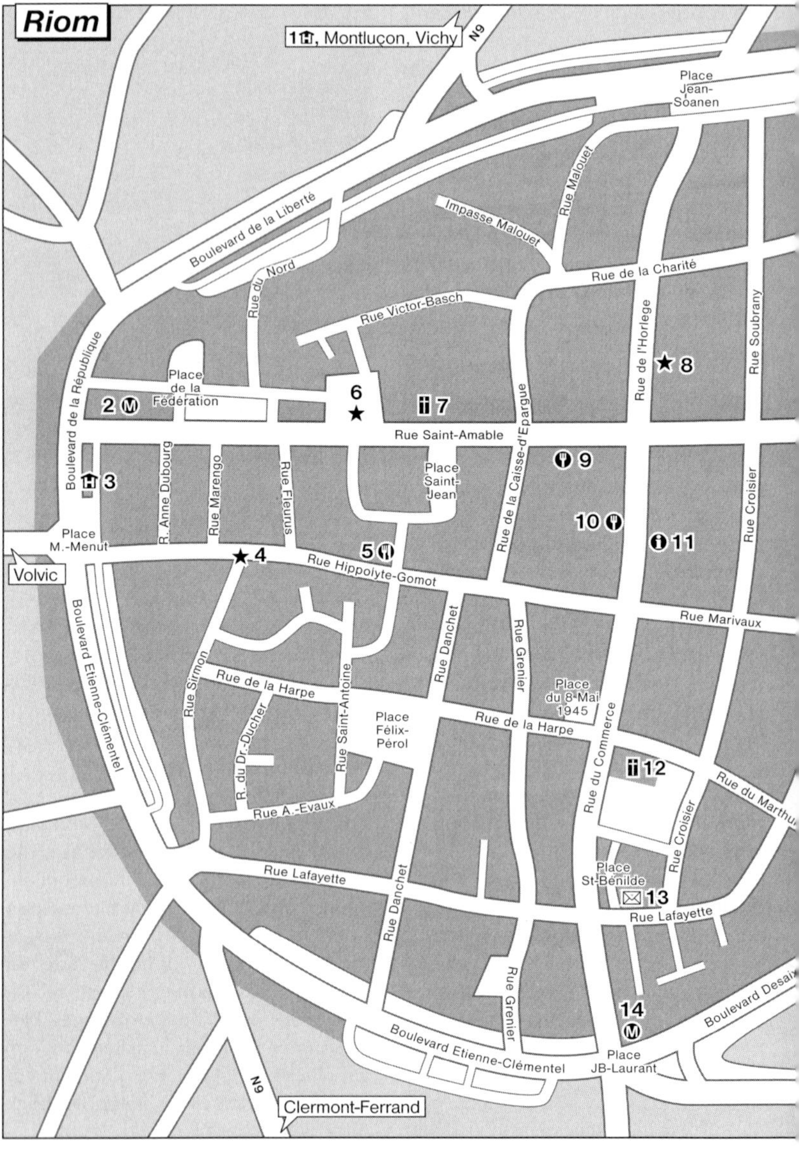
Riom
1, Montluçon, Vichy
N9
Place Jean-Soanen
Boulevard de la Liberté
Impasse Malouet
Rue Malouet
Rue du Nord
Rue de la Charité
Rue Victor-Basch
Rue de l'Horlege
Rue Soubrany
8
Boulevard de la République
Place de la Fédération
2
6
7
Rue Saint-Amable
Rue de la Caisse-d'Epargne
9
Place Saint-Jean
3
R. Anne Dubourg
Rue Marengo
Rue Fleurus
10
11
Rue Croisier
Place M.-Menut
Volvic
4
5
Rue Hippolyte-Gomot
Rue Marivaux
Boulevard Etienne-Clémentel
Rue Danchet
Rue Grenier
Rue Sirmon
Rue de la Harpe
Rue Saint-Antoine
Place du 8 Mai 1945
Place Félix-Pérol
R. du Dr.-Ducher
Rue du Commerce
12
Rue du Marthuret
Rue A.-Evaux
Rue Croisier
Rue Lafayette
Place St-Bénilde
13
Rue Danchet
Rue Lafayette
Rue Grenier
14
Boulevard Desaix
Boulevard Etienne-Clémentel
Place JB-Laurant
N9
Clermont-Ferrand

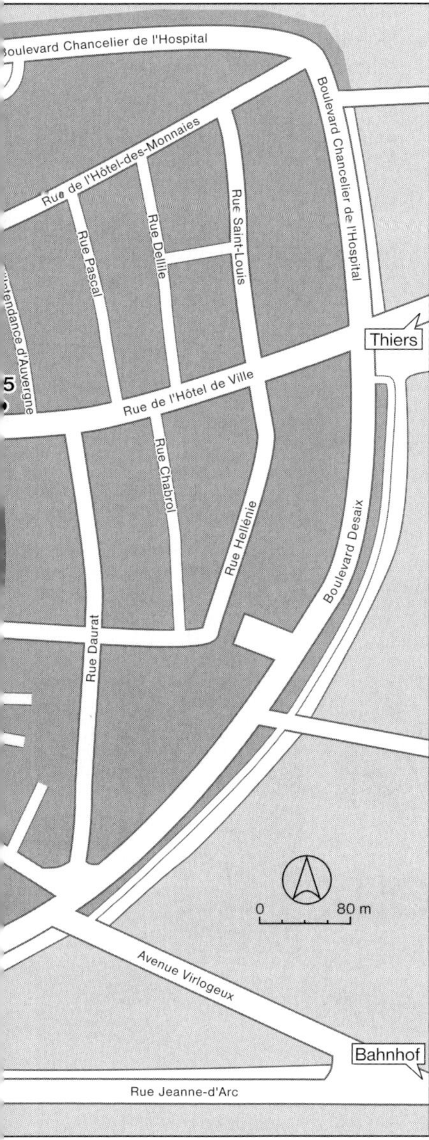

- 1 Etap Hôtel
- 2 Musée Régional d'Auvergne
- 3 Hôtel Caravelle
- 4 Fontaine d'Adam et Eve
- 5 Crêperie La Bellisloise
- 6 Fontaine Ballainvilliers
- 7 Églises St-Amable
- 8 Tour de l'Horloge
- 9 Brasserie les Petits Ventres
- 10 Brasserie du Commerce
- 11 Office du Tourisme
- 12 Église Notre-Dame du Marthuret
- 13 Poste
- 14 Musée Mandet
- 15 Hôtel de Ville (Rathaus)

● **Öffnungszeiten:** April bis Sept. von 10.00–12.00 und 14.00–18.00 Uhr, ansonsten bis 17 Uhr. Eintritt: 1 €.

Musée Mandet

Das städtische **Museum der Künste** zeigt eine schöne Sammlung französischer, flämischer und niederländischer Maler des 17. und 18. Jh. Ein ganzes Stockwerk widmet sich der Malerei des 19. Jh. Die **Stiftung Richard** besteht aus Exponaten verschiedenster Epochen und Länder, darunter ein Frauenbildnis aus dem 2. Jh. aus Ägypten, Holzfiguren aus Nordfrankreich, Goldschmiedearbeiten sowie französische Keramik.

● **Öffnungszeiten:** Juni bis Sept. von 10.00–12.00 und 14.30–18.00 Uhr, außer Di; sonst nur bis 17.30 Uhr geöffnet. Eintritt: 4 €. Mi freier Eintritt.

Musée Régional d'Auvergne

Im **heimatkundlichen Museum** sind Arbeitsgeräte aus Landwirtschaft und Handwerk sowie die Trachten der ver-

auv_210 Foto: bf

schiedenen Regionen ausgestellt. Die Nachbildung der **traditionellen Wohnräume** verdeutlicht plastisch das bäuerliche Leben in früheren Tagen.

- **Öffnungszeiten** und Eintritt wie das Musée Mandet.

Information

- **Office du Tourisme**
16, Rue du Commerce, 63200 Riom, Tel. 0473385945, www.riom-auvergne.com

Unterkunft

- **Hôtel Caravelle**€€
1, Bd. de la République, Tel. 0473383190. Schönes Stadthotel.
- **Etap Hôtel**€€
Des Portes de Riom Nord, Tel. 047331010. Etwas außerhalb des Stadtkerns.

Camping

- **Le Clos de Balanède**
Route de la Piscine, Châtel-Guyon (nordwestlich von Riom), Tel. 0473860247. Großer Platz mit 280 Stellmöglichkeiten. Geöffnet vom 15. April bis Okt.
- **Camping Le Colombier**
Loubeyrat (an der D 78 Richtung Manzat), Tel. 0473866694. Familiärer Campingplatz mit Bungalows. Geöffnet von April bis Mitte Oktober.

Essen und Trinken

- **Brasserie Du Commerce**
6, Rue du Commerce. Gemütliche Brasserie mit reichhaltiger Auswahl an Snacks und Menüs ab 10 €.

Spezialitätenladen in Riom

- **Brasserie Les Petits Ventres**
Rue St-Amable. Nettes Lokal mit Menüs, Kleinigkeiten und regionaler Küche.
- **Crêperie La Bellisloise**
49, Rue Gomot. Ein Laden für süße Schleckermäuler: die ganze Welt der Crêpes und Kuchen.

Markt

- **Lebensmittelmarkt** am Mittwochvormittag in der Markthalle.
- Großer **Gemüse-, Obst-, Kleider-** und **Haushaltswarenmarkt** samstags im Stadtzentrum.

Sport und Aktivitäten

- **Golf de Riom**
Parc Tertiaire Les Portes de Riom, Avenue G. Gershwin, Tel. 0473383888.
- **Société hippique**
Pferdesportzentrum mit Unterricht und Ausritten, Tel. 0473630687.

Fest

- **Prozession** durch die Straßen der Altstadt am ersten Sonntag nach dem 11. Juni.

Rund um Riom

Mozac

Die Geschichte des nahe bei Riom gelegenen Ortes ist aufs engste mit der **Abtei von Mozac** verbunden. Die Ursprünge des Klosters reichen weit in die fränkische Zeit zurück. Nach der Gründung im 7. Jh. wurden die Gebeine des **Hl. Austremoine,** des **Apostels der Auvergne,** von Volvic hierher überführt. Die Abteikirche wurde nach dem Vorbild der großen romanischen Kirchen der Auvergne im 12. Jh. errichtet. Sie fiel einem Erdbeben und der Französischen Revolution zum Opfer, konnte jedoch größtenteils wieder aufgebaut werden. Das Besondere der Abteikirche sind die faszinierenden **Kapitelle** mit besonders **ausdrucksstarken Gesichtern,** aber auch mit Drachen, Chimären, Zentauren und Greifvögeln. Viele Kapitelle erzählen eine Geschichte aus der Bibel, zum Beispiel die Auferstehung, die Befreiung des Apostels Petrus oder Jonas und der Walfisch. Der Kirchenschatz umfasst den prachtvollen **Reliquienschrein** des Hl. Camin, des Gründervaters des Klosters. Der Schrein ist mit farbenprächtigen Platten aus Limoges-Email verziert.

Châtelguyon

Nur 5 km nordwestlich von Riom befindet sich der **Thermalkurort** Châtelguyon, der für die Behandlung von Leber- und Darmerkrankungen bekannt ist. In der unmittelbaren Umgebung der Monts Dôme, in den Tälern von Les Prades und Sans-Souci, bieten sich Spaziergänge in einer intakten und abwechslungsreichen Naturlandschaft an. Seine Blütezeit erlebte das Kurbad mit den extrem magnesiumreichen Quellen im 19. Jh. Zu den berühmtesten Kurgästen zählte der Schriftsteller *Guy de Maupassant.* Die **Halle des Kurhauses** der Grands Thermes ist formvollendet im Stil der Belle Époque ausgestattet: Kapitelle, Stuckgewölbe, Marmorsäulen und eine doppelläufige Treppe.

Volvic

↗ VI, B2

Wer kennt nicht die Volvic-Werbung für das Wasser aus den Tiefen des vulkanischen Gesteins? Sie ist zum Inbegriff für die Auvergne geworden, doch in Volvic selbst ist von dieser malerischen Bilderbuchlandschaft der Monts Dôme nicht viel zu sehen. Volvic, die **„Stadt des Steins und des Wassers",** liegt nur etwa 15 km nördlich von Clermont-Ferrand auf einem Lavastrom. Das Wasser der Volvic-Quellen durchdringt viele Gesteinsschichten und ist deshalb stark mit Mineralstoffen angereichert und sehr rein.

Die Stadt verdankt ihren Wohlstand dem Abbau von **Andesit,** der schwarzen Lava, aus der viele Bauwerke, wie die Kathedrale von Clermont oder die Herrenhäuser von Riom, errichtet wurden. Der Stein ist seit dem 13. Jh. aufgrund seiner Säurebeständigkeit und außerordentlichen Härte ein beliebter Baustoff und eignet sich zudem zum Emaillieren.

Sehenswertes

Maison de la Pierre

Das **Museum des Gesteins** ist in einem stillgelegten Stollen des Andesitsteinbruchs eingerichtet. Der Besucher erfährt die Geschichte des Andesit-Abbaus. Eine Videofilm im Stollen zeigt die **Entstehung der Vulkane** der Auvergne.

• **Öffnungszeiten:** Mai bis Sept. von 10.00–18.00 Uhr, sonst von 10.00–17.00 Uhr. Die Führungen dauern 1 Stunde und kosten 4 €.

Sources de Volvic

Die **Quellen** des bekannten und bekömmlichen **Volvic-Mineralwassers** können hier besichtigt werden. Auf Schautafeln ist die Hydrologie des Gebirgsstockes mit den Wegen, die die **unterirdischen Quellströme** nehmen, dokumentiert. Ein Video veranschaulicht die Entstehung der Auvergne und ihrer Vulkane.

• **Öffnungszeiten:** Mai bis Sept. von 9.00–12.00 und 14.00–18.00 Uhr, Sa/So 14.30–18.00 Uhr. Die Abfüllanlage selbst kann nur nach Anmeldung besichtigt werden.

Information

• **Office du Tourisme**
Place de L'Église, 63530 Volvic, Tel. 0473335873, www.volvic-tourisme.com.

Unterkunft

• **La Rose des Vents**€€€
Luzot, Tel 0473335077. Sehr geschmackvolles Hotel.

Billom ↗ VII, C3

Der hübsche kleine Marktflecken entwickelte sich an der Grenze der Ebene der Limagne mit dem hügeligen Vor-

auv_213 Foto: bf

land des Livradois. Er ist aufgrund der schönen gotischen Kirche St-Cerneuf und des mittelalterlichen Stadtkerns mit den alten Fachwerkhäusern einen Abstecher wert.

Geschichte

Bildung wurde in Billom schon sehr früh groß geschrieben. Bereits zu Zeiten *Karls des Großen* war Billom eine Schulstadt. Seine **Klosterschule,** die von Jesuiten geleitet wurde und in der gesamten Auvergne hohes Ansehen genoss, erhielt im 16. Jh. den Status einer **Universität.** Heute findet man in Billom eine bescheidene Wirtschaftsstruktur, die vor allem auf **traditionellem Handwerk** (Sägewerke, Holz verarbeitende Betriebe, Schlossereien, Bürstenherstellung) basiert. Und falls durch die Gassen ein gewisser Duft zieht – rund um Billom sind Anbau und Weiterverarbeitung von **Knoblauch** verbreitet.

Sehenswertes

Der **gotische Bau der Église St-Cerneuf** wurde, wie so häufig, an der Stelle einer älteren romanischen Kirche errichtet. Von dieser sind noch die Krypta sowie Teile des Chors, der von einem kunstvollen schmiedeeisernen Chorgitter eingerahmt wird, erhalten. Die **Krypta** aus dem 11. Jh. zählt zu den **ältesten der Auvergne.** Sie beeindruckt durch ihre Schlichtheit und das mächtige Kreuzgratgewölbe, das auf zehn großen Säulen lastet. Legenden zufolge soll der Reliquienschrein mit Fragmenten des Kreuzes Christi bestückt sein.

Das **Maison du Chapitre** am Place des Écoles ist der spärliche Überrest der ehemaligen Universität. Während der Französischen Revolution war hier das Gefängnis untergebracht.

Information

- **Office du Tourisme**
13, Rue Carnot, 63160 Billom,
Tel. 0473683985.

Rund um Billom

Die **drei Schlösser** Château de Busséol, Château Ravel und Château de Mauzun liegen im Umkreis von 10 km um Billom. Vor allem das **Château de Busséol** aus dem 12. Jh. ist sehenswert. Es liegt malerisch auf einem Vulkankegel.

- **Führungen** für 6 € von Juni bis Sept. von 10.00–12.00 und 14.30–18.30 Uhr.

Montagne de la Serre

↗ VI, B3

Südwestlich von Clermont-Ferrand, zwischen den Monts Dôme und den Monts Dore, erheben sich die Montagne de la Serre. Die Berge wurden durch Erosion aus der Ebene herausmodelliert, ein typisches Beispiel für eine **Reliefumkehr:** Die ehemaligen Höhen sind abgetragen, der einstige Untergrund bildet heute die Erhebungen. Die Montagne de la Serre, deren Gipfel 800–1000 m in die Höhe ragen, sind ein **beliebtes Ausflugsziel** der Städter:

Vor allem Fahrradfahrer, Wanderer, Erholungssuchende und Angler nutzen das Freizeitangebot.

Lac d'Aydat

Der typische **Vulkansee** verdankt seine Bildung der Aufstauung des Flüsschens Veyre. Ein 6 km langer und über 1 km breiter **Lavastrom** bildet quasi einen Riegel, der den Ablauf des Wassers verhindert. Der bis zu 15 m tiefe See liegt wie ein tiefblauer Spiegel auf über 800 m Höhe in einem mit Kiefern und Fichten aufgeforsteten **Waldgebiet.** Etwa die Hälfte des Uferbereiches ist naturbelassen, während die andere Hälfte touristisch genutzt wird (Bootfahren, Schwimmen, Angeln); es geht dennoch recht ruhig und beschaulich zu.

Information

- **Office du Tourisme**
Tel. 0473793769, in der Ortsmitte des Teilortes Sauteyras. Das Büro ist lediglich während der Sommermonate geöffnet und bietet neben umfangreichen Informationen auch wechselnde Aktivitäten an, z.B. Beachvolleyball oder Wanderungen. Öffnungszeiten: Mo bis Sa 10.00–13.00 und 14.00–19.00 Uhr sowie So 14.00–18.00 Uhr.

Unterkunft

- **Hôtel Au vieux Logis**€-€€
3, Rue de la Vallée, Tel. 0473793730. Kleines Hotel mit nur sieben Zimmern.
- **Hôtel Les Cygnes**€-€€
Tel. 0473793585. Ebenfalls ein kleines Hotel am See, ideal für Strandgänger.

Camping

- **Camping Du Chadelas**
Tel. 0473793809. Sehr schöner und ruhiger Platz direkt am See in einem Kiefernwald. Geöffnet von April bis Okt.
- **Camping municipal**
Tel. 0473793926. Kleiner und ebenfalls sehr ruhiger Platz, allerdings mit wenig Schatten, direkt in Ayat und nur 50 m vom See entfernt. Geöffnet im Juli und Aug.

Essen und Trinken

- **Restaurant Du Lac**
Schöne Lage direkt am See, mit Terrasse. Spezialität sind Fischgerichte; die Tiere kommen aus dem Forellenteich am See. Menü 13 €.
- **Restaurant Le Domaine**
Im Teilort Sauteyras am See, mit großer Terrasse und Kinderspielplatz. Menü ab 12 €, große Auswahl an Salaten ab 6 €. Daneben gibt es Sandwiches ab 2,50 € oder Crêpes ab 2 €.

Sport und Aktivitäten

- **Tretbootverleih** unterhalb des Restaurant La Domaine am See. 1 Stunde 7 €, 30 Minuten etwa 4 €.
- **Segeln und Kayakverleih, Base Nautique Lac d'Aydat,** Tel. 0473939359. Insgesamt 10 Segelstunden für 80 € oder 4,5 Stunden Kayakunterricht für 38 €.
- **Mountainbikeverleih** am Office du Tourisme; 8 Stunden für 16 €.
- **Eselreiten** beim Campingplatz Du Chadelais, Tel. 0473793552; Promenade im Wald 4 €, Tour de Lac 15 €.

Wanderung

- Die Wanderung **„Tour de Lac"** entlang des Ufersaumes dauert etwa 45 Minuten. Parkmöglichkeit vor dem Campingplatz Du Chadelais; dort beginnt rechts neben der Einfahrt der Rundparcours.

Le Crest

Der D 145 und D 96 in östlicher Richtung folgend, erreicht man das **Winzernest** Le Crest, das am äußersten Rande der Montagne de la Serre liegt. Schön ist vor allem die Aussicht vom alten Kirchplatz mit dem **Tour de l'Horologe** (Glockenturm) aus dem 13. Jh. Sollte

auv_216 Foto: bf

der Wettergott gnädig gestimmt sein, ist ein Blick auf die Monts Dôme, die Monts Dore, die gegenüberliegenden Berge des Livradois, das Allier-Tal sowie die Ebene von Clermont möglich.

Château de la Batisse und Château d'Opme

Von Le Crest führt die D 3 vorbei an den **zwei Burgen,** die für die Öffentlichkeit zugänglich sind: das Château de la Batisse aus dem 15. und 18. Jh. sowie das Château d'Opme aus dem 11. Jh. Das **Château de la Batisse** wirkt elegant und gar nicht wehrhaft. Ein **Irrgarten** und ein kleiner **Wasserfall,** der Cascades de Auzon, sind mit in die großzügige Parkanlage integriert.

- **Besichtigung:** Juli/Aug. 14.00–19.00 Uhr, ansonsten 14.30–18.30 Uhr. Führung: 6 €.

Das **Château d'Opme** ist im **Renaissancestil** aufwendig umgestaltet und modernisiert worden. Es befindet sich in einer strategisch wichtigen Lage auf der **Römerstraße,** die von Clermont nach Le Puy-en-Velay führt.

- **Besichtigung:** Juni bis Sept. von 14.00–19.00 Uhr, Di geschlossen; ansonsten 14.00–18.30 Uhr. Eintritt: 3,5 €.

Église St-Saturnin – ein perfektes Beispiel für die auvergnatische Romanik

Plateau de Gergovie

Nur 4 km vom Château d'Opme in östlicher Richtung entfernt, bietet das Plateau de Gergovie wiederum einen schönen Ausblick. Ein **Steinmonument** erinnert an die Schlacht der Gallier unter der Führung von *Vercingetorix* gegen die siegreichen Römer.

St-Saturnin

↗VI, B3

Erbaut auf einem **Basaltgrat,** der von den Lavaströmen des Puy de la Vache und des Puy de Lassolas gebildet wurde, symbolisiert der erhöhte Standort der Kirche die biblische Vorstellung, dass Gott sich stets in der Höhe offenbart. Mit den **wunderschönen alten Häusern** der Rue des Nobles oder der Rue des Boucheries hat St-Saturnin sein **mittelalterliches Flair** bewahrt. St-Saturnin ist ein authentischer Ort, der noch nicht in der Hand des Tourismus ist wie beispielsweise Murol oder St-Nectaire. In diesem kleinen Nest unweit von Clermont-Ferrand errichteten die Fürsten von La Tour d'Auvergne ihren Sitz. Die **Burg** der Familie besitzt einen Haupttrakt aus dem 13. Jh. sowie Umbauten aus späteren Epochen. Der malerische Ort zog schon immer Künstler an, die sich hier niederließen.

Sehenswertes

Église St-Saturnin

Die Kirche ist die kleinste der im Stil der auvergnatischen Romanik erbauten Hauptkirchen der Region. Sie wurde vermutlich in der ersten Hälfte des 12. Jh. aus **hellem Arkosesandstein** gebaut, der dem Innenraum eine warme Atmosphäre verleiht. Die Kirche hat als einziges romanisches Gotteshaus die Französische Revolution völlig unbeschadet überstanden. Sie diente vielen Restauratoren als Vorbild für ihre Arbeit an anderen Kirchen. St-Saturnin ist bekannt für sein harmonisches Chorhaupt sowie für das hohe tonnengewölbte Hauptschiff und die Krypta.

Château de Barone La Tour d'Auvergne

Das Château de Barone La Tour d'Auvergne ist ein **typischer Wehrbau** des Mittelalters mit einer starken dreifachen Burgmauer, Zinnen und Wehrtürmen.

- **Führungen** für 4 € von Juni bis Sept. von 10.00–12.00 und 14.00–18.30 Uhr; sonst von 14.00–18.00 Uhr.

Information

- **Office du Tourisme**
Gegenüber der Kirche in der Chapelle St-Madeleine. Öffnungszeiten: Mo bis Sa von 14.00–18.30 sowie So von 14.00–18.00 Uhr. Tel. 0473793769.

Essen und Trinken

- **Bar & Restaurant A Toison d'Or**
Etwa 200 m von der Burg entfernt. Hauptsächlich regionale Küche.
- **La Reine Margot**
Gemütliches Restaurant, auch zum Draußensitzen am Ortsausgang. Überwiegend auvergnatische Küche.

Issoire

↗ XI, D1

Das **wirtschaftliche** und **industrielle Zentrum im Allier-Tal** ist ein wichtiger Standort für die Fabrikation von Aluminium und die Luftfahrtindustrie. Das Werk des **Luftfahrtkonzerns Pechiney-Rhénalu** ist der größte Arbeitgeber der Region. Doch deshalb kommen die Besucher nicht nach Issoire, sondern wegen des historischen und etwas verschlafenen Stadtkerns und vor allem wegen der einmalig bezaubernden Église St-Austremoine.

Sehenswertes

Église St-Austremoine

Austremoine, der Patron der Kirche und **erste Bischof der Auvergne,** soll als Missionar durch die Auvergne gezogen sein und gründete Ende des 3. Jh. ein Kloster in Issoire. Im 12. Jh. begann der Bau der **großartigen Kirche,** deren Hauptschiff 65 m lang ist. Auch die Église St-Austremoine ging nicht unbeschadet aus den Religionskriegen hervor. Die Kirche stellt mit ihrem kreuzförmigen Grundriss und dem pyramidalen Aufbau ein **formvollendetes Beispiel der auvergnatischen Romanik** dar. Außen zieht vor allem das **Chorhaupt** mit reichen Verzierungen, etwa mit Mosaiken und Skulpturen der Tierkreiszeichen, die Blicke auf sich – Symbole für den gottgewollten Ablauf des Jahres und des Lebens.

Das **Kircheninnere** wirkt fremdartig und bezaubernd gleichermaßen, denn im Zuge der Renovierung im 19. Jh. wurde der Großteil des Innenraums mit **Ornamenten** bemalt. Die kräftigen Farben sind in warmen Rottönen gehalten und verleihen der Kirche ein **orientalisches Aussehen.** Die Ausmalungen wurden heftig kritisiert, denn so hatte die Église St-Austremoine nie ausgesehen. Andererseits waren alle mittelalterlichen Kirchen bemalt. Der Chor mit seinen außergewöhnlichen Kapitellen ist einen zweiten Blick wert. Die äußerst schlichte Krypta wirkt gerade aufgrund fehlender Ausschmückungen sehr kraftvoll. Besondere Aufmerksamkeit verdient die in der Mitte stehende filigrane **Marienstatue.** In den Nischen befinden sich eine Reliquie des *Hl. Austremoine* sowie eine Statue des „Apostels der Auvergne".

La Tour de l'Horologe d'Issoire

Im alten **Uhrenturm** am Place de la Republique ist ein **Museum der Renaissance** untergebracht. Filme, Ausstellung und Schautafeln zeigen das Leben, die Kunst und die wissenschaftlichen Errungenschaften der Renaissance, wie zum Beispiel das Atelier von *Jean le Fier,* der sich mit der Frage der Zeitmessung beschäftigte.

- **Öffnungszeiten:** Mo bis Sa von 10.00–12.00 und 14.00–19.00 Uhr, So von 14.00–19.00 Uhr. Eintritt: 5,50 €.

Centre Culturel N. Pomel

Gleich neben der Kirche im Parvis Raoul Ollier ist das **städtische Kulturzen-**

Café am zentralen Marktplatz von Issoire

trum seit 1975 in der ehemaligen Benediktinerabtei untergebracht. Das **Kloster** wurde von den Mönchen zwischen 1702 und 1724 auf den Fundamenten eines mittelalterlichen Klosters errichtet. Bereits ab 1792 wurde das Gebäude als Rathaus genutzt, von 1802 an beherbergte es das kaiserliche Kollegium. Im Kulturzentrum sind interessante wechselnde **Ausstellungen** der verschiedenen Künste zu besichtigen.

● **Öffnungszeiten:** täglich von 8.00–23.00 Uhr sowie So von 8.00–12.00 Uhr.

Centre d'Art Roman

Ebenfalls im Parvis Raoul Ollier befindet sich das **Kunstzentrum** Issoires, in dem der Besucher viel über die Malerei, Musik und Gesellschaft des Mittelalters erfährt.

● **Öffnungszeiten:** Mai bis Sept. von 10.00–12.00 und 14.00–18.00 Uhr, Mo geschlossen. Der Eintritt ist frei. Es werden auch Führungen durch das Museum und die Kirche in französischer Sprache angeboten (Anmeldung erforderlich).

Information

● **Office du Tourisme**
Place du Géneral-de-Gaulle, 63500 Issoire, Tel. 0473891590, www.issoire.fr

Unterkunft

● **Hôtel Le Parc**€€€
2, Avenue de la Gare, Tel. 0473892385. Gutes Haus am Bahnhof direkt am angrenzenden Park gelegen.

auv_220 Foto: bf

●Hôtel Le Tourisme€€
13, Avenue de la Gare, Tel. 0473892368. In einem schön renovierten Herrenhaus gleich neben dem Bahnhof.
●Hôtel Au Bon Coin Chez Yves€-€€
34/36, Rue Auguste-Bravard direkt in der Altstadt, Tel. 0473892115.
●La Reine Margot€
10, Place du Forail, Tel. 0473892245. Herberge im Zentrum von Issoire.

Camping

●Camping du Mas
Tel. 0473890359. Der Campingplatz verfügt über 140 Plätze, die zumeist im Schatten liegen. Eine Minigolfanlage und eine Bowlingbahn sorgen für Abwechslung. Geöffnet von April bis Okt., 5 €.

Essen und Trinken

●Restaurant l'Escargot d'Or
6, Place de la Repubique. Beliebtes Lokal am zentralen Platz Issoires mit vielen Tischen auch draußen vor dem Lokal. Regionale Küche wie *Poteé, Tripoux* und *Truffade* oder Pizza und Salate oder Menü ab 14 €.
●Restaurant de l'Hôtel Le Relais
1, Avenue de la Gare. Vielleicht die Gourmetadresse am Ort für auvergnatische Küche und Haute-Cuisine.
●Café Le Petit Théatre
17, Place de la Republique. Schönes Lokal zum Draußensitzen. Salate ab 5,50 € oder *Plat du Jour* 6 €.
●Le Brifiz
Das Schnellrestaurant befindet sich Tür an Tür zu obigem Café und serviert Sandwiches

auv_013 Foto: bf

ab 3 €, aber auch Menüs ab 9 €, etwa das *Menue Casse Croûte* (Vespermenü).

Markt

- Am Samstagvormittag verwandelt sich das Stadtzentrum in einen bunten, turbulenten **Lebensmittel-** und **Haushaltswarenmarkt.**

Einkaufen

- **Crêmerie La Reine des Neiges**
21, Rue Berbiziale. Schnuckeliger Laden, in dem von Wein, Honig und Käse bis zu Konfitüre die ganzen Köstlichkeiten der Auvergne feilgeboten werden.
- **Fromagerie**
26, Rue Berbiziale. Großes Angebot an regionalen und nationalen Käsespezialitäten.

Festival

- **Festival d'Art Romain,** das jährliche **Folklorefestival** findet meist in der letzten Augustwoche statt. Issoire verwandelt sich zur Kulisse für Gaukler, Straßenmusikanten und Musikvorstellungen aus der Zeit der Renaissance und des Barock.

Rund um Issoire

Dauphiné d'Auvergne

Im 12. Jh. versuchten die Fürsten südwestlich von Issoire ihren kleinen Machtbereich auszubauen. Sie führten eine Art „Flurbereinigung" durch und legten ihre Höfe und Besitztümer zusammen zum Dauphiné d'Auvergne – letztlich erfolglos. Heute bemühen sich der Tourismusverband sowie die regionalen Behörden, das Gebiet erneut aufzuwerten und in das Blickfeld der Touristen zu rücken. Die Landschaft ist vom teilweise recht bizarren Formenschatz des Vulkanismus geprägt, etwa **Felsnadeln** *(Necks),* **Plateaus** sowie großen **Felsbrocken** *(Lahars).*

Schon etwa 2 km außerhalb von Issoire im Tal der Couze de Pavin liegt an der D 996 der kleine Ort **Perrier.** Oberhalb des Ortes kann der gesamte vulkanische Formenreichtum, der von den heftigen Ausbrüchen der Monts Dore zeugt, besichtigt werden. Die Erosion hinterließ viele Felsnadeln und Blöcke, in die während der frühgeschichtlichen Epoche **Höhlen** gegraben wurden.

Vallée des Saints

Das Vallée des Saints (Tal der Heiligen) liegt etwas versteckt an der D 48 gleich bei **Boudes,** etwa 6 km westlich von St-Germain-Lembron. Bei einer kurzen **Wanderung** (etwa 45 Minuten) entlang des Tals sieht man plötzlich ockerfarbene, orangene und rötliche **kegel-** oder **pyramidenförmige Erosionsformen,** die bis zu 30 m in den Himmel wachsen. Das farbenprächtige Naturschauspiel entstand im Laufe der Verwitterung unter tropischen Klimabedingungen im Tertiär.

Puy d'Ysson (856 m)

Der Puy d'Ysson ist der „Hausberg" von Issoire. Eine kleine Straße führt von Solignat an der D 32 hinauf zum Gipfel des **erloschenen Vulkans.** Von oben erkennt man das Allier-Tal mit Issoire und die umliegenden Vulkanberge und Hochebenen der Monts Dore.

Parc Naturel Régional des Volcans d'Auvergne

Der Parc Naturel Régional des Volcans d'Auvergne umfasst nahezu die gesamten **Vulkanmassive der westlichen Auvergne:** die Monts Dôme, auch Chaîne de Puys genannt, mit der höchsten Erhebung, dem Puy de Dôme, die Monts Dore mit dem höchsten Gipfel Mittelfrankreichs, dem Puy Mary, die Hochebene der Monts Cézallier sowie die Monts du Cantal mit dem mächtigen Plomb du Cantal.

Der im Jahre **1977 gegründete Nationalpark** soll nicht nur den verletzlichen Naturraum schützen, sondern auch traditionelle Berufe sowie die Lebensqualität und wirtschaftliche und kulturelle Entwicklung der Region fördern. Diesem Ziel dienen die Einrichtung von „lebendigen" Museen, Vorführungen, handwerkliche Kurse sowie die Förderung des Verkaufs landwirtschaftlicher und handwerklicher Erzeugnisse der Region in den Maisons du Parc (Informations- und Themenhäuser im Park). Auch ein gemäßigter und immer an die natürlichen Voraussetzungen angepasster **Tourismus** soll seinen Beitrag leisten. Der Parc Naturel des Volcans d'Auvergne liefert hierfür ideale Voraussetzungen: interessante Naturräume mit zahlreichen Möglichkeiten zu sportlicher Betätigung (Wandern, Mountainbiken, Schwimmen, Flugsport, Reiten). Das vulkanische Erbe der Region hat einige **heiße Quellen** zu Tage gefördert, an denen sich wie schon zu keltischer und römischer Zeit auch heute die Erholungssuchenden einfinden.

Das **vielfältige Relief** mit recht unterschiedlichen Böden und Kleinklimaten ist auch verantwortlich für eine **reichhaltige Flora** (Orchideen, Enzian) und **Fauna** (Milane, Eulen, Schlangenadler, Mufflons). Wälder und Bergwiesen mit den typischen Sennereien, den *Burons,* und Heidelandschaften bestimmen den Charakter der Region. Dazwischen akzentuieren **kleine Dörfer, Schlösser, Ritterburgen** und wundervolle **Kirchbauten** die Vulkanlandschaft. Die immer zahlreicher werdenden Besucher konzentrieren sich auf die wesentlichen Sehenswürdigkeiten und verlieren sich ansonsten in den Weiten dieses Landstrichs. So können Ruhesuchende ohne weiteres selbst in der Hochsaison **einsame Wanderpfade** beschreiten. Wer sich dann und wann doch nach Trubel sehnt, der wird sich auf einem der häufig stattfindenden **Feste** und **Folkloreveranstaltungen** unter freiem Himmel prächtig amüsieren und die traditionelle Küche genießen können.

auv_225 Foto: bf

Gleitschirmflieger am Puy de Dôme

Monts Dôme

Die Monts Dôme (auch **Chaîne de Puys**) spiegeln den **gesamten Formenschatz des jungen Vulkanismus** wider: Kegel vom Stromboli-Vulkantyp, Kuppen aus Trachyt, einfache Krater, Domvulkane, doppelte Krater, Maare oder große Lavaströme – und das alles auf nur 30 km. Nicht nur den geologisch Interessierten, sondern auch den Wanderer erfreut diese Naturvielfalt. Die Hauptaktivität der Monts Dôme lag im Quartär, endgültig (?) erloschen sind die Vulkane erst vor rund 3000 Jahren.

Die Aussicht vom **„König der Vulkane"**, dem **Puy de Dôme (1465 m),** bietet einen Einblick in die Werkstatt der Schöpfung, denn vom höchsten Gipfel der Monts Dôme können die anderen Vulkane der Region fast wie aus der Vogelperspektive betrachtet werden. Vielleicht reicht der Mut ja auch für einen Flug mit dem Gleitschirm oder Drachen. Nahezu lückenlos sind die Vulkankegel entweder mit Wald, Wiesen- oder Heidevegetation bedeckt. Die Lavaströme *(Cheires)*, welche die Krater über die Flanken der Vulkane verlassen haben, hinterließen einen steinigen Untergrund, auf dem vereinzelt Kiefern und Wacholdersträuche wachsen.

Puy de Dôme (1465 m)

Ehre, wem Ehre gebührt. Der **höchste Vulkan** der Region ist zum Symbol des Département Puy-de-Dôme sowie der

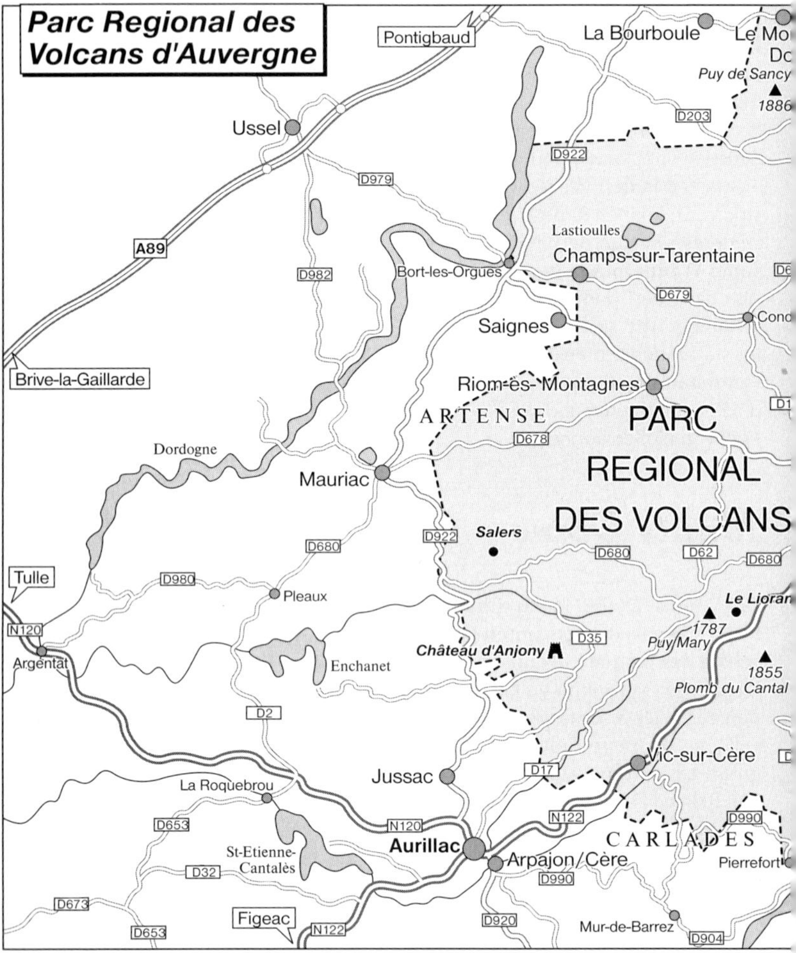

Auvergne insgesamt geworden. 1465 m hoch wacht der Berg über das jüngste Vulkanmassiv der Auvergne.

In der Vorstellungswelt und Naturverehrung keltischer Völker konnten auf so einem imposanten Berg nur Götter wohnen. Es gilt als wahrscheinlich, dass auf dem Gipfel des Berges bereits die Arverner eine **Kultstätte** errichtet hatten. Die Römer bauten im 1. Jh. v. Chr. einen **Merkurtempel.** Der Puy de Dôme war wohl eine der wichtigsten Kultstätten der damaligen Zeit, denn den Gipfel schmückte zur Zeit Christi Geburt eine 20 m (!) hohe Bronzestatue des Gottes Merkur. Von dem während der Völkerwanderung zerstörten Tempel stehen heute nur noch die Fundamente wenige Meter unterhalb des Gipfels. An seiner Stelle entstand im 12. Jh. eine kleine **Pilgerkapelle.** Sie war dem Hl. Barnabas geweiht, aber auch von ihr ist heute nichts mehr zu sehen. Im Mittelalter soll der Puy de Dôme ein wahrer **Hexenberg** gewesen sein, auf dem Messen zelebriert und die schwärzesten Nächte des abergläubischen Mittelalters gefeiert wurden.

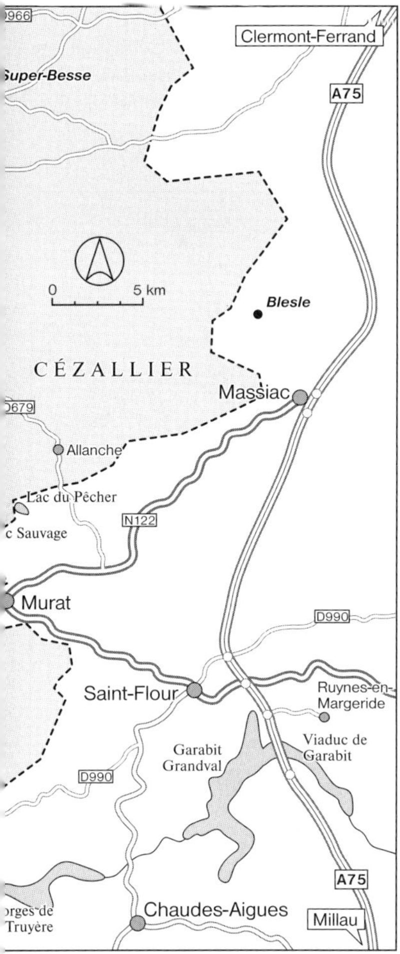

In der Neuzeit wurde der Puy de Dôme Schauplatz **physikalischer Versuche** und ist in die Fluggeschichte eingegangen. Im Jahre 1648 gelang **Blaise Pascal,** einem Sohn der Stadt Clermont, der Nachweis, dass Luft Materie ist. Seiner Vermutung zufolge müsste der **Luftdruck** auf einem Berg geringer sein als in der Ebene. Zu diesem Zweck ließ er ein Quecksilberbarometer nach Clermont und eines auf den Puy de Dôme bringen. Wie erwartet, zeigte das Barometer auf dem Puy de Dôme einen geringeren Druck an. Der Beweis, dass Luft wie jede Materie ein Gewicht besitzt, war erbracht. Seitdem wird die Einheit des Luftdrucks zu Ehren von *Blaise Pascal* in Pascal gemessen.

Der Puy de Dôme bot am 7. März 1911 die Bühne für einen **Rekordversuch** in der **Motorfliegerei.** Die Brüder *Michelin* schrieben einen Preis für denjenigen aus, der innerhalb eines Zeitlimits von sechs Stunden mit einem 75 kg schweren Passagier von Paris auf den Puy de Dôme fliegen würde. Dieses Kunststück gelang *Eugène Renaux* bereits drei Jahre nach der Ausschreibung. Bis heute hat sich der Puy de Dôme seinen Ruf als **Flugberg** erhalten, denn an seinen Hängen tummeln sich zahlreiche Drachen- und Gleitschirmflieger im Aufwind. Auch die **Tour de France** stattet dem Puy de Dôme alle paar Jahre einen Besuch ab.

Welch eine Aussicht! An klaren Tagen sind **Rundblicke bis in eine Entfernung von 300 km** keine Seltenheit. Im Norden reihen sich die kraterlosen Gipfel vom Typ des Puy de Dôme wie Per-

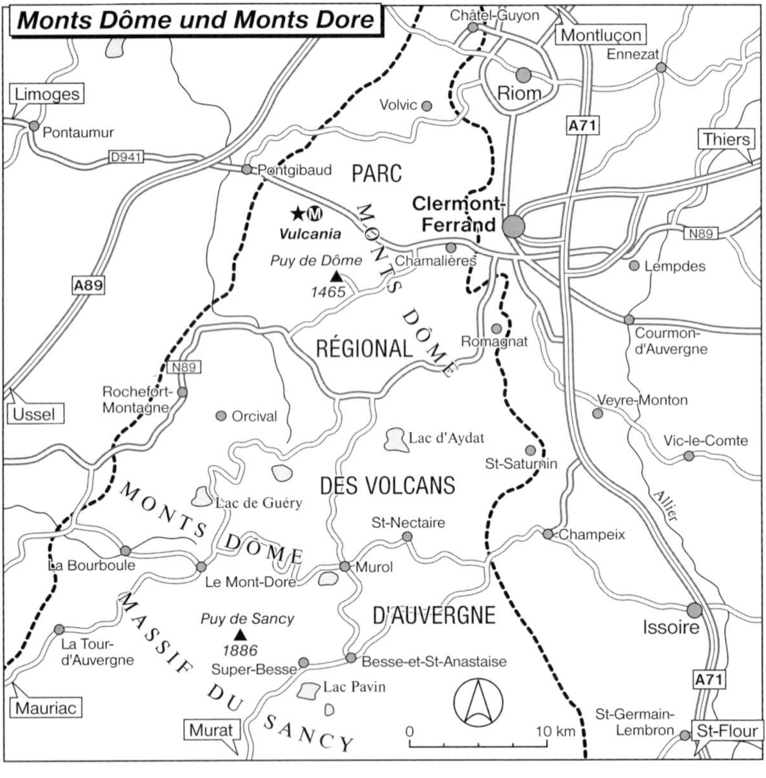

len auf einer Kette. Im Süden sieht man die grünen Gipfel mit Kratern, deren Lava dünnflüssiger war, über die Kraterflanken hinabfloss und nicht im Kratermund sitzen blieb wie beim Puy de Dôme. Die Höhenlagen der Monts Dôme sind völlig unbewohnt, so dass sich dem Auge eine intakte und in sich geschlossene Naturlandschaft präsentiert. Vor allem bei Sonnenauf- und Sonnenuntergang ist das Spiel der Farben am 360°-Horizont ein echtes Erlebnis.

Praktische Informationen

- Die **Auffahrt zum Gipfel** ist **kostenpflichtig.** Für 4,50 € pro Pkw können die Serpentinen des Puy de Dôme von 7.00–22.00 Uhr und im Winterhalbjahr von 8.00–18.00 bzw. 19.00 Uhr erklommen werden. Der Ausblick ist nicht nur von ganz oben überraschend. Schon bei der Auffahrt gibt der Wald immer wieder den Blick auf die Limagne oder die Monts Dôme frei. Im Juli und August fahren ständig **Shuttlebusse** zum Gipfel, da die Zufahrt für den Privatverkehr gesperrt ist.
- Eine **Wanderung** für Gipfelstürmer beginnt am **Col de Ceyssat** auf 1078 m. In steilen Serpentinen folgt die Route (rot-weiße Markierung) einer **alten Römerstraße.** Beim Abstieg folgt man in einer kleinen Schleife dem GR 4 zurück zum Parkplatz am Col de Ceyssat, der nach gut 2 Stunden wieder erreicht wird. Im Sommer sollte auf jeden Fall an **genügend Wasser** gedacht werden, denn der Aufstieg ist im ungeschützten Gelände durchaus anstrengend.
- Das **Centre d'Accueil et d'Information** bietet anschauliche Infos zur Entstehung des Puy de Dôme sowie über die gesamten vulkanischen Aktivitäten. Öffnungszeiten: Juli und Aug. 9.00–19.00 Uhr, sonst 10.00–18.00 Uhr, Sa und So bis 19.00 Uhr.

Puy de la Vache

Der Gipfel des Puy de la Vache ist zusammen mit den im unmittelbarer Nähe befindlichen Puy de Lassolas, Puy de Mercoeur sowie Puy Montchal einer der typischsten Vertreter der Vulkangipfel der Auvergne. Der Puy de la Vache („Kuhgipfel") baute sich aus einer Abfolge von vulkanischen Aschen und Schlacken auf, die den **klassischen Vulkankegel** formten. In einer späteren aktiven Phase füllte Lava den Krater auf. Die Wände gaben dem Druck nach, und über die Südflanke ergoss sich ein mächtiger Lavastrom von 6 km Länge und über 1 km Breite. Diese so genannte Cheire d'Aydat erstarrte im Vallée de Veyre und führte zur Aufstauung des **Lac d'Aydat.**

Praktische Informationen

- **Anfahrt** zum Puy de la Vache über die N 89 bis Randanne und dann der D 5 etwa 3 km Richtung St-Genès-Champanelle folgen. Die Cheire d'Aydat erreichet man über die N 89 bis zum Col de la Ventouse, dann der D 213 bis Aydat folgen.
- Gleich neben der D 5 beginnt ein **Wanderweg** zum Puy de la Vache. Auf- und Abstieg sind in 1 Stunde bequem zu schaffen.

Europäischer Vulkanpark Vulcania

Der wissenschaftlich ausgerichtete und **weltweit einzigartige Erlebnispark** ist im Norden des Parc Naturel des Volcans eingerichtet worden. Die in die erkalteten Lavaströme des Puy de Lemptégy hineingetriebene Anlage ermöglicht auf interaktive und spielerische Weise die Entdeckung und das Verständnis des Vulkanismus und der Ursprünge der Erde. Der gesamte Komplex ist wie ein **interaktives Versuchszentrum** aufgebaut: Der Besucher ist abwechselnd Akteur und Betrachter. Erklärt werden die geodynamischen Kräfte, die auf die Erdoberfläche einwirken, die verschiedenen Erscheinungsformen sowie die mit ihnen verbundenen Phänomene des Vulkanismus. All dies wird durch **modernste High-Tech** möglich: Satellitenfotos, interaktive Info-Touchscreens, bewegte Modelle, Filme in 3D, verschiedene Simulationen und Spezialeffekte. *Hans Hollein,* der österreichische Architekt von Vulcania, hat es so ausgedrückt: „Vulcania ist ein aus dem Basaltstein gehauener, in den erkalteten Lavastrom eingemeißelter Ort, bei dem eine Gebäudestruktur nahezu fließend in eine Naturlandschaft übergeht". In der Tat fügt sich die zu **drei Viertel unterirdisch** angelegte Konstruktion perfekt in ihre natürliche Umgebung ein.

Praktische Informationen

- Die **Anfahrt** zum Vulkanpark an der D 941b ist gut beschildert.
- **Öffnungszeiten:** April bis Aug. von 9.00–19.00 Uhr, sonst 9.00–18.00 Uhr.
- **Eintritt:** 19 €, Kinder 12 €.
- Tel. 0473197000, www.vulcania.com

Monts Dore

Das Massiv der Monts Dore mit der **höchsten Erhebung Mittelfrankreichs** am **Puy de Sancy (1885 m)** ist älter und komplexer als das der Monts Dôme. Beinahe hätte der Puy de Sancy dem Département seinen Namen gegeben, aber dann erhielt der Puy de Dôme den Vorzug, da er nicht mit Reichtum in Verbindung zu bringen ist wie die Monts Dore *(Dore* bedeutet Gold). Eiszeitliche Gletscher und starker Niederschlag haben die Vulkane stark zerklüftet. Das **ausgeprägte Relief** mit Wasserfällen, kleinen Seen, steilen Tälern, lang gezogenen Bergkämmen und prägnanten Vulkanen, die nahezu bis in die Gipfelregion mit grünen Wäldern und Wiesen überzogen sind, machen die Monts Dore zu einer **abwechslungsreichen Urlaubsregion.** Die Berge sind bekannt für die Viehzucht, die Erzeugung des St-Nectaire-Käses, aber vor allem für die Thermalkurorte La Bourboule und Le Mont-Dore.

Orcival

↗ VI, A3

Eng schmiegt sich das Dörfchen in das grüne Tal am Rande des Gebirgsmassivs der Mont Dore. Die 400-Seelen-Gemeinde ist zusammen mit Le Puy-en-Velay der bedeutendste **Marienwallfahrtsort** der Auvergne. Orcival ist heute insgesamt ein netter touristischer Ort, dessen Straßen Hotels, Restaurants und Souvenirläden säumen. Die renovierten Häuser sind meist ganz traditionell mit Steinschindeln gedeckt.

Geschichte

Das Wasser einer **Quelle,** an der die Jungfrau Maria erschienen sein soll, gilt als wundertätig und zieht viele **Pilger** an den Ort des mystischen Geschehens. Ebenso soll eine **Marienfigur** an der Quelle gefunden worden sein. Die Figur wurde in eine Kirche gebracht, doch - ein Wunder kommt selten allein - sie kehrte immer wieder an ihren Fundort zurück. Die Bewohner verstanden den Fingerzeig und beschlossen einen Kirchenbau an der Fundstelle. Damit hatten sie jedoch kein Glück, denn die Mauern stürzten immer wieder ein. Wutentbrannt schleuderte der Baumeister seinen Hammer von sich, und just an dem Ort, wo er zum Liegen kam, wurde erneut ein Bauversuch gestartet, der tatsächlich glückte. Diese Kathedrale steht bis heute.

Sehenswertes

Cathédrale Notre-Dame

Das Gotteshaus, das zweifellos zu den **schönsten Kirchen der Region** gehört, wurde im 12. Jh. von den Mönchen von La Chaise-Dieu errichtet und verdankt seine Berühmtheit der **Wallfahrt,** die noch heute eifrige Anhänger hat. Der Aufbau folgt streng der so genannten auvergnatischen Pyramide mit der abgestuften Architektur. Über dem Haupteingang auf der Südseite hängen Ketten, die von befreiten Gefangenen gestiftet wurden, denn die **Jungfrau von Orcival** wird auch als **Patronin der Gefangenen** verehrt.

Auch der **Innenraum** ist ganz im Stil der auvergnatischen Romanik gestaltet: Hauptschiff mit Tonnengewölbe, Kreuzgratgewölbe der Seitenschiffe und ein streng der Geometrie unterworfener Chor. Kleine Säulen und Bögen unterbrechen die Mauern so, dass ihnen jegliche Schwere genommen wird. Wie alle Krypten wurde auch die von Orcival für die Reliquien der Heiligen oder deren Gräber gebaut. Früher gab es keinen Altar, und die Wallfahrer hatten keinen Zutritt zur **Krypta.** Sie konnten die Reliquien von außen durch die Fenster oder von den Stufen des Chors betrachten. Heute befindet sich das Heilige Abendmahl in der mittleren Nische der Krypta. Hinter dem Hochaltar steht die mit Silber und vergoldetem Silber geschmückte Figur der **Muttergottes von Orcival** auf einem Granitsockel. Sie, die berühmte thronende Jungfrau, ist das Ziel der Wallfahrer. Sie konnte den Sturm der Zerstörung während der Französischen Revolution unbeschadet überstehen, da sie von den Bewohnern eingemauert wurde.

Unterkunft

- **Hôtel Du Mont-Dore**€€
Tel. 0473658206. Schnuckelige Herberge, in der auch Zimmer im ausgebauten Turm vermietet werden.
- **Hôtel Notre-Dame**€€
Tel. 0473658262. Im Ortskern gelegenes Haus mit modernen und eher nüchtern eingerichteten Zimmern.
- **Hôtel Roche**€€
Tel. 0473658231. Kleines Hotel mit nur sieben Zimmern.

Essen und Trinken

- **Restaurant Notre-Dame**
An der Hauptstraße des Ortes. Große Auswahl an Salaten und auch ansonsten eine bunte Auswahl an Gerichten, wie die *Truffade Maison* ab 10 € oder das Menü ab 11 €.

• Restaurant La Pachade
Ebenfalls an der Hauptstraße. Ausgezeichnete regionale Küche: *Poteé Auvergnate, Charcuterie* (Schlachtplatte) oder das *Menue Terroir* ab 16 €.

Rund um Orcival

Lac de Servière

Der Lac de Servière an der D 983 in Richtung Lac d'Aydat ist ein bezaubernder **Maarsee mitten im Wald.** Der Badesee bietet viel Platz und Ruhe zum Relaxen ohne Rummel, ohne Eisverkäufer oder Frittenbuden. Den Anfang der Entstehungsgeschichte des Sees markieren Niederschläge, die entlang von Klüften in den Vulkan sickerten, bis die Kuppe des gesamten Vulkans in einer großen Explosion weggerissen wurde und buchstäblich in Rauch aufging. Heute sammelt sich das Regenwasser im natürlichen Becken des ehemaligen Kraters und bildet den Maarsee.

Le Mont-Dore

⇗ XI, C1

Le Mont-Dore liegt unglaublich malerisch in einem schmalen Tal, das von **hohen Felswänden** eingerahmt wird, am Oberlauf der **Dordogne.** Ein **Wasserfall** stürzt vor dieser Kulisse nieder, im Hintergrund thront der mächtige Mont Sancy. Der **Thermalkur- und Wintersportort** zu Füssen des Gebirgsmassivs des **Puy de Sancy,** der mit 1886 m den **höchsten Gipfel** des Massif Central bildet, ist umgeben von einer

auv_230 Foto: bf

grandiosen Naturlandschaft, die für Skifahrer und Wanderfreunde mit **zahlreichen Sportmöglichkeiten** aufwartet. Die Häuser des Ortes stehen dicht aneinander geschmiegt und sind aus grauschwarzem Lavagestein erbaut, was den Ort an trüben Tagen nicht gerade im freundlichsten Licht erscheinen lässt. Das gesamte Zentrum ist geprägt vom **Tourismus:** Restaurants, Bars, Läden, Souvenirstände und Hotels, so weit das Auge reicht.

Geschichte

Schon die **Gallier** tummelten sich in den zwischen 38° und 40°C warmen Quellen von Le Mont-Dore. Später errichteten die **Römer** ein mondänes, reich verziertes und großzügig angelegtes Bad. Die Bäderkultur geriet während des Mittelalters in Vergessenheit. Erst Ende des 17. Jh. strömten die ersten Kurgäste wieder nach Mont d'Or (goldener Berg). Die **kohlensäure-** und **siliziumreichen Thermalquellen** werden heute vor allem bei asthmatischen und rheumatischen Erkrankungen therapeutisch eingesetzt.

Sehenswertes

Établissement Thermal

Im Ortszentrum ist das **Kurhaus** aufgrund der reich und schön **verzierten Innenräume** eine wahre Augenweide. Es wurde 1817 errichtet und Ende des 19. Jh. nochmals umgebaut und erweitert. Schon der Eingangsbereich besticht durch seine **Mosaike, Rundbögen und Säulen.** Auch die Galerie César, der Salle des Pas Perdus (Halle der verlorenen Schritte), die Hall des Sources (Quellensaal) sowie der Salle des Gaz Thermaux sind eine Stippvisite wert. Der Besucher wird unwillkürlich in die Zeit der **Belle Époque** zurückversetzt.

- 45-minütige **Führung** für 3 € bei vorheriger Anmeldung, Tel. 0473650510.

Église St-Pardoux

Die Kirche ist dem Hl. St-Pardoux geweiht, der Legenden zufolge mit Hilfe der Thermalquellen **wundersame Heilungen Gelähmter** vollbrachte. Bereits seit dem 8. Jh. wird St-Pardoux in Le Mont-Dore verehrt. Im Gegensatz zu dieser alten Tradition ist die Kirche eine der **ersten modernen Sakralbauten** in der Auvergne. Den Innenraum beherrscht das Thema Wasser. Die Wände der Kanzel sind blau gestrichen, geschmückt mit Keramiken mit modernen Ornamenten, und immer wieder werden biblische Situationen, in denen **Wasser** eine Rolle spielt, aufgegriffen.

Funiculaire du Capucin

Mit der Funiculaire du Capucin, der **ältesten Drahtseilbahn Frankreichs** aus dem Jahr 1898, können sich fußmüde Besucher auf die Station **Salon du Capucin** auf 1286 m schaukeln lassen. Der Gipfel des Le Capucin liegt auf 1465 m Höhe. Die **Holzwaggons** erklimmen mit einer Geschwindigkeit von 1 m/s die 600 Meter Distanz. Oben an-

Blick auf den Puy de Sancy, höchster Gipfel des Massif Central

gekommen lohnt sich der Blick in den Maschinenraum, denn die alte, unter **Denkmalschutz** stehende Funiculaire du Capucin wird durch hölzerne Räder und Lederriemen angetrieben! Vom Salon de Capucin hat man die Qual der Wahl zwischen zahlreichen **Wanderwegen** und **Langlaufloipen.** Zum Pic du Capucin, der in einer knappen Stunde erreicht werden kann, schlängelt sich der Pfad in gut zu begehenden Serpentinen. Von hier aus ist der Blick auf das **Mont-Dore-Massiv** schlicht atemberaubend.

• **Fahrtzeiten:** Juli und Aug. von 10.00–18.40 Uhr, ansonsten Mittagspause von 12.00–14.00 Uhr. 4,50 €.

Information

• **Office du Tourisme**
Avenue de la Libération, 63240 Le Mont-Dore, Tel. 0473652021, www.mont-dore.com. Öffnungszeiten: Mo bis Sa von 9.00–13.00 und 14.00–19.00 Uhr sowie So 10.00–12.00 und 14.00–18.00 Uhr.

Unterkunft

• **Hôtel Le Castelet**€€€€
Avenue Michel Bertrand, Tel. 0473650529. Schönes Haus, zentrumsnah und mit einem kleinem Garten.

• **Hôtel Du Parc**€€€
11, Rue Meynadier, Tel. 0473650292. Feudales Hotel in alten Gemäuern.

• **Hôtel Aladin Les Thermes**€€-€€€
4, Rue Jean Moulin, Tel. 0473651134. Großes Hotel im Zentrum.

• **Hôtel Helvétia**€
5, Rue de la Saigne, Tel. 0473650167. Sehr gemütliches Haus am Ortsausgang Richtung Puy-de-Sancy.

• **Hôtel Le Bellevue**€
26, Avenue du Général Leclerc, Tel. 0473650057. Das Haus liegt etwa 15 Fußminuten vom Stadtzentrum entfernt Richtung La Bourboule.

Camping

• **Camping municipal de l'Esquiladou**
Route des Cascades, Tel. 0473652374. Geöffnet von Ende April bis Mitte Okt.

• **Camping municipal des Crouzets**
Avenue des Crouzets, Tel. 0473652160. Bis auf den November ganzjährig geöffneter Campingplatz.

Essen und Trinken

• **Restaurant St-Georges**
6, Rue Montlosier. Großes Lokal nur 50 m vom Thermalbad entfernt.

• **Pizzeria Le Tremplin**
3, Avenue Foch. Leckere Pizzas aus dem Holzofen ab 7 €.

• **Brasserie/Café De La Paix** sowie **Café Du Sancy** am Place de la République; zwei lebendige Brasserien am Hauptplatz des Ortes, die eine gute Auswahl an Tellergerichten und Imbisse anbieten.

• **Crêperie La Farinade**
Place Charles de Gaulle. Eine ganze Speisekarte voller Crêpes, Eis und Snacks. Crêpes ab 3 €.

Markt

• Freitags findet in der Altstadt ein **Obst-, Gemüse-, Käse-** und **Haushaltswarenmarkt** statt.

Sport und Aktivitäten

• **Golf du Mont-Dore**
Route de la Tour d'Auvergne, Tel. 0473650079. 9-Loch-Platz nur knapp 3 km entfernt in Richtung La Tour d'Auvergne.

• **Thermes du Mont-Dore,** 1, Place du Panthéon, sowie das **SPA Centre** in der 2, Rue du Capitaine Chazotte im Zentrum von Le Mont-Dore.

Festival

• Von Anfang Juli bis Mitte August finden zahlreiche Konzerte im Zuge eines großen **Sommermusikfestivals** statt.

Vallée de Chaudefour ⇗XI, C1

Ein Abstecher ins absolut idyllische und naturbelassene Vallée de Chaudefour lohnt sich für **geologisch** und **botanisch Interessierte,** aber auch für **Reptilienliebhaber,** die vielleicht eine Viper, eine Natter oder einen der seltenen Salamander erspähen können. Zwischen Le Mont-Dore und Besse-en-Chandesse geht von der D 36 eine kleine Stichstraße ab in das Tal.

Die **Entstehung** verdankt das Tal der Wirkung der Gletscher und des Flüsschens Couze, das das Gestein tief eingeschnitten hat. Die oberen Bereiche des Tals zeigen bizarre Felsformationen, während die unteren Hangbereiche und die Talsohle reich begrünt sind. Die kleinen **Moore** sind besondere Biotope mit einer seltenen Vegetation.

Nur etwa 2 km weiter auf der D 36 Richtung Besse-en-Chandesse bietet sich eine weitere Attraktion. Am Maison de la Réserve vorbei führt ein schmaler Weg hinein in eine **Märchenwelt skurriler Felsformationen,** wie dem Dent de la Rancune (Zahn der Rachsucht), Roche Percée (durchbrochener Felsen), Crête de Coq (Hahnenkamm) oder dem Roc de la Perdix (Rebhuhnfelsen).

Das Vallée de Chaudefour ist eine **riesige Caldera,** die während der Würmeiszeit vor 15.000 Jahren glazial überformt und abgeschliffen wurde.

auv_233 Foto: bf

Bachlauf im Vallée de Chaudefour

Der Besucher befindet sich auf den Talwanderungen im Herzen eines einstigen **riesigen Stratovulkans.** Während seiner aktiven Phase vor 1 Million bis 200.000 Jahren haben die Eruptionen den Krater geöffnet und die bizarren Felsformationen der Dôme und Aiguilles geformt. Die Eiszeiten haben das Relief bis zur **Reliefumkehr** abgerundet und erniedrigt. Der Dent de la Rancune sowie die anderen Felsnadeln waren ehemals unter der Erdoberfläche und wurden durch die stete Wirkung der Erosion freimodelliert.

Der **Lac Pavin** an der D 978 nach Besse-en-Chandesse ist ein kleiner kreisrunder **Maarsee,** an dem ein überraschend großer Andrang herrscht, obgleich hier das Baden verboten ist. Am

See gibt es einen Kletterfelsen und einen Rundwanderweg. Informationen hierzu erteilen die Bar und der Souvenirladen am See.

Puy de Sancy (1885 m)

Der Puy de Sancy gehörte zu einem Komplex dreier **äußerst aktiver Vulkane,** die Ende des Tertiärs Lava, Asche und Schlacke ausstießen. Die Lavaströme haben eine dicke Schicht um die Hänge der Vulkane gebildet, die während der Eiszeiten abgegraben und eingeschnitten wurde. Im Falle des Puy de Sancy sind die Lavaschichten sogar so weit abgetragen, dass der einstige **Vulkanschlot** aus Trachyt den heutigen **Gipfel** bildet. Es bieten sich zwei Möglichkeiten, den Vulkanberg zu erklimmen: entweder von Le Mont-Dore mit der **Seilbahn** bis kurz unter die Gipfelregion, die von der Endstation in etwa 30 Minuten erreicht werden kann, oder über eine **längere Wanderung** von der Station de Chastreix-Sancy.

Wintersport- und Wandergebiet

Das Gebiet liegt tief in den Monts Dore am Ende der D 616. Vom Parkplatz der Seilbahn führt ein **Wanderweg** über den Puy de Chabane, den Puy Redon und den Pas de l'Âne (Eselspass) entlang des Bergkammes auf den Puy de Sancy. Der Auf- und Abstieg dauert etwa 3 Stunden und kann durch die Benutzung der Seilbahn erheblich verkürzt werden. Vom Puy de Sancy bietet sich ein **wunderbarer Blick** auf die Hochebenen des Cézallier im Süden und der Monts Dôme im Norden.

- **Fahrt mit der Kabinenseilbahn** im Juli und Aug. von 9.00–18.00 Uhr (19.00 Uhr letzte Abfahrt) alle 10 Minuten; Mai, Juni und Sept. von 9.30–12.30 sowie 13.30–16.45 Uhr (letzte Talfahrt 17.00 Uhr). Hin- und Rückfahrt 6,20 €, Kinder 4,90 €.
- Auf der Gipfelstation befindet sich ein **Restaurant** mit einer großen Terrasse und atemberaubendem Ausblick.

Ganz in der Nähe des Puy de Sancy an der D 36 Richtung Besse-en-Chandesse liegt die Passhöhe des **Col de la Croix St-Robert** (1451 m). Von hier führen zahlreiche Wanderwege zu den umliegenden Gipfeln, wie zum Puy de l'Angle, Roc du Cuzean oder den Col de la Croix Morand.

La Bourboule ⇗ XI, C1

La Bourboule wirkt auf den ersten Blick heller und offener als die Schwestergemeinde Le Mont-Dore. Im Zentrum des Ortes befindet sich eine **hübsche kleine Kirche,** die vom Kurpark und den reich verzierten Fassaden der Herrenhäuser eingerahmt wird. Der **Thermal-** und **Luftkurort** liegt auf 850 m Höhe am Oberlauf der noch jungen **Dordogne.** Nicht weniger als **zwölf Brücken** führen über die Dordogne und ihren Nebenfluss **Vendeix.** Entlang der Flussufer befinden sich die Kurhäuser, das Casino und der ausgedehnte Kurpark. Das erste Kurbad nahm bereits 1821 seinen Betrieb auf, bevor mehr als 30

Ansicht von La Bourboule

Jahre danach Arsen in therapeutischer Dosierung im Quellwasser nachgewiesen werden konnte. Die warme Choussy-Perrière-Quelle (60°C) und die frische Fenêstre-Quelle (20°C) werden für Heilzwecke eingesetzt. Hier werden mit Hilfe des arsenhaltigen Wassers v.a. Haut- und Atemwegserkrankungen behandelt.

Sehenswertes

Église La Bourboule

Die kleine Kirche wurde zwischen 1885 und 1888 errichtet. Dabei versuchten die Architekten, den klassischen Stil der auvergnatischen Romanik zu imitieren. Doch die Kopie passt nicht recht ins gewachsene Stadtbild. Als Baumaterial fand **heller Lavastein** Verwendung, aus dem *Henri Charlier* im Jahre 1941 auch die **Reliefs** und **Skulpturen** formte.

Information

- **Office du Tourisme**
15, Place de la République, 63150 La Bourboule, Tel. 0473655771, im Internet unter www.bourboule.com.

Unterkunft

- **Hôtel Le Genève**€€
Boulevard Georges Clémenceau, Tel. 0473810485. Zentral gelegenes Hotel am Stadtpark.
- **Hôtel de la Poste et Europe**€
Boulevard Georges Clémenceau, Tel. 0473810966. Ebenfalls am Stadtpark gelegenes stilvolles Haus.
- **Hôtel Les Celtiques**€
Place du Souvenir, Tel. 0473810920. Nettes Haus mit 20 Zimmern an der Dordogne.

auv_235 Foto: bf

●**Hôtel Levenise**€
74, Rue Avenue Guéneau de Mussy, Tel. 0473810514. Das Hotel liegt etwa 10 Fußminuten vom Stadtzentrum entfernt in einer ruhigen Seitenstraße.

Camping

●**Camping Des Vernières**
Avenue De Lattre de Tassigny, Tel. 0473811528. Geöffnet ab Ostern bis Ende Sept. Tarif: 5 €.

Essen und Trinken

●**Crêperie La Guinguette**
39, Rue de Belgique à La Bourboule. Hier lässt es sich hervorragend in der Welt der Crêpes (salzig und süß) schwelgen.

Markt

●Ein bunter **Regionalmarkt** findet jeden Samstagvormittag statt.
●Die **Markthalle** hat ihre Pforten täglich geöffnet.

Sport/Aktivitäten

Der Kurort bietet ein **breites Sportangebot:** Tennis, Reiten, Wandern, Schwimmen.

Thermen:
●**Thermen La Bourboule,** Résidence Thermale Choussy, Place de la Victoire, geöffnet von Feb. bis Mitte Okt.
●**Grands Thermes,** Boulevard Georges Clémenceau, geöffnet von März bis Sept.
●**Thermes Choussy,** Place Choussy, geöffnet von Mai bis Sept.

Weitere Informationen im Internet unter www.thermesbourboule.com.

Rund um Le Bourboule

Rocher des Fées

Der „Feenstein" überragt La Bourboule. Man erklimmt den **Granitfelsen** von La Bourboule aus in etwa 1 Stunde und wird mit einem durchaus **lohnenswerten Blick** auf den Ort und die umliegenden Monts Dore belohnt.

La Banne d'Ordanche (1512 m)

Die D 609 führt nördlich von La Bourboule direkt zum **Parkplatz** am La Banne d'Ordanche. Der Auf- und Abstieg ist stellenweise etwas mühsam, aber auch für Hobbywanderer in 1 Stunde gut zu bewältigen. Der bezaubernde **Rundblick** an der Orientierungstafel belohnt die Mühen. Die nackte Basaltkuppe ist der Rest eines Vulkanschlotes, dessen Umgebung bereits der Erosion zum Opfer gefallen ist.

Mit einer **Kabinenseilbahn** *(Télécabine)* kann man bequem die nahe gelegene **Hochebene von Charlannes,** die viele Spazierwege durch die bewaldete Gegend bietet, erreichen.

●**Fahrtzeiten:** Juli bis Sept. von 10.00–12.00 und 14.00–18.00 Uhr; ansonsten 8.45–12.00 und 13.30–17.00 Uhr. 4 €.

Roche Vendeix (1131 m)

Auf dem Roche Vendeix versteckten sich im Mittelalter Gesetzlose in einer kleinen Burg, von der heute nichts mehr zu sehen ist. Die **Räuberbande** um den Hauptmann *Marcheix* brandschatzte die umliegenden Ortschaften und bestahl die Bewohner bis der Einsatz königlicher Truppen dem Treiben ein Ende bereitete. An dem steilen Felsen sind **geologisch interessante Basaltprismen** erkennbar. Vom Parkplatz an der D 88 erreicht man den Gipfel in etwa 30 Minuten.

Besse-en-Chandesse ⇗XI, C1

Der beliebte Ferienort ist im Sommer ein **Wanderparadies** und im Winter ein **Skiort,** der sich gegenüber den modernen Skizirkussen wie Super-Besse ein gewisses Flair bewahren konnte. Die aus schwarzer Lava gebauten Häuser säumen die Gassen im Dorfkern. Ein Rundgang zum **Stadttor,** dem Porte de Ville aus dem 16. Jh., und der **Befestigungsmauer** lohnt sich.

Sehenswertes

Église St-André

Die hübsche **Dorfkirche** wurde im romanischen Baustil im 12. Jh. errichtet. Das Licht dringt, wie meist in kleineren romanischen Kirchen, nur spärlich in den Innenraum, was dem Raum eine mystische und hermetische Atmosphäre verleiht. Die Kapitelle sind hübsch verziert, hinter dem Altar thront die Statue der Notre-Dame-de-Vassivière.

Super-Besse ⇗XI, C1

Das **Wintersportzentrum** ist nicht nur im Winter für die Schneebegeisterten ein guter Ausgangsort, sondern auch in den Sommermonaten nutzen Wanderfreunde die Ferienwohnungen. Von hier aus beginnen zahlreiche **Wanderrouten** und Rundwege.

Super-Besse wurde erst 1961 am Fuße des Puy de la Perdrix aus dem Boden gestampft; immerhin: Das moderne Ferienzentrum fügt sich gut in seine natürliche Umgebung ein.

St-Nectaire ⇗XI, C/D1

St-Nectaire teilt sich in **zwei Ortsteile:** das historische **St-Necatire-le-Haut** sowie der Thermalort **St-Nectaire-le-Bas.** Die Kirche von St-Nectaire in der Oberstadt gehört mit zu den schönsten romanischen Kirchen der Auvergne. Besonders eindrucksvoll ist die beleuchtete Kirche abends vor der Kulisse der Vulkanberge der Auvergne. Sie wurde auf dem Mont Cornadore, einem **Basaltkegel,** der sich aus dem kleinen Tal der Couze erhebt, erbaut.

Geschichte

Das Gebiet um St-Nectaire ist reich an Zeugnissen aus der **neolithischen Kultur,** wie keltische **Dolmen** und **Menhire.** Vor allem die Römer nutzen in der gallo-römischen Periode die **Thermalquellen.** *St-Nectaire,* ein Gefährte des „Missionars der Auvergne", des *Hl. Austremoine,* ließ sich hier nieder. Nach seinem Tode wurde er auf dem Gipfel des Mont Cornadore beigesetzt. Im 12. Jh. entstand über dem Grab die kleine Kirche von St-Nectaire.

Sehenswertes

Église St-Nectaire

Die kleine Kirche ist ein wunderbares Beispiel für die Harmonie von auvergnatischer Romanik und pyramidalem Aufbau. Chor und Hauptschiff sind mit **103 figurengeschmückten** und **bemalten Kapitellen** verziert, die zum Teil aus der Werkstatt des Bildhauers der Kathedrale von Notre-Dame in Clermont-Ferrand stammen. Vor allem an den bemalten Kapitellen des Chors sind die lebendigen szenischen Darstellungen von Motiven aus der Bibel sehr beeindruckend. Auch der **Kirchenschatz** ist beachtenswert, denn trotz der Plünderung während der Französischen Revolution sind schöne Kunstwerke erhalten

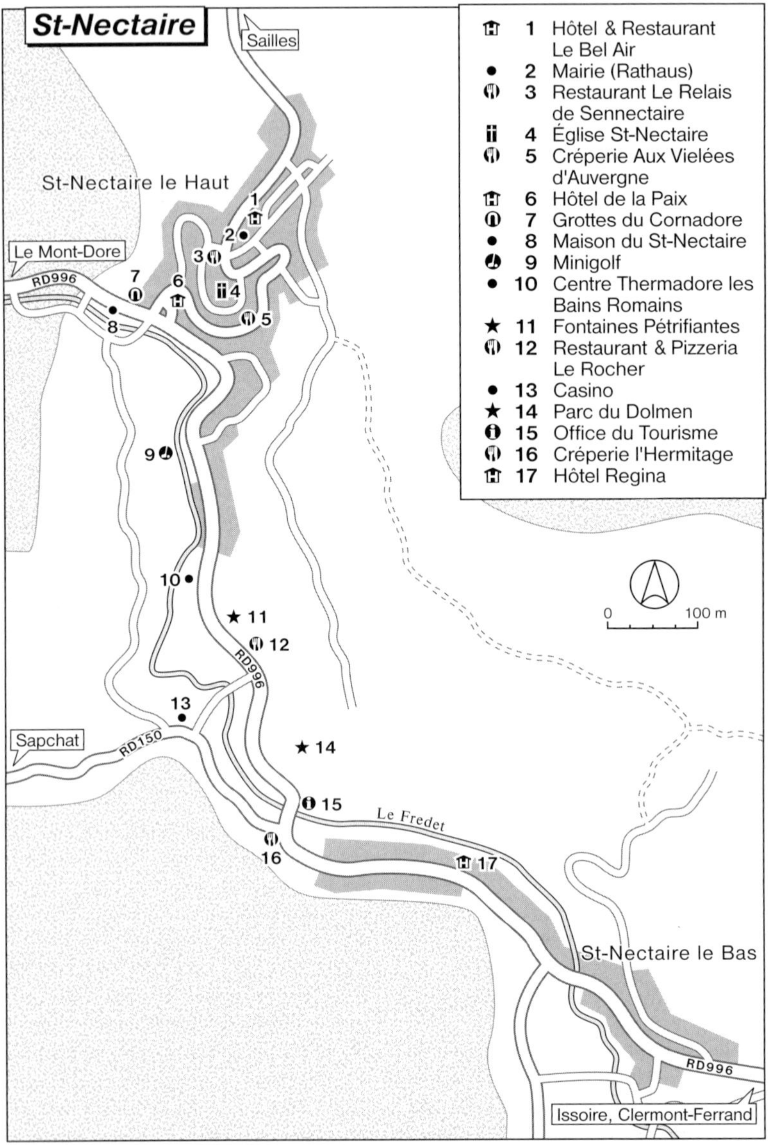

St-Nectaire
Sailles
St-Nectaire le Haut
Le Mont-Dore
RD996
Sapchat
RD150
Le Fredet
St-Nectaire le Bas
Issoire, Clermont-Ferrand
0
100 m
1 Hôtel & Restaurant Le Bel Air
2 Mairie (Rathaus)
3 Restaurant Le Relais de Sennectaire
4 Église St-Nectaire
5 Créperie Aux Vielées d'Auvergne
6 Hôtel de la Paix
7 Grottes du Cornadore
8 Maison du St-Nectaire
9 Minigolf
10 Centre Thermadore les Bains Romains
11 Fontaines Pétrifiantes
12 Restaurant & Pizzeria Le Rocher
13 Casino
14 Parc du Dolmen
15 Office du Tourisme
16 Créperie l'Hermitage
17 Hôtel Regina

geblieben, z.B. eines der bedeutendsten Werke romanischer Plastik, die **Figur des St-Baudine,** der die Gegend von einem Drachen befreit haben soll. Die Büste entstand in den Werkstätten von Limoges im 12. Jh. Sie ist mit vergoldetem Kupfer belegt; bis zu einem Einbruch 1907 bedeckten Juwelen das Gewand. Daneben steht die kunstvoll bemalte Statue der **Notre-Dame du Mont Cornadore,** ebenfalls aus dem 12. Jh., mit auffallend großen Händen.

Grottes du Cornadore

In den Anlagen der römischen Thermen erfährt der Besucher etwas über Entstehung und Anwendung der **versteinerten Thermalquellen.** In einer Grotte sprudelt das Wasser mit Temperaturen von bis zu 50°C aus Spalten des Vulkangesteins hervor. Zahlreiche Tiere und Pflanzen sind im Laufe der Zeit vom stark karbondioxidhaltigen Mineralwasser verkrustet und versteinert worden. Diese Verkrustungen sowie Flachreliefs sind im Ausstellungsraum zu besichtigen. Mit einem Schutzhelm bewaffnet, können Besucher in die **faszinierende Höhlenwelt** zu den ersten römischen Bädern aus dem 1. Jh., den Tropfsteinen und dem Höhlensee hinabsteigen.

• **Öffnungszeiten:** Juli und Aug. von 10.00–19.00 Uhr, April bis Juni sowie Sept. 10.00–12.00 und 14.00–18.00 Uhr. Die Führung dauert 40 Minuten (6 €, Kinder 4,20 €).

Maison du St-Nectaire

Hier dreht sich alles um die **Herstellung** des berühmtesten Kindes des Ortes, des **St-Nectaire-Weichkäses.**

• **Öffnungszeiten:** Juli/Aug. von 10.00–19.00 Uhr sowie Aug./Sept. von 10.00–12.00 und 14.30–19.00 Uhr. Eine Führung durch das Museum und hinab in die Reifekeller mit anschließender Kostprobe dauert 30 Min. Eintritt: 4,50 €.

Information

• **Office du Tourisme**
Les Grands Thermes, 63710 St-Nectaire, Tel. 0473885086, www.grandevallee.com.

Unterkunft

• **Hôtel Regina**€€
Tel. 0473885455. Schön renoviertes Hotel mit dem Charme eines alten Kurhauses.
• **Hôtel De La Paix**€€
Tel. 0473884907. Das Hotel mit 15 Zimmern liegt auf dem Weg ins Oberdorf.
• **Hôtel Le Bel Air**€€
Tel. 0473885264. Ruhig gelegenes Hotel in St-Nectaire-le-Haut.

Camping

• **Camping Le Viginet**
46, Boulevard Pasteur, Tel. 0473885380. Modern ausgestatteter Campingplatz. Geöffnet von April bis Sept.
• **Camping la Clé des Champs**
Route des Granges, Tel. 0473885233. 90 Stellplätze, geöffnet von April bis Okt.
• **Camping la Vallée Verte**
Route des Granges, Tel. 0473885268. Ruhiger Platz mit viel Schatten. Geöffnet von April bis Sept.

Essen und Trinken

In St-Nectaire-le-Haut:
• **Restaurant Le Relais de Sennectaire**
Schöner Platz zum Draußensitzen gleich neben der Kirche; auvergnatische Küche mit Menüs ab 15 €.
• **Restaurant Le Bel Air**
Schlemmerlokal für regionale und nationale Spezialitäten, wie den *Coquille St-Jaques Bretonne* (Jakobsmuscheln).
• **Crêperie Aux Vielées d'Auvergne**
Crêpes schon ab 2 €; rustikales Lokal gleich unterhalb der Kirche.

In St-Nectaire-le-Bas:

●**Restaurant & Pizzeria Le Rocher**
Gleich neben dem Thermalbad. Pizzas ab 7 €.

●**Crêperie L'Hermitage**
Großes, gemütliches Lokal mit Terrasse. Crêpes ab 2 €, Salat 5 €, Omelettes ab 5 €.

Markt

●Sonntagvormittag im Juli und August findet in St-Nectaire-le-Haut ein kleiner **Bauernmarkt** statt.

Einkaufen

●**Galoches & Sabots Auvergnats,** die traditionellen **Holzschuhe mit Lederbesatz** aus der Auvergne, werden in einigen wenigen Ateliers noch in Handarbeit hergestellt. In den **Werkstätten von Schmidlin-Faisy** kann den *Sabotiers,* den **Schuhschnitzern,** über die Schulter geschaut und ein passendes Paar erstanden werden. Das Atelier liegt nur 5 Minuten von St-Nectaire entfernt in **Sapchat** an der D 150. Öffnungszeiten: 9.30–12.30 sowie 14.15–19.00 Uhr. Eintritt und Führung 3 €.

Sport und Aktivitäten

●An der Durchgangsstraße in St-Nectaire befindet sich ein **kurioser Minigolfplatz.** Die Bahnen zieren überdimensionale Figuren, die aus Metall- und Blechdosen hergestellt sind.

●Die **Thermalquellen Les Bains Romains** sind Mo bis Sa von 10.00–20.30 Uhr und So bis 20 Uhr geöffnet. Der Eintritt kostet für 2 Stunden 10 €.

●Das ganze Jahr über können bei entsprechender Witterung **Ballonfahrten** über die Monts Dôme und Monts Dore unternommen werden. Dauer etwa 3 Stunden für 220 €. Information über das Office du Tourisme oder **Les Ballons de la Grande Vallée,** Tel. 0473884000.

●Rund um St-Nectaire sind **zahlreiche Wanderwege** ausgewiesen, vom kleinen Spaziergang bis zur Tagestour; zum Beispiel eine

auv_240 Foto: bf

Tour auf den Puy de Châteauneuf (2 Std.) oder der Rundgang de La Grande Boucle (ca. 6 Std.). Tourbeschreibungen und Routen sind beim Office du Tourisme erhältlich.

● Der **Parc Aventures** ist ein großer Abenteuerpark im Wald mit Klettermöglichkeiten, Netzen und Seilbahnen. Der Park ist wetterabhängig im Sommer in der Regel von 10.00–19.00 Uhr geöffnet. Eintritt: Erwachsene 19 €, Schüler 10 €.

Rund um St-Nectaire

Ein jeweils etwa 30-minütiger Fußmarsch führt von St-Nectaire zum Gipfel des Puy de Châteauneuf (935 m) oder des Puy d'Éraigne (895 m). Der Weg zum **Puy de Châteauneuf** beginnt direkt mit der leicht ansteigenden Straße vor der Kirche, von der ein steiniger Weg abzweigt. Im Berghang finden sich Höhlen, die bereits im Neolithikum und auch später im Mittelalter als Unterschlupf dienten. Der steile Wanderweg zum **Puy d'Éraigne** beginnt an der D 150 und ist nur mit festem Schuhwerk begehbar. Von beiden Gipfeln offenbart sich eine weite Aussicht auf die Monts Dore.

Château de Murol ↗ XI, C1

Die **Burg** Château de Murol erhebt sich malerisch auf einem Basaltvorsprung über das Vallée Verte, das grüne Tal der Monts Dore. Die einstige kriegerische Festung hat seit einigen Jahren durch eine Truppe von **Schauspielern** und **Stuntmen** wieder neues Leben eingehaucht bekommen. Die „Compagnons de Gabriel" organisieren Führungen sowie **mittelalterliche Feste** und **Turniere** für die Besucher. Der Ort Murol selbst setzt ganz auf den Tourismus: kaum mehr ein Haus, das nicht ein Restaurant, eine Bar oder einen Souvenirladen beherbergen würde.

Blick vom Château de Murol aufs Dorf

Geschichte

Das Château de Murol wurde hauptsächlich im 15./16. Jh. errichtet und erweitert. Die Zeit der Religionskriege überstand die wehrhafte Burg unbeschadet, und auch während der Französischen Revolution entkam das Château de Murol der Zerstörung, denn die Burgherren, die Familie *d'Estaing,* besaßen gute Verbindungen zum Königshaus. Die bewegte Geschichte der Burg fand damit noch kein Ende, denn immerhin diente sie zeitweilig als **Unterschlupf für Räuberbanden,** als **Gefängnis,** verfiel schließlich zur Ruine und wurde von den umliegenden Bewohnern als Baustofflager genutzt. Die heute unter Denkmalschutz stehende Burganlage wurde umfassend wiederaufgebaut und ist **eine der meistbesuchten Burgen der Auvergne.**

● **Öffnungszeiten:** von Nov. bis März nur an Wochenenden und Feiertagen von 14.00–17.00 Uhr; April bis Okt. von 10.00–12.30 und 13.30–18.30 Uhr. Eintritt: 3,50 €, Kinder 2,50 €.

Sehenswertes

Eine **Ringmauer** und **Wehrtürme** bewachen den einzigen Zugang über das befestigte Tor zur Burg. Das Hauptgebäude hat 10 m hohe Mauern, die von einem **Burgfried** umgeben sind. Das Schloss selbst ist eine kleine Stadt für sich mit zwei Kapellen, Rittersälen, Wohnräumen, Küchen, Pferdeställen und einer Backstube.

• **Öffnungszeiten:** April bis Okt. von 10.00–12.00 und 13.00–18.00 Uhr sowie Juli und Aug. Mi und Sa 10.00–19.00 Uhr. 3,50 €. Besichtigung mit Personen in historischen Kostümen (90 Minuten) von 10.00–17.30 Uhr außer Mi und Sa. 7 €.

Information

• **Office du Tourisme**
Rue Jassaguet, 63790 Murol, Tel. 0473886262, www.grandevallee.com.

Unterkunft

• **Hôtel De Paris**€€
Place de l'Hotel de Ville, Tel. 0473886009. Feudales Haus mit etwa 20 Zimmern.
• **Hôtel Du Château**€
Rue du Prélong, Tel. 0473886001. Kleines Hotel im Herzen des Örtchens.

Camping

• **Camping de la Plage**
Lac Chambon, Tel. 0473886004. Großer Platz am Seeufer. Geöffnet von Mai bis Sept.

Essen und Trinken

• **Crêperie Le George Sand**
Rue George Sand. Große Auswahl an französischen Pfannkuchen.
• **Pizzeria Le Picotin**
Rue George Sand. Gute Pizzas, bei denen das Preis-Leistungsverhältnis stimmt.

Sport und Aktivitäten

• **Ballonfahrten** mit **Les Ballons du Sancy,** Tel. 0473886114.

Rund um Château de Murol

Wanderung zum Puy de Bessolles (1045 m)

Von hier oben eröffnet sich ein **großartiger Rundblick** auf die Monts Dore und den Lac Chambon. Auf dem Plateau de Bessolles ist ein gelb markierter **Rundwanderweg** angelegt, der durch die noch recht ursprüngliche Heide-, Strauch- und Waldvegetation führt. Für die Rundtour bis zum Ausgangspunkt sollten etwa 2 Stunden einkalkuliert werden.

• **Anfahrt ab Murol:** Der D 996 folgen, bis links die D 5 Richtung Besse-en-Chandresse abzweigt. Dann die D 619 nehmen und nach wenigen Metern links auf den Parkplatz abbiegen. Nach 45 Minuten wird der Gipfel erreicht (nicht ganz mühelos!).

Grottes de Jonas

Nur wenige Autominuten vom Puy de Bessolles entfernt (der D 621 in Richtung Saurier folgend) befinden sich diese aus dem weichen, rötlichen Tuffstein herausmodellierten **Höhlen,** die vermutlich schon während des Neolithikums bewohnt waren. Im Mittelalter wurden die Höhlen zu einer Festung mit Wohnräumen, Kapelle und einem Turm ausgebaut. **Über sechzig Räume** auf vier Etagen, die miteinander durch Korridore und Wendeltreppen verbunden sind, wurden aus dem Stein geschlagen. Die **Fresken** der romanischen Kapelle aus dem 9. und 11. Jh. zählen zu den Meisterstücken religiöser Kunst in der Auvergne.

• **Öffnungszeiten:** von 10.00–12.00 und 14.00–18.00 Uhr. 6 €. Infos im Internet unter www.grottedejonas.com.

Lac Chambon

Nur knapp 2 km vom Château de Murol entfernt, in westlicher Richtung der D 996 folgend, liegt der tiefblaue

Lac Chambon eingebettet in sanfte bewaldete Hügel. Der See ist vulkanischen Ursprungs. Einer der letzten aktiven Vulkane der Auvergne, der Tartaret, staute das Wasser des Flüsschens Couze de Chambon auf und bildete den relativ flachen See mit einigen **hübschen Inseln.** Am West- und Ostufer gibt es jeweils zwei **Badestrände,** die in den Sommerwochen gut besucht sind. Ein paar Surfer tummeln sich neben Tretbooten und Kajaks auf dem See. Am Nordufer führt die D 996 von Murol nach Le Mont-Dore. Hier haben sich zahlreiche **Restaurants, Imbissbuden, Hotels** und **Souvenirläden** etabliert.

Den See, oder vielmehr den **Saut de la Purcelle,** eine fast 100 m hohe und steile Felsnadel am Nordufer, umrankt eine **Legende:** Eine junge Schäferin sprang vom Felsen, da sich der Lehnsherr sehr zudringlich zeigte und sie ihm zu entkommen suchte. Wie durch ein Wunder blieb sie völlig unverletzt. Allerdings prahlte sie vor ihren Freundinnen mit dieser Tat, und um sie von der Wahrheit zu überzeugen, sprang sie erneut – diesmal mit tödlichem Ausgang.

Monts de Cézallier

In der Auvergne wie auch in den Cévennen begegnet man zweifellos einigen einsamen und wilden Landschaften, aber das Gebiet des Cézallier ist gewiss **mit am dünnsten besiedelt.** Ausgedehnte Weideflächen mit alten Bauernhäusern und den typischen steinernen *Burons,* den Sennhütten, Kühe und Schafe kennzeichnen den Cézallier. Im Sommer sind die braunen **Salers-Rinder** mit ihren schön geschwungenen Hörnern oft über viele Kilometer die einzigen bewegten Objekte. Kein Wunder, dass die **schmalen Verbindungsstraßen** hier völlig ohne Mittelstreifen auskommen, denn andere Fahrzeuge begegnen einem äußerst selten und wenn, dann sind dies meist landwirtschaftliche Traktoren, die so und so die gesamte Straßenbreite für sich in Anspruch nehmen. Lediglich im Winter wird die Region etwas lebhafter, wenn vor allem die Skilangläufer die **kilometerlangen Loipen** bevölkern.

Die Monts de Cézallier verströmen den Reiz einer **melancholischen Prärie:** kein Baum weit und breit, sanft geschwungene Bergrücken und das Pfeifen des Windes, der hier kein Hindernis findet. Für Einsamkeitsfans geradezu ideale Bedingungen, denn nur selten erreicht man ein Dorf oder ein Gehöft zwischen den Weiten des Horizonts.

Das Gebiet des Cézallier verbindet die Monts Dore mit den Monts du Cantal. Es stellt ein **Granitplateau** mit einer durchschnittlichen Höhe von 1200 m dar, das im Zuge der vulkanischen Aktivitäten von einer sehr verwitterungsbeständigen **Basaltschich**t überdeckt worden ist. Die einzelnen Schlote treten nicht als klassische Vulkankegel hervor, da sich die dünnflüssige Lava schnell flächenmäßig ausgebreitet hat. Die **höchsten Erhebungen** sind der **Monts du Cézallier** mit 1551 m, der **Signal du Luguet** (1551 m) und der **Mont Chamaroux** (1476 m).

Für eine kleine Spritztour durch die Monts du Cézallier benötigt man etwa einen halben Tag. Von Allanche führt das **Vallée de la Sianne,** dem die D 9 folgt, nach Blesle. Der Fluss hat sich sein schmales Bett mit schönen Felsformationen und Windungen in das Gestein gegraben. Kurz vor der Mündung der Sianne liegt Blesle.

Blesle ⇗ XI, D2

Die um ein ehemaliges Nonnenkloster entstandene malerische Ortschaft besitzt eine sehenswerte **Abteikirche** und ein **intaktes Zentrum** mit netten Steinhäusern, gesäumt von Platanenalleen – ein Städtchen wie aus der Kampagne „Unser Dorf soll schöner werden".

Unterkunft

- **Hôtel La Bougnate**€€€
Schöne, geschmackvoll eingerichtete Zimmer im Ortskern.
- Ansonsten **einige Chambre d'Hôtes** in Zentrum und Umgebung.

Essen und Trinken

- **Restaurant La Bougnate**
Sehr gemütliches Lokal. An Holztischen unter schattigen Platanen bietet sich ausreichend Platz zum Draußenspeisen. Spezialitäten der Region wie zum Beispiel *Paté de Pommes de Terre au St-Nectaire* (Kartoffelkuchen) werden aufgetischt, aber ebenso Kleinigkeiten wie Omelette oder Sandwich.
- **Brasserie Café de la Tour**
Place du Mazel. Regionale Küche, Menü ab 10 €.

Rund um Blesle

Vom Wintersportort Marcenat am westlichen Rand des Hochplateaus führt die D 636 hoch zu den Gipfeln der Monts du Cézallier. Um den **Signal du Luguet** zu besteigen, biegt man in Boutaresse auf die D 721 ab und parkt am Skilift des Örtchens Parrot. Der **markierte Aufstieg** führt durch die Wiesen hoch zum bewaldeten Gipfel, der einen schönen Rundblick gestattet. Für den mäßig steilen Auf- und Abstieg benötigt man etwa 90 Minuten. Die beiden Ortschaften **St-Alyre-ès-Montagne** und **La Godivelle** sind mit ihren trutzigen Häusern aus Granit sowie den kleinen Fenstern **charakteristische Dörfer** der Auvergne. La Godivelle liegt hübsch zwischen zwei nahezu kreisrunden Kraterseen, dem **Lac d'en Haut** und dem **Lac d'en Bas,** der ein Schutzgebiet für Zugvögel ist. In St-Alyre führt die D 36 weiter über Ardes durch das **Vallée de Rentières,** ein liebliches Tal mit vielen Flusswindungen und markanten Felswänden, durch das sich das Flüsschen Couze d'Ardes gegraben hat.

Puy Mary (1783 m)

Monts du Cantal

Die Monts du Cantal sind der immer noch sehr beeindruckende Rest eines enormen Vulkanes von etwa 3000 m Höhe, der vor 20–30 Millionen Jahren aktiv war. Der **größte Vulkan Frankreichs** breitete seine basaltische Lava in einem Umkreis von ca. 70 km auf dem granitischen Sockel aus. Die zähere Lava erstarrte zu Basaltorgeln und Türmen, die dünnflüssigere Lava gestaltete die heutigen Hochebenen, die *Planèze*. Der Puy Griou bildete den geschätzten Mittelpunkt des ehemaligen Kraters.

Die **Erosion** hat ganze Arbeit am Cantal geleistet und vornehmlich durch die Kraft der Gletscher den Berg um 1000 m abgetragen und zerfurcht. Von dem einstigen Giganten existieren heute nur noch die „Ruinen", die jedoch immer noch mit die **höchsten Gipfel des Massif Central** stellen (**Plomb du Cantal,** 1855 m, **Puy Mary,** 1783 m) und an die Pyrenäen oder die Alpengipfel erinnern. Tiefe **idyllische Täler,** an deren Flussläufen sich die kleinen gewundenen Straßen orientieren, die die Region auch touristisch erschließen, breiten sich strahlenförmig vom so genannten **„Wasserturm Frankreichs"** aus – Wasserturm deswegen, weil es sich um eine der niederschlagsreichsten Regionen mit guter Wasserspeicherkapazität handelt.

auv_245 Foto: bf

In den tieferen Lagen, auf denen sich fruchtbare Böden ausbildeten, wird vorwiegend **Ackerbau** betrieben, in den Höhen lässt das Klima nur noch die Nutzung der Hänge und Flächen als sommerliche **Hochweide für Rinder** der berühmten Salers-Rasse zu. Kein Wunder, dass die **Käseherstellung** hier eine große Tradition aufweist.

Viele Landwirte und Senner waren jedoch aufgrund von (nachteiligen) EU-Vereinbarungen zu Milchquoten und Fleischpreisen gezwungen, ihre Heimat zu verlassen und in die Städte auszuwandern. Einige der alten steinernen Sennhütten, der **Burons,** haben überlebt. Sie sind auch dank des touristischen Interesses wieder in Betrieb und veranschaulichen den Produktionsweg von der Milch zum aromatischen Käse der Cantal-Region.

Plomb du Cantal (1855 m)

Der Plomb du Cantal ist der **höchste Gipfel** des ehemaligen Großvulkans. Da scheint es kaum verwunderlich, dass der **Rundblick** von diesem Riesen etwas Besonderes ist: im Norden die Monts Dore, im Osten und Süden die Hochebenen, im Westen die Gipfel der anderen Berge des Cantal.

Wanderern bieten sich mehrere Varianten, den Plomb du Cantal zu besteigen. Am bequemsten und schnellsten geht es ab Super-Lorain mit der **Seilbahn.** Von der Bergstation sind es dann nur noch wenige Minuten bis zum höchsten Punkt. Auch für diejenigen, die den Berg ohne fremde Hilfe erobern möchten, ist **Super-Lioran** ein idealer Ausgangspunkt. Am Parkplatz rechts der Seilbahn beginnt ein **Rundwanderweg** von 9 km Länge zum Plomb du Cantal. Nach etwas über 3 Stunden durch Hochweiden, Wald und Schotterflächen erreicht man wieder die Talstation. **Geübte Wanderer** können auf dem **GR 400,** der von Süden durch Thiezac führt, sowie auf dem **GR 4** aus westlicher Richtung über Valuéjols oder schon in Gipfelnähe ab Murat über den Col de Prat de Bouc ebenfalls den Plomb du Cantal besteigen. Geeignete Wanderkarten sind problemlos in allen Buchhandlungen oder Schreibwarenläden erhältlich.

Puy Mary (1783 m)

Die **„Pyramide der Auvergne"** erhebt sich wahrlich anmutig über die tief zerfurchten Täler des Cantal. Die Bergschultern des Puy Mary sind gleichmäßig und fast symmetrisch wie von Architektenhand geformt, allerdings sind sie das Resultat der intensiven Erosion durch Gletscher und Niederschläge. Der Aufstieg beginnt am **Pas de Peyrol (1588 m)** über den nordwestlichen Kamm. Direkt am Pass gibt es **ausreichend Parkplätze** sowie ein ehemaliges **Buron,** in dem rund um die Uhr auvergnatische Spezialitäten getestet werden können. Für die **Wegstrecke zum Gipfel** und retour sollten insgesamt etwa 40 Minuten eingeplant werden. Die Route ist gleichmäßig steil und gewiss **kein leichter Spaziergang,** vor allem sollte der Weg keinesfalls verlassen werden. Nicht nur, dass die fragile Natur unter den zusätzlichen Trampelpfaden leidet, sondern es könnte auch gefährlich werden. Der Panoramablick vom Puy Mary ist schlicht beeindruckend: Tiefe eingeschnittene Täler und steile Kämme veranschaulichen die Gewalt der erdformenden Kräfte.

Die Anfahrt auf der D 680, der **Route des Crêtes,** von Murat zum Pas de Peyrol ist vielleicht der **schönste Straßenabschnitt** des gesamten Massif Central. Entlang der steil abfallenden Hänge des Puy Mary eröffnen sich grandiose Ausblicke in den Nordteil des Cantal. Der **Pas de Peyrol** ist der **höchste Pass der Region** und in der Regel von November bis Mai eingeschneit und zeitweise, vor allem im Januar, gesperrt.

Sport/Aktivitäten

- **Passagierflug mit dem Gleitschirm,** Parapente Puy-Mary, Tel. 0471789521, pro Flug ab 60 €.

Puy Griou (1690 m)

Der Puy Griou besitzt ein **markantes Profil** mit spitz aufragendem Gipfel und steilen Flanken. Der Aufstieg ist wesentlich länger und beschwerlicher als zum Plomb du Cantal. Von Super-Lorain dauert die Wanderung, die nicht ohne gutes Schuhwerk angetreten werden sollte, gute 4 Stunden. Die Route, eine Variante des GR 400, passiert die Wälder bei Font d'Alagnon, über Hochweiden geht es auf den **Col de Rombière** (1582 m), und dann beginnt der eigentliche, **etwas beschwerliche Aufstieg** über vulkanische Schotterflächen und Geröll. Lohn aller Mühen: ein **wundervoller Rundblick** über die anderen Gipfel des Cantal.

Rund um Puy Griou

Südwestlich des Puy Griou schlängelt sich das von dem Flüsschen Jordanne geschaffene **Vallée de Mandailles** durch das Vulkangestein. Für kurze Zeit zogen **Goldfunde** die Glückssucher an die Ufer der Jordanne, doch die Ausbeute war einfach zu gering. Der wirkliche Schatz des Tales ist seine **malerischen Naturlandschaft,** die reich an Bäumen, Wiesen, Grotten und steilen Felsen ist.

Riom-ès-Montagne

⇗ XI, C2

Ein kurzer Abstecher nach Riom-ès-Montagne im Herzen des nördlichen Cantal lohnt sich für jeden, der einmal in das typisch ländliche Flair dieser Region eintauchen möchte. Der kleine Marktflecken ist ein **Wirtschafts-** und **Handelszentrum** für jegliche Art von landwirtschaftlichen Produkten, allen voran Käse und Enzianwurzeln, aus denen der **Gentiane,** ein Likör, oder besser gesagt, das „medizinische" Allheilmittel der Region, hergestellt wird. Riom-ès-Montagne ist bekannt für seine **Viehmärkte,** die unregelmäßig am ersten Samstag im Monat stattfinden.

Sehenswertes

Église St-Georges

Die kleine Stadtkirche aus dem 1. Jh. ist aufgrund ihrer **Chorkapitelle,** die Szenen aus dem Kampf der französischen Ritter gegen die Sarazenen sowie das Salomonische Urteil zeigen, einen Besuch wert.

Murat

↗ XI, C3

Die 2000-Seelen-Gemeinde am östlichen Fuße des alten Cantal-Vulkans ist ein idealer Ausgangspunkt für **Ausflüge, Wanderungen** und **Fahrradtouren** in das Cantal-Gebiet. Aber auch Murat selbst hat einiges zu bieten: Wenn es auch keine herausragenden kulturellen Sehenswürdigkeiten zu bestaunen gibt, so ist es doch ein Dorf mit „städtischem" Charakter, **ausgezeichneten Restaurants** und einer prächtigen Kulisse, die vor allem nachts, wenn die bizarren Felsnadeln, die Murat umgeben, angestrahlt werden, besonders zur Geltung kommt. Der Ort liegt über dem **Vallée de l'Alagnon** auf einem Basalthang und wird von den wilden Berggipfeln des Rocher de Chastal und des Rocher de Bredons eingerahmt. Spätestens beim Blick auf den Rocher de Bonnevie, den eine weiße Madonnenstatue krönt, wird eine gewisse Assoziation zu der Silhouette Le Puy-en-Velays geweckt.

auv_248 Foto: bf

Murat – Verkauf des traditionellen Enzianlikörs

Sehenswertes

Der Dorfkern besitzt **einige interessante Gebäude,** wie die spätgotische Kirche Église Notre-Dame-des-Oliviers, das Maison Rodier, im Renaissancestil aus Trachytstein errichtet, den Palais de Justice, das Maison de Bonnevie sowie das **Maison de la Faune.** Dieses ehemalige Hotel aus dem 17. Jh. beherbergt eine sehenswerte Sammlung von 8000 Faltern und Schmetterlingen, 800 Nagetieren und Vögeln.

- **Öffnungszeiten:** Juli und Aug. Mo bis Sa von 10.00–12.30 und 14.00–19.00 Uhr, So 10.00–12.00 und 15.00–19.00 Uhr. 4 €.

Information

- **Office du Tourisme**
  Place de l'Hôtel de Ville. Mo bis Sa von 9.00–12.30 und 13.30–19.00 Uhr, So von 9.30–12.30 und 14.30–18.30 Uhr.

Unterkunft

- **Hôtel Les Breuils**€€€€
  34, Avenue du d'Mallet, Tel. 0471200125. Beste Adresse am Ort.
- **Hôtel Globe Trotters**€€
  22, Avenue du d'Mallet, Tel. 0471200722. Sympathisches Stadthotel.

• **L'Auberge de Maître Paul€€**
14, Place du Planol, Tel. 0471201466. Kleines Haus mit freundlich ausgestatteten Zimmern.

Camping

• **Camping De Stalopos**
Tel. 0471200183. Geöffnet von Mai bis Sept.

Essen und Trinken

• **Crêperie & Saladerie Chez Laurette**
28, Rue du Bon Secours, direkt am Marktplatz. Leckere Gerichte, Salat ab 5 €.

• **Restaurant De La Paix**
2, Rue St-Martin. Schönes Lokal mitten in der Altstadt mit viel Platz zum Draußensitzen. *Menue Régional* für 14 €.

• **Pizzeria & Restaurant De Maitre Paul**
Place du Planol. Jede Pizza für 7 € sowie regionale Spezialitäten.

Markt

• Freitags findet ein ländlicher **Gemüse-, Obst-** und **Haushaltswarenmarkt** statt sowie mittwochs ab 17 Uhr ein **Bauernmarkt** am zentralen Platz und vor der Kirche.

Einkaufen

• **Maison de Campagne**
12, Place Marchande. Hübsche Töpfersachen, Spitzen, Korbwaren, Porzellan oder alte Fotografien aus dem Cantal.

• **Le Cellier**
10, Place Marchande. Fachgeschäft für Messer aus Laguiole und Thiers, Wein und Likör.

Festival

• In der ersten Augustwoche findet ein Tanz- und Musikfestival, das **Festival Dances et Musiques du Monde,** statt. Chöre, Straßenmusiker und Ensembles bevölkern den Markt, den Platz vor der Kirche und die wenigen Gassen der Altstadt.

Lioran und Super-Lioran

↗ XI, C3

In luftigen Höhen bilden Lioran und Super-Lioran das wichtigste **Wintersportzentrum** des Cantal. **Lioran (1153 m)** ist in den Sommermonaten ein geschätzter Luftkurort für alle Allergie- und Asthmageplagten. Das höher gelegene **Super-Lioran (1240 m)** ist eine moderne und funktionale Ortschaft, die sich gänzlich dem Sport im Schnee verschrieben hat. Im Sommer bevölkern **Wanderer** die Hänge und erklimmen die zahlreichen zerklüfteten Gipfel des Cantal-Vulkans. Bereits seit 1839 verbindet ein **Tunnel** die beiden Dörfer, denn im Winter ist der Col de Font de Cère an der D 67 meist unpassierbar. Fast 30 Jahre später wurde unter der Straße eine weitere Röhre für den Schienenverkehr in den Fels gehauen.

Das **Skigebiet** an den Nord- und Ostflanken des Plomb du Cantal ist mit einer Kabinenseilbahn sowie mit über 20 weiteren Liften sehr gut erschlossen. Die etwa 40 Pisten bieten genügend Herausforderungen für Anfänger und Fortgeschrittene.

Maison du Buronnier

Hier wird die Herstellung des bedeutendsten landwirtschaftlichen Erzeugnisses der Region, des **Cantal-Käses,** dargestellt und Schritt für Schritt erklärt.

• **Anfahrt** über Lioran auf der N 122 Richtung Murat; gleich vor der Brücke rechts abbiegen und der schmalen Straße weitere 2 km bis zum Buron (Sennhütte) folgen.

• **Führungen** durch die Sennerei: Juli/Aug. von 10.30–12.30 und 14.30–19.00 Uhr, Juni/Sept. von 14.00–18.00 Uhr. 3,50 €.

Information

• **Office du Tourisme**
15300 Super-Lioran, Tel. 0471495008, www.lelioran.com.

Vic-sur-Cère ⇗X, B3

Vic-sur-Cère ist ein guter Ausgangsort für alle, die den Cantal entdecken wollen und es dabei **ruhig, beschaulich** und **authentisch** mögen. Das Örtchen liegt im **Gletschertal der Cère** und ist bereits seit gallo-römischer Zeit besiedelt. Das Dorf hat einen intakten Ortskern, in ruhigen Seitenstraßen haben sich einige Hotels etabliert.

Sehenswertes

- **Parc de la Maison des Eaux** sowie **Maison des Eaux Minérales.** Die Häuser des Wassers und der Mineralien haben Juli/Aug. von 10.00–12.00 und 15.00–19.00 Uhr geöffnet. Eintritt: 3,50 €.

Information

- **Office du Tourisme**
Im kleinen Pavillon neben dem Marktplatz, 15800 Vic-sur-Cère. Öffnungszeiten: Mo bis Sa von 9.00–12.30 und 14.00–19.30 Uhr, So 10.00–12.30 und 15.00–19.30 Uhr.

Unterkunft

- **Hôtel Beausejour**€€
Tel. 0471475027. Ruhig gelegenes Hotel.
- **Hôtel La Terrasse**€€
Avenue Jean Lambert, Tel. 0471475024. Kleines Haus mit regionaler Küche.

Camping

- **Camping La Pommeraie**
Tel. 0471475418. 100 überwiegend schattige Plätze. Geöffnet von April bis Sept.
- **Camping Municipal Le Carladez**
Tel. 0471475104. Familiärer Platz direkt am Ufer der Cère.

Essen und Trinken

- **Bar Les Tilleuls**
2, Rue Basse. Viel Platz zum Draußensitzen, ruhig gelegen unter großen Kastanien und Platanen.
- **Crêperie & Bar**
Avenue Max Mabit. Crêpes ab 2 €.

Aurillac ⇗XV, D1

Am südwestlichen Fuße des Cantal-Vulkans liegt die Stadt inmitten des fruchtbaren und vor kalten Winden geschützten Beckens am Flüsschen **Jordanne,** das am Puy Mary entspringt. Aurillac ist das **wirtschaftliche Zentrum** der Region. Hübsch ist Aurillac jedoch weder auf den ersten noch auf den zweiten Blick. Rund um die Église St-Géraud herrscht in der Regel ein geschäftiger Trubel, der den Gassen der Altstadt das Flair einer bescheidenen Metropole in der südlichen Auvergne verleiht. Hier in den Fußgängerzonen finden sich Marktstände neben Boutiquen und modernen Kaufhäusern.

Geschichte

Bereits im 1. Jh. n. Chr. zeugen Reste eines Tempels aus gallo-römischer Zeit von den **frühen Siedlungsursprüngen.** Die Stadtentwicklung setzte im 9. Jh. ein, nachdem der Hl. Géraud hier eine Abtei gründete. Bereits wenige Jahre nach der Stiftung wurde die Abtei enorm gestützt und gefördert. Sie entwickelte sich noch vor dem Aufstieg von La Chaise-Dieu zu einem der **einflussreichsten Klöster der Auvergne.** Aus der Abtei von Aurillac kam der **erste französische Papst.** Als *Silvester II.* bestieg er den Stuhl Petri im Jahre 999. Er stammte aus einer Hirtenfamilie, galt als sehr intelligent, studierte in Spanien und wurde dann Erzbischof, Erfinder und Lehrer am Kaiserhof.

Aurillac – wirtschaftliches Zentrum der Region

auv_251 Foto: bf

Im **Mittelalter** erlebte die Stadt eine wirtschaftliche Blüte, die mit den einsetzenden Religionskriegen jäh beendet wurde. Zwischen Mönchen und Bevölkerung entstand eine unüberbrückbare Kluft, es kam zu schweren **Übergriffen:** 1561 fand unter den Protestanten der Stadt ein Massaker statt, acht Jahre später wurden die Mönche von Hugenotten auf einem Scheiterhaufen verbrannt und die Stadt stark zerstört. Von diesen Ereignissen konnte sich Aurillac zunächst nicht erholen, und Armut bestimmte das tägliche Leben. Erst die Gründung von Manufakturen zur Spitzenherstellung unter *Colbert* verhalf der Stadt zu einem bescheidenen Wohlstand. Heute lebt Aurillac von der **Landwirtschaft,** der **Möbelindustrie** und zunehmend auch vom **Tourismus.**

Sehenswertes

Église St-Géraud

Die Geschichte der Kirche ist sehr bewegt und von zahlreichen Abrissen, Umbauten und Anbauten geprägt. Im endenden 9. Jh. wurde die Église St-Géraud, wie es der Name schon verrät, dem Hl. Géraud geweiht. Aurillac entwickelte sich in dieser Zeit zu einer Nebenstation für die **Pilger** auf dem Weg nach Santiago de Compostela. In diesem Zusammenhang erfuhr die Kirche eine enorme Vergrößerung bis zum 11. Jh., um allerdings im 16. Jh. während der Religionskriege wieder dem Erdboden gleichgemacht zu werden. Der Wiederaufbau erfolgte in Etappen und zog sich bis ins 19. Jh. hin. Trotz der **uneinheitlichen Baustile** wirkt das Gesamtkonzept des Innenraums vor allem durch die Pfeiler und die Raumgröße recht harmonisch. In der **Chapelle St-Géraud** sind Steindenkmäler, die Statue des Hl. Géraud und eine präromanische Skulptur zu sehen.

Altstadt

Die historische Altstadt von Aurillac entwickelte sich rund um die Église St-Géraud. Gegenüber der Kirche befinden sich schön **restaurierte Gebäude** aus romanischer Zeit und dem 15. Jh. mit Arkaden, kleinen Säulen und hübschen Fassadendekorationen. Die Mitte des **Place St-Géraud** markiert ein Becken aus Serpentin aus dem 12. Jh. Beim Bummel zwischen den Plätzen Place St-Géraud und Place du Square sind noch zahlreiche gut erhaltene Häuser aus dem 16. Jh. zu sehen. Bei der **Pont Rouge** bietet sich ein guter Blick auf die alten Häuser entlang der Jordanne.

Château St-Étienne

Die Burgruine aus dem 13. Jh. wurde im 19. Jh. neu aufgebaut und erweitert. Von der Terrasse überblickt man die Vulkane des Cantal, Aurillac und das kleine Tal der Jordanne. Die Burg selbst ist weniger interessant, schon eher das hier untergebrachte Museum.

Das moderne **Musée des Volcans** präsentiert gut aufbereitete Videofilme und hervorragendes Bildmaterial zu den Themen Vulkanismus, Plattentektonik, Entstehung der Monts du Cantal sowie Mensch und Vulkanismus. Animierte Profilschnitte, z.B. durch einen Vulkan, veranschaulichen die geographischen Abläufe.

- **Öffnungszeiten:** Juni bis Sept. von 10.00–18.30 Uhr, Sa und So ab 14.00 Uhr; Okt. bis Mai von 14.00–18.00 Uhr, So und Mo geschlossen. Eintritt: 4 €.

Église Notre-Dame-aux-Neiges

In der Kirche eines ehemaligen **Franziskanerklosters** befindet sich eine der mysteriösen **Schwarzen Madonnen** der Auvergne. Die Kirche selbst ist ein **Stilmix** der ausgehenden Romanik und gotischer Elemente, wie beispielsweise dem Kreuzrippengewölbe.

Musée d'Art et d'Archéologie

Südlich der Altstadt, in Richtung Rodez, wurde in einem ehemaligen Salesianerkloster das Musée d'Art et d'Archéologie eingerichtet. Das Museum ist vor allem der **traditionellen Lebensweise** im Cantal, **archäologischen Fundstücken** sowie der **Malerei** und der **Bildhauerei** von der Renaissance bis zur Moderne gewidmet.

- **Öffnungszeiten:** Juli und Aug. von 10.00–12.00 und 14.00–18.00 Uhr, So 14.00–18.00 Uhr; Mo geschlossen. Eintritt: 3 €.

Information

- **Comité Départemental du Tourisme et du Thermalisme**
11, Rue Paul Doumer, BP 08, 15018 Aurillac, Tel. 0471638500.
- **Office du Tourisme**
Place du Square, 15000 Aurillac, Tel. 0471484658. Okt. bis Ostern Mo bis Sa 9.00–12.00 und 14.00–18.30 Uhr, Juli/Aug. täglich 9.00–19.00 Uhr, sonst 9.00–12.00 und 14.00–18.30 Uhr.

Unterkunft

- **Hôtel Le Square**€€€
15, Place du Square, Tel. 0471641511. Schönes Komforthotel im Stadtzentrum, ebenso

das **Hôtel Le Renaissance**€€, Place du Square, Tel. 0471480980.

- **Hôtel Les Arcades**€€€
9, Avenue G. Pompidou, Tel. 0471641511. Mit Parkanlage, ruhig gelegen.
- **Grand Hôtel des Voyageurs**€€, 4, Place Pierre Semard, Tel. 0471480144, und gleich nebenan das **Hôtel de Paris**€, 3, Place P. Semard, Tel. 0471480339. Zwei Standardhotels, die ganzjährig geöffnet haben.
- **Hôtel de Lyon**
10, Rue de la Gare €, Tel. 0471482300. Kleines Haus in Bahnhofsnähe.

Camping

- **Camping de L'Ombrade**
12, Rue Gué Bouliagua, Tel. 0471482887. Großer Campingplatz mit ausreichend Schatten. Geöffnet von Mai bis Sept.

Essen und Trinken

- **Brasserie l'Abside,** Place du Square, sowie gleich nebenan das **Grand Café Mary,** beide mit leckeren Kleinigkeiten auf der Speisekarte, wie Lasagne oder *Plat du Jour* für 8 €.
- **Glacier & Milkbar & Brasserie**
Ebenfalls am Place du Square. Salat ab 4 €, Sandwich 3,50 €, Omelett 3 € oder tolle Milchshakes für 5 €.
- **Brasserie Le Tempe**
Rue du Salut. Hauptsächlich regionale Küche wie *Tripoux* ab 6 €.

Verkehrsverbindungen

- Vom **Flughafen** gehen mehrmals täglich Flüge nach Paris, auch in fast alle größeren Städte Frankreichs, allerdings nur wenige Verbindungen pro Woche.
- Der überregionale **Busbahnhof** *(gare routière)* befindet sich gleich neben dem Gare SNCF am Place Pierre Sémard.

Markt

- Mi und Sa Markt vor dem **Place de l'Hôtel de Ville.**

Einkaufen

- **Charcuterie & Salaisons,** in der Rue Emile Ducloux, hat alles rund um die Wurst, von Eingemachtem zu Schinkenhälften und Geräuchertem.
- Gegenüber ist die unverschämt gut riechende **Kaffeerösterei Brullrie de Café,** die in den Verkaufsräumen den Kaffee noch frisch röstet.

Internet

- **Internet-Cafés:** Le Faisan Doré, 8, Place d'Aurinques, oder Le Dragon Jeux, 54, Avenue des Pupilles de la Nation.

Sport und Aktivitäten

- **Ballonfahrten** rund um den Cantal bietet der **Aéro Club du Cantal,** Tel. 0471642200.
- **Fahrradverleih** im **Atélier Courbebaisse,** Avenue G. Pompidou, Tel. 0471649383. Im Angebot sind Tourenräder und Mountainbikes, die ab einem halben Tag gemietet werden können.

Festivals

- **Festival International du Casse Croûte et des Goudots Gourmands** – kurz: ein **Schlemmerfestival.** Zahlreiche Stände bieten die regionalen Köstlichkeiten, wie Käse, Honig, Naschereien und Kreationen der klassischen Haute-Cuisine, an. Letztes Wochenende im Juni.
- **Festival International de Théâtre de Rue,** Ende August findet das **internationale Straßentheaterfestival** rund um den Place St-Géraud sowie in der gesamten Altstadt statt. Gaukler, Verwandlungskünstler und die gesamte Palette des bunten Theatervölkchens finden sich ein.

Rund um Aurillac

Das nördlich von Aurillac gelegene **Château d'Anjouy** ist eine der am **häufigsten fotografierten Burganlagen** der Auvergne. Die kleine trutzige Burg fällt durch ihre fast 40 m hohen runden Ecktürme auf, die den nicht gerade großzügigen Wohnturm in der Mitte einrahmen. *Louis d'Anjouy* ließ sie im 15. Jh. aus rotem Basalt errichten. Die Innenräume können besichtigt werden, darunter ein Rittersaal und ein Gerichtssaal, der von einem Kreuzrippengewölbe überspannt ist, sowie die **Dame d'Anjouy,** eine **vergoldete Schwarze Madonna.**

- **Führungen** Mitte Feb. bis Nov. von 14.00–18.00 Uhr für 5 €.

Gorges de la Truyère ⇗XVI, B1

Die Truyère hat sich tief in den Granit des südlichen Cantal-Vulkans eingegraben und dabei **wilde** und stark gewundene **Schluchten** geschaffen. Die Geschichte der Truyère birgt einige Überraschungen, denn einst floss sie nach Norden zur Allier. Durch die einsetzende Faltung der Pyrenäen und die vulkanische Aktivität ergoss sich Lava in das Flussbett und versperrte der Truyère den Weg nach Norden. Seitdem strebt der Fluss nach Südwesten dem Lot entgegen. Die engen Schluchten mit dem widerstandsfähigen Granitgestein eignen sich hervorragend zum Bau von Staumauern. Seit 1914 wurden zahlreiche **Talsperren** errichtet, deren Stauseen zum Teil der **Naherholung** dienen, aber auch einen Großteil des **Stroms** für die Region produzieren. In der schmalen Schlucht ist kein Platz für eine Straße, so dass man lediglich von den Brücken, die den Fluss kreuzen, einen Blick auf die Gorges de la Truyère erhaschen kann.

Sehenswertes

Viaduc de Garabit

Am nördlichen Eingang zur Schlucht befindet sich das Viaduc de Garabit, das in weitem Bogen die Truyère überspannt. Die schöne **Metallkonstruktion** der **560 m langen Brücke** entwarf *Gustave Eiffel.* Mit dem Bau des Viaduc de Garabit von 1882–1884 konnte er genug Wissen und Erfahrungen sammeln, um nur fünf Jahre später den **Eiffelturm** zur Weltausstellung 1889 zu errichten. Nicht nur deshalb wird das Viaduc de Garabit auch als horizontaler „Viertel-Eiffelturm" bezeichnet.

Unterkunft

- Direkt am Viaduc bietet das große **Hôtel/Restaurant/Bar l'Escapade**€€ moderne Zimmer mit Terrasse und Schwimmbad; serviert werden klassische sowie regionale Gerichte; Tel. 0471234275.

Sport und Aktivitäten

- **Segeln im Club de Voile de Mallet,** 15320 Faverolles, Tel. 0471234700.
- **Bootsrundfahrten** zu den Gorges de la Truyère, zweimal täglich um 14.00 und 16.00 Uhr; Dauer 45 Minuten; 7 €, Kinder 3 €, oder einmal täglich um 15.30 Uhr zum Chateau d'Alleuze (9 €, Kinder 4,60 €).

Rund um Gorges de la Truyère

Château d'Alleuze

Nördlich der Talsperre von Grandval ist die Burgruine Château d'Alleuze zu besichtigen. Sie steht etwa 30 m über der Truyère auf einem Felsen. Ein **relativ steiler Pfad** führt vom Parkplatz zur Ruine. Die Burg wurde im 13. Jh. errichtet und befand sich lange Zeit im Besitz der Bischöfe von Clermont. Im Hundertjährigen Krieg konnte die Burg von den Engländern, die in der näheren Umgebung eine Schreckensherrschaft ausübten, besetzt werden. Nachdem

Chaudes-Aigues – die unscheinbare Source du Par mitten im Ort

die Engländer das Château d'Alleuze verlassen hatten, brannten die Bürger von St-Flour die Burg noch während des Krieges nieder, um nicht nochmals in eine ähnliche Situation zu geraten.

Chaudes-Aigues ↗XVI, B1

Ein **netter Kurort,** obwohl er nicht das typische Flair der klassischen Bade- und Wellnesszentren besitzt. Chaudes-Aigues ist vielmehr ein Städtchen mit zahlreichen Touristen, etlichen Hotels, Gastronomie und Souvenirläden.

Der bereits in gallo-römischer Zeit bekannte Kurort hat sich zu einem **modernen Thermalbad** gemausert, in dem vor allem Arthrose, Gicht und rheumatische Erkrankungen behandelt werden. Mit den **32 heißen Quellen** wird nicht nur das Kurbad betrieben, sondern es werden auch viele Gebäude von Chaudes-Aigues beheizt. Die **Source du Par,** die wie ein Brunnen mitten im Ort frei zugänglich vor sich hin plätschert, ist mit **82°C** die **heißeste Quelle Europas.**

Sehenswertes

Museé Europeen de la Geotherme et du Thérmalisme

Das Museum in der oberen Altstadt neben der Source du Par bietet didaktisch gut aufbereitete Ausstellungen zu **Vulkanismus** und **Thermalquellen.**

auv_255 Foto: bf

●**Öffnungszeiten:** Juli und Aug. von 10.00–18.30 Uhr, ansonsten von 10.00–12.00 und 14.00–18.30 Uhr. Eintritt: 4 €.

Information

●**Office du Tourisme**
Avenue du Président Pompidou. Öffnungszeiten: Juli/Aug. Mo bis Sa von 10.00–12.30 und 14.00–18.00 Uhr sowie So von 10.30–12.30 und 14.30–16.30 Uhr.

Unterkunft

●**Hôtel De la Mairie**€€
Avenue du Président Pompidou. Schönes Hotel mit schlicht eingerichteten Zimmern.
●**Hôtel Casino de Chaudes-Aigues**€€
Avenue du Président Pompidou. Renommiertes Haus am unteren Marktplatz.
●**Hôtel Aux Bouillons d'Or**€€
10, Quai du Remontalou, Tel. 0471235142, ebenfalls am unteren Marktplatz.
●**Hôtel La Residence**€
16, Avenue du Président Pompidou, Tel. 0471235189. An der Durchgangsstraße mit entsprechender Geräuschkulisse.

Camping

●**Camping Le Château du Couffour**
Tel. 0471235708. Der zumeist im Schatten gelegene Platz ist von Mai bis Okt. geöffnet.

Essen und Trinken

●**Restaurant de la Mairie**
Gute regionale Küche, z.B. *Menue Terroir* ab 13 €.
●**Restaurant aux Bouillons d'Or**
Am unteren Marktplatz mit schönem gemütlichen Speisesaal, *Menue du Jour* 11 €.
●**Pizzeria La Taverne**
Am Marktplatz. Pizza ab 6,50 €.

Markt

●Montags und donnerstags wird jeweils an einem der beiden Marktplätze im Wechsel ein kleiner **Bauernmarkt** abgehalten.

Salers

↗X, B3

Salers, **eine der reizvollsten Städte der Auvergne,** sollte man unbedingt einen Besuch abstatten. Der Ort wirkt wie der Preisträger des Wettbewerbes „Unser Dorf soll schöner werden": Jedes Häuschen ist herausgeputzt, die Hausdächer sind allesamt mit den **traditionellen Steinschindeln** aus schwarzem Vulkangestein gedeckt. Vom Reichtum Salers zeugen die feudalen **Herrenhäuser,** mit ihren reichen Verzierungen und Erkern, rund um den Marktplatz am Dorfbrunnen. Salers ist ein wirklich entzückendes Beispiel mittelalterlicher Architektur mit einem weitgehend intakten Stadtbild, mit dem Haus der Templer, dem Gerichtsgebäude oder der Kirche. Salers gilt in Feinschmeckerkreisen auch als Ort des guten Essens.

Geschichte

Salers hatte während des Hundertjährigen Krieges stark unter den Angriffen der **Engländer** und unter plündernden **Räuberbanden** zu leiden. Zum Schutz gegen künftige Übergriffe errichteten die Bürger die starke **Stadtmauer** und **Wehrtürme.** Ende des 15. Jh. hatte sich Salers bereits von den Wirren des Krieges erholt und wurde zur Hauptstadt der Hautes-Montagnes d'Auvergne ernannt. Rund um den Place Tyssandier-d'Escous errichteten wohlhabende Bürger, vornehmlich Richter, **Wohnhäuser im Renaissancestil** mit reich verzierten Fassaden. Seit 1790 der Gerichtssitz nach Aurillac verlegt wurde, versank die 500-Seelen-Gemeinde im Dornröschenschlaf.

Sehenswertes

Église St-Matthieu

Die Église St-Matthieu wurde im Jahr 1552 geweiht. Das einschiffige Haupthaus mit Spitzbogengewölbe öffnet sich zu **sechs Seitenkapellen.** Im Chor können ein **Chorpult** aus der Zeit *Ludwigs XIII.* sowie **zwei Gemälde** des Künstlers *Ribera* bewundert werden. Neben dem Haupteingang befindet sich eine ungewöhnlich schöne **Grablegung** aus dem Jahre 1495, die auf eine Schenkung des Geistlichen *Geraud Vitalis* zurückgeht. Der heutige **Glockenturm** wurde Ende des 19. Jh. erbaut, da der alte Turm durch einen Blitzeinschlag zerstört wurde.

Place Tyssandier-d'Escous

Das auch **Grande Place** genannte Zentrum von Salers wurde zu Ehren des Landwirts **Tyssandier-d'Escous,** des **„Vaters der Salers-Rinder",** benannt. Am Platz stehen zahlreiche **historische Herrenhäuser** aus dunklem Lavagestein mit hübsch verzierten Fassaden, runden oder vieleckigen Erkern und spitz zulaufenden Dächern, wie das Maison du Bailliage oder das Maison de la Ronade.

Maison des Templiers

Das **Haus der Templer** in der gleichnamigen Straße stammt aus dem 15. Jh. und beherbergte früher die Pilger auf dem Weg nach Santiago. Heute ist hier die **stadtgeschichtliche** und **landwirtschaftliche Sammlung** untergebracht, die typische Wohnräume der Auvergne und Ausstellungsstücke zur Käseherstellung zeigt.

- **Öffnungszeiten:** Juni bis Sept. von 10.30–12.30 und 14.30–18.30 Uhr. Eintritt: 2 €.

Information

- **Office du Tourisme**

Place Tyssandier-d'Escous, 15140 Salers, Tel. 0471407068, www.salers.auvergne.net.

Unterkunft

- **Hôtel Le Gerfaut**€€€

Route du Puy-Mary, Tel. 0471407575. Modernes Haus mit Swimmingpool.

- **Hôtel Les Remparts**€€€

Tel. 0471407033. Das Hotel ist bekannt für seine charmante Einrichtung und die exzellente Küche.

- **Hôtel Le Beffroi**€€

Rue du Beffroi, Tel. 0471407011. Kleines Hotel in den Gassen der Altstadt.

Camping

- **Camping Le Mouriol**

Route du Puy Mary, Tel. 0471407309. Etwa 1 km von Salers entfernt, öffnet der Platz seine Pforten von Mai bis Okt.

Essen und Trinken

- **Restaurant Remparts**

Lokal mit großer Terrasse und einer Spitzenküche, die hauptsächlich auvergnatische Küche und Produkte aus der Region serviert. Eine Spezialität des Hauses ist *La Liogue,* ein gegrilltes Filet vom Salers-Rind.

- **Crêperie Le Drac**

Am Marktplatz. Stilvolles Lokal, das nicht nur Crêpes auf seiner Speisekarte hat.

- **Restaurant le Bailliage**

Am Markt. Wenn Haut-Cuisine auf die Auvergne trifft ... *Menue auvergnate* für 18 €, *Menue Degustation* für 29 €.

Markt

- Mittwochs verwandelt sich fast ganz Salers in einen bunten Marktflecken mit **Gemüse, Käse, Handwerks-** und **Haushaltsgegenständen.**

Einkaufen

- **Artisan Confiseur**

Rue du Beffroi. Hier freuen sich Schleckermäulchen über Nougat, Karamell und Gelee-

auv_258 Foto: bf

früchte aus eigener Produktion; ausschließlich natürliche Zutaten finden Verwendung.

● **Le Buron**

Ebenfalls in der Rue du Beffroi. Hier gibt es sämtliche auvergnatischen Spezialitäten, wie die Linsen aus Le Puy, *Foie gras,* Likör, Wein, *Tripoux* sowie die *Le Salers* (Butterkekse) und die *Langues de Belle-Mère* (gebogene Mandelzungen mit viel Zucker).

Rund um Salers

Château d'Anjouy

Einzig das bizarre Château d'Anjouy zieht die Besucher in die etwas **abgelegene Gegend** etwa 30 Autominuten von Salers entfernt. Bei der Anfahrt zum Schloss mag sich so mancher schon gefragt haben, warum ausgerechnet hier in dieser bäuerlichen Gegend eine Burg errichtet wurde, wo doch im Sommer nur das Gebimmel der Kuhglocken zu hören ist und im Winter der sprichwörtliche Hund begraben liegt. Auch der Baustil des Schlosses von Anjouy erinnert wenig an die übrigen Burgen und Schlösser der Auvergne. *Louis d'Anjouy,* ein Mitkämpfer *Jeanne d'Arcs,* ließ die stolze Burg zum Schutze der Umgebung erbauen. Sie ist ein charakteristisches Beispiel für die **kleinen Burgfestungen** aus dem 15. Jh. Im 18. Jh. fügte man dem strengen mittelalterlichen Gebäude ein freundlicheres Hauptgebäu-

Salers – ruhiges Café
am Rande des historischen Zentrums

de hinzu, das dem Geschmack der damaligen Zeit entsprach. Den Besucher erwartet beim Gang durch das Schloss eine reichhaltige Inneneinrichtung mit **bemerkenswerten Fresken** aus dem 16. Jh.

- **Geführte Touren** von Feb. bis Nov. von 14.00–18.30 Uhr.
- Übernachtung und Essen in der **Auberge du Tournemine**€€, mit köstlicher regionaler Küche, *Menue Auvergnate* 15 €.

Mauriac ⇗X, B2

Im äußersten Nordwesten des Département Cantal, auf einem **Basaltplateau** errichtet, ist die 4000-Seelen-Gemeinde Mauriac ein lebhafter Marktplatz für **landwirtschaftliche Erzeugnisse** der Region. Die Ursprünge von Mauriac reichen zurück in die gallo-römische Epoche. Durch aufwendige Restaurierungsarbeiten konnte die so genannte „gute Stadt der oberen Auvergne" ihr architektonisches Erbe bewahren.

Sehenswertes

Église Notre-Dame-des-Miracles

Die Kirche ist mit das **bedeutendste sakrale Bauwerk der Haute-Auvergne.** Mit dem Bau der schönen romanischen Kirche wurde im 12. Jh. begonnen. Sie besteht aus einem Hauptschiff mit einem gebrochenen Tonnengewölbe und einem wunderschön geschnitzten Tympanon über dem Westportal. Es zeigt Christi Himmelfahrt und in den Bögen den Tierkreis. Das Innere ist einfach, fast schmucklos gehalten. Das romanische Taufbecken aus Trachyt ist schön verziert. Daneben befinden sich die so genannten **Sarazenenketten,** die an ein Wunder erinnern, das im 11. Jh., als zwei Auvergnaten in Spanien von den Arabern gefangen genommen worden waren, stattgefunden haben soll. Aufgrund ihres starken Glaubens und inbrünstiger Gebete zur Schutzpatronin ihrer Heimatkirche in Mauriac sollen die beiden errettet worden sein. Durch wundertätige Kräfte wurden sie über Nacht von Spanien zurück nach Mauriac „gebeamt", wo man sie schlafend und immer noch in Ketten gefesselt vor dem Kirchenportal fand ...

Monastère St-Pierre

Vom ehemaligen Kloster, das lange Zeit verlassen war, erstrahlt der **romanische Kapitelsaal** aus dem 11. Jh. wieder in altem Glanz. Im Kloster sind Teile gallo-römischer Ruinen, das Fundament einer romanischen Kirche aus dem 9. Jh. und des Klosterkreuzganges aus dem 14./15. Jh. zu besichtigen.

- **Öffnungszeiten:** Juli und Aug. von 10.00–12.00 und 14.00–18.00 Uhr, Di geschlossen. Eintritt: 2,50 €.

Information

- **Office du Tourisme**
1, Rue Chappe-d'Auteroche, 15200 Mauriac, Tel. 0471673026, oder im Internet unter www.mauriac.auvergne.net

Unterkunft

- **Hôtel des Voyageurs**€€
Place de la Poste, Tel. 0471680101.
- **Hôtel St-Mary**€€
Rue St-Mary, Tel. 0471680079. Kleines Hotel mit nur 10 Zimmern.

Die Margeride und das Aubrac

„Entdeckung der Einsamkeit" könnte das Motto einer Reise in diese beiden entlegenen Gegenden des Massif Central sein. Beide Regionen sind Paradiese für Naturfreunde, vor allem für Wanderer.

Die **Margeride ist ein Mittelgebirge** mit abgerundetem Relief, das sich aus einem granitischen Batholithen geformt hat. Die höchste Erhebung ist der **Mont Mouchet** mit **1465 m.** Geographisch bildet die Margeride den Übergang zwischen Monts du Cantal und Aubrac-Massiv im Westen und der Region Haute-Loire im Osten. Die unendlich scheinenden **Heide-** und **Weidelandschaften** werden ab etwa 1000 m Höhe von **dichten Wäldern** abgelöst. Ganz unvermittelt ragen enorme, von der Erosion abgerundete **Granitfelsen,** die wie gigantische Murmeln über die Landschaft verstreut sind, aus dem Boden. Der Granit wurde als **Baumaterial** für die robusten Bauernhöfe und soliden Häuser des Hochplateaus, die sowohl dem rauen Winterklima als auch den warmen Sommern trotzen, verwendet.

Faszinierend und menschenleer ist die Landschaft des **Aubrac,** des **südlichsten Vulkankomplexes der Auvergne.** Hier ist die ländliche Idylle noch perfekt: grüne Wiesen, glückliche Kühe, kleine Seen, murmelnde Bäche und viele Steine. Das Aubrac-Massiv ist noch mit **alten Sennhäusern** übersät, in denen die Hirten Unterschlupf vor dem starken Westwind, dem Burle, fanden, und die zur **Käseherstellung** dienten. Auch die einfachen Dörfer des Aubrac sind aus dem grauen Basalt der Region errichtet und harmonisieren

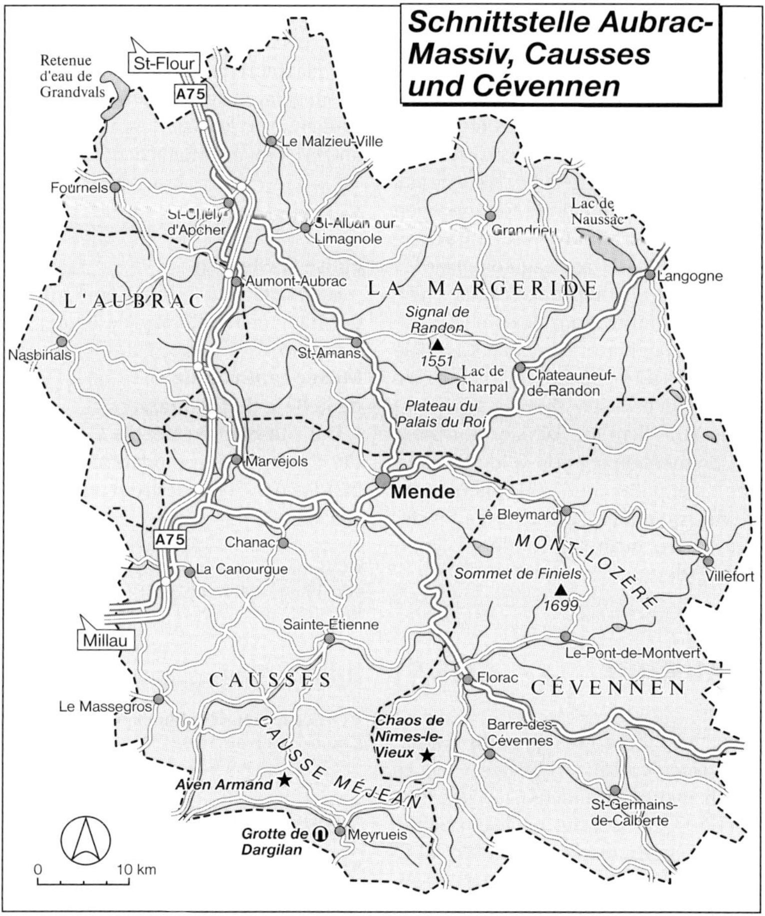
Schnittstelle Aubrac-Massiv, Causses und Cévennen
Retenue d'eau de Grandvals
St-Flour
A75
Le Malzieu-Ville
Fournels
St-Chély-d'Apcher
St-Alban sur Limagnole
Grandrieu
Lac de Naussac
Langogne
Aumont-Aubrac
L'AUBRAC
LA MARGERIDE
Signal de Randon
1551
Nasbinals
St-Amans
Lac de Charpal
Chateauneuf-de-Randon
Plateau du Palais du Roi
Marvejols
Mende
Le Bleymard
MONT-LOZÈRE
A75
Chanac
La Canourgue
Sommet de Finiels
1699
Villefort
Millau
Sainte-Étienne
Le-Pont-de-Montvert
CAUSSES
Florac
CÉVENNEN
Le Massegros
CAUSSE MÉJEAN
Chaos de Nîmes-le-Vieux
Barre-des-Cévennes
Aven Armand
St-Germains-de-Calberte
Grotte de Dargilan
Meyrueis
0
10 km

wunderbar mit der manchmal lieblichen, manchmal rauen Landschaft.

Das Aubrac spiegelt noch heute die **traditionelle ländliche Lebensweise** wider: Das Vieh wird im Mai auf die Hochalmen getrieben, die Hirten ziehen mit ihren Schafen über die Wiesen. Auf den Märkten und Ausstellungen werden die **Produkte des Aubrac** feilgeboten: Messer aus Laguiole, Hartkäse *(Tomme),* Honig oder Kräuter. Die Küche ist deftig, zum Beispiel das Aligot, eine Art Kartoffelbrei mit Käse. Die **Flora** der zum Glück noch naturbelassenen Hochwiesen ist wirklich sehenswert. Vor allem im Frühjahr überzieht ein Blumenteppich von wilden Narzissen, Stiefmütterchen und seltenen Orchideen das Bergland und macht das Aubrac zu einem besonderen Fleckchen Erde.

Saugues

XVII, D1

Ganz im Zeichen der **Bête du Gévaudan,** einer wolfsähnlichen Bestie, die im 18. Jh. in der Gegend ihr Unwesen trieb (siehe Exkurs auf der nächsten Seite), liegt Saugues, die Metropole der Margeride, in einem sanften Tal. Gleich am Ortseingang begrüßt die überdimensionale Holzplastik des legendären Fabeltiers den Besucher. Ob das Menschen fressende Untier tatsächlich lebte, darüber streiten vor allem die Gelehrten. Für die Bewohner ist es eine unumstößliche Tatsache, dass „ihre" Bestie in den Wäldern der Margeride hauste.

Saugues ist Station auf dem **Pilgerweg** nach Santiago de Compostela. Der Hauptort der nördlichen Margeride ist ein guter Ausgangspunkt für **Wanderungen** ins Allier-Tal, durch die Wälder und Weiden der Hochflächen.

Sehenswertes

Église St-Médard

Schöne Dorfkirche aus dem 13. Jh., in der Tradition der Romanik erbaut.

Musée Fantastique de la Bête du Gévaudan

Das Museum erzählt die Geschichte der Bestie des Gévaudan mit sehr lebendigen Bildern, Plastiken und Schriftstücken.

- **Öffnungszeiten:** Mitte Juni bis Mitte Sept. von 10.00–12.00 und 14.30–18.30 Uhr. Eintritt: 4 €.

Information

- **Office du Tourisme du Pays de Saugues**
Cours Gervais, 43170 Sauges, Tel. 0471777138, www.saugues.com.

Unterkunft

- **La Terrasse**€€
Cours Gervais, Tel. 0471778310. Schmuckes Hotel im Ortskern mit geschmackvoller Zimmerausstattung.
- **Les Tours Neuves**€€
Cours Gervais, Tel. 0471778260. Ebenfalls in der Ortsmitte gelegenes familiäres Hotel mit lediglich fünf Zimmern, die eher schlicht eingerichtet sind.
- **Chambres d'Hôtes Les Salles Jeunes**€€
Mme Bringier, Tel. 0471778622. Das Haus ist ein wunderschön renovierter Altbau in ruhiger Lage am Ortsrand von Saugues.

Die Bestie - la Bête du Gévaudan

Das berühmteste „Tier" der Margeride, die Bête du Gévaudan, soll zwischen Juli 1764 und Juni 1767 bis zu 100 Frauen und Kinder getötet und verschlungen haben. Erste Zeugnisse aus dem Jahr 1764 berichten davon, dass eine Frau auf dem Feld von einer Bestie angegriffen wurde und ihr Leben den Ochsen verdankt, die mit den Hörnern die Bestie von der Größe eines Esels in die Flucht schlugen. Nach dieser ersten Begegnung begann die Bête du Gévaudan Frauen und Kinder zu töten und ihnen das Herz sowie andere Organe aus dem Leib zu reißen. Die Spekulationen über das Untier verdichteten sich, und man nahm an, dass es sich um einen Werwolf handeln könnte.

Die Bauern der Margeride baten schließlich den Königshof um Hilfe. *Ludwig XV.* sandte daraufhin einen starken Truppenverband in die Region. Die Soldaten verkleideten sich sogar als Frauen, weil sie annahmen, dass die Bestie „leichtere Beute" eher angreifen würde. Jedoch blieben alle Bemühungen erfolglos. Trotzdem hörten die Überfälle auf, und die Truppen zogen ab. Natürlich begann der Spuk nach dem Abzug der Truppen erneut. Eine hohe Belohnung wurde für die Ermordung des Tieres ausgesetzt, mit der Folge, dass in dieser Zeit weit mehr als 100 Wölfe getötet wurden. Trotzdem schien sich die Zahl der brutalen Morde an Kindern noch zu erhöhen. Im Juni 1767 beschloss der *Marquis d'Apcher* der Bestie zu Leibe zu rücken und versammelte mehrere 100 Jäger, die das ganze Land systematisch durchforschten. *Jean Castel* gelang es, die Bête du Gévaudan durch einen Herzschuss mit einer Silberkugel zu erlegen.

Noch fast 250 Jahre nach diesen tragischen Ereignissen und trotz zahlloser Untersuchungen bleiben die Ereignisse rätselhaft. War diese Bestie ein Werwolf, ein in dieser Gegend unbekanntes Tier, ein böser Zauberer, eine Teufelserscheinung, ein Irrer oder das Produkt einer Massenhysterie?

Im Musée Fantastique de la Bête du Gévaudan in Saugues kann man der Bestie in Bildern, Filmen und fantasievollen Dokumentationen begegnen (siehe bei Saugues).

auv_263 Foto: bf

Camping

- **Camping de la Seuge**
Avenue du Gévaudan,Tel. 0471778062. Relativ großer Platz am Ortsausgang von Saugues mit Badesee und Restaurant. Geöffnet von Mitte Juni bis Mitte Sept.

Essen und Trinken

- **Au Gévaudan**
Rue de la Margeride. Traditionelle und preisgünstige Küche. Menü ab 10 €, *Plat du Jour* (Tagesgericht) für 7 €. Angegliederte Bar mit wenigen Sitzmöglichkeiten auf der Terrasse.
- **Hôtel la Terrasse**
Sehr gute Küche mit vorwiegend regionalen, aber auch klassisch-französischen Gerichten. Menü ab 13 €.
- **Le Petit chez Soi**
Place Limozin. Snack-Bar und Restaurant mit regionaler Küche. Frühstück schon ab 6 Uhr. Menü ab 10 €, *Plat du Jour* 8 €.

Reiten

- Der **Reiterhof La Crinière Saugaine,** Tel. 0471776611, bietet ab Ostern Ausritte in die Margeride. Eine Stunde für 11 €, halbtägige Ausflüge kosten 30 €.
- Statt auf dem Pferderücken gibt es auf dem **Hof l'Âne de la Margeride et du Gévaudan** die Möglichkeit, auf einem **Esel** oder **Maultier** die Umgebung zu entdecken. Von Juni bis Sept. geführte Halbtagestouren für 40 € oder auf eigene Faust für 28 €.

Rund um Saugues

Le Sauvage

Das beeindruckende Gut liegt in 1292 m Höhe inmitten einer reichen Naturlandschaft ziemlich isoliert in der Margeride. Die ehemalige Domäne der Tempelritter wird noch bewirtschaftet. Das riesige Haupthaus wurde in eine **Gîte d'Étape** umgestaltet, in der in uriger Atmosphäre an großen Holztischen und Bänken ein **ländliches Menü** gereicht wird. Eine Speisekarte gibt es nicht. Viele der verwendeten Lebensmittel wie die Würste oder das leckere Holzofenbrot werden auf Le Sauvage produziert.

- **Le Sauvage,** Chanaleilles, Tel. 0471744030, 20 Betten in einem Schlafsaal. Übernachtung 7 €, Halbpension 20 €. Anfahrt: D 587 Richtung St-Alban-sur-Limagnole.

Mont Mouchet

Der Mont Mouchet ist mit **1497 m** die **höchste Erhebung in der Margeride** und gleichzeitig ein bedeutendes **Denkmal der französischen Geschichte.** Während der deutschen Besatzung im Zweiten Weltkrieg war hier das Hauptquartier der französischen Résistance, die sich im Landesinneren der Auvergne befanden. Überall sind der Geist und die Taten von General *de Gaulle* gegenwärtig, der in einer Rede am 5. Juni 1959 die Widerstandskämpfer der „France libre", des unbesetzten Teils Frankreichs ehrte, allen voran ihren Anführer Colonel *Gaspard. De Gaulle* hatte die Parole der **Résistance** ausgegeben: „La France a perdu une bataille! Mais la France n'a pas perdu la guerre!" (Frankreich hat eine Schlacht verloren! Aber Frankreich wird niemals den Krieg verlieren!). 11.000 aktive Mitglieder kämpften allein in der Margeride und im Cantal gegen die Nazis.

Vom Parkplatz am Museum führt ein etwa **zweistündiger Rundwanderweg** hinauf zum Gipfel des Mont Mouchet. Die leichte Wanderung folgt befestigten Waldwegen und ist deutlich beschildert. Bei guter Sicht sind vom Mont Mouchet aus die Gipfel des Cantal erkennbar, die bis lange ins Frühjahr hinein schneebedeckt sind.

Sehenswertes

Monument de la Résistance

Das mächtige Monument ragt am Waldrand in den Himmel. Die Gedenkstätte ist am Wochenende gut besucht, rund um das Denkmal machen Ausflügler **Picknick** oder nehmen ein **Sonnenbad** im Klappstuhl.

Musée de la Résistance

Das Museum ist der Geschichte der Résistance gewidmet.

● **Öffnungszeiten:** Mai bis Mitte Sept. von 9.30–12.00 und 14.00–19.00 Uhr, sonst nur Sa und So von 10.00–12.00 und 14.00–18.00 Uhr. Eintritt: 4,50 €.

Essen und Trinken

● **Bar, Restaurant** am Parkplatz beim Museum. Einfache Gerichte und Snacks. Geöffnet ab Mai.

St-Flour

⇗ **XVI, B2**

Weithin sichtbar thront die Altstadt von St-Flour auf einem 100 m hohen steilen Basaltplateau über den Flüssen **Ander** und **Lescure.** Die günstige Lage der Stadt zwischen den Hochflächen der Margeride und dem Vulkankomplex des Cantal macht St-Flour zu einem **beliebten touristischen Ziel** und zum Ausgangsort für Erkundungstouren in die Region. Aufgrund ihrer Häuser aus schwarzem Vulkangestein wird die Stadt wie Clermont-Ferrand auch die **„Schwarze Stadt"** genannt. Die **Kathedrale** überragt die Altstadt von St-Flour mit ihren mittelalterlichen Fachwerkhäusern. Auch wenn die Häuser sich dicht an den Felsen schmiegen, geben die Fluchten immer wieder überraschende Ausblicke auf die großartige Umgebung frei. Vor allem der Cantal, der „Mont Blanc der Auvergne", scheint zum Greifen nah.

Geschichte

Die Legende besagt, dass die Stadt im 10. Jh. um ein Kloster entstand. An dieser Stelle soll sich das Grab des Hl. Flour befinden, der Sohn einer der Heiligen Drei Könige und jüngster Jünger Jesu gewesen sein soll. Der Hl. Flour begab sich im 3. oder 4. Jh. hierher ins Gebirge, um die heidnischen Bergbewohner zum christlichen Glauben zu bekehren. Im 14. Jh. wurde St-Flour **Bischofssitz** und zählte stolze 7000 Seelen. Ihre imposante Größe verdankte die Stadt vor allem ihrer strategischen Bedeutung als **südlichste französische Festung.** Im Verlauf des Hundertjährigen Krieges lag die Stadt im Kreuzfeuer der Fronten zwischen den Engländern, der französischen Krone, Räuberbanden und den protestantischen Truppen. Doch keine der Parteien konnte St-Flour jemals einnehmen. Nach den Religionskriegen wurde St-Flour zu einer

auv_266 Foto: bf

bedeutungslosen Provinzstadt, die erst mit dem einsetzenden **Tourismus** neue Impulse erhielt. Diesem Umstand ist es zu verdanken, dass die Oberstadt ihren altertümlichen, leicht morbiden Charakter bewahren konnte.

Sehenswertes

Cathédrale

Nachdem St-Flour zum Bischofssitz erhoben wurde, begann man mit dem Bau der Kathedrale an der Stelle einer älteren Kirche, die dem Neubau weichen musste. Erst Ende des 15. Jh. konnte der **gotische Bau** fertig gestellt werden. Die Kirche wirkt mit ihren **kubischen Doppeltürmen** massig und erinnert eher an eine Burg als an ein gotisches Gotteshaus. Der fünfschiffige schlichte Innenraum wird von den **herrlichen bunten Fenstern** in ein schönes Licht getaucht. In einer der Chorkapellen befindet sich ein **Schwarzer Christus** *(Beau Dieu Noir),* der vermutlich in Anlehnung an die zahlreichen Schwarzen Madonnen des Massif Central schwarz bemalt wurde. In ganz Frankreich findet sich kein ähnliches Gegenstück.

Musée de la Haute-Auvergne

Das Museum widmet sich vor allem dem **bäuerlichen Leben** sowie der **Käseherstellung,** ferner sind alte Möbelstücke, Instrumente und traditionelle Kleidung ausgestellt. Auch der **ehemalige Domschatz,** Marienfiguren und ei-

In der Altstadt von St-Flour

ne Statue des Hl. Florus können besichtigt werden.

●**Öffnungszeiten:** von 10.00–12.00 und 14.00–18.00 Uhr, Okt. bis April So geschlossen. Adresse: Place d'Armes gleich neben der Kirche im ehemaligen Bischofspalast, Tel. 0471602250. Eintritt: 3,50 €.

Information

●**Office du Tourisme**
17, Place d'Armes, 15100 St-Flour, Tel. 0471602250. In zentraler Lage direkt am Kirchplatz.

Unterkunft

●**Hôtel St-Jaques**€€€
8, Place de la Liberté, Tel. 0471600920. Guter Komfort und schöne Atmosphäre am Rande der Altstadt.
●**Hôtel du Nord**€€
18, Rue de Lacs, Tel. 0471602800. Gutes Hotel in den Gassen der Altstadt.
●**Hôtel de France**€
28, Rue de Lacs, Tel. 0471600475. Nettes kleines Hotel mit freundlich eingerichteten Zimmern.

Camping

●**Camping des Orgues**
Avenue Docteur Mallet, Tel. 0471606120. Schattiger Platz in der Peripherie St-Flours.
●**Camping International Roche Murat**
Tel. 0471606120. Moderner Platz mit Spielgelände und der üblichen Ausstattung.

Essen und Trinken

●**Restaurant Les Roches**
8, Place d'Armes, direkt am Marktplatz. Regionale Spezialitäten, wie z.B. *Truffade* (Käse-Kartoffelkuchen). *Menue de Jour* 10 €, *Menue Régional* ab 14 €.
●**La Maison des Planchettes**
7, Rue des Planchettes. Traditionelle auvergnatische Küche, wie den *Flan au Bleu d'Auvergne,* einen Soufflée aus Blauschimmelkäse der Auvergne. Menü ab 14 €.
●**Crêperie/Restaurant/ Salon de Té Les Îles du Cantal**
Rue du Lacs. Modern eingerichtetes Lokal mit einer großen Glasfront, die einen tollen Rundblick auf die Umgebung ermöglicht. Es gibt auch ein paar Tische in der Fußgängerzone der Altstadt. Salat ab 6 €, Crêpes 5 €, *Menue Terroir* 14 €.

Verkehrsverbindungen

●**Gare de St-Flour,** Tel. 0471600337. Täglich **Zugverbindungen** nach Paris, Aurillac und Clermont-Ferrand.

Einkaufen

●**Epicherie La Maison du Massif Central**
Rue du Lacs. Hier erhält man alles, was das Feinschmeckerherz begehrt: *Cornets de Morat, Verveine, Crême de Chataigne,* Weine oder Pilze.
●**Fromagerie & Crèmerie de Lacs**
53, Rue du Lacs. Der Spezialitätenladen hat sich auf Käse und Milchprodukte spezialisiert, bietet aber auch alle anderen regionalen Köstlichkeiten an.

Reiten

●**Reiter- und Ponyhof St-Flour au Galop, Club Hippique,** Le Puech de Volzac, Tel. 0471601907. Ausritte mit Pferden und Ponys. 1 Stunde für 13 €.

Fest/Festival

●Beim **Fest des Chemin d'Art** wird die ganze Altstadt zu einer Galerie für **Moderne Kunst.** In den Gassen, Galerien und öffentlichen Gebäuden werden Steinmetzarbeiten, Bilder oder Töpferarbeiten ausgestellt. Der Chemin d'Art findet während der ersten Julihälfte statt. Informationen beim Fremdenverkehrsamt.
●Das **Festival Rencontres de Hautes Terre** findet jährlich meist am dritten oder vierten

Maiwochenende statt. Leben und Tradition der **Bergbauern** und **Hirten** stehen im Mittelpunkt des Festes, das natürlich mit traditioneller Musik und vielen leckeren Speisen gefeiert wird.

Rund um St-Flour

Stausee

Etwa 8 km südlich von St-Flour staut die Mauer der **Talsperre von Grandval** den Fluss Truyère zu einem großen See. Der Stausee ist ein **beliebtes Ausflugsziel** der Region sowie ein ideales **Wassersportgebiet** für Surfer, Segler und Kanuten.

- Der **Club de Voile de Mallet** bietet Kurse, Leihboote und Surfbretter an. Die Basis ist bei Faverolles direkt am Seeufer, Tel. 0471234700.

Réserve de Bisons d'Europe

Im **Wisent-Tierpark** bei **St-Eulalie-en-Margeride** wurde diese Bisonrasse wieder eingeführt, die sonst nur in Polen wild lebend vorkommt. Das Gebiet, das mit **Kutschen** und im Winter mit **Schlitten** auf einer einstündigen Rundfahrt durchquert werden kann, umfasst 170 ha. Im **Museum** wird die Geschichte der Tierrasse nachgezeichnet.

- **Öffnungszeiten:** von 10.00–18.00 Uhr, Tel. 0466314040.

Laguiole

↗ **XVI, B2**

Neben Thiers ist Laguiole die unbestrittene **Hauptstadt der Messerschmiedekunst.** Die erste Schmiede der mittlerweile weltbekannten Laguiole-Klappmesser nahm 1829 ihre Arbeit auf. Die Messer dienten den Bauern und Hirten als praktisches Allzweckwerkzeug, vergleichbar mit dem Schweizer Taschenmesser. Nachdem die Produktion um die vorletzte Jahrhundertwende eingestellt werden musste, ermöglichten der bescheidene Tourismus in dieser Region und ein gutes Marketingkonzept 1981 die Wiederaufnahme der Messerherstellung, die seither ein wichtiger Wirtschaftsfaktor für Laguiole und das Umland ist. Das Gütezeichen „Laguiole Origine Garantie" bürgt für Qualität und Herkunft der Laguiole-Messer.

Über die Grenzen der Auvergne hinaus ist Laguiole nicht nur für seine Schmiedekunst, sondern auch sein **gutes Essen** bekannt. Stellvertretend hierfür steht der **feinwürzige Hartkäse,** der **Laguiole,** der vorwiegend in Kleinsennereien hier im südlichen Aubrac produziert wird.

Sehenswertes

Mehr als fünf verschiedene **Messerschmieden** können kostenlos besichtigt werden (z.B. die Schmiede Le Couteau de Laguiole, Place du Nouveau Foirail, 8, Rue de Lavernhe). Diese Werkstatt bietet sogar zweitägige Kurse an, in denen das ganz persönliche Laguiole-Messer hergestellt werden kann.

Manufacture Forge de Laguiole

In dieser Manufaktur direkt am Ortseingang in der Route de l'Aubrac (an der D 15 von St-Urcize kommend) können Besucher durch die **Werkstätten** gehen und den **Schmieden** bei der Arbeit über die Schulter schauen. Im Ausstellungsraum zeigt ein Video die **Herstellung und Geschichte** der verschiedenen Messer. Nahezu alle ausgestellten Messer können auch gekauft werden. Eine Besonderheit ist die vom Stardesigner *Philippe Stark* entworfene Messerserie.

- **Öffnungszeiten:** Mo bis Fr von 9.00–12.00 und 13.30–17.30 Uhr, Sa nur von 9.00–12.00 Uhr.

Atelier Artisanal

Das Atelier mit dem dazugehörigen Ausstellungsraum liegt schräg gegenüber der Manufacture Forge.

- Um 11.00, 14.30, 15.45 und 17.00 Uhr sind **geführte Besuche** der Werkstätten möglich. Das Messermuseum ist täglich ab 10 Uhr geöffnet. Eintritt: 3,50 €.

Musée du Haut-Rouergue

Im **Heimatmuseum** der Region sind die typischen Werkzeuge der Bauern und Hirten ausgestellt. Eine **nachgebildete Sennhütte** zeigt die Lebensweise und die Käseherstellung der Hirten auf den Hochweiden.

- **Öffnungszeiten:** Juli und Aug. von 15.00–18.00 Uhr. Der Eintritt ist frei.

Information

- **Office du Tourisme**
Place du Foirail, 12210 Laguiole, Tel. 0565443594.

Unterkunft

- **Grand Hôtel Auguy**€€€
2, Allée de l'Amicale, Tel. 0565443111. Farbenfroh eingerichtetes Hotel mit angenehmer Atmosphäre.
- **Hôtel & Restaurant l'Aubrac**€€
17, Allée de l'Amicale, Tel. 0565443213. Ein geschmackvoll renoviertes Haus mit südlichem Flair.
- **Auberge du Combaïre**€
Le Combaïre, Tel. 0565443326. Einfache und gemütliche Herberge.

auv_269 Foto: bf

Pilgerin am Jakobsweg

Essen und Trinken

● **Hôtel & Restaurant l'Aubrac**
Die Spezialität des Hauses ist der *Salade d'accueil au Laguiole* mit Käse aus Laguiole, Nüssen und hausgemachten Würsten sowie Steaks und natürlich das Aligot. Menü ab 14 €.

● **Restaurant Auguy**
17, Allée de l'Amicale. Die zweifellos delikate Küche erhielt bereits zahlreiche Auszeichnungen, die sich natürlich auch im Preis niederschlagen: Menü der Region ab 46 €.

● **Restauramt Regis**
Place de la Patte d'Ole. Der Speiseraum liegt in einem hellen Vorbau, in dem sich genussvoll dinieren lässt. Menü bereits ab 17 €.

● Die **Brasserie Pergola** oder gleich nebenan das **Café Française,** Allée de l'Amicale, bieten allerlei schnelle Kleinigkeiten und günstige Tagesgerichte.

● **Restaurant Le Chalet de la Source**
Route des Pistes. Gehobene regionale Küche. Menü ab 13 €.

Internet

● **BPI Aubrac,** Rue Bardière; zwei Internetzugänge mit Flachbildschirmen für 2,5 € pro 30 Minuten.

Einkaufen

● Entlang der Hauptstraße haben sich **zahlreiche Werkstätten** niedergelassen, deren **Angebot rund um das Messer** unschlagbar ist. Billig sind die Laguiole-Messer auch hier nicht, denn wie überall hat Qualität einen gewissen Preis. Die Messer sind dafür langlebig und ein schönes Erinnerungsstück oder Mitbringsel.

● **L'authentique Fouace de Laguiole** in der **Boulangerie Roux** im Stadtzentrum: Diese regionale Kuchenspezialität aus Hefeteig, parfümiert mit Orangenblüten, wird bereits in 140-jähriger Bäckertradition im Hause hergestellt.

Am Jakobsweg: von Aumont-Aubrac nach St-Chély d'Aubrac

Nahezu unmerklich geht die einsame Mittelgebirgslandschaft des Margeride-Massivs über in die Region um den südlichsten Vulkan der Auvergne. Kaum zu glauben, aber die Hochflächen des Aubrac sind noch einsamer und wilder als die anderen Regionen. Die weit verstreut liegenden Dörfer markieren wie Bojen die Weiten der Hochebene. Die trutzigen Häuser aus grauem Basaltstein zeigen die **jahrhundertealte authentische Architektur** der Region. Zwischen den Seen, Wiesen und Steinen säumen immer wieder alte Steinkreuze und Kirchen den **Chemin de St-Jacques (GR 65),** wie der Jakobsweg in Frankreich heißt.

Aumont-Aubrac ↗ XVII, C2

Bei Aumont-Aubrac berührt der Jakobsweg die ersten Ausläufer des alten Vulkanmassivs. Aumont-Aubrac selbst ist ein kleiner Marktflecken ohne nennenswerte Sehenswürdigkeiten. Der Ort galt zur Zeit der Wallfahrer des Mittelalters als eine wichtige Etappe auf dem Weg nach Santiago de Compostela. Heute ist Aumont-Aubrac ein Treffpunkt für **Liebhaber guten Essens,** wie es beispielsweise im Grand Hôtel Prouhèze serviert wird.

Information

• **Office du Tourisme**
Maison du Prieuré, 48130 Aumont-Aubrac, Tel. 0466428870.

Unterkunft

• **Grand Hôtel Prouhèze**€€€
2, Route du Languedoc, Tel. 0466428007. Die beste Adresse im Ort mit gediegener Atmosphäre.
• **Hôtel Relais de Peyre**€€
9, Route du Languedoc, Tel. 0466428588.
• **Aubrac Hôtel**€
Place du Foirail, Tel. 0466429900. Vermietung von Apartments sowie von acht Doppelzimmern.

Camping

• **Camping municipal**
Tel. 0466428002. Geöffnet von Juni bis Sept.

Essen und Trinken

• **Restaurant Le Compostelle**
Cuisine de Campagne mit fast ausschließlich regionalen Spezialitäten wie *Aligot* für 13 €; Menü bereits ab 16 €.

Nasbinals

↗ XVI, B2

Zwischen Aumont-Aubrac und Nasbinals verläuft der **GR 65** auf den baumlosen Ebenen des **Basalthochplateaus,** dessen Horizont ins Unendliche geht. Schutz vor der starken Sonneneinstrahlung im Sommer gibt es nicht, dafür halten die aus Basaltstein aufgeschichteten Mauern den Wind etwas ab. Auf den zirka 30 km zwischen Aumont-Aubrac und Nasbinals gibt es kaum größere Straßen oder Ortschaften, die mehr als zehn Häuser zählen. Hier besteht tatsächlich die seltene Gelegenheit, mit der Natur allein zu sein.

Nasbinals ist ein kleines **wirtschaftliches** und **touristisches „Zentrum"**; zumindest gibt es einige Restaurants, Hotels, einen Campingplatz und einen Einkaufsmarkt. Im Winter zieht es vor allem Langläufer nach Nasibals, die auf den **ausgedehnten Loipen** durch den Aubrac gleiten. Im Sommer ist der Ort eine Station auf dem Weg nach Santiago de Compostela; die sehr schöne **romanische Kirche St-Marie** wurde im 11. Jh. im typisch auvergnatischen Stil aus braunem Basalt erbaut.

Information

• **Office du Tourisme**
48260 Nasbinals, Tel. 0466325573. Öffungszeiten: Mo bis Sa 9.00–12.30 und 14.30–18.00 Uhr sowie So 10.00–12.30 und 14.30–17.00 Uhr.

Unterkunft

• **Hôtel Le Bastide**€€-€€€
Route de Marvejols, Tel. 0466325682. Komfortabelstes Hotel am Platz.
• **Hôtel/Restaurant La Route d'Argent**€€
Tel. 0466325003. Schmuckes Hotel hinter der Kirche im Ortskern.
• **Hôtel de France**€
Route d'Aubrac, Tel. 0466325019. Kleines Haus mit sieben Zimmern.

Camping

• **Camping municipal**
Route de St-Urcize, Tel. 0466325187. Ausgelegt für 75 Plätze, geöffnet von Ende Mai bis Sept. Tarif: 6 €.

Essen und Trinken

• **Hôtel/Restaurant La Route d'Argent**
Traditionelle ländliche Küche, zum Beispiel das *Aligot* (Kartoffelbrei mit Käse), Menü ab 15 €. Der rustikal gehaltene Speiseraum befindet sich in einem gemütlichen Glasanbau.
• **Hôtel & Restaurant Relais d'Aubrac**
Le Pont de Gournier, etwa 4 km außerhalb von Nasbinals auf der D 12 Richtung St-Urcize. Klassisch auvergnatische Küche, das Menü ab 15 €.

●**Café du Progrès**
Schnelle und einfache Gerichte.

●**Le Buron du Bès**
Pont du Gournier, 48260 Recoules d'Aubrac, Tel. 0466324175. Etwa 10 Minuten von Nasbinals an der D 112 in Richtung St-Urcize. In einem traditionellen Sennhaus des Aubrac *(Buron)* kommt in zünftiger Atmosphäre nur Regionales auf den Tisch, wie *Aligot, Truffade* (Kartoffelkuchen) oder Schlachtplatte *(Charcuterie)*.

Internet

●**Les Sejours Bastide**
Place du Forail. Nur ein Computer, 1 Stunde für 4,50 €, 10 Minuten 0,75 €.

Radfahren

●**Fahrradverleih,** 4 Stunden für 7 €, ein ganzer Tag für 10 € (Kinder 6 €), am Hôtel Le Bastide, Route de Marvejols, oder am Place du Forail bei der Freizeitagentur Les Sejours Bastide.

Rund um Nasbinals

Château de la Baume

Das Schloss aus dem 17./18. Jh. ist eines der wenigen der Region. Es ist vollständig erhalten und renoviert. Von hier aus regierten die Fürsten *De Peyre* über das Aubrac-Massiv. Die schlichte Fassa-

auv_272 Foto: bf

de ist aus grauem Granitstein, während die **Innenräume stattlich geschmückt** sind. Aufgrund der reichen Dekorationen hat das Château de la Baume den Beinamen **„Petit Versailles du Gévaudan"** erhalten. Die Öffnungszeiten können beim Office du Tourisme in Nasbinals erfragt werden.

Aubrac

⇗ XVI, B2

Der Weg führt nach Nasbinals durch ein ausgedehntes Weidegebiet, das vom **Staatsforst** von Aubrac durchbrochen wird. Etwa 1,5 km vor Aubrac erreicht die Straße den Pass auf 1368 m Höhe. Von nun an bricht das südliche Aubrac-Massiv steil zum Lot-Tal hin ab.

Aubrac selbst ist nicht viel mehr als eine Kirche, ein altes Forsthaus, ein Hotel, ein Restaurant und ein Turm. Hier haben sich um das 12. Jh. **Mönchsritter des Hospitalordens** niedergelassen, um die Pilger auf dem Weg nach Rocamadour und Santiago de Compostela zu begleiten und zu beschützen. Die einsame Weite des Aubracs war eine perfekte Region für **Räuberbanden,** die zahlreiche Überfälle auf die Wallfahrer ausübten. Die Hospitalier errichteten zwischen 1120 und 1122 in Aubrac ein Kloster und ein Hospiz zum Schutze der Pilger. Die Gegend muss wirklich ein Furcht einflößendes Hindernis auf dem Weg gewesen sein, in den Worten eines mittelalterlichen Wallfahrers: „ein Ort des Grauens und der weiten Einsamkeit". Der mächtige **Viereckturm** (Tour des Anglais), das **Forsthaus** sowie die **Église Notre-Dame-des-Pauvres** sind die gut erhaltenen Überreste der Klosteranlage, die von den Hospitaliern im 17. Jh. aufgegeben wurde.

Naturbelassene Wiesenlandschaft in den Hochflächen des Aubrac

Maison de l'Aubrac

- Ausstellung zur Vegetation und Geologie des Aubrac sowie Degustation der regionalen Erzeugnisse und Verkauf. Geöffnet täglich von 10.45–18.45 Uhr.

Unterkunft

- **Hôtel, Restaurant de la Domerie** €€€
Tel. 0565442842. Stilvolles Hotel für gehobene Ansprüche in einem großen alten Steingebäude.
- **Gîte d'Étape, Tour des Anglais** €
Tel. 0565442115. Mit Kochgelegenheit. Von Ende Mai bis Mitte Sept. geöffnet.

Essen und Trinken

- **Restaurant Chez Germaine**
Snacks, Suppen, Salate um 6 €, aber auch gediegene Menüs ab 16 €.
- **Restaurant Le Buron de l'Aubrac**
Restaurant mit gemütlicher Atmosphäre und traditioneller Küche, Menü ab 10 €.

Fest

- Am letzten Wochenende im Mai wird in Aubrac sowie in St. Chély d'Aubrac der **Almauftrieb** gefeiert. Die mit Blumen, Bändern, Stechpalmen und Glocken geschmückten Kühe aus dem Lot-Tal werden zu ihren Sommerweiden auf die Hochfläche des Aubrac getrieben. Das Fest wird untermalt von **traditioneller Musik,** und natürlich dürfen die **kulinarischen Spezialitäten** der Bauern nicht fehlen.

St-Chély d'Aubrac

⇗ XVI, B3

Der **Abstieg nach St-Chély d'Aubrac ist spektakulär,** die Aussicht auf das Lot-Tal und die Hochfläche der im Süden angrenzenden Causse Comtal grandios. Die grüne Landschaft fällt, zerfurcht von vielen kleinen Tälern, wie in einem gigantischen Mantelwurf einer Madonnenfigur bis zum Horizont hin ab. St-Chély d'Aubrac liegt nur noch auf 800 m Höhe in einem schmalen Tal der **Boralde.** In dem hübschen Ort am Rande des Aubrac befindet sich eine bekannte **Brücke** für die Wallfahrer aus dem 16. Jh., die von einer Pilgerstatue bewacht wird.

Unterkunft

Günstige Unterkünfte sucht man in St-Chély d'Aubrac vergebens. Außer **zwei Wanderherbergen** gibt es die beiden Komforthotels:

- **Hôtel/Restaurant des Vogageurs** €€€
Route d'Espalion, Tel. 0565442705.
- **Hôtel/Restaurant de la Vallée**€€€
Le Bourg, Tel. 0565442740.

Camping

- **Camping municipal**
Tel. 0565442708. Kleiner Platz, der von Mitte Juni bis Aug. geöffnet hat. Tarif: 6,50 € für Platz und eine Person.

Essen und Trinken

- Das **Restaurant de la Vallée** sowie das **Restaurant Le Relais St-Jaques** bieten die gesamte Palette der regionalen Küche, Menü ab 13 €.
- **Restaurant La Conserverie de l'Aubrac**
Spezialitäten für den Gourmet sowie traditionelle Küche. Menü ab 14 €.
- **Bar am Dorfplatz** mit Sitzgelegenheiten im Freien. Hier lassen sich in dörflicher Ruhe ein guter Milchkaffee, ein ausgedehntes Frühstück oder ein kleiner Snack genießen. Eine gute Gelegenheit, die regionale Kuchenspezialität zu probieren: Die **Fouace** ist ein mit Orangenblüten und manchmal auch mit Engelswurz gewürzter Hefekuchen.

Fest

- **Fête de la Transhumance,** am letzten Wochenende im Mai wird im Dorf der Almauftrieb mit viel gutem Essen, einem Markt und den bunt geschmückten Hauptdarstellern, den Rindern, die auf die Sommerweiden getrieben werden, gefeiert.

Mende

↗ XVII, C/D3

Kaum zu glauben, aber Mende ist mit seinen etwa 11.000 Einwohnern weit und breit die **größte Stadt im Gévaudan,** wie die südliche Margeride auch genannt wird, zentraler Ort des Département Lozère und Sitz der Präfektur. Das Städtchen liegt an der Nahtstelle zwischen den Hochflächen des Velay, der Margeride, den Causses und den Cévennen. Das **Département Lozère** ist das am **dünnsten besiedelte Gebiet Frankreichs** und mit das ärmste.

Mende wirkt wie ein großer ländlicher Marktflecken mit südlichem Flair, in den sich eine **eindrucksvolle Kathedrale** verirrt hat. Die Gassen rund um den Kirchplatz sind von alten Häusern gesäumt, die mit schmuckvollen Details aufwarten.

In der südlichen Margeride und in der Region rund um Mende zählen die **Schafzucht** und die **Forstwirtschaft** schon immer zu den Haupterwerbszeigen. Allerdings wurden im 18. Jh. die ausgedehnten Wälder großflächig abgeholzt, denn mit Holzkohle ließ sich gutes Geld verdienen. Offizieller Vorwand der Abholzung war die Ausrottung der Wölfe, die eine Gefährdung der Schafherden darstellten. Die Ge-

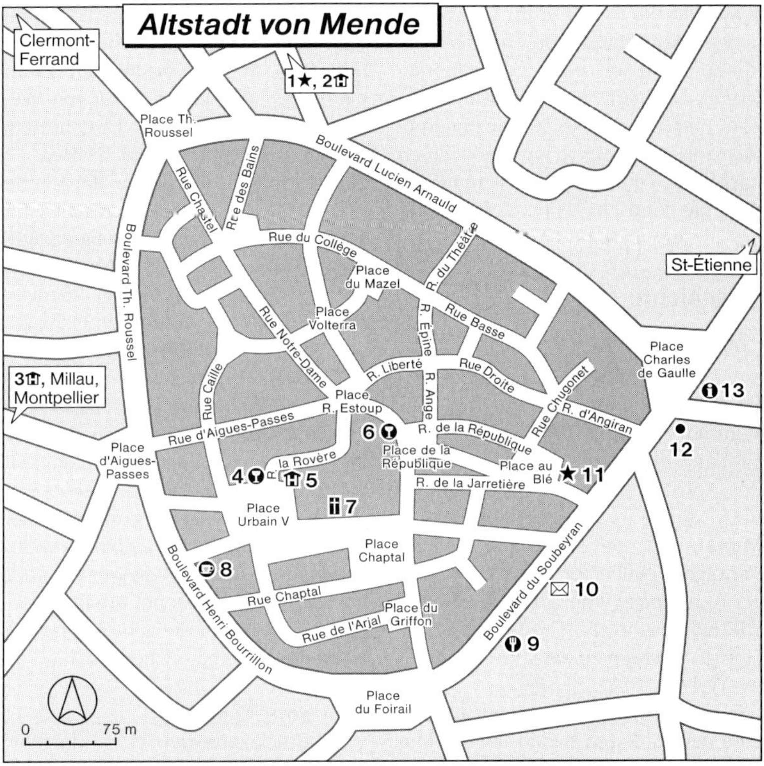

★ 1 Pont Notre-Dame
2 Mimat Hôtel
3 Hôtel du Pont Roupt
4 Dakkar Pub
5 Hôtel Le Dakkar
6 Irish Pub
7 Cathédrale
8 Le Café du Commerce
9 Brasserie Café du Paris
✉ 10 Poste
★ 11 Tour des Pénitents
● 12 Mairie (Rathaus)
13 Office du Tourisme

schichten um die **Bête du Gévaudan** (siehe Exkurs bei Saugues) machten die Runde und boten einen willkommenen Grund, aus dem Wald Kapital zu schlagen und die Wölfe zu dezimieren. Pflanzen- und Tierwelt wurden dadurch nachhaltig verändert, was sich auf die gesamte landschaftliche Entwicklung negativ auswirkte.

Geschichte

Schon die Römer nutzten diese Stelle am Fluss als **Passage über den Lot.** Die Stadtentwicklung setzte im Zuge der **Wallfahrt** ein, die diesmal nicht nach Santiago de Compostela an das Grab des Apostels *Jakobus* führte, sondern nach Mende in eine **Höhle am Mont Mimat,** in die der *Hl. Privat* vor seinen Verfolgern geflüchtet war, die ihn dennoch auffinden konnten und töteten. Die Höhle und die Grabkammer des Heiligen wurden zu einem viel besuchten Wallfahrtsort.

In den Religionskriegen war Mende **eine der stärksten Bastionen der Hugenotten.** Trotz großer Übermacht der belagernden Katholiken konnte der listige Hauptmann *Merle* die Stadt gegen die Angreifer verteidigen. Dafür ernannte der zukünftige König *Heinrich IV. Merle* zum Gouverneur von Mende.

Sehenswertes

Cathédrale

Die heutige Kathedrale zeigt sich in einem etwas verworrenen **Stilmix aus Romanik, Gotik und Moderne.** Die ursprüngliche Kirche ließ Papst *Urban V.* im 14. Jh. erbauen, die Glockentürme und der Gesamtbau wurden erst im frühen 16. Jh. fertig gestellt, um kaum ein halbes Jahrhundert später von *Merle,* dem Hauptmann der Hugenotten, wieder weggesprengt zu werden. Er zerstörte dabei die Pfeiler der Kirche und fast das gesamte Hauptschiff. Im 17. Jh. wurde die Kathedrale neu aufgebaut. Die Vorhalle an der Westfassade der Kirche wurde erst bei den Renovierungsarbeiten Anfang des 19. Jh. hinzugefügt. Die beiden **Glockentürme** sind recht unterschiedlich. Der rechte, **„Clocher des Chanoines",** ist sehr schlicht gehalten, während der linke, **„Clocher de l'Évêque",** schöne Verzierungen im Stil der Renaissance aufweist. Angeblich schlug in der Kirche die **größte Glocke der Christenheit** mit einem Gewicht von über 20 Tonnen. Von ihr ist nur der über 2 m hohe Klöppel erhalten. Bemerkenswert sind die acht Tapisserien zu beiden Seiten des Chors.

Pont Notre-Dame

Die Brücke aus dem 13./14. Jh. führt in einem **schwungvollen hohen Bogen** über den Lot. Aufgrund ihres hohen zentralen Bogens konnte die schmale Brücke selbst den **verheerendsten Hochwassern** des Lot standhalten. Die Brücke war lange Zeit die einzige in der ganzen Stadt.

Auf der begehbaren Mauer, die den Lac de Charpal bei Mende aufstaut

auv_277 Foto: bf

Information

• Comité Départemental du Tourisme
14, Boulevard Henri-Bourrillon, BP 4, 48001 Mende cedex, Tel. 0466656000. Öffnungszeiten: Mo bis Do von 8.30–12.00 und 13.30–17.30 Uhr sowie Fr bis 16.30 Uhr.

Unterkunft

• Hôtel du Pont Roupt€€€
2, Avenue du 11 Novembre, Tel. 0466650143. Nur fünf Minuten vom Stadtkern entfernt befindet sich das renommierte Haus in ruhiger Lage. Von Jan. bis März geschlossen.

• Hôtel Le Drakkar€€
Tel. 0466490404. Hotel direkt im Herzen der Altstadt gleich gegenüber der Kathedrale in einer kleinen Seitengasse. Rustikal-gemütliches Ambiente

• Mimat Hôtel€€
7, Quai Petite Roubeyrolle, Tel. 0466491365. Ruhiges Hotel, nur 100 Meter von der Altstadt entfernt am Ufer des Lot gelegen.

• Hôtel du Commerce€€
2, Boulevard Herni Bourrillon, am Rande der Altstadt, Tel. 0466651373. Das Haus liegt nicht gerade in der ruhigsten Gegend.

Camping

• Le Tivoli
Route des Gorges du Tarn, Tel. 0466650038. Etwa 2 km vom Stadtzentrum entfernt mit Schwimmbad und Bar. Geöffnet ab März bis Jahresende.

Essen und Trinken

• Le Café du Commerce
Boulevard Henri Bourrillon. Nette Brasserie mit großem überdachten Platz zum Draußensitzen. Auf der Karte finden sich vor allem die für Brasserien typischen Mahlzeiten für den „kleinen Hunger“, also Sandwiches, Omelettes oder Salate ab 3 €.

• Brasserie Café du Paris
2, Boulevard du Sabeyan. Gemütliche Bar mit großer Eiskarte und Tagesmenü ab 11 €.

●Dakkar Pub
Direkt am Platz vor der Kirche. Gemütliches Lokal mit schönen Sitzgruppen für drinnen und viel Platz draußen. Große Auswahl an Tartes, Omelettes, Nudelgerichten, aber auch gehobene Gastronomie und auvergnatische Spezialitäten.
●Irish Pub
Place de la Republique. Beliebter Ort für die Mittagspause, aber auch, um abends auszugehen. *Plat du jour* für 6,50 €, Steak und Pommes für 8 €.

Internet

●Di bis Fr ab 14.00 Uhr **im 2. Stock des Rathauses.** Der Zugang ist **kostenlos.**
●Ansonst gibt es einen Internetzugang bei der **Post** mit französischer Telefonkarte, falls das Gerät nicht gerade „en panne" (außer Betrieb) ist.

Markt

●**Gemüsemarkt** in der Altstadt (Mi und Sa).
●Am ersten Mittwoch im Monat großer **Bauernmarkt** mit den Erzeugnissen der Region.

Einkaufen

Zahlreiche Patisserien stellen das traditionelle Gebäck von Mende, wie die *Croquants de Mende,* ein relativ knuspriges Gebäck mit Mandeln, Pistazien oder Schokolade, noch in hauseigener Backstube her.

Rund um Mende

Lac de Charpal

Der Lac de Charpal ist ein **blaues Juwel** am Fuße des Trunc de Fortunio

auv_278 Foto: bf

nordöstlich von Mende. Der **Trunc de Fortunio** ist mit **1551 m** die höchste Erhebung des schmalen Höhenzugs **Plateau du Roi.** Der See (16 m tief, 224 m lang) wird durch eine **begehbare Mauer** künstlich aufgestaut. Baden und Angeln sind zwar verboten, dafür sind See und Wald ein ideales **Wander- und Naherholungsgebiet**. Es gibt zahlreiche Wandermöglichkeiten, z.B. den Rundweg „Le Tour du Lac", der in nur 1,5 Stunden um den See führt.

Marvejols

↗ XVII, C3

Die befestigten Stadttore von Marvejols erinnern an die bewegten Zeiten des Hundertjährigen Krieges sowie der Religionskriege. Im 14. Jh. spielte die Stadt eine bedeutende Rolle im **Kampf gegen plündernde Söldnerbanden.** In den Schlachten der Hugenotten gegen die Katholiken wurde ein Großteil der kleinen wehrhaften Stadt **zerstört.** *Heinrich IV.* erweckte Marvejols wieder zum Leben und ließ die Stadt neu aufbauen. Heute ist Marvejols aufgrund des ausgeglichenen und milden Klimas ein **medizinisches Zentrum,** vor allem für Atemwegserkrankungen.

Sehenswertes

Die befestigten **Stadttore Porte du Théron, Porte de Chanelles** und **Porte du Soubeyran** kontrollierten früher den Zugang zur Altstadt. Auf allen drei Toren sind Dankesschriften der Bürger Marvejols zu Ehren *Heinrichs IV.* für den Wiederaufbau eingraviert.

Granitlandschaft am Trunc de Fortunio

Information

- **Office du Tourisme**
Im nördlichen Stadttor. Öffnungszeiten: Mo bis Sa 9.00–12.00 und 14.00–19.00 Uhr sowie So 10.00–12.00 und 16.00–18.00 Uhr.

Essen und Trinken

- **Brasserie Le Griffon**
Place Henri Cordesse. Kleinigkeiten: Omelette ab 4 €, Salat ab 5 €, *Plat du Jour* für 6 €. Die Brasserie am zentralen Platz in der Altstadt bietet viel Platz zum Draußensitzen.

Einkaufen

In der Fußgängerzone am Stadttor finden sich einige kleinere **Antiquitätenhändler** und **Galerien,** die durchaus einen Besuch lohnen. Den Einkaufsbummel begleitet nicht zu überhörende Popmusik „made in France", die aus Lautsprechern in die Gassen dröhnt.

Rund um Marvejols

Parc des Loups du Gévaudan

Die Wölfe von Gévaudan, mehr als **100 Wölfe** aus Kanada, Sibirien, der Mongolei und Polen, leben in einem mehrere Hektar großen bewaldeten Schutzgebiet fast in völliger Freiheit.

- Im Park werden **Führungen** organisiert, Tel. 0466320922. Fünf geführte Besuchertouren pro Tag.
- **Anfahrt** über die N 9 wenige Autominuten nördlich von Marvejols.
- **Öffnungszeiten:** Feb. bis Dez. von 10.00–17.00 Uhr. Eintritt: 6 €.

Das Lot-Tal

An den Hängen der Monts Lozère in den Cévennen entspringt der Lot, der sich über viele Kilometer in engen Mäandern und weiten Schleifen seinen Weg durch das südliche Massif Central bahnt. Vielleicht ist das Tal des Lot (**Vallée du Lot**) der abwechslungsreichste und zugleich **lieblichste Flusslauf im Süden Frankreichs.** Auf jeden Fall zieht mit dem Lot endgültig südliches Flair in diese Mittelgebirgsregion ein. An den Hängen rund um das Tal, vor allem bei Cahors, gedeihen schon seit langem **kräftige Weine.** Selbst am englischen Hofe waren die Weine des Olt, so lautet der okzitanische Name des Lot, sehr beliebt. Der Fluss war früher eine wichtige **Verkehrsader,** die die Auvergne und Cahors mit dem wichtigen Hafen und Weinhandelszentrum von Bordeaux verband.

Der **Oberlauf des Lot** trennt das Aubrac-Massiv im Norden von den kargen Hochebenen der Causses. Zunächst musste sich der Fluss sein tiefes Bett in den widerstandsfähigen Granit und Gneis graben. In malerischer Lage befinden sich entlang des Flussbettes die Ortschaften **St-Côme-d'Olt, Estaing** und **Espalion,** während sich die berühmte **Abtei Conques** in sicherer Hochlage nur wenige Kilometer entfernt in einem Seitental entwickelte.

Auch im **unteren Lot-Tal** windet sich der Fluss in zahlreichen breiten Windungen und Mäandern dahin. Die Kalkplateaus der Causses werden leichter von der Erosion abgetragen, so dass sich auch hier schnell nahezu **senkrechte Wände, Klippen** und **steile Felsvorsprünge** herausmodelliert haben. Die

Böschungen und flussnahen Hochebenen sind von weiten **Kastanien-** und **Laubwäldern** bedeckt. Quasi hinter jeder Flussbiegung hält der Lot eine neue Überraschung bereit: Einmal zeigt er sich von seiner rauen und wilden Seite, dann wirkt er malerisch oder lieblich, einmal ist er verlassen und einsam, dann reihen sich zahlreiche kleine Ortschaften entlang seiner Ufer, oder eine Kapelle befindet sich auf einem der Felsvorsprünge. Schon die ersten Pilger, die sich auf der Via Podiensis nach Santiago de Compostela befanden, verließen das Aubrac-Massiv und folgten ab St-Côme-d'Olt dem Lot-Tal bis nach Cahors.

St-Côme-d'Olt

⇗ **XVI, A/B3**

Betritt man die rundum durch eine **wehrhafte Mauer** geschützte Ortschaft durch eines der **drei Stadttore,** tritt man automatisch in die Fußstapfen der Jakobspilger, der *Pélégrins de St-Jaques.* Hinter den Mauern verbirgt sich ein Gewirr aus engen Gassen und Alleen, kleinen Plätzen, alten Residenzen und privaten Wohnhäusern aus dem 15. und 16. Jh. Kein Wunder, dass St-Côme-d'Olt zu den **schönsten Ortschaften Frankreichs** zählt. Die spätmittelalterliche Stadt ist seit nahezu 600 Jahren unversehrt, wozu auch aufwendige Renovierungen beigetragen haben.

Sehenswertes

Cathédrale de St-Côme-d'Olt

Der Bischof von Angoulême und Prior von St-Côme-d'Olt, *Antoine d'Estaing,* veranlasste den Bau der Kirche, die zwischen 1522 und 1532 im **gotischen Flamboyant-Stil** errichtet wurde. Als Architekt wurde der berühmte *Antoine Salvanh,* der auch die Kathedrale in Rodez entwarf, berufen. Außergewöhnlich ist das **Turmdach,** das in sich gewunden wie eine Flamme „emporflackert". Die Keramiken der Dachplatten sind in unterschiedlichen Farbtönen gehalten und verleihen der „Flamme" ihren lebendigen Charakter. Zu Zeiten der Religionskriege und während der Französischen Revolution diente der Kirchturm als Wachposten. Der Innenraum ist ebenfalls im gotischen Stil ausgestattet und beherbergt eine **bemerkenswerte Christusfigur,** geschnitzt aus Walnussholz. Auffallend ist die **Eingangstür aus massiver Eiche,** deren Flügel jeweils mit 365 Eisennägeln gespickt sind.

Unterkunft

- **Hôtel & Restaurant des Voyageurs** €€
26, Rue Porte Neuve, Tel. 0565440583. Schmuckes Hotel mit 23 Zimmern.
- **Chambres d'Hôtes**€
Henri Burguière, Boraldette – La Fresquette, etwa 2 km von St-Côme-d'Olt entfernt in Richtung Espalion, Tel. 0565441061. Vermietet werden zwei Zimmer von Mai bis Sept.

Camping

- **Camping Bellerive**
Rue du Terral, Tel. 0565440585. Direkt am Lot. Geöffnet von Mai bis Sept.

Essen und Trinken

• Restaurant Verdier
22, Place Porte Théron. Gute regionale Küche. Menü ab 12 €, aber auch schnelle Gerichte und etwas für den kleinen Hunger.

Rund um St-Côme-d'Olt

St-Eulalie-d'Olt

Der Ort liegt am Fuße des Aubrac-Massivs im Lot-Tal. Das entzückende Nest erhielt immerhin den **ersten Preis der „Village fleurie"** (blühende Ortschaften). St-Eulalie-d'Olt hat sich den Charme des Mittelalters erhalten. Mit dem Kirchenbau wurde im Jahre 900 begonnen. Die Kirche ist ein schönes Beispiel für eine typisch **romanische Kirche,** die später **im gotischen Stil überformt** wurde. Ein Schrein enthält eine kostbare Reliquie, einen **heiligen Dorn,** den die Kreuzritter *Gèrard* und *Hughes de Currières* aus dem Heiligen Land mitgebracht haben sollen. Jeden zweiten Sonntag im Juli wird zu Ehren des Dorns eine **Prozession** durch die Stadt abgehalten.

Espalion

↗ XVI, A3

Espalion ist die bescheidene „Metropole" im oberen Vallée du Lot. Mit den alten **Gerberhäusern** und der **geschwungenen alten Brücke,** der Vieux Pont, aus dem 11. Jh. besitzt Espalion ein sehr ursprüngliches Stadtbild.

Sehenswertes

Musée Joseph-Vaylet

Das **volkskundlich-sakrale Museum** ist in der ehemaligen Kirche St-Jean untergebracht. Das Museum besitzt eine Sammlung von allen möglichen traditionellen Gegenständen, wie Weihwasserbecken, sakralen Objekten, Waffen, Möbel, Töpfer- und Glaswaren.

• Öffnungszeiten: Mai bis Okt. von 14.00–18.00 Uhr, Di geschlossen, Juli/Aug. von 10.00–12.00 und 14.00–19.00 Uhr.

Église de Perse

Die aus hellrotem Sandstein errichtete Kirche aus dem 11. Jh. erinnert an die Kirche von Conques, zu deren Abtei die Église de Perse gehörte. Das Gotteshaus ist dem *Hl. Hilarian,* Beichtvater *Karls des Großen,* geweiht. Vor allem das **Relief des Tympanons,** das die Apokalypse, das Jüngste Gericht sowie das Pfingstwunder abbildet, sowie die wunderschön verzierten **Kapitelle** sind bemerkenswert.

Information

• Office du Tourisme
2, Rue St-Antoine, 12500 Espalion, Tel. 0565441063. Öffnungszeiten: Mo bis Fr 10.00–13.00 und 14.00–19.00 Uhr sowie Sa bis 18.00 Uhr und So von 10.00–12.30 Uhr.

Unterkunft

• Hôtel Moderne€€
27, Boulevard de Guizard, Tel. 0565440511. Typisches Stadthotel mit 30 Zimmern.
• Hôtel de France€€
36, Boulevard Joseph Poulenc, Tel. 0565440613. Kleines Hotel im Stadtzentrum.

Camping

● **Camping municipal Le Roc de l'Arche**
Tel. 0565440679. Der Platz liegt etwa 1 km außerhalb von Espalion am Lot. Geöffnet von Mitte April bis Sept. Platz pro Person 10 €.

Essen und Trinken

● **Restaurant Le Soleil d'Or**
3, Place St-Georges. Typisch französische Küche, Menü ab 10 €.
● **Le Plo d'Olt**
Rue Arthur Camel. Kleines, feines Restaurant, Menü ab 14 €.
● **Bar und Brasserie Du Marché**
Place de la Vielle Eglise. Große Speisekarte mit Omelettes und Salaten ab 4 € oder Menü ab 11€.
● **Pizzeria La Casa**
39, Rue Droite. Leckere Pizzas, Salate und Pasta ab 7 €.
● **Café du Pont Vieux**
1, Rue de la Grave. Nettes Café, das ein ausgezeichnetes Mittagessen ab 10 € anbietet.

Markt

● Freitagvormittag findet ein ausgedehnter **Obst- und Gemüsemarkt** im Bereich der Altstadt statt.

Fest/Festival

● **Fête de l'Eau** – das kleine Volksfest mit reichlich Buden, Musik und Essen findet meist am ersten Wochenende im Juli statt.
● Das **Festival Baroque d'Auvergne** wird regelmäßig am ersten Wochenende im August mit Konzerten, Straßenmusik und Märkten rund ums Handwerk gefeiert.

Rund um Espalion

Château de Calmont d'Olt

Hoch auf einem Basaltfelsen steht die mittelalterliche Burg über dem Vallée du Lot; der Rundblick ist grandios.

● **Führungen** im Juli/Aug. von 9.00–19.00 Uhr. **Besichtigung** von Mai bis Sept. von 10.00–12.00 und 14.00–18.00 Uhr außer Do und Fr. Eintritt mit Führung: 9 €.
● **Anfahrt** über Espalion; der D 920 Richtung Rodez etwa 4 km folgen.

Estaing

↗ XVI, A3

Wie alle Siedlungen am Lot ist auch Estaing ein hübscher Ort mit **historischem Kern** und **viel Flair.** Die Häuser stehen dicht an dicht in den kleinen Gassen rund um das Schloss. Im Umland von Estaing ermöglicht ein **ausgewogenes Klima** bereits seit dem Mittelalter den **Anbau von Wein.** Die örtlichen Winzer produzieren bescheidene Mengen an Prädikatsweinen.

Geschichte

Eng mit dem Ort ist die Geschichte der Schlossherren, der **Familie d'Estaing,** verknüpft. *Dieudonné d'Estaing* rettete König *Philipp II.* das Leben, ein weiterer mutiger Spross der Familie, *Charles-Hector Graf von Estaing,* bereiste im 18. Jh. Indien, Amerika und die Inseln der Antillen. Auch der ehemalige französische Staatspräsident *Giscard d'Estaing* entstammt einem Zweig dieser Adelsfamilie.

Sehenswertes

Château d'Estaing

Das Schloss wurde im 15./16. Jh. in einer bunten Mischung der damals vorherrschenden Stile erbaut.

•Öffnungszeiten: April bis Sept. von 9.30–12.00 und 14.30–18.00 Uhr.

Église St-Fleuret

Die Kirche aus dem 15. Jh. ist die letzte Ruhestätte des Hl. Fleuret, eines Bischofs von Clermont, der im 7. Jh. in Estaing starb.

Vieux Pont

Die **gotische Brücke** über den Lot ziert eine Statue von *François d'Estaing*, Bischof von Rodez. Auf dieser Brücke verließen die mittelalterlichen Pilger das Vallée du Lot, und auch heute führt der **GR 65** die Pilger über die Brücke der nächsten Station ihrer Wallfahrt, der Abtei von Conques, entgegen.

Unterkunft

•Hôtel/Restaurant Auberge St-Fleuret€€
Rue François d'Estaing, Tel. 0565440144. Sympathisches Hotel im historischen Ortskern.

•Hôtel Aux Armes d'Estaing€€
Quai du Lot, Tel. 0565447002. Direkt vor der alten Brücke über den Lot liegt dieses charmante und gleichermaßen stilvolle Hotel.

Camping

•Camping municipal La Chantellerie
Tel. 0565447032. Etwa 2 km der D 167 Richtung Annat folgen. Geöffnet Mai bis Sept.

•Camping à la Ferme La Cavalerie
Tel. 0565441845. Der Straße Richtung d'Entraygues etwa 3 km folgen. Geöffnet von Mitte Juni bis Mitte Sept. 7 €.

Essen und Trinken

•Restaurant Aux Armes d'Estaing
Ob im stilvoll eingerichteten Speiseraum oder draußen unter der schattigen Pergola – die gute regionale Küche mit dem Menü ab 14 € mundet immer.

•Crêperie Le Plaisir du Grant
Rue du Chauteaux, kurz vor der Kirche in der kleinen Altstadt. Leckere Crêpes und Salate oder das günstige *Menue Pelegrin* ab 10 € werden drinnen oder auf ein paar wenigen Tischen auch im Sonnenschein serviert.

•Café du Quai
Direkt am Lot. Typisches Café mit kleinen Snacks wie Salat oder Toast.

Conques

↗ XV, D2

In einem schwer zugänglichen südlichen Seitental des Lot befindet sich die weit über die Grenzen der Region bekannte **Abtei** Conques. Um die Kirche und Abtei schmiegen sich die kleinen Häuser der zirka 350 Bewohner an einen schmalen Bergrücken. Nicht nur die strategisch günstige und recht außergewöhnliche Lage über dem Tal der Ouche zeichnet diesen Ort aus, sondern vor allem die **Abbatiale St-Foy,** die ein kirchengeschichtliches Kunstwerk ist, das seinesgleichen sucht. Als Ausdruck des Glaubens der Geistlichkeit erschufen die Mönche ab dem 10. Jh. dieses beeindruckende Bauwerk romanischer Kunst. Die **Steinskulpturen** an der Klosterkirche und vor allem das **Tympanon** über dem Eingangsportal zählen zu den **schönsten Kunstwerken des Mittelalters.** Seit dem 8. Jh. beherbergt Conques eine Sammlung von **Goldschmiedearbeiten,** darunter die Reliquienstatue der St-Foy. Conques

Conques mit der Abbatiale St-Foy

auv_285 Foto: bf

war eine wichtige Etappe der **Wallfahrer** auf dem Weg nach Santiago de Compostela vom 11. bis 13. Jh. Auch heute rasten hier wieder die Pilger auf einem der Höhepunkte ihrer Reise. Ein Besuch von Conques ist absolut lohnenswert, nicht nur für einen kurzen Abstecher.

Geschichte

Der Ursprung von Conques geht auf den **Einsiedlermönch Dadon** zurück – wer sonst außer Einsiedlern sollte sich auch in dieser einsamen Gegend niederlassen? *Dadon* ist die Abkürzung des lateinischen Namens *Deodatus,* was so viel bedeutet wie „der sich Gott gegeben hat". Sogar der Ort, an dem sich seine Einsiedlerhütte befand, steht fest: an der **Quelle des Plô** am Fuße der Abteikirche unterhalb des Kirchplatzes. Der Einsiedler blieb jedoch nicht lange allein, denn bald gesellte sich der fromme *Medraldus* zu *Dadon,* und in kurzer Zeit zog der Ruf der frommen Einsiedler eine ganze Schar von gläubigen Männern an, die eine Kirche zu Ehren des *St-Sauveur* errichteten und sich den Regeln der Benediktiner unterwarfen. Die Karolinger und allen voran *Ludwig der Fromme,* der zu Lebzeiten seines Vaters *Karls des Großen* König von Aquitanien war, stellten das Kloster unter ihren persönlichen Schutz und verliehen ihm den Namen Conques. Während der Protektion durch die Karolinger gingen **kostbare Gold- und Silberschätze** sowie Schmuckstücke in den Klosterbesitz über. Der kostbarste

Schatz, der **Reliquienschrein der Hl. Fides (St. Foy),** gelangte durch die so genannte **„heimliche Übertragung"**, also Diebstahl, von Agen nach Conques. Diese Transaktion ermöglichte *Karl der Große,* der deshalb als wundervoller Wohltäter seinen Ehrenplatz in der Tympanondarstellung des Jüngsten Gerichts im Zug der Seligen erhielt.

Der Ankunft der wundertätigen Reliquien der Hl. Fides sowie der „Entdeckung" des Grabes des Apostels Jakobus in Nordwestspanien und dem damit einsetzenden Pilgerstrom ist es zu verdanken, dass sich Bedeutung und Wohlstand von Conques ungebrochen steigern konnten. Mitte des 11. Jh. war die Abtei stark genug, um sich gegenüber dem mächtigen Benediktinerkloster von Cluny zu behaupten und sogar neue Diözesen in Nordspanien zu gründen. Während dieser Blütezeit fand der **Bau der Klosterkirche** statt. Der rasch folgende Niedergang von Conques begann im 12. Jh. Das Ansehen der Benediktinermönche fiel hinter das der neuen geistlichen Orden der Zisterzienser, Johanniter und Tempelritter zurück.

Die **Pestepidemien** im 14. Jh. sowie der **Hundertjährige Krieg** verschlechterten die Lage der Abtei weiter. Durch die Religionskriege im 16. Jh. gelangten die Calvinisten in den Besitz von Conques, das von den Verwüstungen dieser Zeit nicht unbeschadet blieb. Jetzt galt es noch die **Französische Revolution** zu überstehen, die die letzten Stiftsherren vertrieb. Der enorme Kirchenschatz wurde kurzerhand von den gewitzten Einwohnern in den Häusern und umliegenden Scheunen versteckt. Dass die Klosteranlage für die Nachwelt erhalten wurde, ist dem energischen Wirken des Schriftstellers und Generalinspektors für Denkmalpflege, *Prosper Mérimée,* zu verdanken. Seither wird zusammen mit dem seit 1893 ansässigen **Prämonstratensermönchen** daran gearbeitet, die wunderbare Anlage zu erhalten und die Schönheit von Conques in neuem Glanz erstrahlen zu lassen.

auv_286 Foto: bf

Abbatiale St-Foy (Hauptschiff)

Sehenswertes

Abbatiale St-Foy

Der Baubeginn der Abteikirche lag in der Mitte des 11. Jh. Der Hauptteil wurde jedoch erst im 12. Jh. errichtet. Die Kirche zählt zu den **schönsten Zeugnissen romanischer Kunst in Frankreich**. Sowohl als Pilger- als auch als Klosterkirche konzipiert, sollte sie eine große Zahl von Pilgern aufnehmen können und den Mönchen den notwendigen Versammlungsraum zum Gebet bieten. Aus den ersten Baujahren stammen die unteren Teile des **Chors,** der aus nicht sehr widerstandsfähigem roten Sandstein erstellt wurde. Die restlichen Teile wurden aus dem Rousset, einem Kalkstein mit warmen, leuchtend gelben Farbtönen, geschaffen. Der Grundriss gleicht einem Kreuz mit großen Seitenschiffen im Haupt- und im Querschiff, über das die weite Vierungskuppel gespannt ist. Im Chor, der vom Chorumgang halbkreisförmig eingerahmt wird, waren die **Statue der Hl. Fides** und verschiedene **Reliquienbehälter** ausgestellt.

Die Abbatiale St-Foy besitzt eine erstaunliche Höhe. Der hintere Teil der Kirche zeigt deutlich die **dreigeschossige Ordnung des pyramidalen Aufbaus,** die wunderbar harmonisch wirkt und die innere Struktur der Kirche widerspiegelt.

Das **Innere** ist sehr schlicht gehalten. Die Rundbogen und die nüchterne Strenge des Raums betonen die ungeheure Aufwärtsbewegung des Mittelschiffs. Die warmen Farben des Sandsteins und die schlichten milchglasartigen Fenster hüllen das Kircheninnere in ein wohltuendes Licht, das eine zauberhafte Atmosphäre schafft.

Das **Tympanon** des Jüngsten Gerichts über dem Westportal zählt aufgrund seiner Größe und seiner Originalität zu den **Meisterwerken romanischer Bildhauerkunst.** Im Zentrum sitzt Christus. Zu seiner Linken sind die Seelenqualen der Hölle, zur Rechten der himmlische Seelenfrieden dargestellt. Der Künstler ließ sich hauptsächlich vom **Matthäus-Evangelium** inspirieren, wovon die Spruchbänder zeugen, auf denen zu lesen ist: „Kommt, Ihr Gesegneten meines Vaters! Nehmt in Besitz das Reich, das seit der Weltschöpfung für euch bereitet ist."

Cloître de St-Foy

Vom **Kreuzgang** ist nur ein kläglicher Rest erhalten geblieben, der vom Amt für Denkmalpflege rekonstruiert wurde. Allerdings muss der Kreuzgang sowohl architektonisch als auch in künstlerischer Hinsicht außergewöhnlich gewesen sein. Etwa 30 der reich verzierten Kapitelle sind in den beiden Schatzkammern ausgestellt.

Trésor

Der herrliche und definitiv einzigartige **Kirchenschatz** von Conques umfasst insbesondere eine Reihe von bemerkenswerten Reliquienschreinen aus der Werkstatt der Abtei, darunter ein Schrein des *Pippin* aus dem 9. Jh, ein Tragaltar der Hl. Fides aus dem 11. Jh., ein Armreliquiar aus dem 13. Jh., sakrale Goldschmiedearbeiten vom 9. bis zum 16 Jh. sowie das Kernstück des Trésor, die Reliquienstatue der Hl. Fides aus dem 10. Jh.

Die **Reliquienstatue der Hl. Fides (St-Foy)** ist ein kostbares Werk aus Blattgold, vergoldetem Silber, Kristall, Edelsteinen und Schmuckringen. Die Statue sitzt auf dem Thron, der Blick nach oben entrückt, mit einem zeitlosen Gesicht, das nichts mit den Zügen eines jungen Mädchens gemeinsam hat. Die historische Figur der Hl. Fides wurde bereits im Alter von knapp 12 Jahren zur Märtyrerin, weil sie sich weigerte, heidnische Götter anzubeten. Im Jahre 303 wurde sie in Agen hingerichtet, wo zunächst auch ihre Reliquien aufbewahrt wurden. Ein Mönch von Conques verehrte die Hl. Fides so sehr, dass er sich im 9. Jh., so will es die Legende, die Reliquien aneignete und sie unter den Augen *Karls des Großen* nach Conques brachte. Der Diebstahl, die so genannte „heimliche Übertragung", war perfekt.

- **Öffnungszeiten:** von 9.00–12.00 und 14.00–18.00 Uhr, im Juli/Aug. von 9.00–13.00 und 14.00–19.00 Uhr. Eintritt: 3 €.

Musée Joseph-Fau

Das **Kirchenmuseum** befindet sich unterhalb des Kirchenvorplatzes gegenüber der Fontaine des Pélerins, des Pilgerbrunnens, im Haus des Office du Tourisme. Es enthält Wandteppiche, Statuen und Möbel aus dem Kloster und der Kirche sowie eine Sammlung von Steindenkmälern, darunter auch die Kapitelle des Kreuzganges.

- **Öffnungszeiten:** von 9.00–12.00 Uhr und 14.00–18.00 Uhr.

Information

- **Office du Tourisme de Conques**
Tel. 0820820803.

Unterkunft

- **Hôtel/Restaurant St-Jaques**€€
Tel. 0565728636. Schönes Hotel im Herzen der Altstadt.
- **Auberge du Pont Romain**€€
Tel. 0565698407. Kleines Haus nahe der Kirche mit sieben Zimmern und Flair.
- **Auberge St-Jaques**€€
Nahe der Kirche. Eher rustikal eingerichtet.
- **Accueil Abbaye St-Foy**€
Gemeinschaft der Presbyterianermönche, Tel. 0565698512. Die große Abtei gleich hinter der Kirche ist zum einen Pilgerherberge, zum anderen vermieten die Mönche hübsche Zimmer auch an Nichtpilger.

Camping

- **Camping Beau Rivage**
Tel. 0565698223. Schattiger Platz mit Pool und Restaurant am Fuße von Conques an der Straße nach Charlemagne. Geöffnet von April bis Sept.

Essen und Trinken

- **Restaurant und Hotel St-Foy**
Mit einer großen Terrasse über der Kirche. Auf der exquisiten Karte kann u.a. zwischen einem *Menue Gourmet* für 45 € und einem *Menue du Pelerin* gewählt werden.
- **Bar/Restaurant Au Parvis**
Gegenüber der Kirche mit großartigem Blick auf das Tympanon. Große Auswahl an Salaten ab 7 €, Crêpes ab 3 €, die auvergnatische Spezialität Aligot für 13 €.
- **Brasserie St-Jaques**
Snacks wie Salate oder Menüs ab 14 €.

Einkaufen

- Direkt am Kirchplatz befindet sich ein kleiner **Antiquitätenhändler,** der eine hübsche

Mischung aus Kunst und Ramsch aller Art feilbietet.

Festival

• Das **Festival La Lumière du Roman** findet alljährlich im Juli und August mit einer Reihe von Konzerten mit klassischer, traditioneller und moderner Musik meist an den Wochenenden in der Klosterkirche statt. Der Eintritt ist meist frei, die Künstler arbeiten auf Spendenbasis. Infos beim Office du Tourisme sowie beim **Centre Européen d'Art et de Civilisation Médiévale,** Tel. 0565712400.

Figeac

↗ **XV, C2**

Nur ein paar Kilometer nördlich des Vallée du Lot, im **Tal des Celé,** liegt Figeac. Die Stadt mit rund 10.000 Einwohnern ist ein reges **Markt-** und **Geschäftszentrum.** Figeac lebt von den Einnahmen aus Tourismus, Landwirtschaft und vom Maschinenbau rund um die Flugzeugwerke der Firma Ratier.

Berühmtester Sohn der Stadt ist **Jean-François Champollion,** der als erster die ägyptischen Hieroglyphen entzifferte (siehe Exkurs auf der nächsten Seite).

Geschichte

Die Stadt entstand um eine **Benediktinerabtei** aus dem 9. Jh., die vor allem ab dem 11. Jh. durch die Jakobspilger an Bedeutung gewann. Figeac profitierte zum einen von der reichen Pilgerschar, zum anderen war die geographisch günstige Lage zwischen der Auvergne, den Kalkplateaus des Quercy und der südlich des Lot gelegenen Region Rouergue von Vorteil. Die **geheimnisvollen gemauerten Säulen** auf den Hügeln der Stadt, die so genannten **„Aiguilles“,** sollen den Pilgern bei der Orientierung behilflich gewesen sein. Anfang des 14. Jh. wurde der Stadt das seltene Privileg der **Münzprägung** eingeräumt. Der Hundertjährige Krieg und die Religionskriege hemmten die weitere Entwicklung der Stadt, die sich später zu einem nicht unbedeutenden regionalen Wirtschaftszentrum mauserte.

Sehenswertes

Altstadt

Aus der Zeit vom 13. bis 16. Jh. besitzt Figeac einige gut erhaltene **Profanbauten,** die bei einem Rundgang durch die Altstadt besichtigt werden können. Der typische **mittelalterliche Baustil** in Figeac bestand aus dreistöckigen Gebäuden, die im Erdgeschoss von großen Arkaden bestimmt werden. Im ersten Stock, dem Wohngeschoss, sieht man häufig **gotische Fensterformen** und eine Galerie. Das luftig gebaute Obergeschoss diente als Speicher, Wäschetrockenplatz oder zum Stapeln von Brennholz. Die Außenfassaden zeigen **verspielte Erker** sowie reich **verzierte Türen.**

• Von April bis Sept. werden zweistündige **Stadtführungen** für 5 € pro Person angeboten, die vom Office du Tourisme aus starten.

Hôtel de la Monnaie

Das **imposante Stadthaus** aus dem ausgehenden 13. Jh. beherbergt heute das **Office du Tourisme** sowie ein **Mu-**

seum, das alte sakrale und handwerkliche Gegenstände der Stadt ausstellt. Ursprünglich diente das Haus den **Münzprägern** als Wechselstube, daher auch der Name „Oustal dé lo Mounédo", was so viel wie Palast der Münze in okzitanischer Sprache bedeutet.

- **Öffnungszeiten:** Mai bis Juni von 10.00–12.00 und 14.30–18.00 Uhr sowie Juli bis Sept. von 10.00–13.00 und 14.00–19.30 Uhr. Eintritt: 2 €.

Église St-Sauveur

Die ältesten Teile der Abteikirche St-Sauveur stammen aus dem 11. Jh. Der Innenraum wird durch das **hohe Mittelschiff** und die schmalen und ebenfalls sehr **hohen Seitenschiffe** bestimmt. Im weiteren Bauverlauf erhielten die Seitenschiffe kleine Kapellen.

Ancienne Commanderie des Templiers

Der einflussreiche **Templerorden** errichtete 1187 eine Komturei in Figeac. Die **gotische Fassade** sowie die mächtige **Holztreppe,** die in den ersten Stock führt, sind sehenswert. Im ersten Stock befinden sich eine Kapelle, der Wach- und der Kapitelsaal. Im zweiten Stock sind die Schlafräume der ehemaligen wehrhaften Mönche untergebracht.

- **Öffnungszeiten:** Juli bis Aug. von 11.00–19.00 Uhr, ansonsten nach Vereinbarung. Führung für 5 €. Tel. 0565343792.

Den Hieroglyphen auf der Spur

In Figeac erblickte der spätere Sprachwissenschaftler und Orientalist **Jean-François Champollion** am 23. Dezember 1790 das Licht der Welt. Schon als 14-Jähriger beherrschte das Sprachgenie Latein, Griechisch, Hebräisch, Chaldäisch, Syrisch und Arabisch. Kein Wunder, dass er sein Studium in Grenoble mit großem Erfolg abschloss und an der Pariser Universität seine vielfältigen Sprachforschungen fortsetzte. Mit 19 (!) folgte er als Professor für Geschichte dem Ruf zurück nach Grenoble. Hier bemühte er sich um die Entschlüsselung der Inschriften auf einem Stein aus dem Nildelta. Dieser berühmte Stein, der **Stein von Rosette,** aus dem Jahre 196 v. Chr., war von *Napoleons* Truppen im Nildelta in der Nähe der Hafenstadt Rosette gefunden worden.

Auf dem Stein sind Gesetzestexte verewigt. Da nur die Priester des ptolemäischen Reiches in die Kunst der Hieroglyphenschrift eingeweiht waren, musste der Stein zwei weitere Übersetzungen der Hieroglyphen enthalten, damit auch das Volk die Dekrete verstand. Es ist das Besondere des Steins von Rosette, dass sich auf ihm neben den Hieroglyphen zusätzlich demotische (altägyptische) und griechische Schriftzeichen befinden. *Champollion* stellte fest, dass es sich hierbei um denselben Text handelte. Im Alter von 32 Jahren gelang es ihm, die Hieroglyphen zu entschlüsseln, die ein komplexes System aus figurativen, symbolischen und phonetischen Elementen bilden. *Champollion* reiste daraufhin nach Ägypten, wo er zahlreiche Texte übersetzte, und gründete die ägyptische Sektion des Louvres. 1831 wurde *Champollion* erster Professor für Ägyptologie in Paris, ein Jahr später starb er, von der Arbeit ausgelaugt, im Alter von nur 42 Jahren.

auv_291 Foto: bf

Das Lot-Tal

Treidelpfad am Lot

Place des Écritures und Musée Champollion

In den Boden eines wunderschönen mittelalterlichen Innenhofes wurde eine riesige **Steinplatte** (14 x 7 m) aus schwarzem Granit aus Simbabwe eingelassen. Der amerikanische Künstler *Joseph Kossuth* erschuf damit eine **Nachbildung des Steins von Rosette,** die 1991 eingeweiht wurde. Der Stein ist begehbar und im wörtlichen Sinne begreifbar. In einem Nebenhof ist eine Glasplatte mit der französischen Übersetzung der Inschriften ausgestellt.

Eine Arkade führt vom Place des Écritures zum **Musée Champollion.** Das Museum ist dem Leben und Wirken des Sprachgenies aus Figeac gewidmet. Im ersten Stock ist ein **Abguss des Steins von Rosette** ausgestellt – das Original bewahrt das British Museum in London auf. Im zweiten Stock sind **Sarkophage,** eine **Mumie, Graburnen** und weitere an die Gebräuche im alten Ägypten erinnernde Gegenstände zu sehen.

- **Öffnungszeiten:** März bis Okt. von 10.00–12.00 und 14.30–18.30 Uhr. Mo geschlossen. Eintritt: 3 €.

Information

- **Office du Tourisme du Pays de Figeac-Cajarc**
Hôtel de la Monnaie, Place Vival, 46100 Figeac, Tel. 0565340625.

Unterkunft

- **Hôtel Champollion**€€€
Place Champollion. Modernes Haus in ruhiger Lage in der Altstadt.
- **Hôtel La Courtepaille**€€
12, Place Carnot, Tel. 0565342183. Kleines Hotel mit lediglich sechs Zimmern und netter angeschlossener Brasserie.
- **Hôtel/Restaurant La Table de Marinette**€€
51, Allée Victor Hugo, Tel. 0565341016. Schönes Hotel mit Schwimmbad unmittelbar am Ufer, gegenüber der Altstadt.
- **Hôtel des Bains**€€
1, Rue du Griffoul, Tel. 0565341089. Das Hotel liegt direkt am Fluss Célé gegenüber der Altstadt, mit großer Terrasse.
- **Hôtel du Faubourg**€
59, Faubourg du Pin, Tel. 0565342182. Rustikal eingerichtetes Hotel.

auv_292 Foto: bf

Camping

- **Camping Les Rives du Célé**
Domaine de Surgié, Tel. 0565345900. Der Campingplatz befindet sich kurz vor Figeac an der N 140. Geöffnet von April bis Sept.

Essen und Trinken

Rund um den zentralen Platz Figeacs, den überdachten Place Carnot, befinden sich zahlreiche Restaurants, Brasserien und Bars, wie zum Beispiel die **Brasserie Le Sphinx,** die auf der Speisekarte von Nudelgerichten bis zu Steaks und Pommes für 11 € eine breite Palette bietet.

- **Restaurant á l'Escargot**
2, Avenue Jeran Jaurès. Gehobene französische und regionale Küche. Menü ab 14 €.
- **Crêperie la Chandeleur**
3, Rue Boutaric am Place Champollion. Süße Crêpes, salzige Crêpes, Salate, Snacks und andere leckere Kleinigkeiten. Crêpes um 9 €.

Saladerie Au P'tit Creux
Ebenfalls am Place Champolion. Schnuckeliger Laden, natürlich mit einer großen Salatkarte und Fleisch vom Grill.

- **La Cuisine du Marché**
Rue Clermont. Im Herzen der Altstadt liegt das gastronomische Juwel Figeacs. In heller, geräumiger Atmosphäre oder auf einer Terrasse im Innenhof werden die Gaumenfreuden serviert. Das günstigste Menü ist das *Menue Cuisine du Marché* für 27 €, alle Gerichte sind aber auch als einzelne Tellergerichte zu bestellen.
- **Restaurant Bar du Surgié**
Domaine du Surgié. Klassische Speisekarte. Menü ab 12 €.
- **Pizza Paolo Artusi**
Rue Gambetta. Schnelle und sehr leckere Pizzas auch zum Mitnehmen ab 5 €.

Dorfidylle in St-Cirq-Lapopie

Markt

- Den ganzen Sonntag über findet ein bunter **Bauern-** und **Gebrauchswarenmarkt** in der Altstadt statt.

Sport und Aktivitäten

- **Kanu- und Kajakfahren** auf dem Célé, **Figeac Eau Vive,** Centre Social Place Vival, Tel. 0565550054. Ausfahrten und Schulungen.
- **Fahrrad- und Mountainbikeverleih, Base VTT du Pays de Figeac-Cajarc,** 2, Avenue du Général de Gaulle, Tel. 0681157903.

Wanderungen

Wandern entlang des GR 65 oder des GR 6 sowie weitere kleine Wanderungen rund um Figeac. Der GR 6 führt rund 100 km nördlich nach Souillac ins Dordogne-Tal.

St-Cirq-Lapopie

↗ **XIV, B3**

Die **Lage ist großartig,** die liebevoll von Künstlern restaurierten Häuser des 200-Seelen-Nestes sind es auch und erst recht das Vallée du Lot.

Geschichte

Die geschützte und gleichermaßen exponierte Lage auf einem Felsen 80 m über dem Lot-Tal gegenüber eines ebenso steilen Talkessels aus weißen Felsen veranlasste schon in **gallo-römischer Zeit** die ersten Menschen, sich hier niederzulassen und eine **Kultstätte** einzurichten. Einer **Legende** zufolge verdankt der Ort seinen Namen dem Hl. Cyrus, der in Kleinasien zu Tode gefoltert wurde. Im Mittelalter ließ sich die Adelsfamilie der *La Popie* hier nieder; sie erbaute hoch über dem heutigen Dorf ihre Burg, die immer wieder belagert und Zielscheibe kriegerischer Auseinandersetzungen wurde. So versuchte 1198 *Richard Löwenherz* die Burg einzunehmen – vergeblich. Im Hundertjährigen Krieg geriet die Burg zwischen die Fronten der Engländer und der französischen Fürsten. Selbst während der Religionskriege besaß die Burgruine noch strategische Bedeutung und wurde nach zähen Kämpfen von den Hugenotten eingenommen.

Sehenswertes

Die **gesamte Altstadt** an sich ist ein Museum: Fachwerkhäuser, gotische Elemente und Fassaden im Stil der Renaissance wechseln sich ab. Von der Terrasse der im 15. Jh. erbauten Dorfkirche kann der Blick weit über das Tal schweifen.

Die **Burgruine La Popie** ist einen Besuch wert, denn auch hier bietet sich ein schöner Blick auf das sanft an den Felsen geklebte Dorf, die Lot-Schleife und auf die Kalkhochflächen der Gammat im Norden.

Ein kleiner Fußweg mit hübschen Aussichten auf St-Cirq-Lapopie führt zur **Chapelle St-Croix,** die 1854 an der Stelle einer zerstörten Kapelle errichtet wurde.

Information

- **Office du Tourisme Lot-Célé**
Tel. 0565312906.

Unterkunft

- **Hôtel/Restaurant du Causse**€€, Tel. 0565312416, und **Hôtel/Restaurant Auberge du Sombral**€€, Tel. 0565312608. Zwei schöne Hotels im malerischen und ruhigen Dorfkern gelegen.

Camping

- **Camping de la Plage**
Tel. 0565302951. Ganzjährig geöffneter Platz mittlerer Größe am Lot mit vielen Sportmöglichkeiten und Restaurant.
- **Camping La Truffière**
Tel. 0565302022. Schön angelegt, mit Schwimmbad, etwa 3 km außerhalb von St-Cirq-Lapopie. Geöffnet von April bis Sept.

Cahors

↗ XIV, A3

Die **Metropole des Vallée du Lot** und ehemalige Hauptstadt der Grafschaft Quercy liegt in einer weiten Schleife des Flusses. Cahors sieht aus wie eine natürliche Festung. Nahezu drei Viertel der Altstadt sind vom Lot umgeben. Die **Pont Valentré,** das Wahrzeichen der Stadt, ist eng mit der Via Podiensis, dem Jakobsweg von Le Puy-en-Velay nach Santiago de Compostela, verbunden. Seit dem 15. Jh. überschreiten die Pilger auf der markanten Brücke den Lot (siehe zur Brücke auch den Exkurs „Die Hand des Teufels").

Heute ist Cahors das bedeutendste **Handelszentrum** im Lot-Tal. Zahlreiche Behörden und Firmen haben hier ihre Büros, in denen der Großteil der Bevölkerung arbeitet. Doch auch die **touristische Tradition,** die sich seit dem Einsetzen der Pilgerströme im Mittelalter entwickelt hat, blieb in Cahors erhalten. Cahors ist aufgrund seiner historischen Gebäude, Sakralbauten und nicht zuletzt wegen der günstigen Lage ein beliebter Ausgangspunkt für Entdeckungsreisen in die Region.

Geschichte

Die **Kartäuserquelle,** die Cahors noch heute mit Trinkwasser versorgt, war schon bei den Kelten bekannt und beliebt. Die erste antike Ansiedlung, Divona Cadurcorum, erlebte unter den Römern ihre erste Blüte. Ende des 11. Jh. erhielt der Bischof von Cahors das **Münzprägerecht.** Fortan regierten Gold und Geld in den weltlichen und geistlichen Kreisen der Stadt. Ihre goldene Zeit erlebte Cahors aber erst im 13. Jh., als sie zu den größten Städten ganz Frankreichs zählte. Lombardische Händler, Bankiers und Tempelritter ließen sich in der Stadt nieder und verhalfen ihr zu immensem Reichtum. Cahors entwickelte sich unter dem Geschick der Lombarden zum **ersten Bank- und Börsenzentrum Europas.** Als im Jahre 1322 *Johannes XXII.* den Papststuhl bestieg, gründete er noch im selben Jahr in seiner Heimatstadt Cahors eine **Universität,** die bis ins 18. Jh. hinein bestand.

Selbst im **Hundertjährigen Krieg** und während der verheerenden **Pestepidemie** blieb Cahors uneinnehmbar für die Engländer. Doch im Frieden von Brétigny 1360 wurde der französische König gezwungen, die Stadt an die Engländer zu übergeben. Empört fügten die Bürger Cahors dieser Anord-

Die Hand des Teufels

Nachdem sich der Bau der **Pont Valentré,** einer der Hauptbrücken über den Lot in Cahors, erheblich hinzog, und die Brücke nach fast 50 Jahren immer noch nicht vollendet war, begann sich eine Sage um den merkwürdigen Brückenbau zu ranken. Demnach soll der Teufel persönlich seine Hand im Spiel gehabt haben. Der verzweifelte Architekt ging einen Bund mit dem Höllenfürsten ein, der ihm versprach, den Brückenbau voranzutreiben und allen Anweisungen Folge zu leisten, wenn der Bauherr seine Seele an ihn verkaufen würde. So geschah es, und der Bau der Pont Valentré schritt rasch voran. Kurz vor der Beendigung verlangte der gewitzte Architekt, der vermutlich nicht unbedingt in der Hölle schmoren wollte, vom Teufel, er solle ihm ein Sieb Wasser bringen. Da der Teufel dieser Aufgabe nicht gewachsen war und so die Vereinbarung brach, gelang es dem Bauherrn, seine Seele zu retten.

Der Höllenfürst war zornig und schlug einen Stein aus der Spitze des mittleren Brückenturms. Alle Versuche, den fehlenden Stein zu ersetzen, schlugen aus unerklärlichen Gründen fehl. So blieb der Turm, der fortan Tour Diable, also Teufelsturm, genannt wurde, ein Mahnmal für die Bevölkerung von Cahors, sich nicht mit finsteren Mächten einzulassen. Im 19. Jh. schließlich wurde bei Renovierungsarbeiten am Turm der Stein eingesetzt und fest verankert. Zur Erinnerung an den Teufelspakt wurde in der Ecke des Steins ein kleiner Teufel eingemeißelt, der versucht, den Stein wieder herauszureißen.

auv_299 Foto: bf

auv_296 Foto: bf

nung hinzu: „Nicht wir haben den König im Stich gelassen, sondern er liefert uns an einen fremden Herrn aus!" Beim Abzug der Engländer 1450 war Cahors wirtschaftlich ruiniert. Auch die **Reformation** hinterließ tiefe Spuren: 1560 fand ein Massaker unter den Protestanten statt, 1580 wurde Cahors nach dreitägiger Belagerung durch die Hugenotten bezwungen und geplündert. Von der bewegten Vergangenheit Cahors zeugen heute noch die **Pont Valentré** und die **Cathédrale St-Etienne.**

Der **berühmteste Sohn der Stadt** ist **Léon Gambetta,** der 1838 in Cahors geboren wurde. Der spätere Ministerpräsident (1881/82) studierte in Paris Jura und galt als begeisterter Patriot, der sich aktiv an der Absetzung *Napoleons III.* beteiligte und die Republikanische Union anführte.

Südlich von Cahors – Verpflegungsstand an einem Honigmelonenfeld

Sehenswertes

Cathédrale St-Étienne

Die Kathedrale ist ein **äußerst merkwürdiger Kirchenbau,** der gerade durch seine unorthodoxe Mischung der Stile einen nachhaltigen Eindruck hinterlässt. Der Baubeginn wird auf das ausgehende 11. Jh. datiert. Allerdings sollte es über vier Jahrhunderte dauern, bis die Kathedrale fertig gestellt werden konnte. Die Kirche wurde wahrscheinlich nach dem Vorbild der großen **Kuppelkirchen von Byzanz** entworfen. Sechs mächtige quadratische Stützpfeiler nehmen die Last der 37 m hohen Kuppel auf. Damit war die Kathedrale St-Étienne der größte Kuppelbau der damaligen Zeit. Die Stützpfeiler bilden zwei quadratische Flächen, die den Innenraum der Kirche harmonisch aufteilen. Die **Malereien der Kuppel** stellen die Propheten David, Daniel, Jeremias, Jesaia, Ezechiel, Jonas, Ezra und Habakuk dar. Bei der Anfertigung kam die Methode der **Al-Secco-Malerei** zur Anwendung, wobei die Farben auf der Basis von Pigment und Eigelb gemischt werden. Das prächtige **Tympanon** des Nordportals zeigt die Himmelfahrt Jesu. Unter der zentralen Christusfigur nimmt erstmals Maria eine wichtige Position in der Darstellung ein. Die Bogengänge des **Kreuzgangs** *(Cloître)* aus der Renaissance sind mit einem Sterngewölbe ausgestattet. Von den ursprünglichen Verzierungen und Steinmetzarbeiten ist leider nicht mehr viel erhalten.

Auf einem Rundgang durch die Gassen der **Altstadt** gibt es viele interessante Details, schöne Fassaden, altes Fachwerk, Erker, Balkone und Türme zu entdecken.

- **Führungen** durch die Altstadt und die Cathédrale St-Étienne (1,5 Stunden) bietet das Office du Tourisme für 5 € an.

Pont Valentré

Die Pont Valentré ist nicht nur eine **schöne Brücke** über den Lot, sondern ein äußerst **wehrhaftes Bauwerk.** Mit ihren drei Türmen, die mit Pechnasen bestückt sind, konnte die Pont Valentré zu einem gefährlichen Hindernis für ungeliebte Gäste der Stadt Cahors werden. Ursprünglich besaß die Stadt drei solcher mittelalterlicher Wehrbrücken. Der mittlere Turm diente als Wachposten, die beiden äußeren Türme konnten durch Fallgitter und Tore den Durchgang versperren. Der Bau der Brücke zog sich ab 1308 über mehr als ein halbes Jahrhundert hin (siehe dazu den Exkurs „Die Hand des Teufels").

Maison de Roaldès (auch Maison Henri IV.)

Das Haus ist **eines der ältesten in Cahor** und soll während der Belagerung in den Religionskriegen vom späteren *Heinrich IV.* bewohnt worden sein. Es wurde Ende des 15. Jh. errichtet und hat ein schönes Fachwerk mit Balkon und wuchtigem Rundturm. In den Innenräumen können alte Möbelstücke besichtigt werden.

Église St-Barthélemy

Auch diese Kirche im höher gelegenen Stadtviertel ist nicht aus einem Guss. Das Hauptschiff ist mit einem Kreuzrippengewölbe überspannt, wie es im Languedoc verbreitet ist. Eine Marmortafel, eine Büste und die Verzierungen am Taufbecken erinnern daran, dass der spätere **Papst Johannes XXII. hier getauft** wurde. Von der Terrasse hat man einen sehr guten Blick auf die Stadt.

Information

- **Comité Départemental du Tourisme du Lot**
107, Quai Cavaignac, BP 7, 46001 Cahors cedex 9, Tel. 0565350709, und im Internet unter www.tourisme-lot.com.

Unterkunft

- **Hôtel l'Escargot**€€€
5, Boulevard Gambetta, Tel. 0565350766. Kleines Hotel im Zentrum.
- **Hôtel, Restaurant Aux Perdreaux** €-€€
137, Rue du Portail Alban, in der Altstadt zwischen dem Boulevard Gambetta und der Pont Cabessut gelegen, Tel. 0565350350.
- **Hôtel, Restaurant de la Bourse**€-€€
7, Place Claude Rousseau, Tel. 0565351778. Schlichtes Hotel zwischen dem Lot und der Kathedrale.

Jugend- und Pilgerherbergen

- **Foyer des Jeunes en Quercy**
129, Rue Fondue-Haute, Tel. 0565352932. Übernachtung 9 €.
- **Auberge de Jeunesse et Foyer de Jeunes Travailleurs**
20, Rue Frédéric Suisse, Tel. 0565356471. Über 50 Betten. 9 €.

Camping

- **Camping Riviere de Cabessut**
Tel. 0565300630. Etwa 1 km vom Stadtzentrum entfernt an den Ufern des Lot. Schön mit Hecken abgeteilter Platz mit kleinem Schwimmbad und Restaurant. Geöffnet von April bis Sept.

Essen und Trinken

- **Le St-Urcise**
Place St-Urcise. Üppige Speisekarte mit traditionellen und regionalen Gerichten und einer großen Auswahl an Salaten. Ab 11 €.

auv_295 Foto: bf

●**Au Pochon d'Eugenie**
12, Boulevard Gambetta. Sandwiches, Salatkarte, vegetarische Gerichte und *Tartes* (salzige oder süße Kuchen).
●**La Tarterie Marie**
77, Rue Bergounioux. Alles rund um die Welt der Tartes. Ab 10 €.
●**Brasserie Café le Palais**
12, Boulevard Gambetta. Salate, Crêpes, kleine regionale Gerichte. Ab 9 €.
●**Crêperie au Coeur du Lot**
71, Rue du Château du Roi. Crêpes und Salate um 9 €.

Verkehrsverbindungen

●**SNCF Gare de Cahors,** Place Jouinot Gambetta, Tel. 0892353535. Täglich **Zugverbindungen** nach Paris, Clermont-Ferrand, Bordeaux und Lyon.
●**Bus Evidence,** 127, Boulevard Gambetta. Das öffentliche Nahverkehrsmittel in Cahors. Fahrpläne im Office du Tourisme erhältlich.

Markt

●Mittwochmorgen und samstags findet am Place Chapou ein schöner **Blumen-** und **Lebensmittelmarkt** statt.
●Der **Marché Couvert** öffnet seine Tore Di bis Sa von 8.00–12.30 und 15.00–19.00 Uhr sowie So von 9.00–12.00 Uhr.
●Auf dem Place F. Mitterrand versammeln sich am ersten und dritten Samstag Händler, die nahezu alle **Gebrauchsgegenstände, Kleidung** und **Möbel** anbieten.

Einkaufen

●**La Tour du Pape Jean XXII**
3, Boulevard Gambetta. Regionale Produkte und Kunsthandwerk.
●**Sudreau Foies Gras**
91, Boulevard Gambetta. Feinkost, Trüffel, Confisserie und eine gute Auswahl an Weinen aus Cahors.

Sport und Aktivitäten

●**Mehrere Klettergebiete** befinden sich in der Region, wie zum Beispiel bei Montcabrier, im Célé-Tal, bei Milhac oder Autoire. Infos und Kletterführer beim **Comité Départemental d'Escalade,** Espace Associatif et Culturel Clément Marot, Bureau 15, Place Bessières, 46000 Cahors, Tel. 0565359406.
●Gemütlich **Bootfahren** auf dem Lot: **Bateaux Safaraid,** 297, Rue St-Géry, Tel. 0565359888, oder **Alliance Nautique,** Port Bullier, Tel. 0680149677, wo kleine elektrische Boote vermietet werden.
●**Naturerlebnispark „Parc de Loisirs",** 46090 Pradines, Tel. 0565222512. Vor allem für Kinder ein Heidenspaß, mit Hängebrücken, Seilen und Kletterpartien zwischen den Bäumen in einem Waldstück am Lot. Der D 8 wenige Kilometer flussaufwärts folgen.

Festival

●**Cahors Blues Festival,** Mitte Juli finden in den Straßen und in vielen öffentlichen Gebäuden Konzerte und Sessions statt.

Ardèche und Cévennen

Die Gebirgsregionen der Ardèche und der Cévennen bilden den **Abschluss des südöstlichen Massif Central** zu den Küstenebenen am Mittelmeer. Die beiden Regionen gehen quasi über die künstlich geschaffenen Départementgrenzen hinweg nahtlos ineinander über. Geographisch und geologisch betrachtet ist das Gebirge der Ardèche der nördliche Abschluss des Gebirgszugs der Cévennen, mit einem sehr ähnlichen landschaftsbildenden Formenschatz.

Das **Département Ardéche** grenzt im Osten an die Rhône, im Süden an die Départements Gard und Lozère sowie im Westen an das Département Haute-Loire. Die kleine Region ist das Bindeglied zwischen den westlichen Hochflächen des Velay, den Flussauen der Rhône und den Gebirgsregionen der Cévennen. Das Relief verliert nach Osten hin sukzessive an Höhe und verändert dabei seinen rauen Gebirgscharakter zugunsten einer Landschaft der lieblichen Hügel und sanften Terrassen. Die **höchsten Erhebungen** der Ardèche sind der **Mont Mézenc** (1753 m), der **Suc de Sara** (1520 m) und die **Serre de la Croix de Bauzon** mit Höhen von 1400–1500 m.

Das aus Schiefer und Granit aufgebaute Mittelgebirge der **Cévennen** ist kein einheitlicher Höhenzug. Als östliche Randzone stiegen die Cévennen mit der Anhebung des gesamten alten kristallinen Gebirgssockels des Massif Central empor. Im weiteren Verlauf unterlagen sie ebenfalls den Prozessen der **Auffaltung** und **Verschiebung,** ohne jedoch vulkanisch überformt zu werden wie weite Regionen der Auvergne. Die **höchsten Erhebungen** sind der **Mont Lozère** mit dem Sommet de Finiels (1699 m) und der **Mont Aigoual** (1567 m).

Im Süden der Cévennen schließen sich bereits die **Kalkhochflächen der Causses** nahtlos an die Bergrücken an. Ihre Entstehung verdanken sie einer submarinen Phase, als das gesamte Gebiet vom Mittelmeer bedeckt war. Zum Rhônetal hin brechen die Cévennen relativ steil ab, während der Übergang zum Velay und zu den Causses sehr sanft und fast unmerklich verläuft.

Die Cévennen sind die **Klimascheide** zwischen dem ausgeglichenen und milden Mittelmeerklima im Süden und dem raueren atlantisch geprägten Klima der Auvergne. Entsprechend vielfältig ist nicht nur das Wetter, sondern auch die Vegetation.

Die Hochflächen und Kämme der Cévennen sind mit **mageren Schafweiden** und Steinen überzogen, die sich nach Westen hin in die Causses fortsetzen. Diese **kargen Karstlandschaften** haben sich durch das ewige Spiel von Wind und Wasser zu einem bewegten Relief geformt, in das Flüsse **tiefe Cañons** gegraben haben. Während die Oberfläche aufgrund fehlender Wasser speichernder Schichten nur eine spärliche steppenartige Vegetation zulässt, bahnt sich das Wasser seinen Weg im leicht löslichen Kalkstein durch Höhlen in unterirdischen Flüssen oder Avens (von oben zugängliche Grotten).

Mancherorts könnte wirklich behauptet werden, dass sich hier Fuchs und Hase Gute Nacht sagen. Das **Département Lozère,** zu dem ein Großteil der Cévennen gehört, ist das am **dünnsten besiedelte Gebiet ganz Frankreichs.** Kein Wunder, denn die Scholle gibt nicht viel her. Die Arbeit ist hart, der Lohn der Bauern karg. So sind viele der Dörfer verfallen und verlassen, die Jugend hält hier nichts mehr. Seit einigen Jahren jedoch erfahren die Cévennen eine **Wiederbelebung:** Es verschlägt so manchen Aussteiger hierher sowie einige Biobauern, die sich mit Honig, Käse, Brot und anderen naturbelassenen Produkten einen Nischenmarkt erobern konnten.

Mittlerweile erlebt die Region auch einen gewissen Aufschwung durch einen behutsamen **Tourismus,** der vor allem von Sport- und Naturbegeisterten getragen wird. Sie suchen ungezähmte Gewässer zum Paddeln oder Wander- und Mountainbiketouren fernab überfüllter Ziele in einer intakten Natur. Diesem Ziel hat sich auch der **Parc National Régional des Cévennes** verschrieben: einen Einklang zu schaffen zwischen einem möglichst naturverbundenen Tourismus, der für die Region positive strukturelle Impulse setzen soll, und dem Schutz einer außergewöhnlichen Landschaft, in der nicht nur die **Pflanzen des Mittelmeerraumes,** wie Oliven, Lavendel, Wein, Oleander, Wacholder und Garrigue, beheimatet sind, sondern auch Kastanien, Maulbeerbäume, Ginster und Heidekraut die Flächen bedecken. Es kreisen wieder **Geier** und **Adler** über den Gorges de la Jonte, und auch **Mufflons, Biber** und **Fischotter** fühlen sich in den Cévennen wieder heimisch.

Parc Régional des Monts d'Ardèche

Den Nationalpark der Ardèche zu besuchen, ohne dabei die **Wanderschuhe,** das **Fernglas** oder ein **Mountainbike** einzupacken, ist fast undenkbar. Viele Gebiete sind ziemlich unzugänglich und erst nach langen Autofahrten auf schmalen, kurvenreichen Sträßchen zu erreichen. Entsprechend **ruhig und einsam** geht es zu, vor allem im **Tanargue-Massiv** oder in den **Serre de la Croix de Bauzon.** Die Ausblicke von diesen Höhen gen Osten in das terrassenartig aufgebaute Vorland und das Rhônetal sind schlicht atemberaubend. Noch verirren sich nur **wenige Touristen** hierher, die auf einem der großen Campingplätze an den Gorges de l'Ardèche ihren Urlaub verbringen.

Im Parc Régional des Monts d'Ardèche arbeiten Behörden und Parkverwaltung seit zehn Jahren mit der Bevölkerung Hand in Hand, um Naturschutz und Tourismus unter einen Hut zu bringen. Die Erfolge sprechen für sich: Bonelli-Adler, Geier, Mufflons, Biber, Fischotter und Auerhähne konnten erfolgreich wieder angesiedelt werden. Restaurierte alte Bauernhöfe bieten für Wanderer, Fahrradfahrer, Reiter und „Eselsbegleiter", die sich wie *Stevenson* mit einem Esel durch das Gebirge schlagen, einfache Unterkünfte.

Praktische Informationen zum Park

- **Le Parc Naturel Régional des Monts d'Ardèche**
  La Prade, BP 3, 07560 Montpezat-sous-Bauzon, Tel. 0475943520, www.parc-monts-ardeche.fr.

Sport/Aktivitäten im Park

Wandern

Zahlreiche **kleine Rundwanderwege,** die *Petit Randonnée,* **lokale Weitwanderwege,** die *GR de Pays,* sowie **Weitwanderwege,** die *Grand Randonnée,* durchziehen das Gebiet der Ardèche. Die GR de Pays sind meist gelbrot markiert. Derzeit sind **fünf GR de Pays** ausgewiesen: Umrundung des Tanargue-Massivs, Rundtour um das Annonay-Becken, eine Cévennen-Wanderung, Tour de Monts Ardèchoise sowie Umrundung des Vernoux-Gebietes. Der **Weitwanderweg Mittelmeer – Atlantik** (GR 4) sowie der **Vogesen-Pyrenäen-Weitwanderweg** (GR 7) queren das Gebiet des Nationalparks.

Radfahren und Mountainbiken

Wer nicht mit dem eigenen Drahtesel anreist, kann in allen größeren Gemeinden einen **Radverleih** finden, der meist eine ausreichende Auswahl an guten Rädern besitzt. Der **regionale Radwanderverein,** das **Comité Départemental de Cyclotourisme,** Tel. 0475660095, hat **vier Radrundstrecken** markiert: Ar-

Wandergruppe am Mont Gerbier de Jonc

auv_303 Foto: bf

dèche – Occitane (450 km), Eskapade in die Cévennen (790 km), Ardèche-Dreieck (700 km) und die Entdeckung des Vivarais (760 km).

Reiten

Rund **40 Reitzentren** bieten kleine Ausflüge sowie mehrtägige Ausritte an. Auch mit dem Planwagen oder mit einem Esel kann die Region durchstreift werden. Informationen bei der Parkverwaltung, den lokalen Fremdenverkehrsbüros oder beim Départementskomitee für Reittourismus, Tel. 0475650185.

Klettern

Rund **50 Kletterplätze,** wo in Granit, Kalkstein oder Phonolith geklettert werden kann, sind über die ganze Ardèche verteilt. Informationen beim **Comité Départemental Ardèche de la Fédération Française Montagne et Escalade,** Tel. 0475648554.

Kanu und Kajak

Die Flüsse der Ardèche eignen sich für Anfänger, Fortgeschrittene und für Extremsportler. An den Flussläufen befinden sich zahlreiche **Kanu-Kajak-Vermieter.** Eine Liste liegt bei den Fremdenverkehrsämtern aus. 1 Stunde auf dem Wasser kostet etwa 7 €.

Mont Mézenc (1753 m) und Mont Gerbier de Jonc (1551 m)

An der Grenze der Ardèche zum Département Haute-Loire ragen die beiden kahlen Kuppen des Mont Mézenc und des Mont Gerbier de Jonc in den Himmel. Der **Mont Mézenc** ist der **höchste Punkt der Ardèche.** Seine

Gipfelregion gehört wie die der umliegenden Berge der Montagne Ardèchoise zu den letzten Ausläufern des Vulkanismus im Massif Central. Diese **Kuppen vulkanischen Ursprungs** heißen hier **Sucs.** Ein solcher Suc ist der Mont Gerbier de Jonc, der sich in unmittelbarer Nähe des Mont Mézenc befindet. Dieser Gebirgszug entscheidet über den Abfluss der hier entspringenden Bäche: Die nördlichen Quellen, wie die Loire, münden in den **Atlantik,** die südlicheren, wie die Ardèche, streben dem **Mittelmeer** zu.

Aus unmittelbarer Nähe sieht der **Gerbier de Jonc** aus wie der kleine Bruder des Zuckerhutes, ein Steinhaufen aus Phonolith. Mit festem Schuhwerk ist der Berg auf **zwei ausgeschilderten Routen** in weniger als 20 Minuten zu besteigen. Am Fuße des Gerbier de Jonc konkurrieren mehrere Rinnsale darum, die Quelle der Loire zu sein, letztendlich aber ziert ein Schild **„Source de la Loire"** eine Quelle, die in einer Steinhütte entspringt.

Essen und Trinken

- **Bar & Restaurant Le Gerbier de Jonc**
Gleich neben dem Parkplatz, mit großer Terrasse. Vorwiegend regionale Küche wie Omelette oder *Terrine de Terroir.*

Wanderung

- Eine Wanderung rund um den Mont Mézenc dauert etwa 2 Stunden, wobei **festes Schuhwerk** erforderlich ist, denn selbst bis in den Frühsommer hinein sind geschlossene Schneedecken im Wald sowie schlammige und aufgeweichte Wege keine Seltenheit. Auch von Croix-des-Boutières führt ein Wanderweg zum Mont Mézenc, der vom Dorf aus in etwa 40 Minuten gut zu erreichen ist.

St-Eulalie

↗ XVIII, B2

Der kleine Ort liegt sehr hoch in den **Montagne Ardèchoise.** Die trutzigen und eng aneinander gebauten **Steinhäuser** sind zum Teil noch mit Stroh gedeckt. Zurückversetzt in das 19. Jh., so wirkt dieser authentische Bergbauernort mitunter auf den Besucher. Nur wenige Autominuten entfernt stürzt bei Lachamp-Raphaël der Wasserfall der **Cascade du Ray-Pic** 50 m in die Tiefe.

Massif du Tanargue und Serre de la Croix de Bauzon

Wilder und abgelegener ist eine Landschaft in Mittel- und Südeuropa kaum vorstellbar. Die steilen Abhänge des bis zu 1500 m hohen Gebirgsrückens sind dicht mit Edelkastanien und Buchen bewachsen, zwischen denen sich **Eselspfade** und schmale Sträßlein winden. Wer Einsamkeit sucht, findet sie hier. Wer auf der Suche ist nach Naturerlebnissen oder sportlichen Herausforderungen auf dem Fahrrad oder zu Fuß, wird hier ebenfalls fündig. Eine genaue Beobachtung des Wettergeschehens ist allerdings vonnöten. Glaubt man den Bewohnern, so toben über dem Tanargue-Massiv die **meisten Gewitter Frankreichs,** und das Wetter kann blitzschnell umschlagen.

Trappe de Notre-Dame des Neiges

Am Rande des westlichen Massif du Tanargue befindet sich versteckt im hohen Nadelmischwald die Abtei der Notre-Dame des Neiges, nur wenige Kilometer von La Bastide entfernt. Ein **wunderschöner Waldweg** führt zur **Abtei,** die 1119 aus der Taufe gehoben wurde. Zunächst lebten hier 35 Mönche nach den Ordensregeln der Zisterzienser und Trappister ihr stilles Klosterleben, von dem heute nicht mehr viel zu spüren ist. Am 26. Oktober 1878 machte *Robert L. Stevenson* mit seiner Eselin *Modestine* hier auf seinem Weg durch die Cévennen Halt. Ein weiterer Gast nutzte die Abgeschiedenheit der Abtei als Rückzugsraum: In den Kriegsjahren hielt sich *Robert Schumann,* der später als „Père de l'Europe" (Vater Europas) bezeichnet wurde, häufig hier auf. Seit 1960 wurde die Abtei stark renoviert. Sie beherbergt heute eine **moderne Winzerei,** in der Weine aus dem Département Gard zu den Markenweinen der „Notre-Dame des Neiges" verarbeitet, veredelt oder verschnitten werden.

Einkaufen

- **Boutique de l'Abbaye**

Im **Klosterladen** wird nicht nur Wein verkauft, sondern auch eine große Vielfalt an weiteren Naturerzeugnissen aus eigener Produktion (zumindest tragen sie den Namen der Abtei). Angeboten werden Säfte, Süßigkeiten, Konfitüre, Honig, Käse, Würste, Kosmetik, das klostereigene Bier, das *Trappistes Rochfort,* oder das berühmte *Alexion,* ein alkoholfreies Getränk aus über 50 Pflanzenextrakten.

Wanderungen

- Vom Parkplatz der Abtei starten **einige Rundwanderwege,** zum Beispiel der „Circuit La Tour" (12 km) oder der Rundweg „Le Plateau" (5 km).

Col de Meyrand (1378 m)

Kurvenreich bahnt sich die kleine D 4 ihren Weg zum Col de Meyrand, dem **höchsten Pass in der Ardèche.** Da ist es nicht verwunderlich, dass sich von der windumpeitschten **Aussichtsplattform** ein **grandioser Blick** auf die sehr viel tiefer liegenden Weiten der östlichen Ardèche bietet. Vom Col de Meyrand ist es nur noch ein Katzensprung zum **Col de la Croix de Bauzon** auf 1308 m. Am Col de la Croix de Bauzon

auv_305 Foto: bf

Passstraße am Col de Meyrand

öffnet sich ein sehr schmales Tal Richtung Osten nach Jaujac und Aubenas. Die Entfernung per Luftlinie vom Pass nach Jaujac beträgt etwa 13 km; auf der Straße ist es mehr als doppelt so weit, denn die D 19 windet sich in nicht enden wollenden Kurven und Schleifen entlang der Bergschulter. Einen geraden Straßenabschnitt gibt es schlicht nicht.

Aubenas

⇗XIX, C3

Aus der Ferne bietet die Stadt, die sich in strategisch guter Lage auf einem Felsen oberhalb der Ardèche ausgebreitet hat, einen **überraschenden Anblick:** Die Oberstadt mit den historischen Gebäuden, Stadttoren und den steilen Auf-

fahrtswegen wirkt wie eine uneinnehmbare Festung. Zu ihren Füßen entwickelte sich schon früh ein bescheidener Handel mit Holz, Kastanien und vor allem mit Seide, zu dem sich Papier- und Textilmanufakturen gesellten. Heute ist Aubenas das **wirtschaftliche und kulturelle Zentrum** des Département.

Sehenswertes

Château de Aubenas

Das Schloss von Aubenas gilt als das **schönste Gebäude ziviler Architektur** an der Ardèche. Der Bau mit dem Donjon, einem Wach- und Wohnturm französischer Burgen, datiert aus dem 12. Jh. Mit seinen wechselnden Schlossherren, die ihren Herrschaftssitz der jeweiligen Stilepoche anpassten, veränderte auch das Schloss peu à peu sein Gesicht. Besonders schön sind das schmiedeeiserne Geländer im Treppenaufgang des Schlosses, der Innenhof und die verschiedenen Einrichtungsgegenstände aus mehreren Epochen.

- **Geführte Besichtigungen** im Juli und Aug. täglich von 11.00–17.00 Uhr, von Sept. bis Juni nur werktags außer Mi von 10.30–14.00 Uhr. Eintritt: 3,50 €.

Le Dôme St-Benoit

St-Benoit war die ursprüngliche **Abteikirche des Benediktinerordens,** der in Aubenas sein regionales Stammhaus einrichtete. Ihre ausladende **hexagonale Kuppel** entspricht dem Baustil des 17. und 18. Jh. Der Zerstörung in der Französischen Revolution entging die Kirche – sie diente als Stauraum für Getreide.

Église St-Laurent

Im 13. Jh. war die Kirche dem *Hl. Dominique* geweiht. Während der Religionskriege konnte sie der teilweisen Zerstörung nicht entgehen, wurde jedoch bereits im Jahr 1612 wieder aufgebaut. Die **Chapelle St-Claire,** auch Kapelle der Märtyrer genannt, stammt aus dem 15. Jh., während die Fassade erst im 19. Jh. errichtet wurde.

Altstadt

Die Gassen der Altstadt werden von sehr schönen alten **Herrenhäusern** aus der Renaissancezeit gesäumt. Immer wieder sind gut erhaltene Fassaden, Fenster und schön verzierte Eingangstüren zu entdecken, zum Beispiel am Maison Béranger de la Tour oder am Maison Delichères. **Fünf Stadttore** begrenzen das historische Zentrum und bieten zum Teil überraschende Ausblicke ins Umland.

Information

- **Office du Tourisme**
4, Boulevard Gambetta, 072000 Aubenas, Tel. 0475890203, www.aubenas-tourisme.com. Ganzjährig geöffnet Mo bis Sa von 9.00–12.00 und 14.00–18.00 Uhr, Juli und Aug. zusätzlich So von 10.00–12.00 Uhr.

Unterkunft

- **L'Orangerie**€€€
7, Allée de la Guinguette, Tel. 0475353042. Kleines Hotel im Zentrum in ruhiger Lage.
- **Hôtel Le Cévenol**€€
77, Boulevard Gambetta, Tel. 0475350010. Hotel mit 45 Zimmern in der Altstadt.
- **Hôtel Les Negociants**€€
3, Rue Jean Jaurès, Tel. 0475351874. Schönes Haus gleich neben dem Château d'Aubenas.

auv_308 Foto: bf

Bar-Restaurant an der Ardèche

Jugendherberge

● Auberge de la Jeunesse€
Foyer St-Louis, Allée M. Champagnat, Tel. 0475350803. Die Jugendherberge bietet Platz für 115 Personen.

Camping

● Les Pins d'Aubenas
Route de Lazuel, Tel. 0475351815. Modern ausgestattet mit 130 Plätzen. Geöffnet von April bis Okt.

● La Chareyrasse
Quartier St-Pierre, Tel. 0475351459. Direkt am Ufer der Ardèche gelegen.

Essen und Trinken

● Grand Café Français
13, Boulevard Gambetta. Sehr schönes stilvolles Café mit ausreichend Plätzen drinnen und draußen.

● Restaurant Au Bon Coin
8, Place de la Republique. Familiäres Restaurant mit Spezialitäten aus der Ardèche, *Plat du Jour* für 7 €.

● Crêperie & Salon de Thé Janette
Rue de Montlaur. Nicht nur Crêpes, sondern auch Salate ab 7 € oder *Plat du Jour* für 7 €.

● Salon de Thé l'Or Noir
Direkt am Kirchplatz. Schnuckeliges Lokal; der heiße Kakao ist einfach eine Sünde wert!

Markt

● Jeden Samstag sprüht der **Place du Château** vor Lebendigkeit, Farben und Gerüchen – es ist Markttag in Aubenas.

- Zusätzlich findet im Juli mittwochs ab 18.00 Uhr ein **Abendmarkt** statt.

Einkaufen

- Leckereien aus Kastanien und Schokolade in hauseigener Herstellung, wie zum Beispiel *Lou Pisadou*, gibt es bei **Tourtiere de Gascogne,** Rue Gambetta, oder **l'Atelier des Douceurs,** Pont d'Aubenas.
- Bei **Le Petit Ardèchoise,** Quartier les Champs, 07200 St-Etienne-de-Fontbellon, kann bei der Herstellung von Nougat über die Schulter des Konditors geblickt werden, natürlich mit anschließender Kostprobe. Geöffnet Mo bis Sa von 9.00–19.00 Uhr.

Internet

- **Espace Culturel Multimedia Albenassier**
15, Avenue de la Liberté. Di bis Sa 9.00–12.00 und 14.00–19.00 Uhr.
- **Espace Informatique**
10, Boulevard St-Didier. Mo 12.00–19.00 Uhr, Di bis Fr 10.00–19.00 Uhr, Sa 14.00–19.00 Uhr.
- **Difintel Micro**
24, Boulevard Gambetta. Di bis Sa 10.00–12.00 und 14.00–19.00 Uhr, Mo 15.00–19.00 Uhr.

Festival

- **Nocturnes du Château**
In der dritten Juliwoche verwandelt sich die Innenstadt in eine Bühne für Künstler jeglicher Art mit zahlreichen Konzerten, Theateraufführungen und Tanzveranstaltungen.

Rund um Aubenas

Aérocity-Vergnügungspark

Der Park liegt etwa 10 km südlich von Aubenas; typischer Themenpark, der als Schwerpunkt die Fliegerei hat, mit den üblichen Fahrgeschäften wie Achter- und Wasserrutschbahn.

- **Öffnungszeiten:** täglich 10.00–18.00 Uhr.

Gorges de l'Ardèche

Ein Ausflug an die Gorges de l'Ardèche kann entweder im Stau enden oder enttäuschend sein, oder sogar beides. Während der Hauptreisezeit ist die Straße entlang der Gorges de l'Ardèche einfach verstopft von den Tagestouristen und den unzähligen Campingurlaubern, die vor den Toren der Schlucht ihre Zelte aufgeschlagen haben. Der **Pont d'Arc,** eine natürliche Felsbrücke, die von der Ardèche aus dem Gestein herausmodelliert wurde, ist dennoch einen Blick wert.

Vogüe ⇗ XIX, C3

Etwa 10 km südlich von Aubenas schmiegt sich das Örtchen Vogüe an den Ufern der Ardèche an die Kalksteinfelsen. Eine **merkwürdige Brückenkonstruktion** aus Holz und Eisen verbindet den Ort mit der rechten Uferseite. Vogüe gehört mit zu den **„Plus Beau Village de France"**, und das aus gutem Grund. Die kleinen Häuschen aus hellem Kalkstein mit rosafarbenen Ziegeldächern verleihen dem Ort ein südfranzösisches Flair.

Sehenswertes

Château des De Vogüe

Das Schloss wurde von Marquis *De Vogüe* im 17. Jh. erbaut. Die Gärten und die historischen Säle können besichtigt werden.

•Öffnungszeiten: Juli und Aug. täglich von 10.30–12.00 und 14.30–19.30 Uhr. Eintritt: 3 €. Im Schloss gibt es wechselnde Ausstellungen bildender Künstler.

Unterkunft

•La Falaise€€€
Tel. 0475377259. Kleines Haus mit zehn Zimmern.
•Hotel Des Voyageurs€€
Route de Ruoms, Tel. 0475377113. Schönes Hotel mit elf Zimmern und Schwimmbad.

Camping

•Camping Les Chenes Verts
Tel. 0475377154. Etwas über 30 Plätze, mit kleinem Schwimmbad. Geöffnet von April bis Sept.
•Camping Les Roches
Tel. 0475377045. Liegt etwa 150 m vom Flussufer entfernt, ebenfalls mit Schwimmbad. Geöffnet von April bis Sept.

Essen und Trinken

•Restaurant La Falaise
An der kleinen Durchgangsstraße. Dennoch sehr gemütliches Restaurant, dessen Tische sich oberhalb der Ardèche in einer lauschigen Pergola befinden. Auf der Speisekarte vor allem Fisch und Fleischgerichte, zum Beispiel Forelle ab 10 €.
•Pub Le Canoë
Gleich neben dem Restaurant La Falaise, mit Snacks wie Sandwich oder *Tartes* ab 4 €.
•Restaurant Les 3 Arches
Geschmackvoll eingerichteter und großzügiger Speiseraum. Große Auswahl an Salaten, *Menue Ardèchoise* für 14 €.

Markt

•Im Juli und August findet montags ein kleiner **Bauernmarkt** statt.
•Ein kleiner **Flohmarkt** *(brocante)* wird an den Samstagen abgehalten (unregelmäßig).

Sport

•Kanuverleih Oasis, an der Ardèche unterhalb der Brücke. Das Mietkanu kostet 7 € pro Stunde, das Kajak 5 €. Es werden auch Touren nach Balazuc oder bis nach Ruoms angeboten.

Rund um Vogüe

Fahrt mit dem historischen Motortriebwagen aus den 1950er Jahren, dem Picasso-Zug, von Vogüe nach St-Jean-le-Centenier.

•Abfahrten um 10.30, 14.45 und 17.00 Uhr. Erwachsene zahlen 7 €. Tel. 0475370352.

Balazuc

↗ XXIII, C1

Seit über 500 Jahren klebt dieses Dorf wie ein Adlerhorst am Felsen über dem Fluss. Mit seinen steilen Treppen, Gassen und den Überresten einer Mauer aus dem 13. Jh. sowie einer romanischen Kirche zählt auch dieser Ort zu den **schönsten Dörfern Frankreichs.** Während der Sommermonate stellen einige Künstler ihre Handwerkskunst, Bilder oder Fotografien im Haus der Künstler oder einfach in den Gassen von Balazuc aus.

Camping

•Camping La Croix du Bois, Tel. 0475377020, und **Camping La Falaise,** Tel. 047537 7427. Beides sind kleine Plätze an den Ufern der Ardèche – wunderschön gelegen und sehr gut für Familien geeignet.

Essen und Trinken

- **Pizzeria und Crêperie La Feniere**
Gleich am Ortseingang. Frische Pizzas (ab 7 €) aus dem Holzofen, Salate, Eis, Crêpes, und alles zu familienfreundlichen Preisen. Bis spät in den Abend kann hier gemütlich draußen gespeist und getrunken werden.
- **Café Lou Cigalou**
In einem schönen Gewölbe mit Blick über die Ardèche lässt sich der Café au Lait genießen.

Sport und Aktivitäten

- **Kanu- und Kajakverleih,** natürlich am Flussufer. Für 5–7 € können Kanus und Kajaks gemietet werden.

Labeaume ⇗ XXIII, C1

Der mittelalterliche Ort aus dem 15. Jh. erhielt das Attribut **„Village Caractère“,** und den besonderen Charakter hat er in der Tat. Schöne Steinhäuser, Arkaden, Galerien, üppige Terrassengärten und die uralten Platanen schaffen im Dorf eine **bezaubernde Atmosphäre.** Labeaume wird von Urlaubern und Einheimischen vor allem aufgrund der **guten Bademöglichkeit** im Flüsschen **La Beaume,** das wenig später in die Ardèche mündet, geschätzt. Über den Fluss führt eine merkwürdige **steinerne Brücke** ohne Geländer oder weitere Aufbauten, was nicht schön aussieht, dafür aber praktisch ist, denn bei den jahreszeitlich auftretenden starken Hochwassern wird die Brücke problemlos von den Fluten umspült, ohne selbst Schaden zu nehmen.

Camping

- **Camping De Peyroche**
Route de St-Alban-Auriolles, Tel. 0475397939. Schattiger Platz am Flussufer.

Essen und Trinken

- **Restaurant & Pizzeria Le Petit Moulin**
Direkt am Fluss vor der Brücke mit viel Platz zum Draußensitzen. Pizza ab 6 €, Salat 6 €, Menü 14 €.

Festival

- Im Juli und August findet ein beachtetes **Festival klassischer Musik** mit bekannten und talentierten Künstlern statt. Das ganze Dorf wird zur Bühne: In der Kirche, auf dem Marktplatz, in den Wohnhöhlen oder auf der Brücke finden vor allem an den Wochenenden außergewöhnliche Konzerte statt. Informationen im Rathaus, Tel. 04 75396423.

Banne ⇗ XXIII, C2

Banne ist mehr als nur ein netter Ort auf einem Felsen. Hier scheint die **Welt noch völlig in Ordnung** zu sein: Hunde toben auf dem staubigen Dorfplatz, so manch ein Bewohner hält ein Nickerchen auf einer der Bänke im Schatten, aus der Bar durchdringt dezente Musik das Geschehen.

Geschichte

Die Anfänge von Banne reichen weit zurück bis ins Neolithikum. Bereits die **Kelten** sollen die besondere Lage, erhaben und uneinnehmbar wie ein Adlerhorst, zum Errichten ihrer Dolmen genutzt haben. Das Dorf selbst entstand erst im 12. Jh. und fristete ein bescheidenes und unbedeutendes Dasein, bis sich im 16. Jh. das Adelsgeschlecht *de Banne* hier niederließ und ein riesiges **befestigtes Schloss** errichtete. Dem Schloss widerfuhr während der Französischen Revolution dasselbe Schicksal wie so vielen anderen Feudal- und Sakralbauten: Es wurde bis auf die Grundmauern zerstört. Übrig geblieben sind nur die 54 m (!) langen und 8 m weiten **Pferdeställe** sowie die **Befestigungsmauern.**

Information

- **Informationsstand** in den Sommermonaten Mo bis Do von 9.30–13.00 und 15.00–19.00 Uhr, Sa/So 15.00–19.00 Uhr.

Essen und Trinken

- **Crêperie Bretonne**
Direkt am Dorfplatz. Menü 9 €, Salate ab 4,50 €, Crêpes 2 €.
- **Bar Relais du Fort**
Ebenfalls am Dorfplatz. Kleine Speisekarte, dafür sind einige Gerichte sogar Biokost, Menü ab 9 €.

Feste/Veranstaltungen

Im Juli und August finden ständig **wechselnde Ausstellungen** bildender Künstler und Bildhauer im Dorf statt. An den Wochenenden gibt es häufig **Konzerte, Theateraufführungen** und **Gesangsveranstaltungen** am Château und in der Kirche.

Rund um Banne

Bois de Païolive

Zu Füßen von Banne breitet sich in nördlicher Richtung bis zu den Gorges de Chassezac der **„Märchenwald"** der Bois de Païolive aus. Der niedere strauchartige Eichenwald wirkt durch die vielen Flechten, die in seinen verkrüppelten Ästen und Stämmen wachsen, wie verzaubert. Der Wald hat sich auf dem Kalkplateau von Banne etabliert und ist mit den **bizarren Verwitterungsformen** des Kalkgesteins eine ungewöhnliche Synthese eingegangen. Wie große Murmeln oder Türme vom Spielplatz der Titanen liegen die Erosionsformen des Kalks mitten im dichten Wald.

Im Bois de Païolive befinden sich **drei Parkplätze,** von denen aus einige **Rundwanderwege** durch das Gelände starten. Festes Schuhwerk ist nicht erforderlich, aber geschlossene Schuhe sollte man schon tragen. Die große Rundtour von 6 km führt zu den **Gorges de Chasseazac** und zur kleinen Einsiedlerkapelle **Ermitage St-Eugène.**

Parc National des Cévennes

Die **Gründungsgeschichte** des Nationalparks der Cévennen geht zurück auf eine Bewegung des ausgehenden 19. Jh., die bereits zum damaligen Zeitpunkt erkannte, dass man die großartigen Landschaften der Cévennen und der Causses nur dann bewahren kann, wenn sie unter Schutz gestellt werden. In diesem Sinne wurde **1913** der **Club Cévenol** gegründet. Erst im Jahre 1955 griffen die regionalen Behörden diese Idee wieder auf, allen voran die Dépar-

auv_313 Foto: bf

tementregierung von Lozère. Mittlerweile hatte die **Abwanderung** der bäuerlichen Bevölkerung aus dieser Region der Landschaft immens zugesetzt; sie war im Begriff, ihren typischen Charakter zu verlieren – eines der vielen Beispiele, die deutlich machen, dass **Naturschutz** immer auch den **Erhalt der Kulturlandschaft** beinhalten muss. Im Jahre **1970** wurde schließlich der Parc National des Cévennes gegründet, der anders als seine Vorgänger die Landschaft nicht unter „Quarantäne“ stellen möchte, sondern auf die Zusammenarbeit mit der lokalen Bevölkerung, den Farmern, Bauern, Jägern, Forstleuten und Handwerkern setzt. Der **außergewöhnliche Charakter** des Nationalparks, der Schutz des jahrhundertealten Gleichgewichts von Natur und Mensch, war ausschlaggebend für die **UNESCO,** den Park **1985** zum **„Welt-Biosphären-Reservat“** zu erklären.

Die **Vielfalt der Fauna** im Nationalpark reicht von Pflanzen, die in der Nähe des Polarkreises vorkommen, bis zu Vertretern nahezu tropischer Gefilde. Etwa 11.000 Arten, davon 2220 blühende Spezies, wurden katalogisiert. Die **verschiedenen Klimazonen** (ozeanisch, kontinental und mediterran), die chemische Zusammensetzung der Böden (Granit, Kalkstein oder Schiefer) und die **unterschiedlichen Höhenstufen** von 400 m bis zu 1700 m ermögli-

Parc National des Cévennes – Chaos de Nîmes-le-Vieux

chen diese große Artenvielfalt. Über 60% des Parks werden von zusammenhängenden Waldflächen bedeckt, wobei der Großteil aus **Mischwäldern** mit Buchen, Eichen, Edelkastanien und Tannen besteht.

Heute beherbergt der Parc National des Cévennes stattliche **2410 Tierarten.** Das war nicht immer so: Eine wachsende Bevölkerung im 19. Jh. sowie der Einsatz von chemischen Dünge- und Spritzmitteln hatte die Artenvielfalt stark reduziert. In den letzten 30 Jahren konnte jedoch eine ganze Anzahl von Arten wieder angesiedelt werden: Geier, Eulen, Schwarzspecht, Waldkautz, Auerhahn, Biber, Otter, Rothirsch, Mufflons sowie Flusskrebse und Frösche.

Die **ländliche Bauweise** in den Cévennen und den Causses ist recht variationsreich. Gemeinsam ist der Architektur jedoch, dass stets **lokales Baumaterial** zur Verwendung kommt. Auf diese Weise sind Steinhäuser entstanden, die meist mit Schieferplatten gedeckt sind. Viele der alten Farmhäuser, Mühlen, Scheunen, Ställe, Glockentürme, Wasserstellen und Kreuze wurden liebevoll restauriert.

Rund um den Mont Lozère wurden traditionell Rinder gehalten, auf den Causses Schafe und Ziegen. Mit einem guten Dutzend der großen Herden wird die alte **Transhumanz** noch praktiziert. Das heißt, im Frühsommer wird das Vieh auf die hoch gelegenen Gebirgsweiden getrieben, im Herbst wieder zurück auf die tiefer gelegenen Winterweiden und später in die Ställe.

Geographisch gliedert sich der Parc National des Cévennes in **fünf Bereiche:** Im Norden das granitische Massiv des **Mont Lozère** mit 1699 m Höhe; der zentrale Bereich rund um die **Montagnes du Bougès** (1421 m) besteht hauptsächlich aus Granit und Schiefer; im Westen befinden sich die **Causses Méjean,** ein Kalkplateau auf durchschnittlich 1000 m Höhe; im Osten die **Vallées des Gardons,** Flusstäler, die tief in den Schiefer eingeschnitten sind und ideale Voraussetzungen bieten für Edel-

auv_314 Foto: bf

Mit dem Esel durch die Cévennen

kastanien und Bienenzucht; im Süden wächst auf dem **Mont Aigoual** (1565 m) und dem **Lingas-Massiv** auf Granit und Schiefer ein großer zusammenhängender Wald, vorwiegend Nadelhölzer.

Information

- **The Cévennes National Parc**
6bis, Place du Palais, 48400 Florac, Tel. 0466495301.

Sport und Aktivitäten

Über die Jahrhunderte hinweg entstand ein **weitläufiges Wegenetz** durch die Weideschäferei, den Zugang zu den Anbauflächen sowie durch Handels- und Pilgerwege. Diese Wege bieten Wanderern heute zahllose Möglichkeiten für Touren unterschiedlicher Länge und für jede Kondition. Großer Beliebtheit erfreut sich der Wanderweg, den *Robert L. Stevenson* vor mehr als 100 Jahren mit seiner Eselin *Modestine* zurückgelegt hat (siehe Exkurs „Wandern mit einem störrischen Esel"). Es gibt **neun Weitwanderwege** für Touren von drei bis sechs Tagen. Wer mit der ganzen Familie unterwegs ist, hat die Auswahl unter mehr als **300 kleinen Rundwanderwegen.** Für **Mountainbiker** sind z.B. einige Strecken auf dem Mont Aigoual und rund um Meyrueis ausgewiesen. Auch für **Reiter** gibt es vier markierte Rundwege, zum Beispiel die „160 km von Florac". Informationen bei den lokalen Fremdenverkehrsämtern.

Mont Lozère (1699 m)

Im nördlichen Teil des Nationalparks bäumt sich der **lang gezogene Bergrücken** des Mont Lozère am Sommet de Finiels bis auf 1699 m in die Höhe. Oberhalb der Baumgrenze hat sich hier eine **bezaubernde Heidevegetation** angesiedelt, in der verstreut große Granitmurmeln eingebettet sind. Die Kraft von Wasser, Wind und dem Wechsel von Wärme und Kälte schuf die gerundeten Steinformen. Im Winter bietet der Mont Lozère ideale Bedingungen für den **Skisport,** im Sommer zieht es **Wanderer** in die raue Bergwelt.

Wenn man dem Seemannsgarn der Bewohner und des frühen Cévennenreisenden *Robert L. Stevenson* Glauben schenken darf, geben die Gipfel an klaren Tagen den Blick frei bis hinein in die Provence und sogar zum Mittelmeer. In seinem Buch „Mit dem Esel durch die Cévennen" erwähnt *Stevenson* Einheimische, die sogar weiße Segel bei Montpellier und Sète gesichtet hätten. Die Wanderwege orientieren sich häufig an den alten **Drailles,** den **Viehwegen,** auf denen die Schafe auf die Sommerweiden und im Herbst zurück in die tiefen Lagen getrieben wurden. Heute ist die Transhumanz nur noch in wenigen Orten anzutreffen, die Anzahl der Schafe hat sich von rund 100.000 im 19. Jh. auf wenige tausend reduziert.

Information

- Auskünfte erteilen das Office du Tourisme und das Écomusée du Mont Lozère in Le Pont-de-Montvert (s.u.).

Wanderungen

Der Mont Lozère ist im Sommer fest in der Hand von Wanderern. Einige **Fernwanderwege,** aber auch **kleinere Rundtouren** führen auf schmalen Pfaden durch die wilde Landschaft oder von Bauernhof zu Bauernhof. Der **Fernwanderweg GR 7** zum Beispiel, der so genannte **Draille de la Margeride,** folgt den alten Viehwegen quer durch das Gebirgsmassiv. Ausdauernde **Trekkingfreunde** können in einer knappen Woche den **GR 68** rund um den Mont Lozère begehen.

Glaubenskämpfer mit Sense und Heugabel

An sich gilt die Landbevölkerung als bodenständig, tief religiös und vor allem friedliebend. Das trifft durchaus auch auf die Bauern und Handwerker der Cévennen zu, aber Ende des 17. Jh. mobilisierten sie ihre Kräfte zur Verteidigung von Gerechtigkeit und Freiheit. An diesen protestantischen Freiheitskämpfern sollten sich die königlichen Truppen fast die Zähne ausbeißen. Die Partisanen kämpften ohne Uniformen in einfachen Hemden *(chemises)* mit Heugabel und Sichel, weshalb man sie schon bald **Camisarden** nannte. Was aber führte die Handwerker und Landwirte aus ihren Werkstätten und Ställen in die Berge und Wälder zum Kampf gegen die Obrigkeit?

Seit dem Ende der Religionskriege gewährte das **Edikt von Nantes** (1598) den Protestanten Religionsfreiheit und sicherte einen etwa hundertjährigen Frieden zwischen Katholiken und Protestanten. Im Jahr 1685 führte die Aufhebung dieses Ediktes zu einer Massenflucht der Protestanten ins Ausland oder in die Abgeschiedenheit der Berge. Die Cévennen wurden zu einer Hochburg der Reformationsanhänger. Unter freiem Himmel, in schwer zugänglichen und einsamen Gegenden, hielten sie ihre Gottesdienste ab. Diese wurden **Assemblées du Désert** (Versammlungen in der Wüste) genannt, in Anspielung auf den Exodus der Juden durch die Wüste Sinai.

Der gefürchtete katholische *Abbé du Chayla* hielt 1702 einige Protestanten in Le Pont-de-Montvert gefangen. Eine Gruppe von 50 Bauern stürmte das Pfarrhaus, befreite die Gefangenen und ermordete den Abt. Diese Befreiung war das Signal für den Aufstand der Camisarden, der zwei Jahre andauern sollte. Der blutige Partisanenkrieg fügte den königlichen Truppen empfindliche Niederlagen und Verluste zu. Im Gegenzug brannten die Armeen des Königs die meisten Dörfer in den Cévennen nieder, um die Partisanen von ihrer Versorgung abzutrennen. Der Plan gelang, und die Überlegenheit der königstreuen Katholiken setzte sich durch.

Erst das Toleranzedikt im Jahr 1787 setzte der Unterdrückung der Protestanten ein Ende und garantierte ihnen die Glaubensfreiheit.

auv_316 Foto: bf

Le Pont-de-Montvert ↗XXII, B2

Wie man es von einem **typischen Bergort** erwartet, „wachsen" die Häuser von Le Pont-de-Montvert am Flusslauf des noch jungen **Tarn** dicht an dicht die steilen Hänge empor. Le Pont-de-Montvert ist ein idealer Ausgangsort für einen Aufenthalt am Mont Lozère.

Im Juli 1702 sollte in Le Pont-de-Montvert Geschichte geschrieben werden, als mit der Ermordung des *Abbé du Chayla* der **Aufstand der Camisarden** eingeleitet wurde (siehe Exkurs auf der linken Seite).

Oberhalb von Le Pont-de-Montvert, am Ortsrand, wurde das **Maison/Écomusée du Mont Lozère** eingerichtet, das eine Ausstellung zu Natur, Landwirtschaft und Architektur der Region beherbergt.

- **Écomusée du Mont Lozère**
Le Pont-de-Montvert, Juli/Aug. 9.30–12.30 und 13.30–18.30 Uhr.

Information

- **Office du Tourisme**
48220 Le Pont-de-Montvert, Tel. 0466458194, sowie im Juli und Aug. beim Écomusée du Mont Lozère.

Unterkunft

- **Auberge Les Cévennes**€€€
Tel. 0466458001. Schönes älteres Haus direkt am Tarn.
- **Hôtel Aux Sources du Tarn**€€
Tel. 0466458025. Direkt im Ortszentrum gelegen mit 19 Zimmern.

Camping

- **Camping Municipal de Gilliaou**
Tel. 0466458288. Idyllisch am Tarn gelegener Platz. Geöffnet von März bis Nov.

Essen und Trinken

- **Restaurant Les Cévennes**
Auf einer lichten Terrasse oberhalb des Tarn serviert die Küche des Hauses vor allem Fisch- und Fleischgerichte. *Plat du Jour* 8 €, Menü ab 14 €.
- **Restaurant Chez Dedet Masmejean**
Das ländliche Restaurant setzt auf die traditionell-bäuerliche Küche der Region: *Charcuterie* (Schlachtplatte), *Tripoux Cévenol* (Innereien nach Art der Cévennen) oder *Escargots Herbes* (Kräuterschnecken). Menü ab 11 €. Abends und mittwochs geschlossen.
- **Café Le Commerce**
Einziges Café und „Wohnzimmer" des Ortes, mit schattigen Plätzen im Freien direkt am Flussufer.

Markt

- Am Mittwoch findet ein sehr schöner kleiner **Bauern-** und **Handwerksmarkt** auf der Durchgangsstraße entlang des Flusses statt. Ein Durchkommen mit dem Auto ist dann schier unmöglich.

Florac ↗XXII, A2

Im **Flusstal der Tarnon,** die nur wenige Kilometer nördlich von Florac in den Tarn mündet, liegt die **einzige Kleinstadt** der ansonsten dünn besiedelten Region. Die senkrechten Abbruchkanten der Causses Méjean sind gleichsam der felsige Rahmen des Ortes, in dessen Begrenzungen sich die Häuser ins Tal quetschen.

Geschichte

Florac kann auf eine recht **bewegte Geschichte** zurückblicken, was auch immer gleichbedeutend ist mit einer blutigen Vergangenheit. Die Ursprünge der ersten Siedlungen gehen zurück bis in die Bronzezeit, in der Höhlenbewohner in den Felsen bei Rochefort lebten. Während der gallo-römischen Epoche entwickelten sich auf dem Gebiet Floracs ein paar ländliche Siedlungen. Florac kann abgeleitet werden vom lateinischen „Flor Acqus", dem Gebiet der Blumen und des Wassers.

Die **mittelalterliche Stadt** erlangte einen gewissen Ruhm und Reichtum mit der Produktion und dem Handel mit **Wolle, Seide, Vieh** und **landwirtschaftlichen Erzeugnissen.** Vor allem die Bauern, Hirten und Landwirte mussten unter dem strengen Feudalsystem leiden, das jahrzehntelang die Bevölkerung unterdrückte. Spuren der Zerstörung hinterließen der Hundertjährige Krieg (1337–1453) und die Religionskriege (1560–1598). Heute lebt die Stadt vor allem von **Industrie, Verwaltung** und **Tourismus.**

Information

- **Office du Tourisme**
Avenue Jean Monestier, 48400 Florac, Tel. 0466450114, www.florac-tourisme.com. Öffnungszeiten: Mo bis Fr von 9.00–12.30 und 14.00–19.00 Uhr, Sa 9.00–12.00 und 14.00–18.00 Uhr sowie So 10.00–13.00 Uhr.
- **Centre d'Information du Parc des Cévennes**
Im Schloss von Florac ist ein Informationszentrum des Cévennen-Nationalparks untergebracht. Hier sind alle Informationen rund um den Park erhältlich, Führungen und weitere Freizeitangebote werden organisiert. Tel. 0466495301, www.parcsnationaux-fr.com.

Unterkunft

- **Grand Hôtel du Parc**€€€
47, Av. Jean Monestier, Tel. 0466450305. Das alte Hotelgebäude liegt mitten in einem großen Parkgelände.
- **Hôtel des Gorges du Tarn**€€
48, Rue du Pêcher, Tel. 0466450063. In der Nähe des Zentrums befindet sich dieses nette Hotel mit einer hervorragenden und mehrfach ausgezeichneten Küche.
- **Archibald Hôtel**€€
4, Avenue Maurice Tour, Tel. 0466450001. Gepflegtes Hotel im Zentrum Floracs.

Camping

- **Camping Municipal Le Pont du Tarn**
Tel. 0466451826. Am Ufer des Tarn liegt dieser große und gut ausgestattete Platz.
- **Camping Municipal La Tiere,** Tel. 0466450402, sowie **Camping du Pont Neuf Serriere,** Tel. 0466452872. Die beiden kleinen Plätze liegen schön schattig und ruhig am Flüsschen Tarnon.

Essen und Trinken

- **Restaurant Source du Pêcher**
1, Rue du Remuret. Sehr gutes Essen in schönem Ambiente direkt am Fluss. Menü bis 20.30 Uhr ab 16 €.
- **Restaurant Au Bout de la Rue**
31, Rue de Therond. Familiäres Restaurant, das sogar vegetarische Menüs anbietet. *Menue du Jour* ab 12 €.

Reiterhof bei Florac

auv_319 Foto: bf

- **Restaurant Le Chapeau Rouge**
3, Rue Th. Roussel. Restaurant mit guten Preis-Leistungsverhältnis. Auf der Karte stehen vor allem Spezialitäten der Cévennen. Menü ab 12 €.
- **Crêperie Au Pêcher Mignon**
Place de la Mairie. Leckere Crêpes ab 2 €, Eis und frisch gepresste Obstsäfte.
- **Restaurant & Crêperie Café Du Globe**
Crêpes ab 2 €, Salat ab 5 €, Menü ab 10 €, hauptsächlich regionale Küche.

Markt

- Donnerstagvormittag wird ein **reichhaltiger Markt** auf dem Platz vor dem Rathaus abgehalten.

Einkaufen

- **Maison du Pays Cévenol**
3, Rue du Pêcher. Schönes Potpourri regionaler Erzeugnisse wie Honig, Käse oder Produkte aus Kastanien.
- **Potier Ceramiste D. Castel**
La Esplanade. Interessante Töpferei, deren Objekte zwischen Gebrauchsgegenständen und Kunstwerken pendeln. Mo bis Sa von 10.00–12.30 Uhr und 14.30–19.30 Uhr.

Sport und Aktivitäten

- **Sporting Club Florac,** Rue Célestin-Freinet, Ausflüge in die Umgebung zu Wasser, zu Fuß und mit dem Mountainbike.

Mont Aigoual

Das Massiv des Mont Aigoual durchziehen **zahlreiche Straßen,** die sich an den schmalen Flüssen orientieren und durch ausgedehnte Waldflächen auf Pässe und schließlich auf den „Regenten" des Gebirgsmassivs, den Mont Aigoual, führen. Der Berg aus Schiefer und Granit ist mit **1567 m** der **höchste Punkt der südlichen Cévennen.** Der Panoramablick vom Mont Aigoual, auch schon von den Kämmen des Col du Minier oder Col de la Sereyrède, ist einfach malerisch: Halb Südfrankreich erstreckt sich bis zum fernen Horizont.

Die Tage, an denen die Aussicht derart beeindruckend ist, sind jedoch rar. Häufig befindet sich das Gebirge im Dunst der Wolken oder im Regen. Die **häufigen Niederschläge** gaben dem Mont Aigoual den Namen „Aiqualis" (der Regenreiche). Das Gebirgsmassiv wirkt mit über 2000 mm Niederschlag als Wasserturm für die Region. Der heute bis unterhalb des Gipfels bewaldete Mont Aigoual war durch **Abholzung** bis ins 19. Jh. seines Kleides beraubt worden und völlig nackt. Dem Einsatz des Forstbeamten *Georges Fabre,* der sich gegen Behörden und Bewohner gleichermaßen durchsetzte, ist es zu verdanken, dass der Berg ab 1875 seine Blöße neu bedecken konnte.

Sehenswertes

Observatorium

Die Wetterstation auf dem Mont Aigoual, in windiger und häufig sturmumtoster Höhe auf 1567 m, ist die letzte der Wetterbeobachtungsstationen im Gebirge. Beim Besuch des Observatoriums veranschaulichen Messinstrumente, Karten, Klimastatistiken und zahlreiche Schaubilder die Aufgabenfelder der Meteorologen. In der permanenten **Ausstellung** zu den Elementen Wind und Wasser sowie zum Verlauf der Jahreszeiten aus klimatologischer Sicht kann auch die Entstehung der Wolken mit Hilfe von Satellitenbildern verfolgt werden.

- **Observatoire du Mont Aigoual,** 30570 Valleraugue, Tel. 0467826001. Das Observatorium ist Mai bis Sept. von 10.00–19.00 Uhr geöffnet. Der Eintritt in Ausstellung und Observatorium ist frei.

Essen und Trinken

- Neben dem Observatorium befindet sich ein **Schnellrestaurant** mit einfachen Tellergerichten.

Wanderungen

Der Mont Aigoual liegt an der **Kreuzung zweier Fernwanderwege,** des **GR 6,** der die Alpen mit dem Atlantik verbindet, und des **GR 7,** der von den Vogesen in die Pyrenäen führt. Entsprechend viele **„Extratouren"** und **kleine markierte Rundwege** sind im gesamten Gebiet angelegt. Von der Skistation des Mont Aigoual führt eine kurze Wanderung auf den Gipfel. Ein **botanischer Lehrpfad** erklärt die Vegetation der Heidematten sowie die besondere Pflanzenwelt an der Baumgrenze. Die **beliebteste Wanderung** in der Region ist der **„Sentier des 4000 Marches",** der von Vallerauge auf den Mont Aigoual und zurück verläuft. Für die 21 km sollten gut 6 Stunden mit Pausen einkalkuliert werden.

Rund um Mont Aigoual

Bramabiau

An der Grenze von Cévennen und Causses entspringt der **unterirdische Fluss von Bonheur.** Der Austritt des Flusses ans Tageslicht durch die Höhle der Pythia, die in prähistorischer Zeit als Tempel diente, ist ein **unvergessliches Naturschauspiel.** Vor allem bei Hochwasser stürzt das Wasser mit großer Wucht durch die Felsspalte. Das ohrenbetäubende und dumpfe Grollen und Brausen scheint direkt aus dem Erdinnern vom Fürst der Finsternis persönlich zu kommen. Dieses Tosen hat dem Ort wohl auch den Namen verliehen, denn Bramabiau scheint im Okzitanischen das lautmalerische Wort für Ochsengebrüll zu sein.

1888 verfolgte **Édouard A. Martel** den unterirdischen Lauf des Flusses Bonheur von seinem Anfang bis zum Ende. Damit begründete er die **Höhlenforschung.** Er schreibt in seinem Buch „Les Cévennes“: „Bramabiau ist eine der grandiosen und seltsamen Schöpfungen, die die Natur im Laufe von Jahrhunderten erschaffen hat und die den menschlichen Geist verblüffen“.

● **L'Abîme de Bramabiau,** 30750 Camprieu, Tel. 0467826078. Öffnungszeiten: April bis Juni und Sept. 9.00–18.00 Uhr, Juli/Aug. 9.00–19.00 Uhr, Okt./Nov. 10.00–17.00 Uhr. Eintritt: 6 €. Anreise über die D 986 bei Camprieu.

Meyrueis

XXII, A3

Meyrueis ist ein netter, wenn auch kein spektakulärer Ort am Eingang zur **Jonte-Schlucht.** Vor allem durch seine geographische Lage am Schnittpunkt zwischen Causses Méjean, Causses Noir und Mont Aigoual ist er ein **idealer Ausgangspunkt für Ausflüge** und Erkundungstouren in diese Regionen. Im Ort haben sich zahlreiche Hotels und Restaurants etabliert, die ihre Tische längsseits des Quai Sully unter den Platanen aufgebaut haben.

Information

● Im alten Uhrturm, dem Tour de l'Horologe, befindet sich das **Office du Tourisme,** 48150 Meyrueis, Tel. 0466456033, www.meyrueis-office-tourisme.com. Öffnungszeiten: von 9.00–12.00 und 14.00–18.00 Uhr.

Unterkunft

● **Hôtel France**€€€
Tel. 0466456007. Schöner Hotelbau, feudale Inneneinrichtung, etwas zurückgesetzt von der Straße in einem alten Garten gelegen. Das Hotel hat einen guten Ruf, vor allem auch aufgrund seiner exzellenten Küche.

● **Hôtel Le St-Sauveur**€€
Tel. 0466456212. Ein durch und durch sympathisches Haus, ebenfalls mit guter Küche.

● **Hôtel Les Sapins**€€
Tel. 0466456040. Empfehlenswertes Hotel im Ortszentrum.

Camping

● **Camping Le Champ d'Ayres**
Tel. 0466456051. Nur wenige Minuten von Meyrueis entfernt, mit Schwimmbad. Geöffnet von April bis Sept.

●Camping Le Pré de Charlet
Tel. 0466456365. Etwa 0,5 km außerhalb der Ortschaft in Richtung Florac gelegen. Saison von April bis Okt.

●Camping Le Capelan
Tel. 0466456050. Unterhalb der steilen Felswand in der Jonte-Schlucht befindet sich der Campingplatz etwas außerhalb von Meyrueis, etwa 2 km entfernt, an der D 996. Geöffnet von April bis Sept.

Essen und Trinken

●Restaurant Le Sully
Einfach eine gute Küche, auch mit regionalen Spezialitäten. *Menue du Terroir* 17 €, *Menue du Jour* 11 €. Schöner Platz auch zum Draußenessen.

●Bar Chez Roné
Unter den Platanen am Fluss Béthuzon werden die typischen Gerichte einer Brasserie serviert: Salate, Omelettes, Nudeln usw.

●Pub & Café l'Estaminet
Das Lokal ist keineswegs nur etwas für den späten Abend, obwohl es sich Pub nennt. Eine kleine Speisekarte lockt durchaus schon zu früher Abendstunde Gäste nach drinnen und draußen.

Markt

●Mittwochs und freitags gibt es einen kleinen **Lebensmittelmarkt** im Ortszentrum.

Sport und Aktivitäten

●**Sport Fremyc** organisiert zahlreiche Ausflüge mit dem Mountainbike, Kletterpartien, Kajak-, Kanu- und Wildwassertouren und bietet Einblicke ins Gleitschirmfliegen oder in die Höhlenforschung zu moderaten Preisen. Eine geführte Tagestour mit dem Mountainbike zum Mont Aigoual kostet zum Beispiel 29 €. Place Sully, Tel. 046645 6154.

auv_322 Foto: bf

• **Rundflüge** vom Aérodrome Chanet auf der Causses Méjean von April bis Sept. Einen Rundflug über die Causses und die Gorges du Tarn kann man für 50 € pro Person buchen. Tel. 0466451546.

Rund um Meyrueis

La Ferme Caussenarde d'Autrefois

Das **Ècomusée du Causses** in dem Weiler **Hyelzas** ist nur 3 km von Aven Armand (s.u.) entfernt. Das Museum ist in einem **typischen Bauernhaus der Causses** aus dem 18./19. Jh. untergebracht. Die Räume des Hauses spiegeln mit all ihren Einrichtungsgegenständen, dem Handwerkszeug und den Maschinen das Leben bis etwa in die 30er Jahre des 20. Jh. wider. Heute wird der Ort durch die Produktion von **hofeigenen Backwaren** und **Milchprodukten,** die mit weiteren landwirtschaftlichen Erzeugnissen der Causses Méjean in den Verkaufsräumen angeboten werden, erneut belebt.

• **Öffnungszeiten:** April bis Juni und Sept. von 10.00–12.00 und 14.00–18.00 Uhr, Juli und Aug. von 10.00–19.00 Uhr, Okt. von 10.00–12.00 und 15.00–17.00 Uhr.

Blick über die Hochfläche der Causses Méjean

Causses Méjean

Die **Hochfläche** der Causses Méjean zeichnet sich nicht nur durch endlos scheinende Weiten, magere Weideflächen, Schafe und Einsamkeit aus, sondern besitzt auch einige **touristische Anziehungspunkte der Region:** die Höhlen von Aven Armand, die Grottes de Dargilan, das Felsenchaos von Nimes-le-Vieux oder Montpellier-le-Vieux.

Aven Armand

XXI, D2

Die von *Louis Armand* und *E. A. Martel* im Jahre 1897 entdeckte **Tropfsteinhöhle** könnte mit ihren 120 m Länge, 65 m Breite und einer Höhe von 45 m bequem die Kathedrale Notre-Dame von Paris aufnehmen. Über 400 zum Teil riesige Stalagmiten verwandeln die Höhle in ein **wahres Naturwunder** unter der Erdoberfläche. Die gigantische Höhle begann sich seit dem Tertiär durch die Erosionswirkung des Regenwassers, das sich durch das Kalkplateau der Causses fraß, zu bilden.

Durch einen **Tunnel** von über 200 m Länge bringt eine **Seilbahn** die Besucher bis in eine Tiefe von 60 m. Hier herrscht stets eine gleich bleibende Temperatur von 11 °C, einmal abgesehen von der Temperaturerhöhung und Klimaveränderung durch die Besuchermassen, die erheblichen Einfluss auf das Mikroklima der Höhle haben.

• **Öffnungszeiten:** ganzjährig von 9.30–18.00 Uhr. Eintritt: 8 €, für Schüler, Kinder und Studenten 5 €. Alle 20 Minuten beginnt eine Führung, die etwa 45 Minuten dauert.

Grottes de Dargilan ⇗XXI, D2

Nur etwa 4 km in südlicher Richtung von Aven Armand entfernt, liegen auf der anderen Seite der Gorges de la Jonte die Grottes de Dargilan. Durch einen natürlichen Eingang erschließt sich **einer der weitläufigsten unterirdischen Säle Frankreichs.** Beeindruckend sind die **Vielfalt der Stalagmiten und Stalagtiten** sowie das ehemalige Bett eines unterirdischen Flusses. An seiner Stelle kann heute die **Grande Cascade,** ein eindrucksvoller Kalkspaterguss von 2000 m², bestaunt werden. Der **Rundgang** durch die Höhlenwelt der Grottes de Dargilan, die auch rosa Grotte genannt wird, dauert etwa 1 Stunde und schließt ab mit einem überraschenden Blick auf die Schluchten der Jonte durch eine Fensteröffnung im Fels.

- **Öffnungszeiten:** April bis Juni und Sept. von 10.00–12.00 und 14.00–17.30 Uhr, Juli und Aug. 10.00–18.30 Uhr, Okt. 10.00–12.00 und 14.00–16.30 Uhr. Die letzte Führung findet zur jeweils letzten angegebenen Uhrzeit statt.

Chaos de Nîmes-le-Vieux ⇗XXI, A2

Auf der kahlen Hochebene der Causses Méjean trifft man auf die scheinbar willkürlich von Riesenhand hingeworfenen **Gesteinsblöcke** von Nîmes-le-Vieux. Die **skurrilen Verwitterungsformen** sind frei zugänglich, nur einzelne Bereiche sind durch Zäune abgetrennt und entweder in Privatbesitz oder unter Schutz gestellt.

- **Anfahrt** auf der D 996 über den Col du Perjuret nach l'Hom und Veygalier.

Chaos Montpellier-le-Vieux ⇗XXI, C/D2

Wie Nîmes-le-Vieux ist das **Felsenmeer** von Montpellier-le-Vieux durch die jahrhundertelange Wirkung der Erosion entstanden. Vor allem Niederschläge, Eis und starke Sonneneinstrahlung im Sommer schufen die bizarren Felsformationen, die sehr treffend Chaos genannt werden. Es ranken sich **zahlreiche Geschichten** um das Chaos von Montpellier-le-Vieux. Hirten sollen die

auv_324 Foto: bf

Wandern strengt an in den heißen Causses

Felsen von weitem für eine große verfallene Stadt gehalten haben. Zugleich galt Montpellier-le-Vieux bis Ende des 19. Jh. bei den Bewohnern der Causses als verwunschene Stadt. Man durfte ihr nicht zu nahe kommen, denn schließlich trieb hier der Teufel oder einer seiner Gesellen sein Unwesen. Grund für diesen hartnäckigen Aberglauben waren bestimmt die **zahlreichen Wölfe,** die hier einen idealen Lebensraum hatten. Schafe, die sich in die Nähe von Montpellier-le-Vieux verirrten, fielen den Wölfen häufig zum Opfer.

Der berühmte Speläologe *Édouard A. Martel* erkundete das Chaos und erstellte eine Landkarte der Region. Noch heute kann man sich in dem Felsengewirr leicht verlaufen, daher werden die Besucher darauf hingewiesen, die markierten Wege nicht zu verlassen.

Das Chaos von Montpellier-le-Vieux kann entweder mit dem Auto, per Touristenzug oder hautnah zu Fuß erkundet werden. Viele **markierte Wanderwege** führen durch das Felsenmeer, mit kurzen Touren von 30 Minuten bis zur Grand Tour, die 90 Minuten lang ist. Besonders eindrucksvoll ist der **Rundblick von Douminal,** einem natürlichen Dom, der vier Talkessel überragt. Diese meist halbrunden Kessel *(Cirque)* trennen steile Felskämme. Natürlich regten die Felsen die Fantasie der Menschen an, und nicht lange nach der „Entdeckung“ von Montpellier-le-Vieux trugen die Felsformationen **einprägsame Namen** aus der griechischen Mythologie, wie Porte de Mycènes (Tor von Mykene), oder aus dem alten Ägypten, etwa Sphinx, sowie von Tieren, wie zum Beispiel Crocodile oder Tête d'Ours (Bärenkopf).

● **Anreise von Millau** auf der D 991 Richtung Meyrueis. Besichtigung März bis Sept. von 9.30–19.00 Uhr, Sept. bis Nov. bis 18.00 Uhr. Eintritt: 5 €, ermäßigt 3 €. Der Touristenzug kostet 3 € extra. 10 € kostet der Sammeleintritt für Aven Armand und Montpellier-le-Vieux.

Gorges du Tarn

↗ XXI, D2

Zusammen mit den Gorges de l'Ardèche sind die Gorges du Tarn der **touristische Magnet** im Nationalpark der Cévennen. Über 50 km zieht sich die schmale Schlucht durch die Kalkhochebenen der Causses, die bis zu 500 m (!) tief eingeschnitten sind. Bis 1906 waren die **idyllischen Siedlungen** in der Tarn-Schlucht nur auf dem Wasserweg erreichbar. Mit dem Bau der Straße entdeckten zunächst **Kajak-** und **Kanufahrer** sowie **Kletterer** den „Grand Canyon Frankreichs“ als Urlaubsziel. Mittlerweile pilgern nicht nur Wassersportler, sondern vor allem Tagestouristen die schmale Straße von Millau nach St-Enimie.

Der Tarn entspringt am Mont Lozère unweit Le Pont-de-Montvert. Auf seinem Weg über die steilen Abhänge der Cévennen nimmt er eine ganze Reihe weiterer Bäche in sein Regime auf. Selbst auf dem Weg durch die Causses wird der Tarn von **unterirdischen Karstquellen** weiter gespeist. So ist es nicht verwunderlich, dass er die Kraft besitzt, sich derart tief in das Kalkgestein einzuschneiden. Sein Wasserstand variiert je nach Jahreszeit sehr stark. Bei **Hochwasser** sind die kleinen Siedlungen, die stets direkt am Ufer liegen, massiv gefährdet. Doch der Tarn war und ist immer noch weniger lebensfeindlich als die kargen, windumtosten und wasserarmen Causses. So befinden sich entlang des Flusslaufes, aufgereiht wie auf einer Perlenschnur, eine **ganze Reihe kleiner Dörfer,** die häufig bereits im Mittelalter besiedelt waren.

Ste-Enimie

⇗ XXI, D1

In einer Schleife des Tarn schmiegt sich Ste-Enimie an den Fels. Der Ort zählt zu den **schönsten mittelalterlichen Dörfern Frankreichs.** Enge Stiegen und verwinkelte Gassen führen den Besucher hinauf zur romanischen **Kirche Notre-Dame** sowie zum Kloster. Der romantische Ort wird im Sommer von Besuchern geradezu überschwemmt. Entlang des Tarnufers haben sich Restaurants, Bars und Souvenirläden auf die Wünsche der Touristen eingestellt.

Geschichte

Der Ortsname geht zurück auf die **merowingische Prinzessin Enimie,** die im 6. Jh. hier weilte. Die **Legende** erzählt, dass die unglaublich schöne Prinzessin alle Männer des Hofes verzauberte. Allerdings wies sie alle Heiratsanträge zurück, da sie ihr Leben Gott allein weihen wollte. Ihr Vater *Clothar II.* war anderer Meinung und verlobte seine Tochter mit einem der Verehrer. Daraufhin erkrankte *Enimie* an Lepra, so dass sich der zukünftige Ehemann schnell von ihr abwendete. Als alle Heilmethoden sich als wirkungslos erwiesen, erschien ihr ein Engel, der ihr riet, zu einer heilenden Quelle in den Causses zu reisen. *Enimie* folgte dem himmlischen Ratschlag und reiste bis zur Quelle von Burle, wo sie sofort auf wundersame Weise vom Aussatz geheilt wurde. Doch sobald sie versuchte, das Tal zu verlassen, kehrte die Krankheit zurück. Sie verstand den Fingerzeig Gottes und gründete in Ste-Enimie ein Kloster. Der Bischof von Mende, *St-Hilarius,* weihte sie zur Äbtissin des Frauenklosters. Hier starb die einstige Prinzessin im Jahre 628. Ihre Einsiedelei wurde zu einem bekannten Wallfahrtsort. Auf den Ruinen des einstigen Klosters wurde das heutige Dorf erbaut.

Unterkunft

- **L'Auberge du Moulin**€€€
Tel. 0466485308. Schönes traditionelles Gebäude aus hellem Stein, direkt am Tarn.
- **Hôtel Burlatis**€€€
Tel. 0466485230. Gutes Haus mit eher rustikal eingerichteten Zimmern im Zentrum von Ste-Enimie.
- **Hôtel du Commerce**€€
Tel. 0466485001. Das Hotel ist mit die günstigste Unterkunft am Ort.

Camping

- **Camping des Gorges du Tarn**
Tel. 0466485051. Der kleinste Platz von Ste-Enimie ist von April bis Sept. geöffnet.
- **Camping Les Fayards,** Tel. 0466485736, sowie **Camping Couderc,** Tel. 0466485053, sind moderne Campingplätze.

Essen und Trinken

- **Restaurant l'Auberge du Moulin**
Gehobene Gastronomie vom Feinsten zu moderaten Preisen. Menü ab 15 €.
- **Restaurant Gorges du Tarn**
Im Ortskern mit einigen Tischen draußen in der Fußgängerzone. Omelette 3 €, Menü ab 10 €.
- **Bar De La Digue**
Mit großer Terrasse über dem Tarn.

Sport

- Neben einigen weiteren **Kanu-** und **Kajakverleihagenturen** bietet **Méjean Canoë,** am Ende des großen Parkplatzes von Ste-Enimie, **zahlreiche Touren,** wie zum Beispiel von Ste-Enimie nach La Malène (13 km; 17 € mit Rückholung). Tel. 0466485870.

Rund um Ste-Enimie

Weiter auf der D 907 nach **La Malène.** Im dem kleinen Ort am Tarn haben sich einige Restaurants sowie **Kanu-** und **Kajakverleiher** niedergelassen. Eine schöne **Steinbrücke** überspannt den Fluss. Auf der gegenüberliegenden Seite arbeitet sich die Straße (D 43) in steilen Kurven und Serpentinen den fast senkrecht erscheinenden Hang hinauf auf die Causses Méjean. Der Ausblick von der Felskante auf die Gorges du Tarn und auf das tief unten liegende kleine Dorf La Malène belohnt die Mühe der Anfahrt.

Millau

↗ **XXI, C3**

Ganz deutlich ist der sprichwörtliche **Flair des Südens,** der Millau umgibt, spürbar. Schließlich ist das Mittelmeer nur noch 80 km entfernt! Die quirlige Stadt ist weit und breit das **einzige Zentrum** in der ansonsten sehr dünn besiedelten Region. Die tolle Lage am Zusammenfluss von Tarn und Dourbie, umgeben von den steilen Abbruchkanten der Causses, beschert Millau einen Zustrom an **Aktivtouristen.** Vor allem Drachen- und Gleitschirmflieger schätzen die Aufwinde an den lang gezogenen Hangkanten, die stets für gute Thermik sorgen – sogar Backsteine sollen hier das Fliegen lernen ... Neben den „luftigen Gesellen" zieht es Paddler, Kletterer und Abenteuerlustige zum Aktivurlaub nach Millau.

Geschichte

Die Geschichte der Stadt ist geprägt durch die Entwicklung zweier herausragender Handwerkszweige: Töpferei und Lederverarbeitung. Während der **Herrschaft der Römer** in Südfrankreich hat sich im 1. Jh. in Gondatomagus, aus dem das spätere Millau hervorging, **eines der bedeutendsten Zentren für Keramik** entwickelt. Reichlich Wasser, guter Ton sowie ausreichend Holz aus den nahe liegenden Wäldern boten ideale Bedingungen. Es sollen über 500 (!) Töpfer hier an den Drehscheiben und den Gussformen gearbeitet haben. Riesige Brennöfen fassten etwa 30.000 Gefäße, die auf einmal gebrannt werden konnten. Die Tonwaren wurden ins gesamte Römische Reich und sogar bis nach Indien geliefert. Im **Museum von Millau** sind einige sehr schöne Exponate in einer eigenen Abteilung ausgestellt. Das Ausgrabungsgelände, die **Fouilles de la Graufesenque,** befindet sich nur 1 km südlich von Millau.

Auf den Hochebenen der Causses spielt die **Schafhaltung** für die Käse- und Fleischherstellung seit jeher eine große Rolle. Die Lämmer liefern auch den Rohstoff Leder, dessen Verarbeitung sich in Millau im Mittelalter zu einem Hauptwirtschaftszweig entwickelte, vor allem die Herstellung von Handschuhen. Im Verlauf der Religionskriege emigrierten viele Protestanten, und die Produktion kam fast völlig zum Erliegen. Erst im 19. Jh. erfuhr sie einen neuen Aufschwung, der bis heute andauert. Nicht nur Handschuhe für die berühmten Pariser Modehäuser, sondern auch Schutz- und Sporthandschuhe werden in Millau gefertigt und weltweit exportiert.

Sehenswertes

Beffroi

Vom **mittelalterlichen Bergfried** mitten in der Altstadt öffnet sich ein **hübscher Blick** auf die Dächer Millaus und auf die Steilhänge der Hochflächen, durch die sich der Tarn im Laufe der Jahrhunderte gegraben hat. Der Beffroi, aufgrund seiner quadratischen Grundmauern im unteren Turmbereich auch Tour Carrée genannt, sicherte die südwestliche Flanke der befestigten Stadtmauer ab. Ab dem 13. Jh. in Privatbesitz, wurde er im Jahre 1613 von den Konsuln von Millau erworben. Seither diente er als **Glockenturm,** als **Wachturm** und – vor allem in den Revolutionsjahren – als **Gefängnis.**

- Von Juni bis Sept. **geführte Touren** um 15.00, 16.00 und 17.00 Uhr für 2,50 €. **Öffnungszeiten:** 10.00–18.00 Uhr. Im Turm ist eine **Ausstellung** zur Geschichte des Bergfrieds untergebracht; sie ist geöffnet von Juli bis Sept. 10.00–12.00 und 15.30–18.00 Uhr.

Église Notre-Dame-de-l'Espinasse

An der nördlichen Stirnseite des Place du Maréchal-Foch befindet sich die **Stadtkirche,** die durch Zerstörung und Umbauten viel von ihrer Ursprünglichkeit und Atmosphäre eingebüßt hat. Bis ins 16. Jh. war die romanische Kirche ein **bedeutender Wallfahrtsort,** denn in ihrem Kirchenschatz soll sich ein **Dorn aus der Krone Jesu** befunden haben. Das teilweise zerstörte Gotteshaus wurde im 17. Jh. wieder aufgebaut und bis ins 19. Jh. erweitert.

Place du Maréchal-Foch

Der Platz im Herzen der Altstadt mit seinen Arkaden und den alten Platanen ist mit der **schönste Teil des mittelalterlichen Millau.** Rund um den rechteckigen Platz befinden sich einige schöne Restaurants und Bars, die unter den Platanen Tische aufgestellt haben.

Musée de Millau

Das Museum widmet sich den **prähistorischen Funden** aus der Region, gallo-römischer Keramik vor allem aus den Ausgrabungen von La Graufesenque sowie der Kunst der **Lederverarbeitung** seit dem 11. Jh. Es befindet sich im Hôtel de Pégayrolles, einem Palais aus dem 18. Jh., am Place Foch.

- **Öffnungszeiten:** Juli/Aug. von 10.00–18.00 Uhr, sonst 10.00–12.00 und 14.00–18.00 Uhr.
- **Ausstellung des regionalen Kunsthandwerks,** wie Textilkunst, Leder, Keramik und Malerei, Place Foch. Öffnungszeiten: von 10.00–12.30 und 15.00–19.00 Uhr.

Information

- **Office du Tourisme**

1, Place du Beffroi, 12103 Millau. Tel. 0565600242, www.ot-millau.fr. Geöffnet: Juli/Aug. Mo bis Sa von 9.00–19.00 Uhr, Ostern bis Sept. 10.00–12.30 und 15.00–18.30 Uhr, sonst 9.00–12.30 und 14.00–18.30 Uhr.

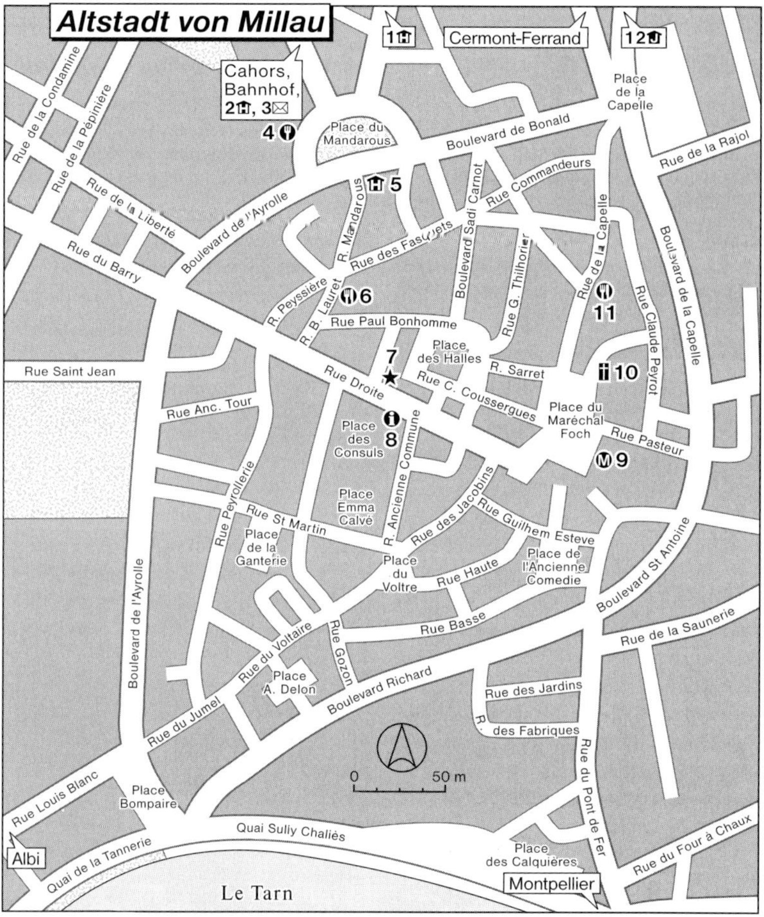

- 1 Citôtel Jalade
- 2 Poste
- 3 Hôtel des Voyageurs
- 4 Brasserie Le Mandarous
- 5 Hôtel du Commerce
- 6 Restaurant l'Ecrevisse
- ★ 7 Beffroi
- 8 Office du Tourisme
- 9 Musée de Millau
- 10 Église Notre-Dame-de-l'Espinasse
- 11 Pizzeria La Camargue
- 12 Auberge de Jeunesse de Millau

Unterkunft

- **Citôtel Jalade**€€€
18bis, Avenue Alfred Merle, Tel. 05656000. Liegt in einer ruhigen Straße nur 5 Minuten von der Altstadt entfernt.
- **Hôtel des Voyageurs**€€-€€€
110, Avenue Jean Jaurès, Tel. 0565601034. Nur wenige Minuten bis zum historischen Stadtkern.
- **Hôtel du Commerce**€€
Place du Mandarous, Tel. 0565600056. Helle, moderne Zimmer am Rande der Altstadt.

Jugendherberge

- **Auberge de Jeunesse de Millau**
26, Rue Lucien Costes, Tel. 0565612774.

Camping

- **Camping Côté Sud Millau Graufesenque**
Avenue de l'Aigoual, Tel. 0565611883. Direkt am Tarn ist dies der größte Platz Millaus.
- **Camping Des Deux Rivières**
61, Avenue de l'Aigoual, Tel. 0565600027. Ebenfalls am Fluss befindet sich dieser modern ausgestattete Platz.
- **Camping Les Erables**
Route de Millau Plage, Tel. 0565591513. Ein freundlicher Platz im Schatten am Flussufer.

Essen und Trinken

Rund um den **Place Foch** gibt es **eine gute Auswahl an Restaurants und Bars.** Der große Platz, auf dem die ältesten und beein-

auv_330 Foto: bf

druckendsten Platanen stehen, strahlt eine solch gemütliche und südländische Atmosphäre aus, dass der Wein hier gleich noch einmal so gut schmeckt.

- **Restaurant La Braconne**
Place Foch. Sehr geschmackvolle Einrichtung mit Stil und Tradition. Regionale Küche wird sehr kreativ mit der Haute-Cuisine gemischt. Menü ab 16 €.
- **Restaurant Des Arcades**
Das Restaurant besticht durch seine reichhaltige Speisekarte: Salat ab 6 €, Pizza ab 7 €, viele Gerichte vom Grill.
- **Bar Les Colonnes**
Nettes Café, in dem es turbulent zugeht, mit Tischen unter den Plantanen.
- **Pizzeria La Camargue**
Rue de la Capelle. Die Auswahl an Pizzas, die allesamt im Holzofen gezaubert werden, ist gigantisch. Es gibt eine große Auswahl an Nudelgerichten und Salaten für Pizzamuffel. Pizzas ab 6 €.
- **Restaurant l'Ecrevisse**
Rue Bernard Lauret. Traditionelles Lokal mit ausschließlich regionaler Küche. Im Speiseraum ist ein offener Grill, an dem das Fleisch gebruzzelt wird. Menü ab 12 €.
- **Brasserie Le Mandarous**
Place du Mandarous. Großes Lokal direkt am turbulenten Nabel Millaus.

Markt

- Mittwochs und freitags wird ein **sehenswerter** und **interessanter Markt** in den Gassen und Plätzen der historischen Altstadt abgehalten.

Einkaufen

- **Patisserie Bonard Fabre**
Place de la Mutualité. Leckereien frisch aus der Backstube, wie diverse Kekse, zum Beispiel *Sables au Thyme* (Thymian) und *Sables Amandes* (Mandeln), und eine hervorragende *Fouace* (Hefekuchen mit Orangenaroma).
- **Le Buron**
Rue du Beffroi. Toller Spezialitätenladen (Käse, Wurst, allerlei Eingemachtes) – allein schon die Auslagen machen hungrig.
- **Zahlreiche Ledergeschäfte** mit Taschen, Gürteln, Handschuhen, Lederhosen und -jacken. Die Auswahl ist groß, aber auch hier hat Qualität seinen Preis.

Internet

- Im **Office du Tourisme** befindet sich ein Internetzugang, der mit einer französischen Telefonkarte arbeitet.
- **Internetcafé,** 5, Rue Ancienne Commune, 10.00–22.00 Uhr von Mai bis Aug., So geschlossen.

Sport und Aktivitäten

- Rund um Millau bieten sich **zahlreiche Sportmöglichkeiten** (Klettern, Canyoning, Fliegen, Kanu, Kajak, Höhlenerkundungen, Reiten). Die **Freizeitagentur Antipodes,** Tel. 0565607203, www.antipodes-millau.com, verfügt über ein reichhaltiges Sportangebot in der Umgebung.
- Die **Flugschule Horizon,** 6, Place Lucien Grégoire, Tel. 0565597860, hat sich auf Passagierflüge spezialisiert. Ein Blick vom Himmel herab im Gleitschirm oder Hängegleiter kostet 65 €.

Festival

- Mitte Juli findet das Musikfestival **Millau en Jazz** statt. Auf den Plätzen, in Kirchen und öffentlichen Gebäuden treten zahlreiche Musiker der verschiedenen Jazzstilrichtungen auf.

Rund um den Place Foch
gibt es viele Bars und Restaurants

auv_332 Foto: bf

Anhang

auv_333a Foto: bf

auv_333b Foto: bf

Château d'Estaing in Estaing (Lot-Tal)

„Hundeparkplatz" in Millau

Plausch am Straßenrand

Glossar

abbaye	Abtei
abîme	Abgrund
avenue	Allee
bain	Bad
beffroi	Bergfried
bois	Wald
cascade	Wasserfall
centre	Zentrum
chapelle	Kapelle
château	Schloss, Burg
cirque	Gebirgskessel
cloître	Kreuzgang
col	Pass
donjon	Bergfried
église	Kirche
étang	Teich
forêt	Wald
fontaine	Quelle, Brunnen
gare	Bahnhof
grotte	Höhle
halle	Markthalle, Halle
jardin	Park, Garten
lac	See
mairie	Rathaus
maison	Haus
marché	Markt
menue	Menü
monastère	Kloster
mont	Berg
musée	Museum
parc	Park
place	Platz
rocher	Fels
rue	Straße
signal	Zeugenberg
source	Quelle
tour	Turm, Rundfahrt
vallée	Tal

Kleiner ReiseWortSchatz Französisch

Allgemeine Verständigung

Auf Wiedersehen / Au revoir
bitte / s'il vous plaît
danke / merci
Das macht nichts / Ça ne fait rien
dort / là-bas
Entschuldigung / pardon
gegenüber / en face
Guten Abend / bonsoir
Gute Nacht / bonne nuit
Guten Tag / bonjour
Hallo / salut
hier / ici
hinter / derrière
Ich bin ... / Je suis ...
Ich habe ... / J'ai ...
Ich heiße ... / Je m'appelle
Ich brauche ... / J'ai besoin de ...
Ich suche ... / Je cherche ...
Ich möchte ... / Je voudrais ...
Ich verstehe nicht / Je ne comprends pas
ja / oui
Keine Ursache / De rien
Könnten Sie dies bitte wiederholen? / Pourriez-vous répéter, s'il vous plaît?
links / à gauche
nah / près
neben / à côté
nein / non
rechts / à droit
Sprechen Sie Deutsch? / Parlez-vous allemand?
vielleicht / peut-être
vor / devant
weit / loin
Wie bitte? / Pardon?
zurück / de retour

Einfache Fragen

Gibt es ...? / Il y a ...?
Haben Sie ...? / Avez-vous ...?
Können Sie mir helfen? / Pourriez-vous m'aider?

Wann? / Quand?
Warum? / Pourquoi?
Was? / Quoi?
Was ist das? / Qu'est-ce que c'est?
Wer? Welcher? / Qui?
Wie? / Comment?
Wie geht's? / Comment ça va?
Wie geht es Ihnen? / Comment allez-vous?
Wie heißt das? / Comment ça s'appelle?
Wie lange? / Combien de temps?
Wie viel? / Combien?
Wie viel kostet das? / Ça coûte combien?
Wie viel Uhr ist es? / Quelle heure est-il?
Wo? Wohin? / Où?
Wo ist ...? / Où est ...?

Zeitangaben

abends	le soir
bald	bientôt
danach	après
dann	ensuite
früh	tôt
früher	plus tôt
gestern	hier
heute	aujourd'hui
immer	toujours
jetzt	maintenant
manchmal	parfois
mittags	à midi
morgen	demain
morgens	le matin
nachher	après
nachmittags	l'après-midi
nachts	la nuit
nie	jamais
oft	souvent
spät	tard
später	plus tard
täglich	chaque jour
übermorgen	après-demain
vorgestern	avant-hier
vorher	avant
vormittags	le matin
Tag	jour
Jahr	an, année

Wochentage/jours de semaine

Montag	lundi
Dienstag	mardi
Mittwoch	mercredi
Donnerstag	jeudi
Freitag	vendredi
Samstag	samedi
Sonntag	dimanche

Monate/mois

Januar	janvier
Februar	février
März	mars
April	avril
Mai	mai
Juni	juin
Juli	julliet
August	août
September	septembre
Oktober	octobre
November	novembre
Dezember	décembre

Jahreszeiten/saisons

Frühling	printemps
Sommer	été
Herbst	automne
Winter	hiver

Uhrzeit/heure

Es ist sechs Uhr / il est six heures
Es ist fünf Minuten nach sechs / il est six heures cinq
Es ist zehn nach sechs / il est six heures dix
Es ist Viertel nach sechs / il est six heures et quart

Den großen ReiseWortSchatz Französisch entnehmen Sie dem gleichnamigen Buch von REISE KNOW-HOW:

Es ist zwanzig nach sechs /
il est six heures vingt
Es ist fünfundzwanzig nach sechs /
il est six heures vingt-cinq
Es ist halb sieben / il est six heures et demie
Es ist fünf nach halb sieben /
il est sept heures moins vingt-cinq
Es ist zwanzig vor sieben /
il est sept heures moins vingt
Es ist Viertel vor sieben /
il est sept heures moins le quart
Es ist fünf vor sieben /
il est sept heures moins cinq

Unterkunft

Aufzug / ascenseur
Bad / salle de bains
Balkon / balcon
Doppelzimmer / une chambre double,
une chambre por deux personnes
Dusche / douche
Einzelzimmer / une chambre pour
une personne, une chambre single
Extrabett / un lit supplementaire
Gepäck / bagages
Haben Sie ein anderes Zimmer? /
Est-ce que vous avez une autre chambre?
Halbpension /
avec petit déjeuner, demi-pension
Hotel / hôtel
Ich bleibe zwei Tage / Je reste deux jours
Ich habe ein Zimmer reserviert /
J'ai réservé und chambre
Ich suche ein Zimmer für zwei Personen /
Je cherche un chambre
pour deux personnes
Kann ich das Zimmer sehen? /
Est-ce que je peux voir la chambre?
Kann ich mit der Kreditkarte bezahlen? /
Est-ce que je peux payer avec
un carte de crédit?
Pension / auberge, pension
Toilette / toilette
Wie viel kostet das Zimmer pro Nacht? /
Quel est le prix de la chambre par nuit?

Essen und Trinken

Abendessen / dîner
Bezahlen, bitte / L'addition, s'il vous plaît
Das Essen schmeckt ausgezeichnet /
Le repas est excellent
Die Speisekarte bitte / La carte, s'il vous plaît
Einen Tisch für vier Personen /
Une table pour quarte personnes
empfehlen / recommander
Essen / repas
Frühstück / petit déjeuner
Hat es geschmeckt? / C'etait bon?
Mittagessen / déjeuner
reservieren / réserver
vegetarisch / végétarienne
Wo gibt es hier ein gutes Restaurant? /
Où est qu'il y a un bon restaurant?
Wo sind bitte die Toiletten? /
Où sont les toilettes, s'il vous plaît?
Zum Wohl! / Santé!

Getränke

Glas / verre
alkoholfrei / sans alcool
Bier / la bière
Bier vom Fass / la bière pression
Fruchtsaft / jus de fruits
Kaffee / café
Kaffee mit Milch / café au lait
Kaffee (schwarz) / café noir
koffeinfrei / décaféine
Limonade / limonade
Milch / lait
Mineralwasser / eau minérale
Mineralwasser mit Kohlensäure /
eau minérale gazeuse
Mineralwasser ohne Kohlensäure /
eau minérale non gazeuse
Orangensaft / jus d'orange
Rotwein / du vin rouge
Schokolade / chocolat
Tee / thé
Wein / du vin
Weißwein / du vin blanc

Frühstück

Brot / pain
Brötchen / petit pains
Butter / beurre
Croissant (Butterhörnchen) / croissant
Eier (weich, gerührt) /
œufs (mollets, brouillés)
Honig / miel
Joghurt / yaourt

Käse / fromage
Marmelade / confiture
Schinken / jambon
Wurst / charcuterie

Mittag- und Abendessen

Vorspeisen	hors d'œuvres
Fischsuppe	soupe de poisson
Hühnersuppe	consommé de poulet
Pastete	pâté
Rohkostplatte	crudités variées
Suppe	soupe
Salat	salade
Zwiebelsuppe	soupe à l'oignon

Fleisch

Braten	rôti
Fleisch	viandes
Hammel	mouton
Kalb	veau
Kalbsschnitzel	escalope de veau
Lamm	agneau
Lammkeule	gigot d'agneau
Leber	foie
Rind	bœuf
Rindskotelett	côte de bœuf
Rinderfilet	filet de bœuf
Schwein	porc
Steak	bifteck

Fisch und Meeresfrüchte

Austern	huîtres
Barsch	perche
Brasse	daurade
Forelle	truite
Garnelen	crevettes
Jakobsmuscheln	coquilles Saint-Jacques
Kabeljau	cabillaud
Makrele	maquereau
Meeresfrüchte	fruits de mer
Muscheln	moules
Seeteufel	lotte
Seezunge	sole
Tintenfisch	calamar
Zander	sandre

Geflügel und Wild

Ente	canard
Gans	oie
Hähnchen	poulet
Hahn	coq
Kaninchen	lapin
Reh	cuissot
Wildschwein	sanglier

Nachtisch

Apfelkuchen	tarte aux pommes
Apfelkuchen (karamellisiert)	tarte tatin
Eis	glace
Gebäck (nach Art des Hauses)	pâtisserie maison
Kuchen	gâteau
Nachtisch	dessert
Pudding	flan

Bank und Post

Bank	banque
Brief	lettre
Briefmarke	timbre
Kreditkarte	carte crédite
Postkarte	cartes postales
Scheck	cheques

Krankheit und Notfälle

Achtung! / Attention !
Das Auto ist aufgebrochen worden / On a fracturé la voiture
Gibt es hier in der Nähe eine Werkstatt? / Est-ce qu'il y a un garage près d'ici?
Hilfe! / Au secours!
Ich bin bestohlen worden / On m'a volé
Ich brauche einen Arzt/Zahnarzt / J'ai besoin d'un médecin/dentiste
Ich habe eine Panne / Je suis en panne
Ich habe hier Schmerzen / J'ai mal ici
kaputt / défecte
Rufen Sie bitte einen Krankenwagen / Appelez und ambulance, s'il vous plaît
Rufen Sie bitte schnell die Feuerwehr / Appelez vite les pompiers
Wie hatten einen Unfall / On a eu un accident
Wo ist die nächste Polizei? / Où est la police le plus proche?

Auto

Tankstelle	la station-service
Super	super
Benzin bleifrei	sans-plomb
Diesel	gas-oil
Voll tanken	Le plein, s'il vous plaît

Körperteile

Arm	bra
Auge	oeil
Bauch	ventre
Bein	jambe
Brust	poitrine
Busen	sein, gorge
Finger	doigt
Fuß	pied
Gesicht	visage
Hals	cou
Hand	main
Knie	genou
Kopf	tête
Lippe	lèvre
Mund	bouche
Nase	nez
Ohr	oreille
Po	fesses
Rücken	dos
Schenkel	cuisse
Schulter	épaule
Zahn	dent
Zeh	orteil
Zunge	langue

Tiere

Biene	abeille
Esel	âne
Fisch	poisson
Fliege	mouche
Huhn	poule
Hund	chien
Katze	chat
Kuh	vache
Maus	souris
Pferd	cheval
Schaf	mouton
Schwein	cochon
Tier	animal
Vogel	oiseau
Ziege	chèvre

Einkaufen

Das gefällt mir / Ça me plaît.
Das gefällt mir nicht / Ça ne me plaît pas
Das ist zu teuer / C'est trop cher.
Geben Sie mir ... / Donnez-moi ...
Gibt es das in einer anderen Größe? / Ça existe dans uns autre taille?
Ich nehme es / Je le prends
Wie viel kostet das? / Ça coûte combien?
Wo gibt es ...? / Où est-ce qu'il y a ...?

Gemüse/légumes

Artischocke	artichaut
Aubergine	aubergine
Blumenkohl	chou-fleur
Bohnen	haricots
Broccoli	brocoli
Erbsen	petits pois
Fenchel	fenouil
Gurke	concombre
Karotte	carotte
Kartoffel	pomme de terre
Knoblauch	ail
Kürbis	citrouille, courge
Lauch	poireau
Linsen	lentilles
Paprika	poivron
Petersilie	persil
Pilz	champignon
Salat	salade, laitue
Schnittlauch	civette
Sellerie	céleri
Tomate	tomate
Zucchini	courgette
Zwiebel	oignon

Obst/fruits

Ananas	ananas
Apfel	pomme
Aprikose	abricot
Banane	banane
Birne	poire
Brombeere	mûre, sauvage
Erdbeere	fraise
Feige	figue
Grapefruit	pamplemousse
Himbeere	framboise
Johannisbeere	groseille
Kirsche	cerise
Melone	melon
Nektarine	nectarine
Orange	orange
Pfirsich	pêche
Pflaume	prune
Stachelbeere	groseille, maquereau
Traube	raisin
Zitrone	citron

Kleidung

Kleidung	vêtements
Anzug	costume
Bluse	chemisier
BH	soutien-gorge
Hemd	chemise
Hose	pantalon
Jacke	veste
Jeans	jean
Kleid	robe
Mantel	manteau
Rock	jupe
Slip	culotte
Schuhe	chaussures
Socken	chausettes
Sweatshirt	sweat-shirt
T-Shirt	tee-shirt
Unterwäsche	sous-vêtements

Farben

Farbe	couleur
blau	bleu, bleue
braun	marron
dunkel	foncé
gelb	jaune
grau	gris, grise
grün	vert, verte
hell	clair
lila	mauve
orange	orange
rosa	rose
rot	rouge
schwarz	noir, noire
weiß	blanc, blanche

Berufe

Beruf	profession
Angestellter	employé
Anwalt	avocat
Arzt	médecin
Bäcker	boulanger
Bauer	paysan
Beamter	fonctionnaire
Elektriker	électricien
Friseur	coiffeur
Händler	commerçant
Ingenieur	ingénieur
Journalist	journaliste
Kellner	serveur
Krankenschwester	infirmier
Künstler	artiste
Lehrer	professeur
Maler	peintre
Maurer	maçon
Mechaniker	mécanicien
Metzger	boucher
Programmierer	programmeur
Schüler	élève
Sekretärin	secrétaire
Selbständig	indépendant
Student	étudiant
Techniker	technicien
Verkäufer	vendeur

Verwandschaftsverhältnisse

Familie	familie
Bruder	frère
Cousine, Cousin	cousine, cousin
Enkelin, Enkel,	petite-fille, petit-fils
Ehefrau, Ehemann	femme, mari
Frau	femme
Großvater, Großmutter	grand-mère, grand-père
Mann	homme
Mutter	mère
Nichte, Neffe	nièce, neveu
Onkel	oncle
Schwägerin, Schwager	belle-soeur, beau-frère
Schwester	soeur
Schwiegermutter, Schwiegervater	belle-mère, beau-père
Schwiegertochter, Schwiegersohn	belle-fille, gendre
Sohn	fils
Tante	tante
Tochter	fille
Vater	père

Zahlen

0	zéro
1	un, une
2	deux
3	trois
4	quatre
5	cinq
6	six
7	sept
8	huit
9	neuf
10	dix

11	onze
12	douze
13	treize
14	quatorze
15	quinze
16	seize
17	dix-sept
18	dix-huit
19	dix-neuf
20	vingt
21	vingt et un, vingt et une
22	vingt-deux
30	trente
40	quarante
50	cinquante
60	soixante
70	soixante-dix
80	quatre-vingt
90	quatre-vingt-dix
100	cent
200	deux cents
1.000	mille
2.000	deux mille
10.000	dix mille
1.000.000	million
¼	un quart
½	un demi

Maße und Mengenangaben

Gramm	gramme
Kilogramm	kilogramme
Kilometer	kilomètre
Liter	litre
Meter	mètre
Millimeter	millimètre
Tonne	tonne
Viertel	quart
Zentimeter	centimétre

Literatur

- *Ulrich Rosenbaum:* **Auvergne und Zentralmassiv.** Kunst-Reiseführer. DuMont Verlag., Köln 1992
- *Asisa Madian* und *Kai Matthießen:* **Frankreich.** NaturReiseführer. KOSMOS Verlag, Stuttgart 2001
- **Sommets du Massif Central.** Balades à Pied. 50 Sentiers de Petite Randonnée, Chamina Verlag, Clermont-Ferrand, 1998; www.chamina.gdebussac.fr. Fünfzig schöne Wanderungen zu und rund um die Gipfel des Massif Central.
- *Martine Briat* u.a.: **Liebenswerte Auvergne.** Éditions Ouest-France, Rennes 2001. Schöner Bildband, kurze Ortsbeschreibungen.
- *Robert Louis Stevenson:* **Reise mit dem Esel durch die Cevennen.** Diederichs Verlag, 1986. Im 19. Jahrhundert bereiste Robert Louis Stevenson, der Autor der berühmten „Schatzinsel", die südfranzösischen Cevennen und machte sie in seiner „Reise mit dem Esel durch die Cevennen" unsterblich.
- *Suzanne Friedmann:* **Ein Dorf in den Cevennen.** Droemer Knaur Verlag, 1996. Die Journalistin Susanne Friedmann wandert auf den Spuren von Stevenson und kehrt Deutschland den Rücken. Sie lässt sich in dem kleinen, verträumten Dorf L'Estechure in den Cévennen nieder. Sie erzählt vom Alltag in einem südfranzösischen Dorf, vom Zauber der Landschaft, vor allem aber von den Menschen.
- *Ludwig Tieck:* **Der Aufruhr in den Cevennen.** Roman. Rowohlt Taschenbuch Verlag, 1987. Roman über den Camisardenkrieg.
- *Jean Carrière:* **Der Sperber von Maheux.** Epos aus den Cévennen. 1980
- *Bernhard Wenger:* **Von den Cevennen das Herbe. Von der Provence den Charme. Für die Seele fast alles.** Geschichten und Bilder aus der Ardèche. Hansueli Trachsel, 1993
- *Henri Pourrat:* **Gaspard des Montagnes** sowie **Les Montagnards.** Nur in Französisch erhältlich. Grandiose Fallstudien, Naturschreibungen und Schilderungen des einfachen Lebens in der Auvergne.

Know-How auf einen Blick

St. Lucia, St. Vincent, Grenada
Südafrika
Südnorwegen, Lofoten
Südwestfrankreich
Sydney
Sylt
Syrien

Taiwan
Tansania, Sansibar
Teneriffa
Thailand
Thailand – Tauch- und Strandführer
Thailands Süden
Thüringer Wald
Tokyo
Toscana
Transsib
Trinidad und Tobago
Tschechien
Tunesien
Tunesiens Küste
Türkei, Hotelführer

Uganda, Ruanda
Umbrien
USA/Canada
USA, Gastschüler
USA, Nordosten
USA – der Westen
USA – der Süden
USA – Südwesten, Natur u. Wandern
USA SW, Kalifornien, Baja California
Usedom

Venedig
Venezuela
Vereinigte Arabische Emirate
Vietnam

Wales
Warschau
Westafrika – Sahel
Westafrika – Küste
Wien
Wo es keinen Arzt gibt

Yukatan

Zypern

Edition RKH

Abenteuer Anden
Burma – Land der Pagoden
Durchgedreht
Finca auf Mallorca
Geschichten/Mallorca
Goldene Insel
Mallorca, Leib u. Seele
Mallorquinische Reise
Please wait to be seated!
Salzkarawane, Die
Südwärts Lateinamerika
Traumstr. Panamerikana
Unlimited Mileage

Praxis

(Auswahl, vollständiges Programm siehe Homepage.)

Aktiv Algarve
Aktiv Andalusien
Aktiv Dalmatien
Aktiv frz. Atlantikküste
Aktiv Gardasee
Aktiv Gran Canaria
Aktiv Istrien
Aktiv Katalonien
Aktiv Marokko
Aktiv Polen
Aktiv Slowenien
Als Frau allein unterwegs
Australien: Reisen/Jobben
Australien: Outback/Bush
Bordbuch Südeuropa
Clever buchen/fliegen
Clever kuren
Drogen in Reiseländern
Fernreisen, Fahrzeug
Fliegen ohne Angst
Fun u. Sport im Schnee
Geolog. Erscheinungen
Gesund. Dtl. Heilthermen
GPS f. Auto, Motorrad
GPS Outdoor
Inline-Skaten Bodensee
Inline Skating
Islam erleben
Kanu-Handbuch
Konfuzianismus erleben
Kreuzfahrt-Handbuch
Küstensegeln
Maya-Kultur erleben
Mountain Biking
Mushing/Hundeschlitten
Orientierung mit Kompass und GPS
Paragliding-Handbuch
Reisefotografie
Reisefotografie digital
Respektvoll reisen
Richtig Kartenlesen
Safari-Handbuch Afrika
Selbstdiagnose unterwegs
Shoppingguide USA
Sicherheit/Bärengeb.
Spaniens Fiestas
Sprachen lernen
Transsib – Moskau-Peking
Trekking-Handbuch
Trekking/Amerika
Trekking/Asien Afrika
Tropenreisen
Unterkunft/Mietwagen
Verreisen mit Hund
Wandern im Watt
Wann wohin reisen?
Was kriecht u. krabbelt in den Tropen
Wein-Reiseführer Italien
Wein-Reiseführer Toskana
Wildnis-Ausrüstung
Wildnis-Küche
Wohnmobil-Ausrüstung
Wohnmobil-Reisen

KulturSchock

Afghanistan
Ägypten
Argentinien
Australien
Brasilien
China, VR/Taiwan
Cuba
Golf-Emirate, Oman
Indien
Iran
Islam
Japan
Jemen
Leben in fremden Kulturen
Marokko
Mexiko
Pakistan
Russland
Spanien
Thailand
Türkei
Vietnam

Wo man unsere Reiseliteratur bekommt:
Jede Buchhandlung der BRD, der Schweiz, Österreichs und der Benelux-Staaten kann unsere Bücher beziehen.
Wer sie dort nicht findet, kann alle Bücher über unsere **Internet-Shops** bestellen. Auf den Homepages gibt es auch **Informationen** zu allen Titeln:

www.reise-know-how.de oder **www.reisebuch.de**

Praxis – die handlichen Ratgeber

Wer seine Freizeit aktiv verbringt, in die Ferne schweift, moderne Abenteuer sucht, braucht spezielle Informationen und Wissen, das in keiner Schule gelehrt wird. REISE KNOW-HOW beantwortet mit über 80 Titeln die vielen Fragen rund um Freizeit, Urlaub und Reisen in einer neuen, praktischen Ratgeberreihe: „Praxis".

So vielfältig die Themen auch sind, gemeinsam sind allen Büchern die anschaulichen und allgemein verständlichen Texte. Praxiserfahrene Autoren schöpfen ihr Wissen aus eigenem Erleben und würzen ihre Bücher mit unterhaltsamen und teils kuriosen Anekdoten.

Gunter Schramm:
Trekking-Handbuch
Rainer Höh:
Wildnis-Ausrüstung
Jörg Gabriel:
Safari-Handbuch Afrika
Frank Littek:
Fliegen ohne Angst
Rainer Höh:
Orientierung mit Kompass und GPS
Wolfram Schwieder:
Richtig Kartenlesen
Reto Kuster:
Dschungelwandern
Klaus Becker:
Tauchen in warmen Gewässern
M. Faermann:
Sicherheit im und auf dem Meer
M. Faermann:
Survival Naturkatastrophen
M. Faermann:
Gewalt und Kriminalität unterwegs
J. Edelmann:
Vulkane besteigen und erkunden
Rainer Höh:
Winterwandern
Hans-Jürgen Fründt:
Reisen und Schreiben
Rainer Höh:
Outdoor-Navigation

Praxis
Wolfram Schwieder
Richtig Kartenlesen
Reise Know-How
Praxis
Reto Kuster
Dschungelwandern
Praxis
Rainer Höh
Orientierung mit Kompass und GPS
Praxis
Dr. Klaus Becker
Tauchen in warmen Gewässern
Praxis
Frank Littek
Fliegen ohne Angst
Praxis
Matthias Faermann
Survival-Handbuch Naturkatastrophen

HILFE!

Dieses Reisehandbuch ist gespickt mit unzähligen Adressen, Preisen, Tipps und Infos. Nur vor Ort kann überprüft werden, was noch stimmt, was sich verändert hat, ob Preise gestiegen oder gefallen sind, ob ein Hotel, ein Restaurant immer noch empfehlenswert ist oder nicht mehr, ob ein Ziel noch oder jetzt erreichbar ist, ob es eine lohnende Alternative gibt usw.

Unsere Autoren sind zwar stetig unterwegs und versuchen, alle zwei Jahre eine komplette Aktualisierung zu erstellen, aber auf die Mithilfe von Reisenden können sie nicht verzichten.

Darum: Schreiben Sie uns, was sich geändert hat, was besser sein könnte, was gestrichen bzw. ergänzt werden soll. Nur so bleibt dieses Buch immer aktuell und zuverlässig. Wenn sich die Infos direkt auf das Buch beziehen, würde die Seitenangabe uns die Arbeit sehr erleichtern. Gut verwertbare Informationen belohnt der Verlag mit einem Sprechführer Ihrer Wahl aus der über 170 Bände umfassenden Reihe „Kauderwelsch" (siehe unten).

Bitte schreiben Sie an:

REISE KNOW-HOW Verlag Peter Rump GmbH, Osnabrücker Str. 79
D-33649 Bielefeld, oder per e-mail an: info@reise-know-how.de

Danke!

Kauderwelsch-Sprechführer – sprechen und verstehen rund um den Globus

Afrikaans ● Albanisch ● Amerikanisch - *American Slang, More American Slang,* Amerikanisch oder Britisch? ● Amharisch ● Arabisch - Hocharabisch, für Ägypten, Algerien, Golfstaaten, Irak, Jemen, Marokko, ● Palästina & Syrien, Sudan, Tunesien ● Armenisch ● *Bairisch* ● Balinesisch ● Baskisch ● Bengali ● *Berlinerisch* ● Brasilianisch ● Bulgarisch ● Burmesisch ● Cebuano ● Chinesisch - Hochchinesisch, kulinarisch ● Dänisch ● Deutsch - *Allemand, Almanca, Duits, German, Nemjetzkii, Tedesco* ● *Elsässisch* ● Englisch - *British Slang, Australian Slang, Canadian Slang, Neuseeland Slang,* für Australien, für Indien ● Färöisch ● Esperanto ● Estnisch ● Finnisch ● Französisch - für Restaurant & Supermarkt, für den Senegal, für Tunesien, *Französisch Slang, Franko-Kanadisch* ● Galicisch ● Georgisch ● Griechisch ● Guarani ● Gujarati ● Hausa ● Hebräisch ● Hieroglyphisch ● Hindi ● Indonesisch ● Irisch-Gälisch ● Isländisch ● Italienisch - *Italienisch Slang,* für Opernfans, kulinarisch ● Japanisch ● Javanisch ● Jiddisch ● Kantonesisch ● Kasachisch ● Katalanisch ● Khmer ● Kirgisisch ● Kisuaheli ● Kinyarwanda ● *Kölsch* ● Koreanisch ● Kreol für Trinidad & Tobago ● Kroatisch ● Kurdisch ● Laotisch ● Lettisch ● Lëtzebuergesch ● Lingala ● Litauisch ● Madagassisch ● Mazedonisch ● Malaiisch ● Mallorquinisch ● Maltesisch ● Mandinka ● Marathi ● Mongolisch ● Nepali ● Niederländisch - *Niederländisch Slang,* Flämisch ● Norwegisch ● Paschto ● Patois ● Persisch ● Pidgin-English ● *Plattdüütsch* ● Polnisch ● Portugiesisch ● Punjabi ● Quechua ● *Ruhrdeutsch* ● Rumänisch ● Russisch ● *Sächsisch* ● *Schwäbisch* ● Schwedisch ● *Schwiizertüütsch* ● *Scots* ● Serbisch ● Singhalesisch ● Sizilianisch ● Slowakisch ● Slowenisch ● Spanisch - *Spanisch Slang,* für Lateinamerika, für Argentinien, Chile, Costa Rica, Cuba, Dominikanische Republik, Ecuador, Guatemala, Honduras, Mexiko, Nicaragua, Panama, Peru, Venezuela, kulinarisch ● Tadschikisch ● Tagalog ● Tamil ● Tatarisch ● Thai ● Tibetisch ● Tschechisch ● Türkisch ● Twi ● Ukrainisch ● Ungarisch ● Urdu ● Usbekisch ● Vietnamesisch ● Walisisch ● Weißrussisch ● *Wienerisch* ● Wolof ● Xhosa

Register

A

B

C

D

E

F

G

H

I

J

K

L

M

N

O

P

R

S

T

U

V

W

Z

Anhang

Die Autorin

Eine nicht zu bändigende Reiselust und Neugierde auf fremde Landschaften und Menschen führt **Bettina Forst** seit Jahren auf den afrikanischen und amerikanischen Kontinent sowie durch Mittel- und Südeuropa. Während des Studiums der Geographie und Germanistik lebte die Autorin längere Zeit in Mittelfrankreich. Heute arbeitet die überwiegend bei Stuttgart lebende Autorin als freiberufliche Reisejournalistin, Dozentin und Reiseleiterin. Begeistert von den intakten und unglaublich vielseitigen Landschaften der Vulkane, Schluchten, Flussläufe und Hochebenen, bereist sie seit einigen Jahren das Massif Central vor allem zu Fuß und mit dem Fahrrad. Nach wie vor zieht sie die Entdeckungslust und der Zauber dieses Naturraumes immer wieder zurück in das Massif Central.

Danksagung

Mein Dank gilt all denen, die mich auf meinem Weg begleitet haben. Im Besonderen danke ich ganz herzlich meinen Eltern, *Theresia Stadler, Maria Keller* sowie meinem himmlischen Gefährten *Heiko*.

auv_aut Foto: bf

Die Autorin

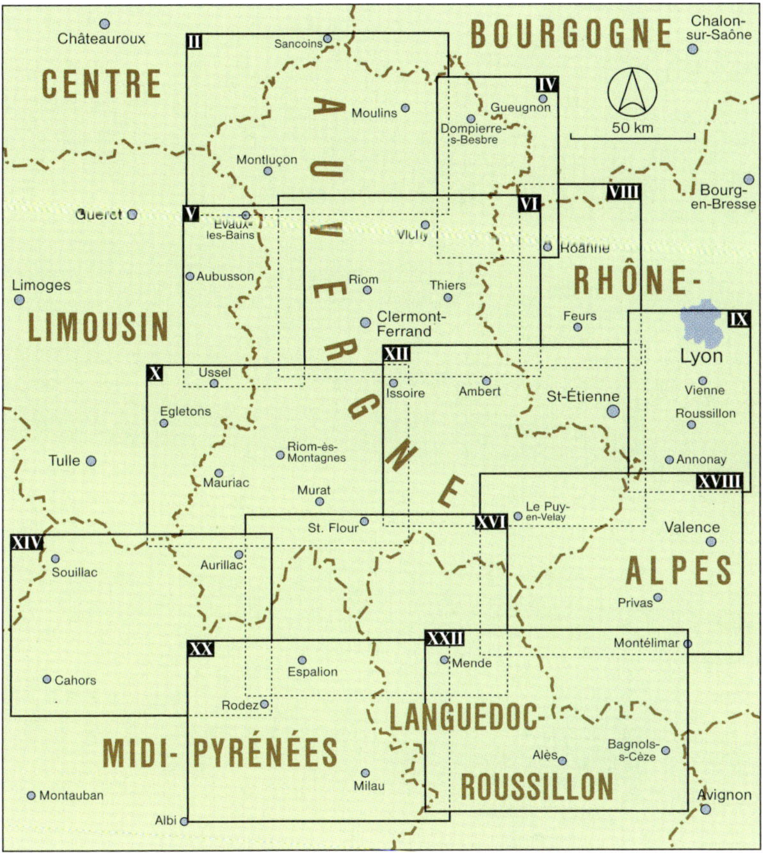

Zeichenerklärung

Autobahn, Autostraße

Internationale Fernstraße

Regionale Fernstraße

Verbindungsstraße

Regionalgrenze

Naturpark

0 10 km

1 : 50 000

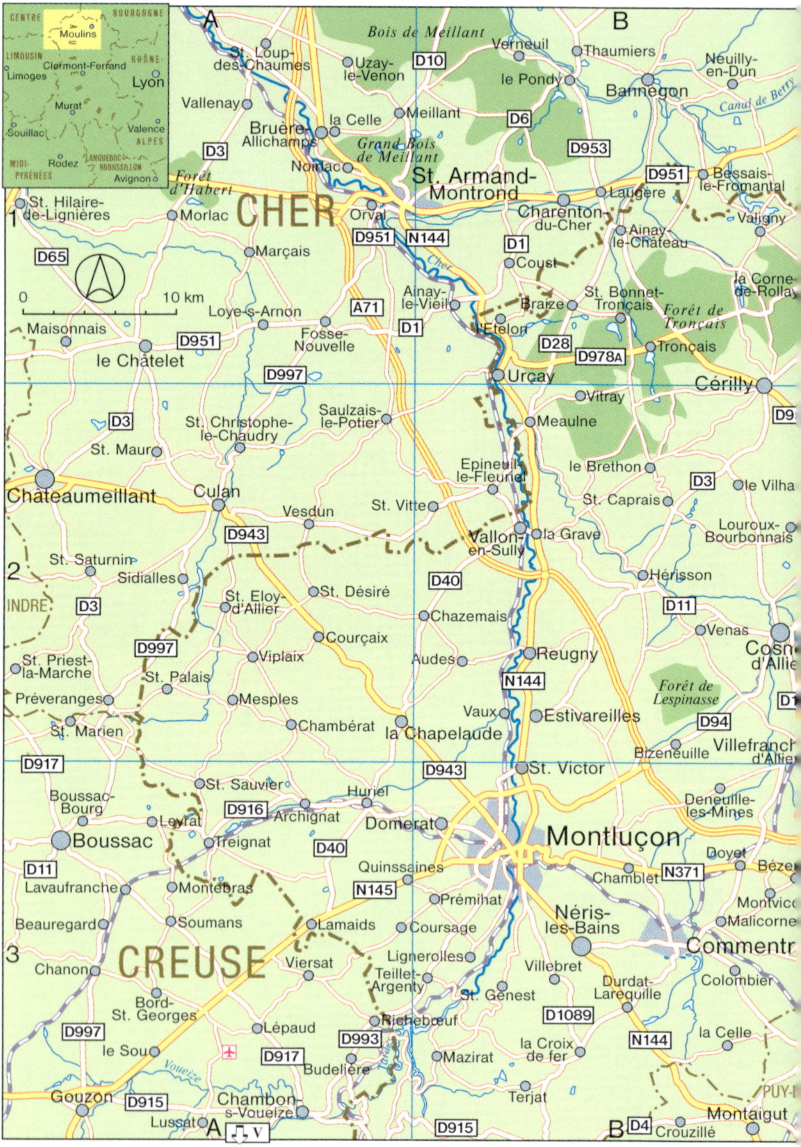

Centre
Bourgogne
Moulins
Limousin
Clermont-Ferrand
Rhône-
Limoges
Lyon
Murat
Souillac
Valence
Alpes
Midi-Pyrénées
Rodez
Languedoc-Roussillon
Avignon
A
B
Bois de Meillant
St. Loup-des-Chaumes
Uzay-le-Venon
D10
Verneuil
Thaumiers
Neuilly-en-Dun
le Pondy
Bannegon
Canal de Berry
Vallenay
la Celle
Meillant
D6
Bruère-Allichamps
Grand Bois de Meillant
D953
D3
Noirlac
D951
Bessais-le-Fromental
Forêt d'Habert
St. Armand-Montrond
Laugère
St. Hilaire-de-Lignières
Morlac
CHER
Orval
Charenton-du-Cher
Ainay-le-Château
Valigny
1
D951
N144
D1
D65
Marçais
Coust
Cher
la Corne-de-Rollay
0
10 km
Ainay-le-Vieil
St. Bonnet-Tronçais
Loye-s-Arnon
A71
Braize
Forêt de Tronçais
Maisonnais
Fosse-Nouvelle
D1
l'Etelon
D951
D28
D978A
Tronçais
le Châtelet
D997
Urçay
Cérilly
Vitray
D3
St. Christophe-le-Chaudry
Saulzais-le-Potier
Meaulne
St. Maur
Epineuil-le-Fleuriel
le Brethon
D3
le Vilha
Châteaumeillant
Culan
St. Vitte
St. Caprais
Vesdun
D943
Vallon-en-Sully
la Grave
Louroux-Bourbonnais
2
St. Saturnin
Sidialles
D40
Hérisson
INDRE
D3
St. Eloy-d'Allier
St. Désiré
D11
Chazemais
D997
Courçaix
Venas
Cosne d'Allie
St. Priest-la-Marche
Viplaix
Audes
Reugny
St. Palais
N144
Forêt de Lespinasse
Préveranges
Mesples
Vaux
Estivareilles
St. Marien
Chambérat
la Chapelaude
D94
Bizeneuille
Villefranche d'Allier
D917
D943
St. Victor
Boussac-Bourg
St. Sauvier
Huriel
Deneuille-les-Mines
Leyrat
D916
Archignat
Domerat
Boussac
Treignat
Montluçon
D40
Doyet
D11
Quinssaines
Chamblet
N371
Lavaufranche
Montebras
N145
Prémihat
Montvicq
Malicorne
Beauregard
Soumans
Lamaids
Coursage
Néris-les-Bains
3
Commentry
CREUSE
Lignerolles
Chanon
Viersat
Teillet-Argenty
Villebret
Colombier
Bord-St. Georges
St. Genest
Durdat-Larequille
D1089
Richebœuf
D997
Lépaud
D993
N144
la Celle
le Sou
D917
Mazirat
la Croix de fer
Voueize
Budelière
Gouzon
D915
Chambon-s-Voueize
Terjat
PUY-
Lussat
A
V
D915
B
D4
Crouzillé
Montaigut

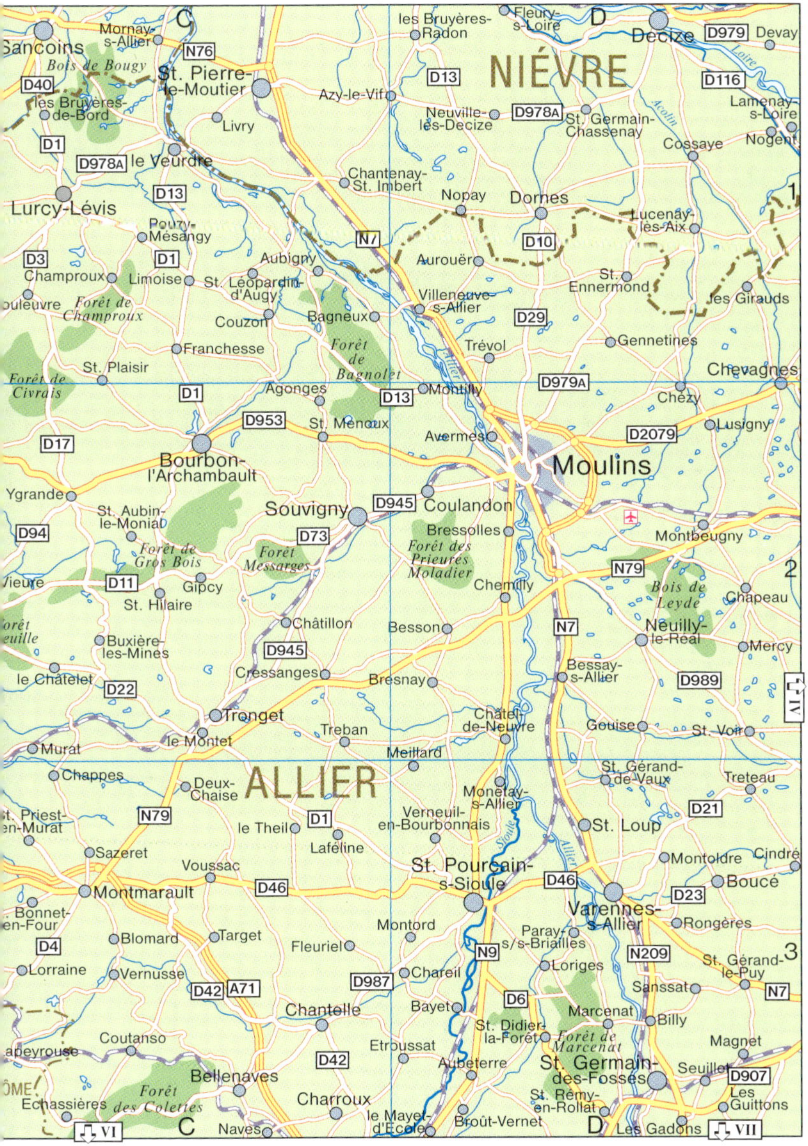

Kartenatlas

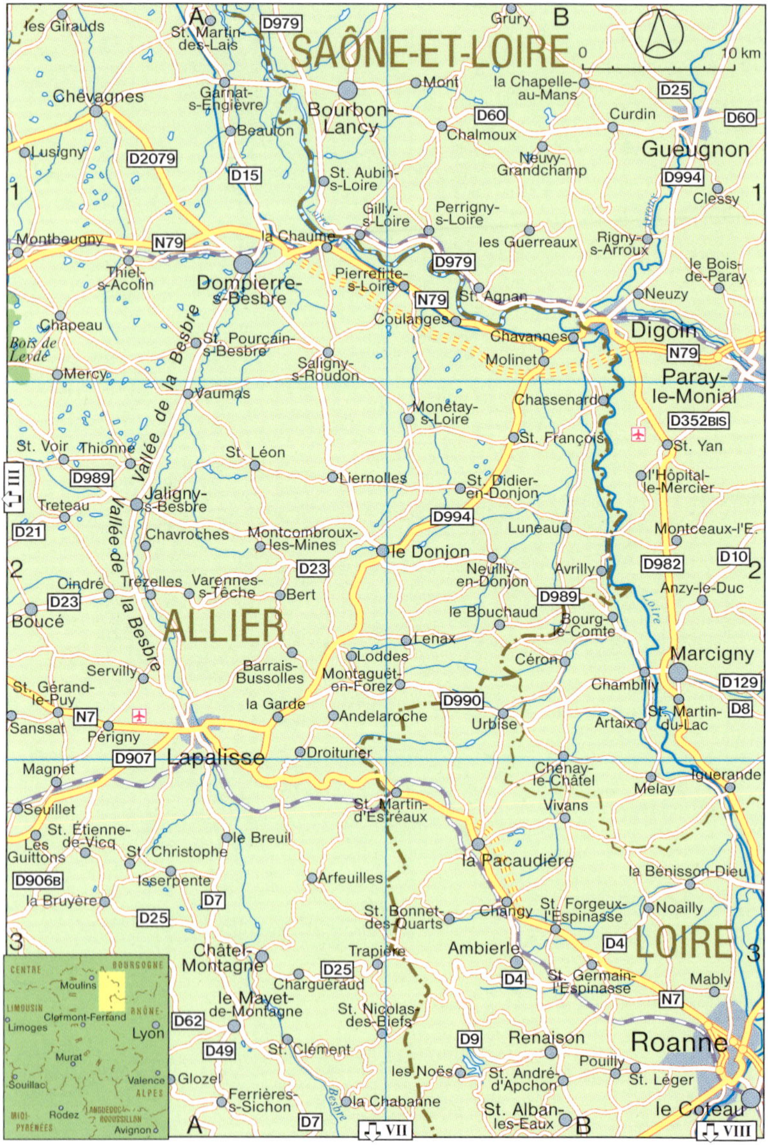
SAÔNE-ET-LOIRE
ALLIER
LOIRE
0
10 km
A
B
1
2
3
les Girauds
St. Martin-des-Lais
D979
Grury
Mont
la Chapelle-au-Mans
D25
Chevagnes
Garnat-s-Engièvre
Bourbon-Lancy
D60
Curdin
Beaulon
Chalmoux
Gueugnon
Lusigny
D2079
D15
Neuvy-Grandchamp
D994
St. Aubin-s-Loire
Clessy
Gilly-s-Loire
Perrigny-s-Loire
Loire
Arroux
Montbeugny
N79
la Chaume
les Guerreaux
Rigny-s-Arroux
Thiel-s-Acolin
Dompierre-s-Besbre
Pierrefitte-s-Loire
St. Agnan
le Bois-de-Paray
Neuzy
Chapeau
Coulanges
Digoin
Bois de Levde
St. Pourçain-s-Besbre
Chavannes
Molinet
Saligny-s-Roudon
Paray-le-Monial
Mercy
Vaumas
Chassenard
Monétay-s-Loire
D352BIS
St. François
St. Voir
Thionne
St. Léon
St. Yan
Vallée de la Besbre
D989
Liernolles
St. Didier-en-Donjon
l'Hôpital-le-Mercier
III
Treteau
Jaligny-s-Besbre
Luneau
Montceaux-l'E.
D21
Chavroches
Montcombroux-les-Mines
le Donjon
D10
D982
D23
Neuilly-en-Donjon
Avrilly
Cindré
Trézelles
Varennes-s-Têche
Bert
Anzy-le-Duc
Bouçé
le Bouchaud
Bourg-le-Comte
Lenax
Lodde
Céron
Marcigny
Servilly
Barrais-Bussolles
Montaguet-en-Forez
Chambilly
D129
St. Gérand-le-Puy
la Garde
D990
St. Martin-du-Lac
D8
Sanssat
N7
Andelaroche
Urbise
Artaix
Périgny
Droiturier
Magnet
D907
Lapalisse
Chenay-le-Châtel
Iguerande
Melay
Seuillet
St. Martin-d'Estréaux
Vivans
St. Étienne-de-Vicq
le Breuil
Les Guittons
St. Christophe
la Pacaudière
la Bénisson-Dieu
D906B
Isserpente
Arfeuilles
la Bruyère
D7
St. Bonnet-des-Quarts
Changy
St. Forgeux-l'Espinasse
Noailly
D25
Ambierle
D4
Châtel-Montagne
Trapière
St. Germain-l'Espinasse
Mably
Chargueraud
le Mayet-de-Montagne
St. Nicolas-des-Biefs
D62
D9
Renaison
Roanne
D49
St. Clément
Pouilly
les Noës
St. André-d'Apchon
St. Léger
Glozel
Ferrières-s-Sichon
la Chabanne
Besbre
St. Alban-les-Eaux
le Coteau
VII
VIII
CENTRE
BOURGOGNE
Moulins
LIMOUSIN
Clermont-Ferrand
RHÔNE-
Limoges
Lyon
Murat
Valence
ALPES
Souillac
Rodez
MIDI-PYRÉNÉES
LANGUEDOC-ROUSSILLON
Avignon

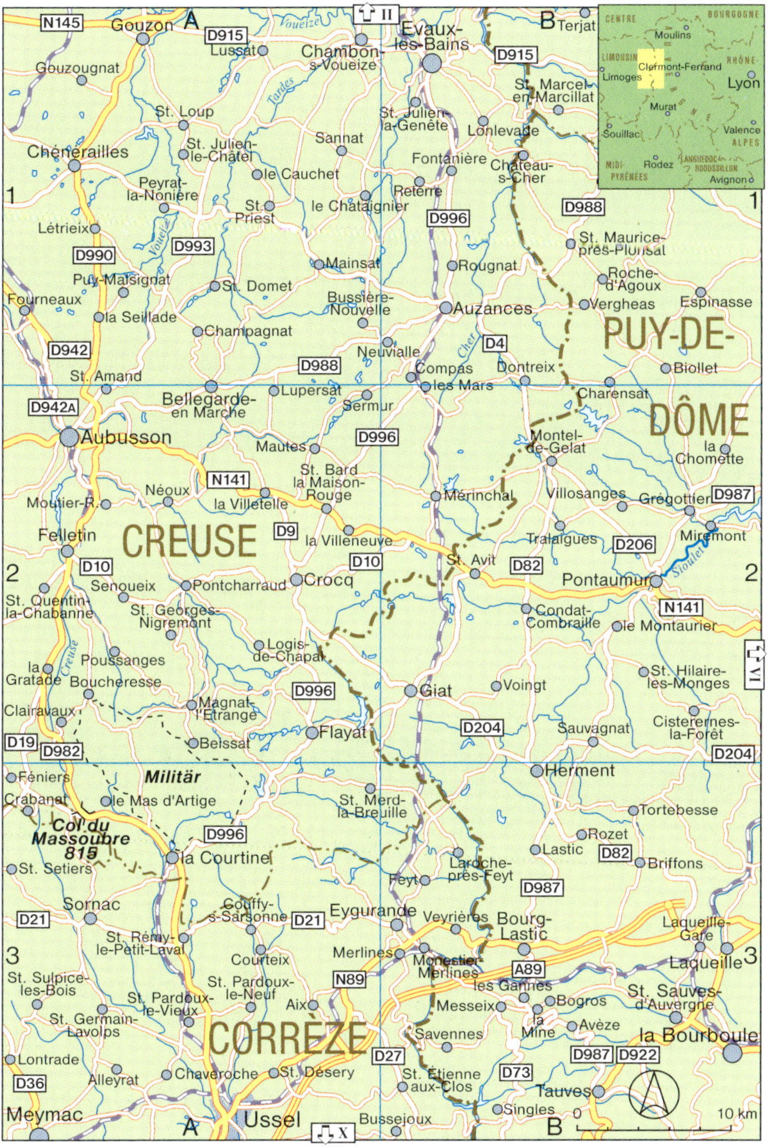
N145
Gouzon
A
D915
Lussat
Voueize
Chambon-s-Voueize
II
Evaux-les-Bains
D915
B
Terjat
Gouzougnat
Tardes
St. Marcel-en-Marcillat
St. Loup
St. Julien-la-Genête
Lonlevade
Sannat
Chénerailles
St. Julien-le-Châtel
Fontanière
Château-s-Cher
le Cauchet
Peyrat-la-Nonière
Reterre
1
St. Priest
le Chataignier
D988
1
D996
Létrieix
St. Maurice-près-Pionsat
D990
D993
Mainsat
Rougnat
Roche-d'Agoux
Puy-Malsignat
St. Domet
Bussière-Nouvelle
Espinasse
Fourneaux
Auzances
Vergheas
la Seillade
PUY-DE-
Champagnat
D4
Neuvialle
Cher
D942
D988
Dontreix
Biollet
Compas
St. Amand
les Mars
Bellegarde-en Marche
Lupersat
Charensat
D942A
Sermur
DÔME
Aubusson
D996
Montel-de-Gelat
Mautes
la Chomette
St. Bard
la Maison-Rouge
N141
Néoux
Mérinchal
Villosanges
Grégottier
D987
Moutier-R.
la Villetelle
D9
Miremont
Felletin
CREUSE
la Villeneuve
Tralaigues
D206
St. Avit
D10
D10
D82
Sioulet
2
Pontaumur
2
Senoueix
Pontcharraud
Crocq
St. Quentin-la-Chabanne
St. Georges-Nigremont
Condat-Combraille
N141
le Montaurier
Logis-de-Chapal
Creuse
Poussanges
la Gratade
Boucheresse
St. Hilaire-les-Monges
D996
Giat
Voingt
VI
Clairavaux
Magnat-l'Etrange
Cisternes-la-Forêt
D204
Sauvagnat
D19
D982
Flayat
Beissat
D204
Féniers
Militär
Herment
Crabanat
le Mas d'Artige
St. Merd-la-Breuille
Tortebesse
Col du Massoubre 815
D996
Rozet
Lastic
D82
St. Setiers
la Courtine
Briffons
Laroche-près-Feyt
Feyt
D987
Sornac
Couffy-s-Sarsonne
Eygurande
Veyrières
Bourg-Lastic
D21
D21
Laqueille-Gare
St. Rémy-le-Petit-Laval
3
Merlines
Monestier-Merlines
A89
Laqueille
3
Courteix
St. Sulpice-les-Bois
St. Pardoux-le-Neuf
N89
les Gannes
St. Sauves-d'Auvergne
St. Pardoux-le-Vieux
Aix
Messeix
Bogros
St. Germain-Lavolps
la Mine
Avèze
CORRÈZE
Savennes
la Bourboule
D27
D987
D922
Lontrade
Chaveroche
St. Désery
St. Étienne aux-Clos
D73
D36
Alleyrat
Tauves
Meymac
Singles
0
10 km
A
Ussel
X
Bussejoux
B
CENTRE
BOURGOGNE
Moulins
LIMOUSIN
Clermont-Ferrand
RHÔNE
Limoges
Lyon
Murat
Souillac
Valence
ALPES
MIDI-PYRÉNÉES
Rodez
LANGUEDOC-ROUSSILLON
Avignon

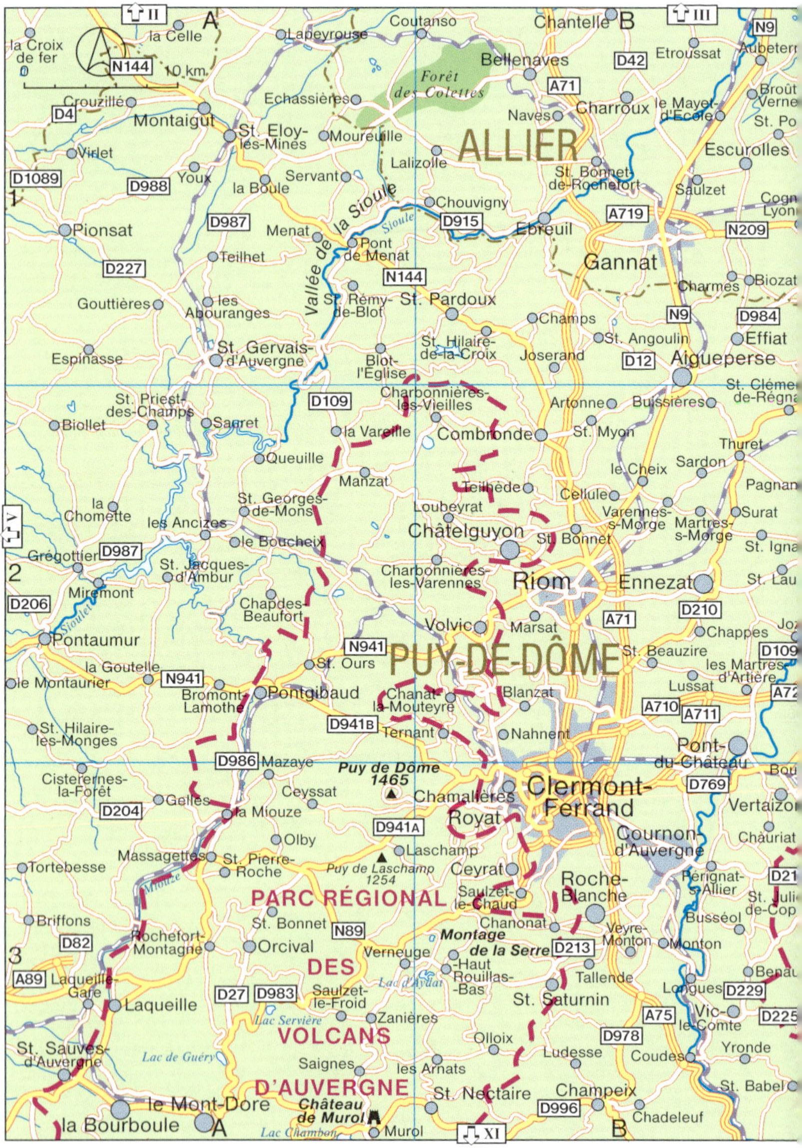
II
A
III
B
N9
la Croix de fer
la Celle
N144
10 km
Lapeyrouse
Coutanso
Chantelle
Etroussat
Aubeterre
Bellenaves
Forêt des Colettes
D42
A71
Crouzillé
D4
Montaigut
Echassières
Charroux
Naves
le Mayet-d'Ecole
Brout-Vernet
St. Po
St. Eloy-les-Mines
Moureuille
Virlet
Lalizolle
ALLIER
Escurolles
D1089
D988
Youx
Servant
la Boule
St. Bonnet-de-Rochefort
Saulzet
Cognat-Lyonne
1
Chouvigny
A719
D987
Menat
la Sioule
Sioule
D915
Ebreuil
N209
Pionsat
Pont de Menat
Teilhet
Vallée de la Sioule
Gannat
D227
N144
Charmes
Biozat
Gouttières
les Abouranges
St. Rémy-de-Blot
St. Pardoux
Champs
N9
D984
St. Angoulin
Effiat
Espinasse
St. Gervais-d'Auvergne
Blot-l'Eglise
St. Hilaire-de-la-Croix
Joserand
D12
Aigueperse
St. Priest-des-Champs
D109
Charbonnières-les-Vieilles
Artonne
Buissières
St. Clément-de-Régnat
Biollet
Sauret
la Vareille
Combronde
St. Myon
Queuille
Thuret
le Cheix
Sardon
Manzat
Pagnant
Teilhède
Cellule
la Chomette
St. Georges-de-Mons
Loubeyrat
Varennes-s-Morge
Surat
les Ancizes
Châtelguyon
Martres-s-Morge
le Boucheix
St. Bonnet
V
Grégottier
D987
St. Jacques-d'Ambur
St. Igna
2
Charbonnières-les-Varennes
Riom
Ennezat
St. Lau
Miremont
D206
Chapdes-Beaufort
D210
Sioulet
A71
Volvic
Marsat
Chappes
Pontaumur
N941
PUY-DE-DÔME
St. Beauzire
D109
St. Ours
la Goutelle
les Martres-d'Artière
le Montaurier
N941
Bromont-Lamothe
Pontgibaud
Chanat-la-Mouteyre
Blanzat
Lussat
A710
A711
D941B
St. Hilaire-les-Monges
Ternant
Nahnent
Pont-du-Château
D986
Mazaye
Puy de Dôme 1465
Cisternes-la-Forêt
Ceyssat
Chamalières
Clermont-Ferrand
D769
Gelles
D204
la Miouze
Royat
Vertaizon
D941A
Cournon-d'Auvergne
Olby
Chauriat
Massagettes
Laschamp
St. Pierre-Roche
Tortebesse
Puy de Laschamp 1254
Ceyrat
Miouze
Pérignat-s-Allier
Roche-Blanche
PARC RÉGIONAL
Saulzet-le-Chaud
St. Julien-de-Cop
Briffons
St. Bonnet
Busséol
Chanonat
D82
Rochefort-Montagne
N89
Montagne de la Serre
D213
Veyre-Monton
Monton
Orcival
Verneuge
3
DES
-Haut
Rouillas-Bas
A89
Laqueuille-Gare
Tallende
Laqueuille
D27
D983
Saulzet-le-Froid
Lac d'Aydat
St. Saturnin
Longues
D229
A75
Vic-le-Comte
D225
Lac Servière
Zanières
VOLCANS
Olloix
D978
St. Sauves-d'Auvergne
Ludesse
Coudes
Yronde
Lac de Guéry
Saignes
les Arnats
St. Babel
D'AUVERGNE
St. Nectaire
Champeix
Château de Murol
D996
Chadeleuf
le Mont-Dore
la Bourboule
Lac Chambon
Murol
XI

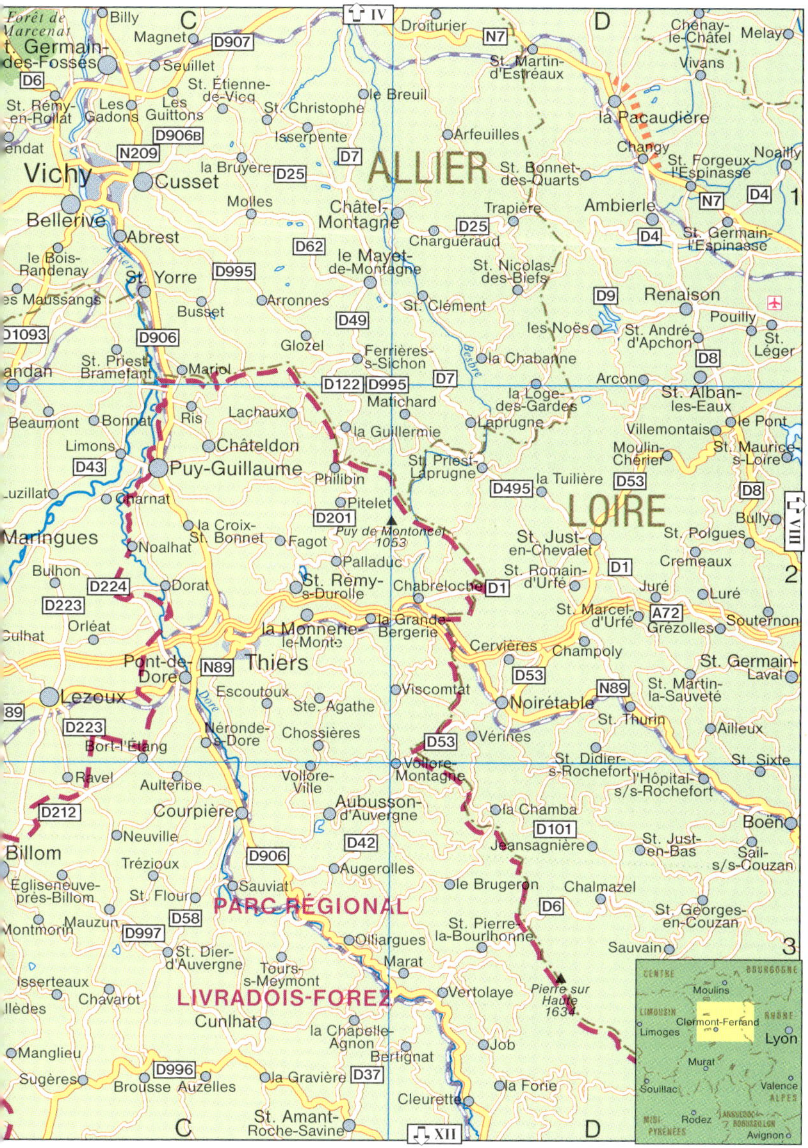

IV
XII
VIII
C
D
1
2
3
ALLIER
LOIRE
PARC RÉGIONAL
LIVRADOIS-FOREZ
Forêt de Marcenat
Billy
Magnet
D907
St. Germain-des-Fossés
Seuillet
D6
St. Étienne-de-Vicq
Les Guittons
Les Gadons
St. Rémy-en-Rollat
St. Christophe
le Breuil
Droiturier
N7
St. Martin-d'Estréaux
Chenay-le-Châtel
Melay
Vivans
la Pacaudière
D906B
N209
Vichy
Cusset
Isserpente
Arfeuilles
la Bruyère
D25
D7
Changy
St. Forgeux-l'Espinasse
Noailly
St. Bonnet-des-Quarts
N7
D4
Bellerive
Molles
Châtel-Montagne
Trapière
Ambierle
Abrest
D25
Chargueraud
D4
St. Germain-l'Espinasse
le Bois-Randenay
D62
le Mayet-de-Montagne
St. Nicolas-des-Biefs
St. Yorre
D995
Renaison
D9
Pouilly
Busset
Arronnes
St. Clément
les Maussangs
D1093
D906
D49
les Noës
St. André-d'Apchon
St. Léger
Glozel
Ferrières-s-Sichon
la Chabanne
D8
St. Priest-Bramefant
Mariol
Arcon
D122
D995
D7
la Loge-des-Gardes
St. Alban-les-Eaux
Beaumont
Bonnat
Ris
Lachaux
Matichard
Laprugne
le Pont
la Guillermie
Villemontais
Limons
Châteldon
Moulin-Cherier
St. Maurice-s-Loire
D43
Puy-Guillaume
Philibin
St. Priest-Laprugne
la Tuilière
D53
Luzillat
Charnat
D495
D8
Pitelet
Bully
D201
la Croix-St. Bonnet
Puy de Montoncel 1053
Maringues
Noalhat
Fagot
St. Just-en-Chevalet
St. Polgues
Bulhon
Palladuc
D1
Cremeaux
D224
Dorat
St. Remy-s-Durolle
Chabreloche
D1
St. Romain-d'Urfé
Juré
Luré
D223
Orléat
la Monnerie-le-Monte
la Grande-Bergerie
St. Marcel-d'Urfé
A72
Grézolles
Souternon
Culhat
Cervières
Champoly
Pont-de-Dore
N89
Thiers
St. Germain-Laval
D53
Lezoux
Escoutoux
Viscomtat
N89
St. Martin-la-Sauveté
Ste. Agathe
Noirétable
St. Thurin
D223
Néronde-s-Dore
Chossières
D53
Vérines
Ailleux
Bort-l'Étang
St. Didier-s-Rochefort
St. Sixte
Ravel
Aulteribe
Vollore-Ville
Vollore-Montagne
l'Hôpital-s/s-Rochefort
D212
Courpière
Aubusson-d'Auvergne
la Chamba
Boën
D101
Neuville
D42
Jeansagnière
St. Just-en-Bas
Sail-s/s-Couzan
Billom
D906
Trézioux
Augerolles
Égliseneuve-près-Billom
Sauviat
le Brugeron
Chalmazel
St. Flour
D6
St. Georges-en-Couzan
Mauzun
D58
St. Pierre-la-Bourlhonne
Montmorin
D997
Olliargues
Sauvain
St. Dier-d'Auvergne
Marat
Isserteaux
Tours-s-Meymont
Vertolaye
Pierre sur Haute 1634
Chavarot
Cunlhat
Manglieu
la Chapelle-Agnon
Job
Bertignat
D996
Sugères
Brousse
Auzelles
la Gravière
D37
la Forie
Cleurette
St. Amant-Roche-Savine
CENTRE
BOURGOGNE
Moulins
LIMOUSIN
RHÔNE-
Clermont-Ferrand
Limoges
Lyon
Murat
Souillac
Valence
ALPES
MIDI-PYRÉNÉES
Rodez
Avignon

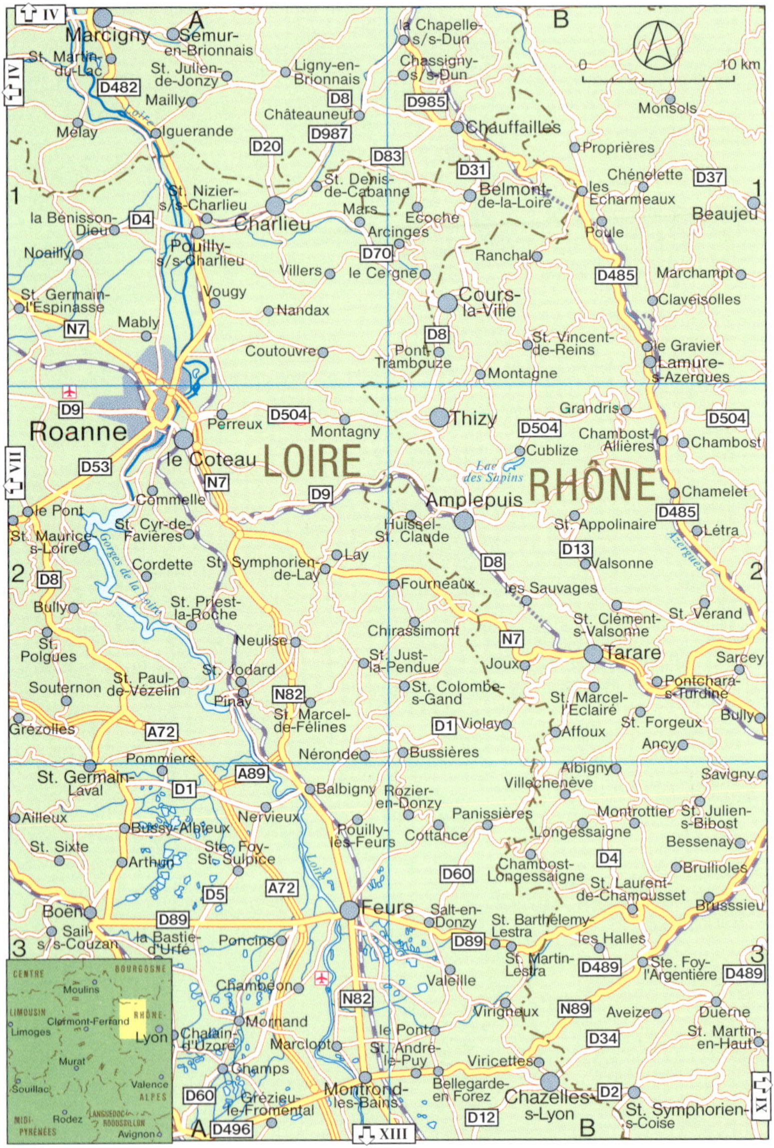
IV
A
B
1
2
3
0
10 km
Marcigny
Semur-en-Brionnais
St. Martin-du-Lac
St. Julien-de-Jonzy
Ligny-en-Brionnais
la Chapelle-s/s-Dun
Chassigny-s/s-Dun
D482
Mailly
D8
D985
Châteauneuf
Monsols
Melay
Iguerande
D987
Chauffailles
D20
D83
Proprières
D31
Chénelette
D37
St. Denis-de-Cabanne
Belmont-de-la-Loire
les Echarmeaux
St. Nizier-s/s-Charlieu
Mars
Ecoche
Beaujeu
la Bénisson-Dieu
D4
Charlieu
Arcinges
Poule
Pouilly-s/s-Charlieu
D70
Ranchal
Noailly
Villers
le Cergne
D485
Marchampt
Vougy
Cours-la-Ville
Claveisolles
St. Germain-l'Espinasse
Nandax
N7
Mably
D8
St. Vincent-de-Reins
Coutouvre
Pont-Trambouze
le Gravier
Lamure-s-Azergues
Montagne
D9
Perreux
D504
Grandris
Roanne
Montagny
Thizy
D504
D504
Chambost-Allières
Chambost
VII
le Coteau
LOIRE
Cublize
D53
Lac des Sapins
RHÔNE
N7
Chamelet
Commelle
D9
Amplepuis
le Pont
D485
Huissel-St. Claude
St. Appolinaire
St. Cyr-de-Favières
Létra
St. Maurice-s-Loire
Gorges de la Loire
D13
Cordette
St. Symphorien-de-Lay
Lay
D8
Valsonne
Azergues
D8
Fourneaux
les Sauvages
Bully
St. Priest-la-Roche
St. Clément-s-Valsonne
St. Verand
St. Polgues
Neulise
Chirassimont
N7
Tarare
Sarcey
St. Jodard
St. Just-la-Pendue
Joux
Souternon
St. Paul-de-Vézelin
St. Colombe-s-Gand
St. Marcel-l'Eclairé
Pontcharra-s-Turdine
Pinay
N82
St. Marcel-de-Félines
Bully
Grézolles
A72
D1
Violay
St. Forgeux
Affoux
Néronde
Bussières
Ancy
Pommiers
St. Germain-Laval
A89
Albigny
Savigny
D1
Balbigny
Villechenève
Rozier-en-Donzy
Ailleux
Nervieux
Panissières
Montrottier
St. Julien-s-Bibost
Bussy-Albieux
Pouilly-lès-Feurs
Cottance
Longessaigne
St. Sixte
Ste. Foy-St. Sulpice
Bessenay
Arthun
D4
Loire
D60
Chambost-Longessaigne
Brullioles
D5
A72
St. Laurent-de-Chamousset
Boën
Feurs
Salt-en-Donzy
Brussieu
D89
St. Barthélemy-Lestra
Sail-s/s-Couzan
la Bastie-d'Urfé
Poncins
D89
les Halles
St. Martin-Lestra
D489
Ste. Foy-l'Argentière
D489
Valeille
Chambéon
N82
N89
Aveize
Duerne
Virigneux
Mornand
Chalain-d'Uzore
le Pont
D34
St. Martin-en-Haut
Marclopt
St. André-le-Puy
Viricelles
Champs
Montrond-les-Bains
Bellegarde-en Forez
Chazelles-s-Lyon
D2
St. Symphorien-s-Coise
D60
Grézieu-le-Fromental
D12
IX
D496
XIII
CENTRE
BOURGOGNE
Moulins
LIMOUSIN
Clermont-Ferrand
RHÔNE-
Limoges
Lyon
Murat
Souillac
Valence
ALPES
MIDI-PYRÉNÉES
Rodez
LANGUEDOC-ROUSSILLON
Avignon

A
B
1
2
3
VIII
XIII
IX
Chevinay
N89
Brussieu
Courzieu
Vaugneray
Craponne
Grézieu-la-Varenne
Francheville
Tassin-la-Demi-Lune
Lyon
Villeurbanne
Décines-Charpieu
Meyzieu
Janneyrias
Bron
Genas
Lyon-St. Exupéry Flughafen
Ste. Foy
Oullins
Brindas
Yzeron
Messimy
Chaponost
Pierre-Bénite
St. Genis-Laval
Vénissieux
St. Priest
St. Bonnet-de-Mure
St. Laurent-de-Mure
Duerne
Thurins
Brignais
Irigny
Feyzin
Corbas
Mions
A43
Grenay
St. Martin-en-Haut
RHÔNE
Vernaison
Solaize
St. Pierre-de-Chandieu
Taluyers
St. Laurent-d'Agny
Millery
St. Symphorien-d'oron
A46
Chaponnay
Heyrieux
Valencin
St. André-la-Côte
Mornant
St. Sorlin
D42
Grigny
Ternay
Luzinay
St. Just-Chaleyssin
Ste. Catherine
St. Andéol-le-Château
Givors
Chasse
N7
Chuzelle
D36
Oytier-St. Oblas
D518
St. Maurice-s-Dargoire
Seyssuel
N75
Gier
St. Martin-la-Plaine
Loire-s-Rhône
Baraton
St. Georges-d'Espéranche
St. Romain-en-Jarez
Echalas
Vienne
Chagnon
Rive-de-Gier
A47
D502
St. Romain-en-Gal
le Recru
Pont-l'Evêque
Moidieu-Détourbe
Valfleury
Lorette
les Haies
St. Benois
Longes
Grand-Croix
Ampuis
la Détourbe
Tupin
Eyzin-Pinet
Serpolier
St. Chamond
Reventin-Vaugris
St. Sorlin-de-Vienne
Meyssiès
LOIRE
Ste. Croix-en-Jarez
Condrieu
Chonas-l'Amballan
les Côtes-d'Arey
ISÈRE
Cour-et-Buis
la Terrasse-s-Dorlay
PARC RÉGIONAL DU PILAT
St. Clair-du-Rhône
N7
Vernioz
D538
D62
Chavanay
Auberives-s-Varèze
St. Alban-de-Varèze
Primarette
Pélussin
N86
A7
Crêt de la Perdrix 1432
Crêt de l'Œillon 1370
Roisey
le Péage-de-Roussillon
Bellegarde-Poussieu
Pisieu
Bessat
Véranne
Roussillon
Sonnay
Pact
MONT PILAT
Maclas
Salaise-s-Sanne
Agnin
Jarcieu
Beaurepaire
St. Appolinard
Colombier
Bouge-Chambalud
D519
N82
St. Julien-Molin-Molette
Serrières
Chanas
Epinouze
Manthes
Marcollin
Bourg-Argental
Savas
N82
St. Sortin-en-Valloire
D1
Lens-Lestang
St. Rambert-d'Albon
D503
St. Marcel-lès-Annonay
Boulieu-lès-Annonay
Peaugres
Anneyron
le Grand-Serre
St. Sauveur-en-Rue
Davézieux
D82
Hauterive
Albon
Châteauneuf-de-Galaure
Annonay
Andance
Andancette
D538
Tersanne
Vanosc
Villevocance
Talencieux
N7
A7
DRÔME
N86
Laveyron
St. Alban-d'Ay
Quintenas
Sarras
St. Uze
D51
St. Avit
Ardoix
Claveyson
Bathernay
D578
D578
St. Vallier
St. Barthélemy-de-vals
Satillieu
St. Jeure-d'Ay
Arras-s-Rhône
D112
0
10 km
Preaux
Sécheras
Erôme
St. Donat-l'Herbasse
CENTRE
BOURGOGNE
Moulins
LIMOUSIN
Clermont-Ferrand
RHÔNE-
Limoges
Lyon
Murat
Souillac
Valence
ALPES
MIDI-PYRÉNÉES
Rodez
LANGUEDOC-ROUSSILLON
Avignon

A
B
1
2
3
0
10 km
V
XI
CORRÈZE
Meymac
Ussel
Egletons
Neuvic
Mauriac
Salers
Bort-les-Orgues
Saignes
Pleaux
St. Privat
Lapleau
St. Cernin
Jussac
Laroquebrou
Vic-s-Cère
Barrage de l'Aigle
Barrage du Chastang
Barrage d'Enchanet
Barrage de Lastioulles
Gorges de la Dordogne
Monts
Puy Violent 1592
D982
N89
A89
D36
D979
D18
D16
D27
D73
D987
D679
D3
D992
D978
D678
D681
D680
D980
D922
D2
D41
N120
D653
D17

Kartenatlas

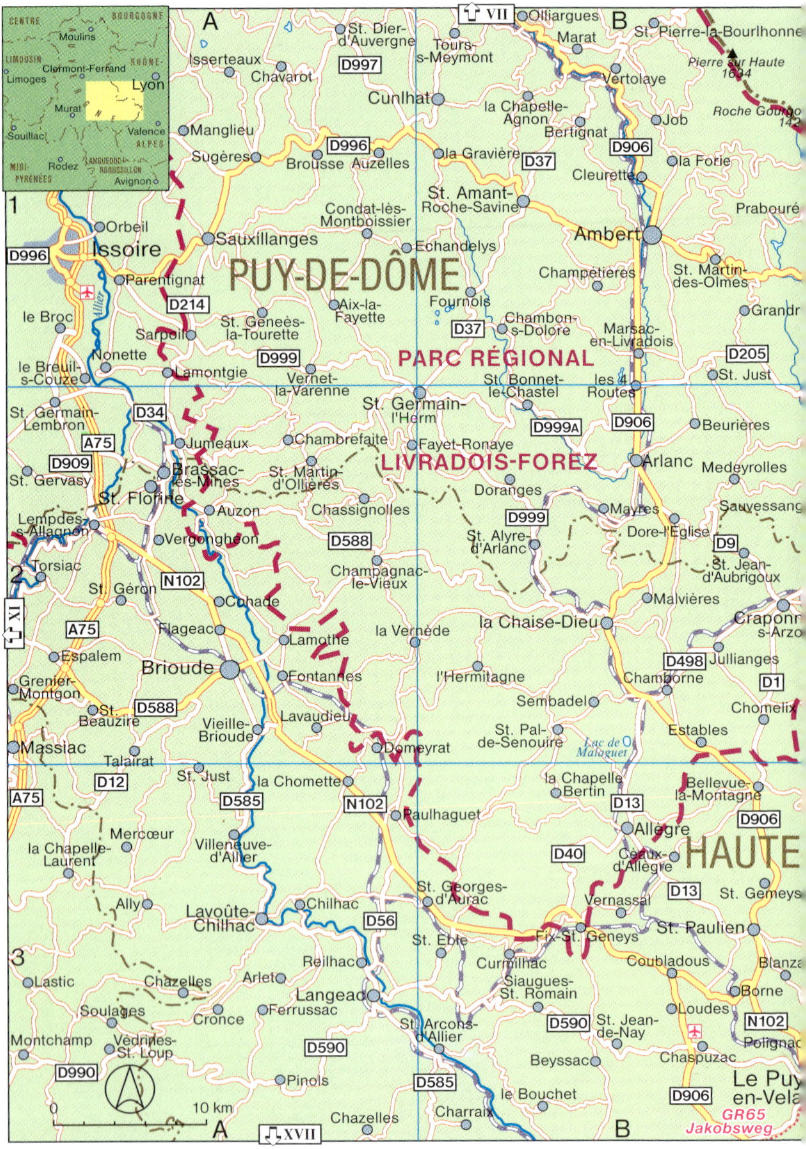

PUY-DE-DÔME
PARC RÉGIONAL
LIVRADOIS-FOREZ
HAUTE
Issoire
Ambert
Brioude
Langeac
la Chaise-Dieu
Sauxillanges
Cunlhat
Arlanc
Allègre
St. Paulien
Le Puy en-Velay
Lavoûte-Chilhac
St. Florine
Brassac-les-Mines
Massiac
Paulhaguet
St. Germain-l'Herm
Olliargues
St. Dier-d'Auvergne
Tours-s-Meymont
Marat
St. Pierre-la-Bourlhonne
Pierre sur Haute 1634
Roche Gourgon 142
Vertolaye
Job
la Chapelle-Agnon
Bertignat
Isserteaux
Chavarot
Manglieu
Sugères
Brousse
Auzelles
la Gravière
Cleurette
la Forie
St. Amant-Roche-Savine
Condat-lès-Montboissier
Prabouré
Orbeil
Echandelys
Champétières
St. Martin-des-Olmes
Parentignat
Fournols
Aix-la-Fayette
Grandr
le Broc
St. Genès-la-Tourette
Chambon-s-Dolore
Marsac-en-Livradois
Sarpoil
Nonette
Lamontgie
Vernet-la-Varenne
St. Bonnet-le-Chastel
les 4 Routes
St. Just
le Breuil-s-Couze
St. Germain-Lembron
Beurières
Jumeaux
Chambrefaite
Fayet-Ronaye
St. Gervasy
St. Martin-d'Ollières
Medeyrolles
Doranges
Chassignolles
Auzon
Mayres
Sauvessang
Lempdes-s-Allagnon
Dore-l'Eglise
Vergongheon
St. Alyre-d'Arlanc
St. Jean-d'Aubrigoux
Torsiac
Champagnac-le-Vieux
St. Géron
Cohade
Malvières
Craponne-s-Arzon
Flageac
la Vernède
Lamothe
Espalem
Julliange
Grenier-Montgon
Fontannes
l'Hermitagne
Chamborne
St. Beauzire
Sembadel
Chomelix
Vieille-Brioude
Lavaudieu
St. Pal-de-Senouire
Estables
Lac de Malaguet
Domeyrat
Talairat
St. Just
la Chomette
la Chapelle-Bertin
Bellevue-la-Montagne
Mercœur
la Chapelle-Laurent
Villeneuve-d'Allier
Ceaux-d'Allègre
St. Georges-d'Aurac
Vernassal
St. Geneys
Ally
Chilhac
Fix-St. Geneys
St. Eble
Reilhac
Curmilhac
Coubladous
Blanzac
Lastic
Chazelles
Arlet
Siaugues-St. Romain
Borne
Soulages
Cronce
Ferrussac
St. Arcons-d'Allier
Loudes
Montchamp
Védrines-St. Loup
St. Jean-de-Nay
Polignac
Chaspuzac
Beyssac
Pinols
le Bouchet
Chazelles
Charraix
GR65 Jakobsweg
Allier
D996
D997
D37
D906
D214
D999
D999A
D205
D34
A75
D909
D588
D9
N102
D498
D1
D12
D585
D13
D40
D56
D590
D990
N102
D906
VII
XI
XVII
A
B
1
2
3
0
10 km
CENTRE
BOURGOGNE
Moulins
LIMOUSIN
Clermont-Ferrand
RHÔNE-
Limoges
Lyon
Murat
Souillac
Valence
ALPES
MIDI-PYRÉNÉES
Rodez
LANGUEDOC-ROUSSILLON
Avignon

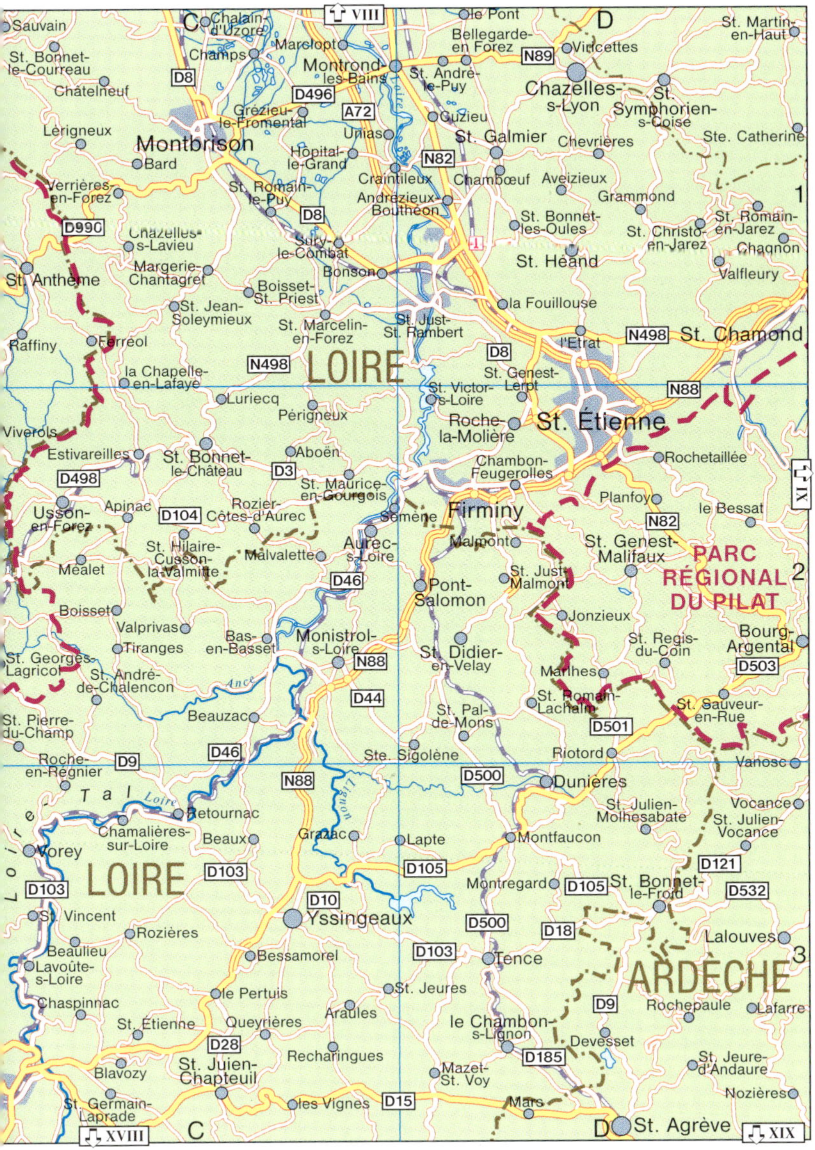
VIII
Sauvain
Chalain-d'Uzore
le Pont
Bellegarde-en Forez
N89
Virícettes
St. Martin-en-Haut
St. Bonnet-le-Courreau
Champs
Marclopt
Montrond-les-Bains
St. André-le-Puy
Châtelneuf
D8
D496
Chazelles-s-Lyon
St. Symphorien-s-Coise
Grézieu-le-Fromental
A72
Cuzieu
Lérigneux
Montbrison
Unias
St. Galmier
Chevrières
Ste. Catherine
Bard
Hôpital-le-Grand
N82
Verrières-en-Forez
St. Romain-le-Puy
Craintilleux
Chambœuf
Aveizieux
Grammond
Andrézieux-Bouthéon
D8
St. Bonnet-les-Oules
St. Romain-en-Jarez
D990
Chazelles-s-Lavieu
Sury-le-Comtal
St. Christo-en-Jarez
Chagnon
St. Héand
Margerie-Chantagret
Bonson
Valfleury
St. Anthème
Boisset-St. Priest
St. Jean-Soleymieux
la Fouillouse
St. Just-St. Rambert
Raffiny
Ferréol
St. Marcelin-en-Forez
l'Etrat
N498
St. Chamond
D8
LOIRE
N498
la Chapelle-en-Lafaye
St. Genest-Lerpt
St. Victor-s-Loire
N88
Luriecq
Périgneux
Roche-la-Molière
St. Étienne
Viverols
Estivareilles
St. Bonnet-le-Château
Aboën
Rochetaillée
Chambon-Feugerolles
D498
D3
St. Maurice-en-Gourgois
Planfoy
XI
Usson-en-Forez
Apinac
D104
Rozier-Côtes-d'Aurec
Semène
Firminy
le Bessat
N82
Malmont
St. Genest-Malifaux
PARC RÉGIONAL DU PILAT
St. Hilaire-Cusson-la-Valmitte
Aurec-s-Loire
Méalet
Malvalette
St. Just-Malmont
D46
Pont-Salomon
Boisset
Jonzieux
Valprivas
Bas-en-Basset
Monistrol-s-Loire
St. Regis-du-Coin
Bourg-Argental
Tiranges
St. Didier-en-Velay
St. Georges-Lagricol
N88
D503
St. André-de-Chalencon
Marlhes
Ance
D44
St. Romain-Lachalm
St. Sauveur-en-Rue
Beauzac
St. Pal-de-Mons
D501
St. Pierre-du-Champ
Riotord
D46
Roche-en-Régnier
D9
Ste. Sigolène
Vanosc
N88
D500
Dunières
Tal
Loire
Retournac
Lignon
St. Julien-Molhesabate
Vocance
St. Julien-Vocance
Chamalières-sur-Loire
Beaux
Grazac
Lapte
Montfaucon
Vorey
D121
D103
D105
Montregard
D105
St. Bonnet-le-Froid
D532
LOIRE
D103
D10
St. Vincent
Yssingeaux
D500
D18
Rozières
Lalouves
Beaulieu
D103
Tence
Lavoûte-s-Loire
Bessamorel
ARDÈCHE
le Pertuis
St. Jeures
D9
Rochepaule
Lafarre
Chaspinnac
Araules
St. Etienne
Queyrières
le Chambon-s-Lignon
Devesset
D28
Recharingues
D185
St. Jeure-d'Andaure
Blavozy
St. Juien-Chapteuil
Mazet-St. Voy
Nozières
St. Germain-Laprade
les Vignes
D15
Mars
XVIII
St. Agrève
XIX

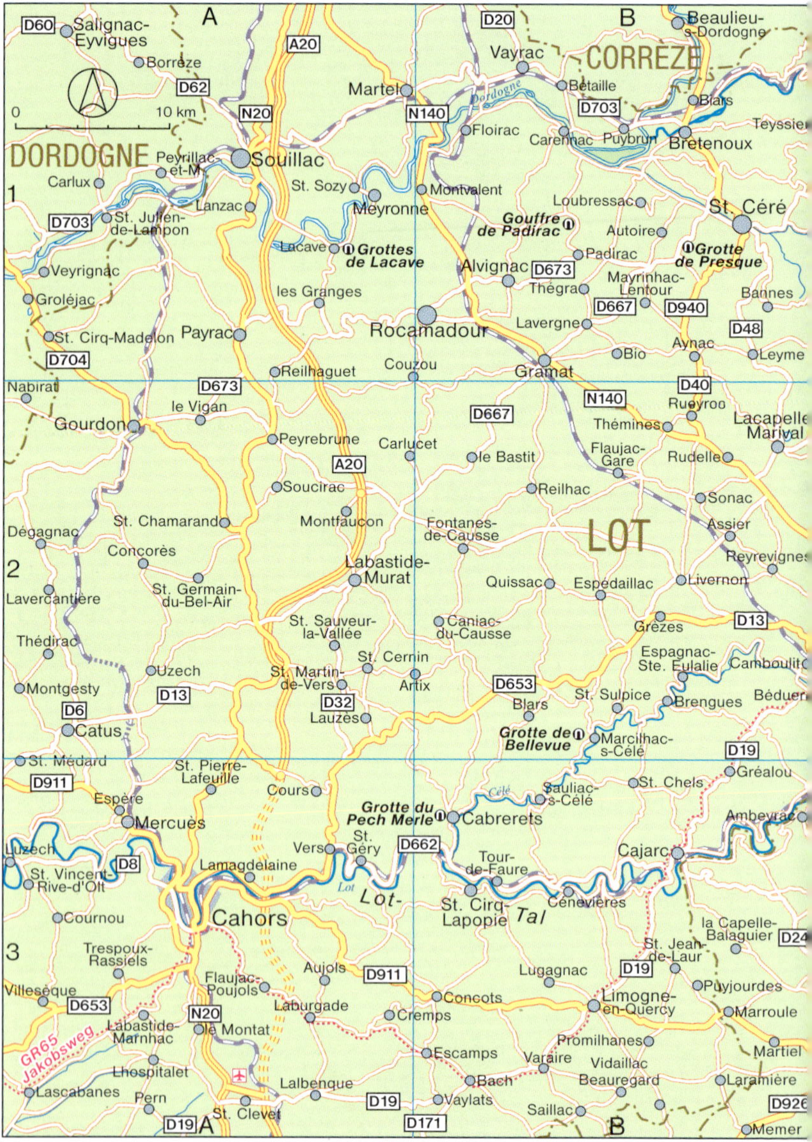
A
B
D60
Salignac-Eyvigues
Borrèze
A20
D20
Vayrac
Beaulieu-s-Dordogne
CORRÈZE
D62
Martel
Bétaille
0
10 km
N20
N140
Dordogne
D703
Blars
Floirac
Carennac
Puybrun
Bretenoux
Teyssieu
DORDOGNE
Peyrillac-et-M.
Souillac
Carlux
1
St. Sozy
Montvalent
Meyronne
Lanzac
Loubressac
St. Céré
D703
St. Julien-de-Lampon
Gouffre de Padirac
Autoire
Lacave
Grottes de Lacave
Padirac
Grotte de Presque
Veyrignac
Alvignac
D673
Mayrinhac-Lentour
Thégra
Bannes
Groléjac
les Granges
D667
D940
Rocamadour
Lavergne
D48
St. Cirq-Madelon
Payrac
Aynac
D704
Bio
Leyme
Couzou
Reilhaguet
Gramat
Nabirat
D673
D40
le Vigan
N140
Rueyroo
D667
Lacapelle-Marival
Gourdon
Thémines
Peyrebrune
Carlucet
Flaujac-Gare
le Bastit
Rudelle
A20
Soucirac
Reilhac
Sonac
Dégagnac
St. Chamarand
Montfaucon
Fontanes-de-Causse
LOT
Assier
Concorès
2
Labastide-Murat
Reyrevignes
St. Germain-du-Bel-Air
Quissac
Espédaillac
Livernon
Lavercantière
St. Sauveur-la-Vallée
Caniac-du-Causse
D13
Grèzes
Thédirac
Espagnac-Ste. Eulalie
St. Cernin
Camboulit
Uzech
St. Martin-de-Vers
Artix
D653
St. Sulpice
Montgesty
D13
Béduer
D32
Blars
Brengues
D6
Lauzès
Catus
Grotte de Bellevue
Marcilhac-s-Célé
St. Médard
D19
St. Pierre-Lafeuille
D911
St. Chels
Grélalou
Cours
Célé
Espère
Sauliac-s-Célé
Grotte du Pech Merle
Cabrerets
Ambeyrac
Mercuès
Luzech
Vers
St. Géry
D662
Cajarc
D8
Tour-de-Faure
St. Vincent-Rive-d'Olt
Lamagdelaine
Lot
Lot-
St. Cirq-Lapopie
Cénevières
Tal
Cournou
Cahors
la Capelle-Balaguier
D24
3
Trespoux-Rassiels
St. Jean-de-Laur
Aujols
D911
Lugagnac
D19
Flaujac-Poujols
Villesèque
Puyjourdes
D653
Laburgade
Concots
Limogne-en-Quercy
N20
Labastide-Marnhac
Cremps
Marroule
le Montat
GR65 Jakobsweg
Promilhanes
Escamps
Varaire
Martiel
Lhospitalet
Vidaillac
Bach
Beauregard
Laramière
Lascabanes
Lalbenque
Pern
D19
Vaylats
D926
St. Clevet
Saillac
D19
D171
Memer

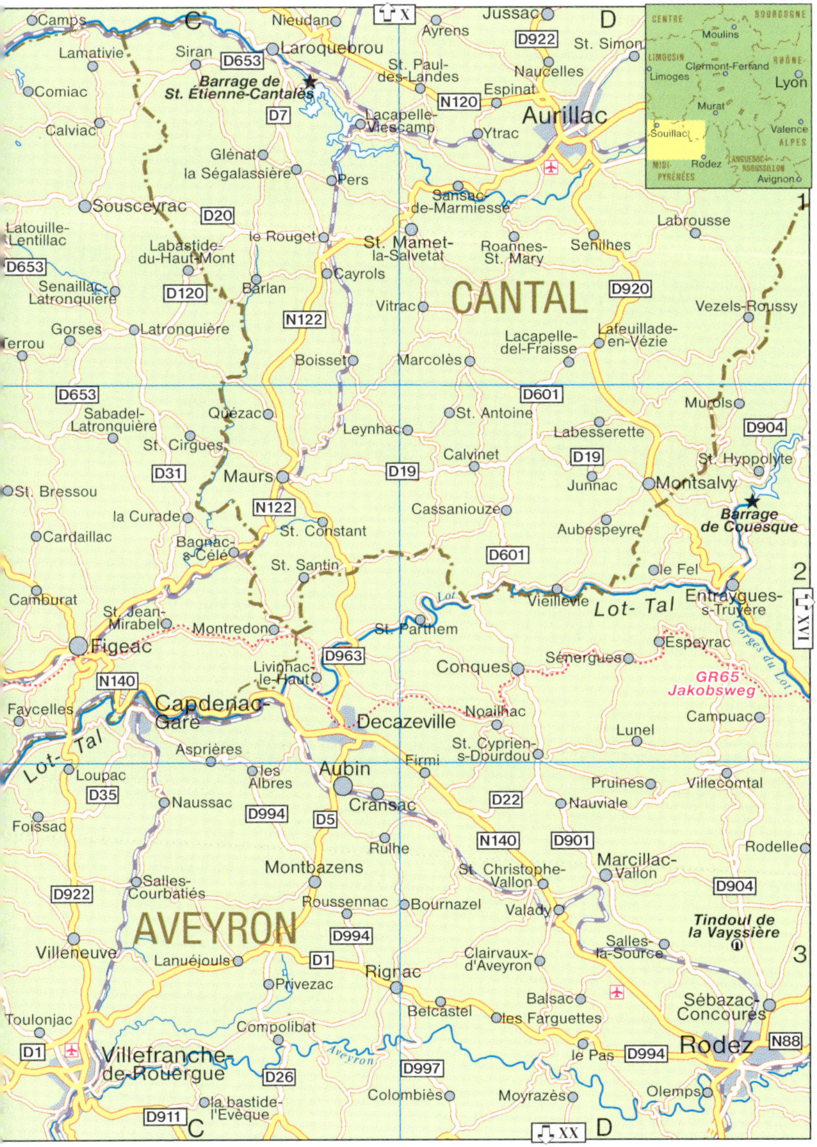
X
C
D
Camps
Nieudan
Ayrens
Jussac
D922
St. Simon
Lamativie
Siran
D653
Laroquebrou
St. Paul-des-Landes
Naucelles
Barrage de St. Étienne-Cantalès
Comiac
D7
N120
Espinat
Aurillac
Calviac
Lacapelle-Viescamp
Ytrac
Glénat
la Ségalassière
Pers
Sansac-de-Marmiesse
Sousceyrac
D20
Latouille-Lentillac
Labastide-du-Haut-Mont
le Rouget
St. Mamet-la-Salvetat
Roannes-St. Mary
Senilhes
Labrousse
D653
Cayrols
Senaillac-Latronquière
D120
Barlan
Vitrac
CANTAL
D920
Vezels-Roussy
N122
Gorses
Latronquière
Terrou
Lacapelle-del-Fraisse
Lafeuillade-en-Vézie
Boisset
Marcolès
D653
D601
Sabadel-Latronquière
Quézac
St. Antoine
Murols
Leynhac
Labesserette
D904
St. Cirgues
Calvinet
D31
D19
D19
St. Hyppolyte
Maurs
Junhac
Montsalvy
St. Bressou
N122
Cassaniouze
Barrage de Couesque
la Curade
Aubespeyre
Cardaillac
Bagnac-s-Célé
St. Constant
D601
St. Santin
le Fel
Camburat
Lot
Vieillevie
Lot-Tal
Entraygues-s-Truyère
St. Jean-Mirabel
Montredon
St. Parthem
Espeyrac
Figeac
D963
Gorges du Lot
Livinhac-le-Haut
Conques
Sénergues
N140
GR65 Jakobsweg
Faycelles
Capdenac-Gare
Noailhac
Campuac
Decazeville
Lunel
Lot-Tal
Asprières
St. Cyprien-s-Dourdou
Firmi
Loupac
les Albres
Aubin
Pruines
Villecomtal
D35
Cransac
D22
Nauviale
Naussac
D994
D5
Foissac
Rulhe
N140
D901
Rodelle
Marcillac-Vallon
Montbazens
St. Christophe-Vallon
Salles-Courbatiés
D904
D922
Roussennac
Bournazel
Valady
Tindoul de la Vayssière
AVEYRON
D994
Salles-la-Source
Villeneuve
Lanuéjouls
D1
Clairvaux-d'Aveyron
Rignac
Privezac
Balsac
Sébazac-Concourès
Belcastel
les Farguettes
Toulonjac
Compolibat
N88
D1
Villefranche-de-Rouergue
Aveyron
le Pas
D994
Rodez
D26
D997
Colombiès
Moyrazès
Olemps
la bastide-l'Evêque
D911
C
XX
D
1
2
3
XVI

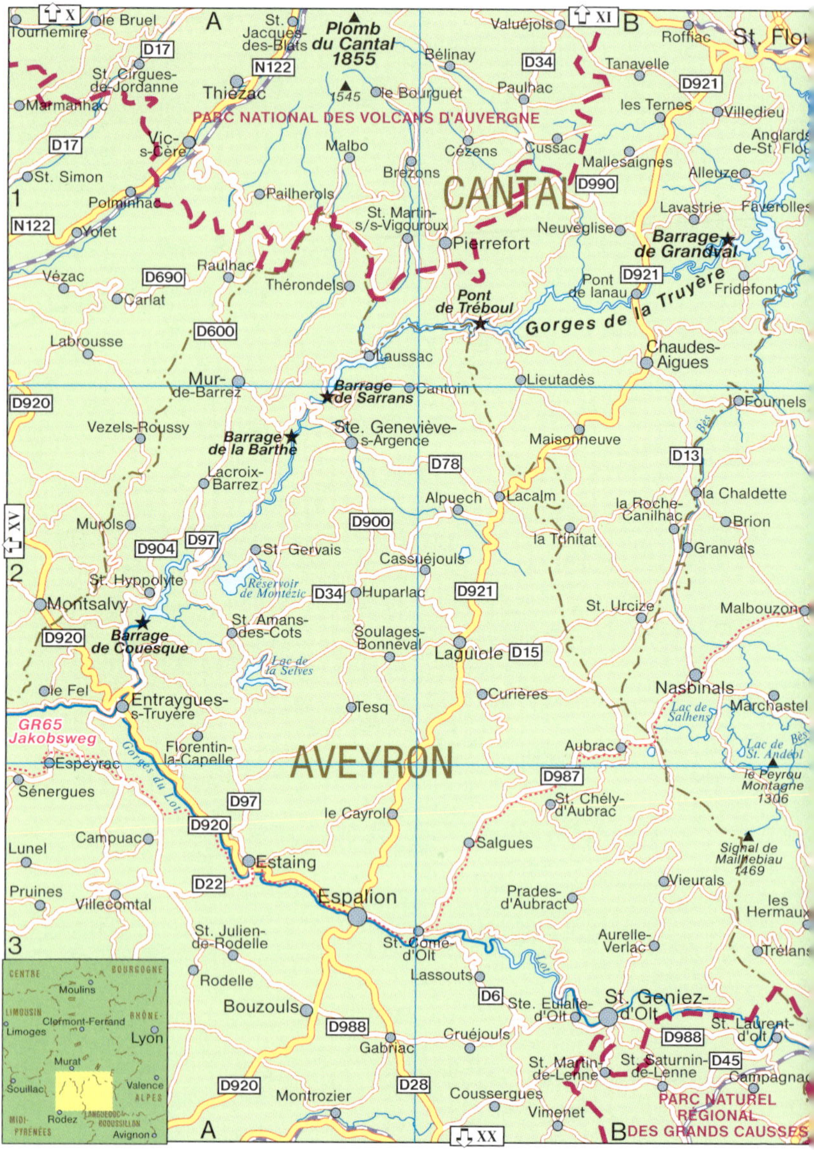
X
XI
XV
XX
A
B
1
2
3
Tournemire
le Bruel
St. Jacques-des-Blats
Plomb du Cantal 1855
Valuéjols
Roffiac
St. Flour
D17
N122
Bélinay
D34
Tanavelle
St. Cirgues-de-Jordanne
Thiézac
1545
le Bourguet
Paulhac
D921
Marmanhac
PARC NATIONAL DES VOLCANS D'AUVERGNE
les Ternes
Villedieu
Vic-s-Cère
Malbo
Cézens
Cussac
Anglards-de-St. Flour
D17
Brezons
Mallesaignes
St. Simon
CANTAL
D990
Alleuze
1
Polminhac
Pailherols
Lavastrie
Faverolles
N122
Yolet
St. Martin-s/s-Vigouroux
Neuvéglise
Barrage de Grandval
Pierrefort
Raulhac
Vézac
D690
Thérondels
D921
Pont de lanau
Fridefont
Carlat
Pont de Tréboul
Gorges de la Truyère
D600
Labrousse
Laussac
Chaudes-Aigues
Mur-de-Barrez
Barrage de Sarrans
Cantoin
Lieutadès
D920
Fournels
Vezels-Roussy
Barrage de la Barthe
Ste. Geneviève-s-Argence
Maisonneuve
Bès
D13
D78
Lacroix-Barrez
Alpuech
Lacalm
la Chaldette
la Roche-Canilhac
Murols
D900
Brion
la Trinitat
D904
D97
St. Gervais
Granvals
Cassuéjouls
2
St. Hyppolyte
Réservoir de Montézic
D34
Huparlac
D921
Montsalvy
St. Urcize
Malbouzon
St. Amans-des-Cots
Barrage de Couesque
D920
Soulages-Bonneval
Laguiole
D15
Lac de la Selves
le Fel
Curières
Nasbinals
Entraygues-s-Truyère
Tesq
Marchastel
Lac de Salhens
GR65 Jakobsweg
Gorges du Lot
Florentin-la-Capelle
Aubrac
Lac de St. Andéol
Bès
Espeyrac
AVEYRON
le Peyrou Montagne 1306
D987
Sénergues
D97
St. Chély-d'Aubrac
le Cayrol
D920
Campuac
Salgues
Signal de Mailhebiau 1469
Lunel
Estaing
Vieurals
D22
Pruines
Espalion
Prades-d'Aubrac
les Hermaux
Villecomtal
St. Julien-de-Rodelle
Aurelle-Verlac
St. Come-d'Olt
3
Lot
Trélans
CENTRE
BOURGOGNE
Moulins
Rodelle
Lassouts
LIMOUSIN
Clermont-Ferrand
RHÔNE-
Limoges
Lyon
D6
Ste. Eulalie-d'Olt
St. Geniez-d'Olt
Bouzouls
Murat
D988
St. Laurent-d'olt
Cruéjouls
D988
Gabriac
Souillac
Valence
ALPES
St. Martin-de-Lenne
St. Saturnin-de-Lenne
D45
Campagnac
D920
D28
MIDI-PYRÉNÉES
Rodez
LANGUEDOC-ROUSSILLON
Avignon
Coussergues
Montrozier
PARC NATUREL RÉGIONAL DES GRANDS CAUSSES
Vimenet
A
B

Kartenatlas

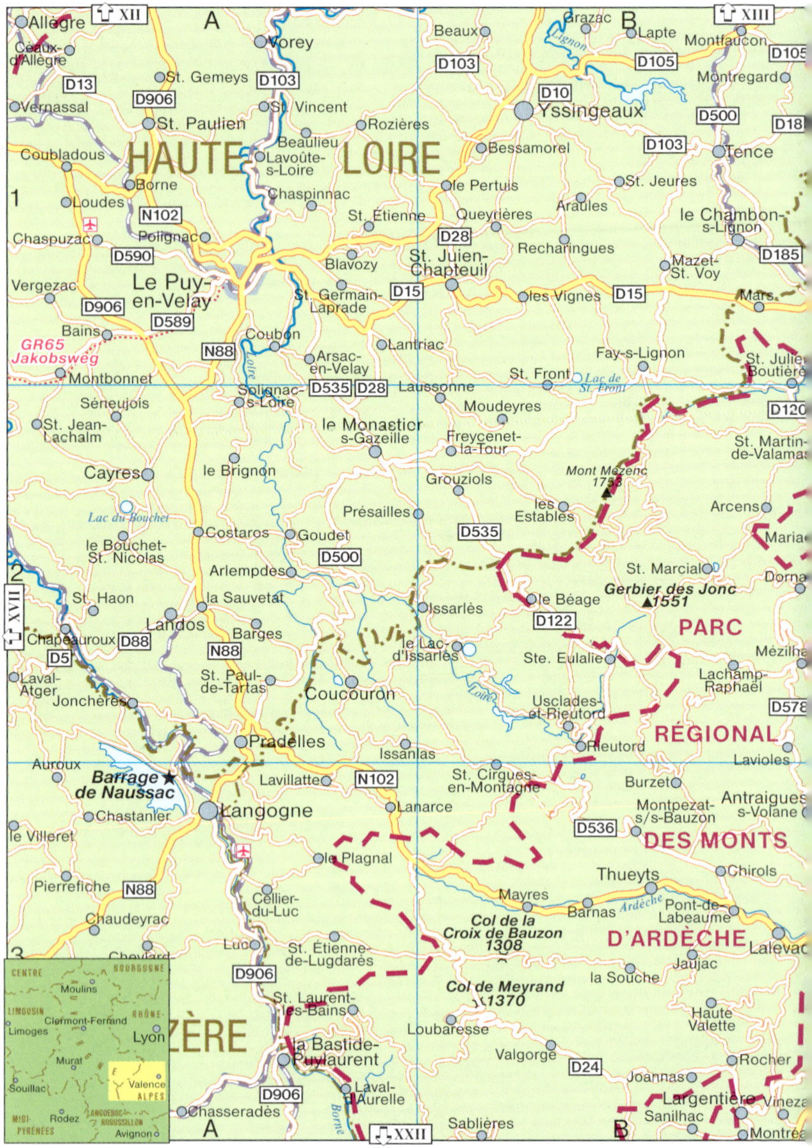
HAUTE-LOIRE
Le Puy-en-Velay
Yssingeaux
Allègre
Vorey
St. Paulien
Tence
le Chambon-s-Lignon
St. Julien-Chapteuil
Langogne
Pradelles
Landos
Coucouron
Barrage de Naussac
Mont Mezenc 1753
Gerbier des Jonc 1551
PARC RÉGIONAL DES MONTS D'ARDÈCHE
Col de la Croix de Bauzon 1308
Col de Meyrand 1370
Largentière
Thueyts
Ste. Eulalie
GR65 Jakobsweg
LOZÈRE
XII
XIII
XVII
XXII
A
B
1
2
3
Moulins
Clermont-Ferrand
Lyon
Limoges
Valence
Rodez
Avignon

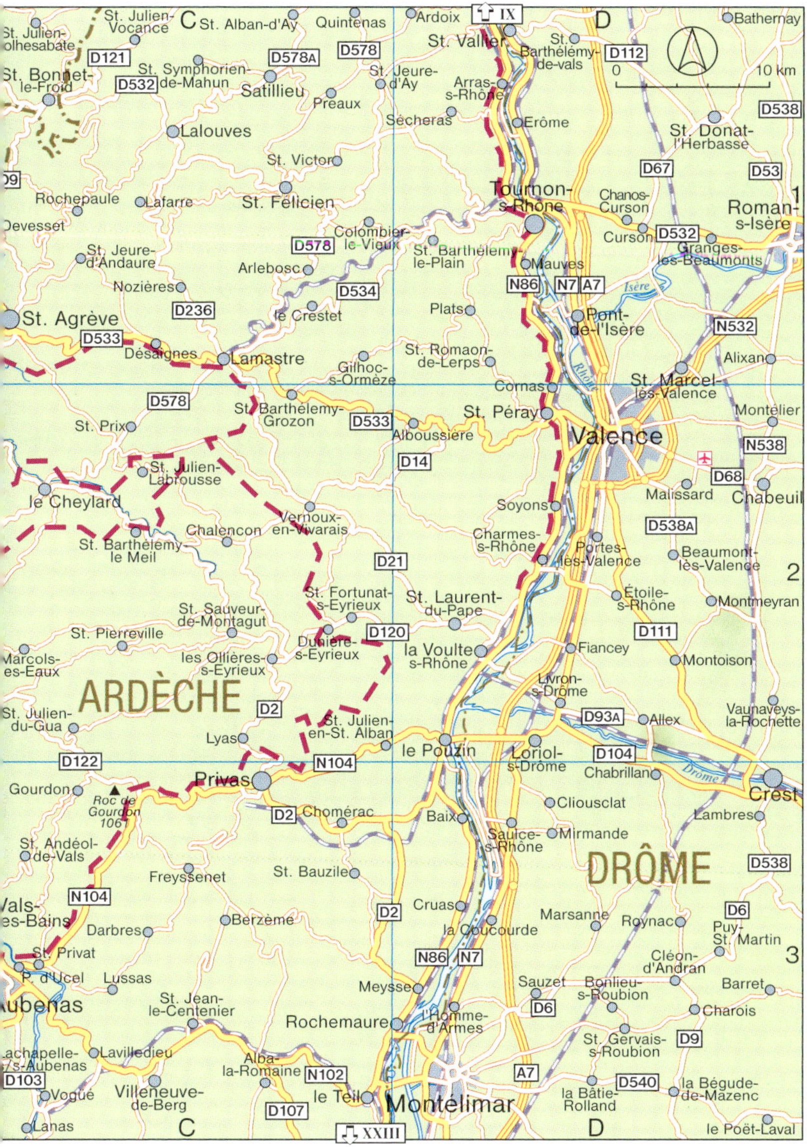
IX
XXIII
C
D
1
2
3
0
10 km
St. Julien-Vocance
St. Alban-d'Ay
Quintenas
Ardoix
Bathernay
St. Julien-Molhesabate
St. Vallier
St. Barthélemy-de-vals
D121
D578A
D578
D112
St. Bonnet-le-Froid
St. Symphorien-de-Mahun
D532
Satillieu
St. Jeure-d'Ay
Arras-s-Rhône
Preaux
D538
Lalouves
Sécheras
Erôme
St. Donat-l'Herbasse
St. Victor
D67
D53
D9
Rochepaule
Lafarre
St. Félicien
Tournon-s-Rhône
Chanos-Curson
Roman-s-Isère
Devesset
Colombier-le-Vieux
Curson
D532
St. Jeure-d'Andaure
D578
St. Barthélemy-le-Plain
Granges-les-Beaumonts
Arlebosc
Mauves
Nozières
D534
N86
N7
A7
Isère
D236
le Crestet
Plats
Pont-de-l'Isère
N532
St. Agrève
D533
Désaignes
Lamastre
Gilhoc-s-Ormèze
St. Romaon-de-Lerps
Alixan
Rhône
St. Marcel-lès-Valence
D578
Cornas
St. Barthélemy-Grozon
St. Péray
Montélier
St. Prix
D533
Alboussière
Valence
N538
St. Julien-Labrousse
D14
D68
Malissard
Chabeuil
le Cheylard
Soyons
Vernoux-en-Vivarais
D538A
Chalencon
Charmes-s-Rhône
Portes-lès-Valence
Beaumont-lès-Valence
St. Barthélemy-le Meil
D21
St. Fortunat-s-Eyrieux
St. Laurent-du-Pape
Étoile-s-Rhône
Montmeyran
St. Sauveur-de-Montagut
St. Pierreville
D120
D111
Dunière-s-Eyrieux
la Voulte-s-Rhône
Fiancey
Marcols-les-Eaux
les Ollières-s-Eyrieux
Montoison
ARDÈCHE
Livron-s-Drôme
St. Julien-du-Gua
D2
D93A
Allex
Vaunaveys-la-Rochette
Lyas
St. Julien-en-St. Alban
le Pouzin
Loriol-s-Drôme
D122
N104
D104
Privas
Chabrillan
Drôme
Gourdon
Roc de Gourdon 1061
Crest
D2
Chomérac
Cliousclat
Baix
Lambres
St. Andéol-de-Vals
Saulce-s-Rhône
Mirmande
Freyssenet
St. Bauzile
DRÔME
D538
N104
Vals-les-Bains
Cruas
D2
D6
Berzème
Marsanne
Roynac
Puy-St. Martin
Darbres
la Coucourde
St. Privat
N86
N7
Cléon-d'Andran
P. d'Ucel
Lussas
Meysse
Sauzet
Bonlieu-s-Roubion
Barret
Aubenas
St. Jean-le-Centenier
D6
l'Homme-d'Armes
Charois
Rochemaure
Lachapelle-s-Aubenas
Lavilledieu
St. Gervais-s-Roubion
D9
Alba-la-Romaine
N102
A7
D103
Vogüe
Villeneuve-de-Berg
le Teil
Montélimar
la Bâtie-Rolland
D540
la Bégude-de-Mazenc
Lanas
D107
le Poët-Laval

XV
A
GR65 Jakobsweg
B
XVI
le Cayrol
Decazeville
Noailhac
Lunel
Campuac
Gorges du Lot
D97
Estaing
St. Cyprien-s-Dourdou
Firmi
D920
Espalion
D22
les Albres
Aubin
Pruines
Villecomtal
Lot-Tal
Cransac
D22
Nauviale
St. Julien-de-Rodelle
St. Côme d'Olt
D5
D994
N140
D901
Rulhe
Rodelle
Marcillac-Vallon
1
Montbazens
St. Christophe-Vallon
D904
Bouzouls
Roussennac
Bournazel
Valady
D988
XV
Tindoul de la Vayssière
Gabriac
D994
Salles-la-Source
D1
Clairvaux-d'Aveyron
D920
D28
Rignac
Privezac
Balsac
Montrozier
Aveyron
Palmas
Belcastel
Sébazac-Concourès
les Farguettes
Compolibat
Laissac
Aveyron
le Pas
D994
Rodez
N88
D26
D997
Agen-d'Aveyron
Colombiès
Moyrazès
Olemps
D29
AVEYRON
Rieupeyroux
D911
Luc
le Vibal
la Capelle-Bleys
D911
la Primaube
Ségur
Castanet
Boussac
Flavin
Lac de Pont-de-Salars
le Théron
Baraqueville
Pont-de-Salars
D997
Gramond
la Capelle-Viaur
Lac de Bage
D993
2
D905
Manhac
Prades-de-Salars
Jouels
N88
Pradinas
Calmont
Trémouilles
la Salvetat-Peyralès
Sauveterre-de-Rouergue
Comps-la-Grand-Ville
Canet-de-Salars
Camboulazet
Tayrac
Pont-de-Grand-Fuel
Lac de Pareloup
Naucelle
Viaur
Tayac
Arvieux
Castelmary
Salles-Curan
Montmeyrac
Salmiech
St. Martin-des-Eaux
Crespin
D10
Centrès
Cassagnes-Bégonhes
D25
D993
les Canabières
Alrance
Pampelonne
Castelpers
Lac de Villefranche-de-Panat
Gorges du Viaur
la Selve
Durenque
Tanus
Ste. Gemme
Villefranche-de-Panat
Tréban
D69
N88
Lédergues
D902
Ayssènes
Moularès
D10
Lestrade
la Besse
TARN
l'Hôpital-Bellegarde
D44
D25
le Truel
St. Victor
3
D903
Réquista
D91
Gozon
Valence-d'Albigeois
le Dourn
Tarn
Valderiès
Broquiès
Brousse-le-Château
Saussenac
Bournac
D903
St. Izaire
St. Cirgue
Assac
Arthès
D33
Montclar
Dourdou
D25
Trebas
Coupiac
Vabres-l'Abbaye
0
10 km
Villeneuve
Albi
A
Plaisance
B

Kartenatlas

XVII
XXI
A
B
1
2
3
CENTRE
BOURGOGNE
LIMOUSIN
RHÔNE-ALPES
MIDI-PYRÉNÉES
LANGUEDOC-ROUSSILLON
Moulins
Clermont-Ferrand
Limoges
Lyon
Murat
Valence
Souillac
Rodez
Avignon
Lac de Charpal
l'Habitarelle
Villeneuve
St. Laurent-les-Bains
Loubares
Laubert
Montbel
la Bastide-Puylaurent
Pelouse
le Born
Belvezet
D6
Laval-d'Aurelle
N88
Chasseradès
Allenc
Sommet du Goulet 1497
D906
PARC NATIONAL DES CÉVENNES
Badaroux
Prévenchères
Mende
Barjac
Bagnols-les-Bains
D901
Borne
Balsièges
Brenoux
le Bleymard
la Garde-Guérin
Ste. Marguerite-Lafigère
St. Bauzile
Altier
Pied-de-Borne
Cubières
St. Étienne-du-Valdonnez
N106
Villefort
D986
D31
Sommet de Finiels 1699
Malons
Montmirat
Sauveterre
Finiels
Pic Cassini 1685
Cèze
les Bondons
Rûnes
Brésis
Ste. Enimie
Ispagnac
Fraissinet-de-Lozère
le Pont-de-Montvert
D51
Quezac
Prades
Génolhac
Tarn
Cocurès
Aujac
D907BIS
LOZÈRE
Vialas
D998
Florac
St. Maurice-de-Ventalon
D906
Chambrigaud
N106
la Rivière
Porte
Nivoliers
Lassagnas
Ste. Cécile-d'Andorge
D986
Dèze
N106
Racoules
Barre-des-Cévennes
Drigas
Col de Pendédis 666
Vebron
Causses Méjean
Chaos de Nimes le Vieux
la Grand-Combe
Fraissinet-de-Fourques
St. Martin-de-Lansuscle
St. Germain-de-Calberte
Rousses
Gatuzières
le Pompidou
Ste. Croix-Vallée-Française
Soustelle
Meyrueis
D18
D9
St. André-de-Valborgne
Corniche des Cévennes
St. Paul-la-Coste
Gardon de St. Jean
D986
Abîme de Bramabiau
D260
St. Sauveur-Camprieu
Mont Aigoual 1567
les Plantiers
Saumane
Mialet
Grotte de Trabuc
St. Jean-du-Gard
l'Estréchure
l'Esperou
Générargue
Valleraugue
Trèves
GARD
D907
D910
Dourbie
D48
D986
D57
Anduze
Dourbies
N. D. de la Rouvière
Lasalle
Cornelly
Gardon d'Anduze
Arphy
St. Martial
Colognac
Mandagout
St. Guiral 1366
Monoblet
Léza
D982
Arrigas
le Vigan
Pont-d'Hérault
Cros
D39
Durfort
Sumène
St. Hippolyte-du-Fort
Alzon
Bez
Arre
D999
Avèze
HÉRAULT

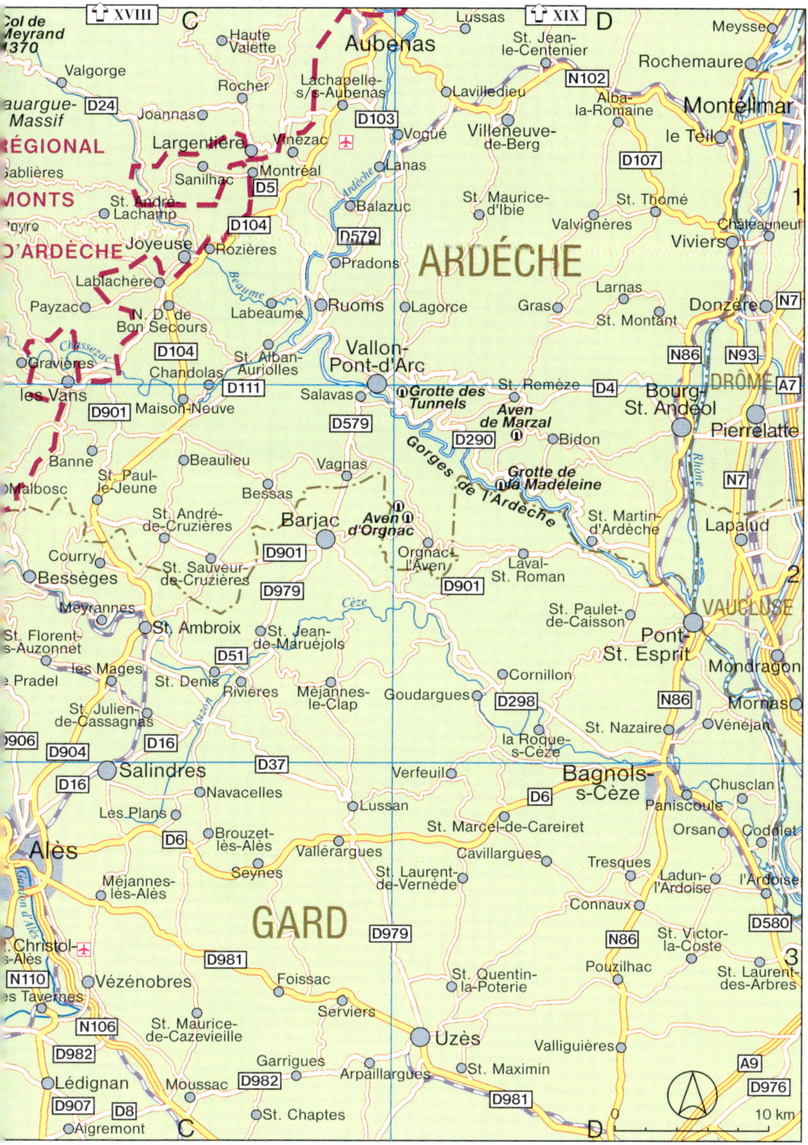
XVIII
XIX
C
D
Col de Meyrand 1370
Haute Valette
Aubenas
Lussas
St. Jean-le-Centenier
Meysse
Valgorge
Rocher
Lachapelle-s/s-Aubenas
Lavilledieu
N102
Rochemaure
Alba-la-Romaine
Montélimar
D24
Joannas
D103
Vogüe
Villeneuve-de-Berg
le Teil
Largentière
Vinezac
Lanas
D107
Sanilhac
Montréal
Ardèche
D5
Balazuc
St. Maurice-d'Ibie
St. Thomé
St. André-Lachamp
D104
Valvignères
Châteauneuf
D579
Viviers
Joyeuse
Rozières
Pradons
ARDÈCHE
Lablachère
Beaume
Larnas
Payzac
Ruoms
Lagorce
Gras
Donzère
N7
N. D. de Bon Secours
Labeaume
St. Montant
Chassezac
D104
St. Alban-Auriolles
Vallon-Pont-d'Arc
N86
N93
Gravières
Chandolas
DRÔME
les Vans
D111
Salavas
Grotte des Tunnels
St. Remèze
D4
Bourg-St. Andéol
A7
D901
Maison-Neuve
Aven de Marzal
Pierrelatte
D579
D290
Bidon
Gorges de l'Ardèche
Banne
Beaulieu
Vagnas
Grotte de la Madeleine
Rhône
N7
St. Paul-le-Jeune
Bessas
Malbosc
St. André-de-Cruzières
Barjac
Aven d'Orgnac
St. Martin-d'Ardèche
Lapalud
D901
Orgnac-l'Aven
Courry
Laval-St. Roman
St. Sauveur-de-Cruzières
Bessèges
D979
D901
Cèze
Meyrannes
St. Paulet-de-Caisson
VAUCLUSE
St. Ambroix
St. Jean-de-Maruéjols
Pont-St. Esprit
St. Florent-s-Auzonnet
D51
Mondragon
les Mages
Cornillon
Pradel
St. Denis
Rivières
Méjannes-le-Clap
Goudargues
D298
N86
Mornas
St. Julien-de-Cassagnas
Auzon
St. Nazaire
Vénéjan
D906
D904
D16
la Roque-s-Cèze
Salindres
D37
Verfeuil
Bagnols-s-Cèze
D16
Navacelles
D6
Chusclan
Lussan
Paniscoule
Les Plans
St. Marcel-de-Careiret
Orsan
Codolet
D6
Brouzet-lès-Alès
Alès
Vallérargues
Cavillargues
Tresques
Seynes
St. Laurent-de-Vernède
Ladun-l'Ardoise
l'Ardoise
Méjannes-lès-Alès
Gardon d'Alès
Connaux
GARD
D979
D580
St. Christol-lès-Alès
N86
St. Victor-la-Coste
D981
N110
Pouzilhac
Vézénobres
Foissac
St. Quentin-la-Poterie
St. Laurent-des-Arbres
les Tavernes
Serviers
N106
St. Maurice-de-Cazevieille
Uzès
Valliguières
D982
Garrigues
Arpaillargues
St. Maximin
A9
Lédignan
Moussac
D982
D976
D907
D8
D981
St. Chaptes
Aigremont
0
10 km
1
2
3
Kartenatlas

Auvergne, Cévennen, Massif Central
Mitte & Süden

Preiskategorien der Hotels

	Euro
€	bis 30
€€	30-40
€€€	41-50
€€€€	51-70
€€€€€	> 70

99 Ortsplan/Beschreibung auf Seite 99